JOHN BROOKES

Meine große Gartenschule

Aus dem Englischen übersetzt
von Cornell Ehrhardt und Angelika Feilhauer
Redaktion: Vera Murschetz
Korrektur und Register: Britta Muellerbuchhof
Einbandgestaltung: Sascha Wuillemet und Johannes Maasburg
Herstellung: Dieter Lidl
Satz: DTP Josef Fink

Copyright © 1998 der vorliegenden Ausgabe
by Kaleidoskop Buch im Christian Verlag

Copyright © 1992 der deutschsprachigen
Erstausgabe mit dem Titel *John Brookes' Große Gartenschule*
by Christian Verlag, München

Die Originalausgabe mit dem Titel
John Brooke's Garden Design Book
wurde erstmals 1991 im Verlag Dorling Kindersley,
London, veröffentlicht

Copyright © 1991 der Originalausgabe
by Dorling Kindersley Limited, London
Copyright © 1991 für den Text: John Brookes
Fotos von Steven Wooster

DK Ein Dorling Kindersley Buch

Druck und Bindung: TBB s.r.o., Banská Bystrica
Printed in Slovakia

Alle deutschsprachigen Rechte vorbehalten.

ISBN 3-88472-397-9

INHALT

Einleitung 7

1

WAS IST EIN GARTEN?
Gärten und ihre Umgebung 11
Die Geschichte des Gartens 16
Klimazonen 26

2

DIE GESTALTUNG DES GARTENS
Grundlagen der Gestaltung 40
Die Sprache der Gestaltung 48
Grundtechniken des Zeichnens 52
Wahl und Verwendung eines Rasters 56
Gestaltungsalternativen 64

3

DER STIL DES GARTENS
Die Stilrichtung 72
Ländlicher Stil 74
Moderner Stil 78
Formaler Stil 82
Kolonialstil 86
Mediterraner Stil 90
Fernöstlicher Stil 94

4

DIE GESTALTUNG MIT PFLANZEN
Betrachtungsweisen eines Designers 100
Einen Rahmen schaffen 114
Besondere Pflanzen 120
Gerüstbildende Pflanzen 124
Dekorative Pflanzen 128
Anmutige Pflanzen 130
Lückenfüller 132
Saisonbedingte Attraktionen 134
Mit Farbe arbeiten 138

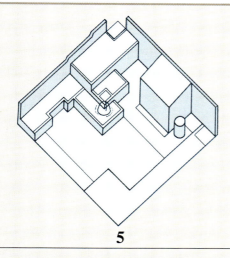

5
GARTENGESTALTUNG SCHRITT FÜR SCHRITT
Begutachtung des Geländes 144
Entwicklung eines Entwurfs 154
Der Pflanzplan 158
Der fertige Garten 162

6
BEISPIELE FÜR GESTALTUNGS- UND STILMÖGLICHKEITEN
Ein Garten mit Ausblick 167
Ein von Mauern umgebener Garten 171
Ein ländlicher Garten 175
Ein Wüstengarten 181
Ein Wassergarten in der Stadt 184
Ein Garten mit Diagonalen 187
Ein Innenhofgarten 191
Ein klassischer Garten 195
Ein Garten mit Gräsern 198
Ein moderner Garten 201
Ein Garten mit Räumen 205

7
DIE PRAKTISCHEN UND SCHMÜCKENDEN ELEMENTE DES GARTENS
Vorbereitung des Geländes 212
Kleinformatiges Pflaster 216
Großformatiges Pflaster 220
Stufen 222
Holzdecks und Holzbeläge 224
Lose Bodenbeläge 226
Grasflächen 228
Randeinfassungen 229
Materialkombinationen 230
Mauern 232
Zäune 234
Hecken 238
Tore 240
Pergolen 242
Wasser 244
Beleuchtung 248
Skulpturale Elemente 250
Möbel 252
Pflanzgefäße 254

8
DIE AUSWAHL DER PFLANZEN
Pflanzvorschläge 260
Pflanzenverzeichnis 280

9
WEITERE INFORMATIONEN FÜR DIE PRAKTISCHE ARBEIT
Graphische Symbole 322
Zeichentechniken 324
Maßverhältnisse 329
Gestaltung des Geländes 330
Technische Anlagen 332
Konstruktionsbeschreibungen 334
Gartengestaltung in der Praxis 342

Register 346
Danksagung und Bildquellenverzeichnis 352

Einleitung

Bei der Arbeit an dem vorliegenden Buch, das wesentlich auf praktischen Erfahrungen und auf dem Lehrstoff meines Kurses basiert, wurde mir bewußt, wieviel einfacher es ist, bestimmte Grundregeln mündlich zu erläutern, als sie schriftlich niederzulegen.

Aber sowohl meine Redakteurin, Sarah Pearce, als auch meine Graphikerin, Carole Ash, haben an einem fünfwöchigen Kursus teilgenommen, der diesem Buch zugrunde liegt, und meine Ausführungen verstanden. Deshalb glaube ich, daß es auch meinen Lesern möglich sein wird. Beide, Sarah Pearce und Carole Ash, bestanden die Prüfung übrigens mit Auszeichnung.

Um ein umfassendes Buch wie dieses auf einer logischen Grundlage aufzubauen, müssen wissenschaftliche Erkenntnisse und praktische Anleitungen miteinander verknüpft werden, obwohl ich letztere auf ein Minimum beschränkt habe. Wenn es also nicht auf Anhieb gelingt, das zu finden, was Sie im besonderen interessiert, bitte ich um Verständnis. Viel zunächst nebensächlich Erscheinendes ist wichtig, auch wenn es nicht unmittelbar zur Lösung Ihres aktuellen Problems beitragen mag – vielleicht aber werden Ihnen zukünftige Alternativen gezeigt.

Zur Veranschaulichung vieler der Themen, die ich in diesem Buch behandele, zeige ich Gärten, die ich in jüngster Zeit gestaltet habe – einige davon wirken immer noch recht nackt. Um die Gestaltungsmöglichkeiten von Gärten in Klimalagen zu verdeutlichen, in denen ich selbst noch nicht tätig war, oder um Methoden zu erklären, die ich selbst nicht anwende, zeige ich Arbeiten anderer Gestalter, die ich schätze (sie sind auf Seite 352 aufgeführt). Heutzutage reagieren Designer – ich eingeschlossen – sehr empfindlich, wenn sie ungenannt bleiben. Weil aber Fotografen die Namen von Designern häufig nicht angeben, war es mir in manchen Fällen nicht möglich, diese ausfindig zu machen. Angehende Gartengestalter sollten also stets darauf achten, daß ihr Name genannt wird, sonst werden sie niemals bekannt.

Ich hoffe außerdem, mit diesem Buch die teilweise bestehende Kluft zwischen Gärtnern und Gartendesignern ein wenig zu verringern. Ich glaube, daß sich beide Gruppen viel zu sagen haben und wünsche mir ein gegenseitiges Verständnis für die Probleme und Sichtweisen des anderen – nicht eine Übernahme.

Zum Schluß möchte ich mich an dieser Stelle bei allen meinen Mitarbeitern bedanken, die trotz zunehmender Spezialisierung das Funktionieren des Betriebs in Denmans gewährleisten. Für ihre Geduld während meiner geistigen und physischen Abwesenheit bei der Erarbeitung dieses Buches und für die Tolerierung der zusätzlichen Arbeitsbelastung bin ich ihnen sehr dankbar.

1
WAS IST EIN GARTEN?

*Unsere Vorstellungen von einem Garten werden durch viele
Faktoren geprägt – sie können romantischer oder geschichtlicher
Natur sein, ganz gewiß aber spielen Geographie und Klima
eine Rolle und hoffentlich auch gärtnerische Gesichtspunkte.
Und ob wir uns dessen bewußt sind oder nicht, auch
der Zeitgeist hat wie auf allen anderen Gebieten großen Einfluß
auf die Gestaltung von Gärten.*

Gärten und ihre Umgebung

Die Gestaltung eines Gartens kann man in gewisser Hinsicht als Lösung verschiedener logistischer Probleme betrachten – wie etwa der Verlauf eines Weges oder die Plazierung eines Kinderspielplatzes –, um den Bedürfnissen derjenigen gerecht zu werden, die den Garten benutzen. Doch so wichtig diese Überlegungen auch sein mögen, sie werden nicht für den Charakter eines Gartens verantwortlich sein, für den Charme, das gewisse Etwas, das uns bezaubert. Und das ist es, worum es mir bei der Gestaltung hauptsächlich geht. Wie aber bekommt ein Garten Atmosphäre? Ich glaube, daß sie sich aus der jeweiligen Situation heraus entwickeln sollte. Es ist die Beziehung zwischen dem Garten und seiner Umgebung, die sowohl praktisch wie geistig jeden Aspekt der Gestaltung durchdringen sollte.

Der traditionelle Ansatz

Nationale und regionale Gestaltungsstile sind immer aus den örtlichen Gegebenheiten heraus entstanden. Die Gesamterscheinung wie auch die verwendeten Materialien entsprangen der Umgebung, denn ein Transport von Materialien über längere Entfernungen war undenkbar. Im allgemeinen also drückten sich in einem Garten die geologischen Bedingungen einer Gegend aus. Heute lohnt es sich für jeden, die Verbindung seines Gartens zu seiner Umgebung zu überdenken.

Der optische Eindruck einer Landschaft wie auch die Beschaffenheit von Gestein, Untergrund und Mutterboden werden bestimmt von den geologischen Gegebenheiten und dem Klima. Diese Faktoren haben entscheidenden Einfluß auf Drainage und Bodenstruktur und letztlich auch auf die Bäche und Flüsse eines Gebietes.

Sowohl Flora als auch Fauna sind Ausdruck der physikalischen Geographie einer Region. In ländlichen Gegenden wird das Bild darüber hinaus von der Landwirtschaft und anderen Formen der Bewirtschaftung geprägt. Es wird deshalb traditionelle Bauweisen und Materialien geben, durch die Sie sich inspirieren lassen können, wenn Sie einen eigenen Garten gestalten möchten.

Häufig wird angenommen, daß in einer Stadt oder ei-

Ländliche Idylle (links)
Ein alter Garten in Sussex, in dem einfache, ungezwungene Zierpflanzengruppen den Blick an einer heimischen Mehlbeere vorbei auf die dahinterliegende Wiese lenken.

Natürliche Pflanzung (oben)
Der Eindruck, den diese in lockerem Kies wachsenden Fingerhüte erwecken, ist viel natürlicher als er es bei einem traditionellen, von Rabatten gesäumtem Weg wäre.

WAS IST EIN GARTEN

Urbanes Ambiente (rechts)
Die städtische Umgebung dieses Dachgartens ist der absolute Gegensatz zu der des ländlichen Gartens gegenüber. Der Stadtgarten aber fügt sich ebenso gut in die Gesamtsituation ein. Er gleicht einer Oase inmitten des Häusermeers von New York.

Garten in einer Landschaft (rechts)
Dieser Garten im englischen Oxfordshire ist mit der Landschaft verschmolzen. Die Grundstücksgrenze bildet ein künstlich angelegter See (zum Auskleiden wurde Tonerde verwendet), der es ermöglicht, daß der Garten nach außen offen bleibt und die Sicht nach keiner Seite versperrt wird.

nem Vorort die physikalischen Gegebenheiten eines Ortes keine Rolle spielen. Sie sollten sich deshalb einmal vorstellen, Sie würden in irgendeiner Stadt auf einem Bürgersteig eine Platte anheben. Auch hier käme Erde zum Vorschein, obwohl sie vermutlich so stark verändert wurde, daß sie keine organischen Eigenschaften mehr besitzt. Dennoch ist es stets wichtig, Boden- und Drainageverhältnisse wie auch die natürliche Flora und Fauna eines Ortes zu kennen, selbst wenn die optische Qualität eines Grundstückes in der Stadt nicht so offenbar ist wie auf dem Land. Man blickt hier zwar nicht auf das Muster von Feldern und den Horizont, doch man wird sich der Ansichten innerhalb und außerhalb des Grundstückes sowie der Vegetation in den umliegenden Gärten bewußt.

Neue Richtungen

Heute ist man zweifellos um eine Neubewertung des Grundsatzes bemüht, daß Gärten in ihre Umgebung integriert werden sollten. Und damit verbunden ist vor allem ein neues Umweltbewußtsein. Beispiele für diese Entwicklung sind der europäische Wildblumengarten und der amerikanische Präriegarten. Diese Gärten verschmelzen auf wunderbare Weise mit ihrer Umgebung, insbesondere dort, wo durch die Gestaltung des Geländes die Einbeziehung des Gartens in die Landschaft gefördert wird.

Ein Garten erhält seine lokale Prägung durch die Verwendung von heimischen Pflanzen. Ein früher Verfechter des Naturgartens war Jens Jensen (ein Mitstreiter des Architekten Frank Lloyd Wright), der sich zu einer Zeit mit der heimischen Flora von Illinois beschäftigte, in der sich andere Gartengestalter an der Schule der *Beaux Arts* orientierten. Etwa zur gleichen Zeit begann am anderen Ende der Welt die Australierin Edna Walling im Westen des Bundesstaates Victoria, Gärtner für natürliche Landschaften zu begeistern. Denn so seltsam dies auch erscheinen mag, die englische Tradition beeinflußte in diesem Teil der Welt die ländlichen Gärten und tut es immer noch.

Andere Designer haben die Landschaft durch Manipulation des Geländes, Pflanzungen und Architektur verändert, um eine Verbindung entstehen zu lassen. Ian Hamilton Finlay bediente sich der kargen schottischen Natur als Hintergrund, rodete Wald und komponierte mit Seggen und Binsen, um seinen geschnitzten klassischen Skulpturen einen spektakulären Rahmen zu geben. Der mexikanische Architekt und Designer Luis Barragan baute einige großartige Komplexe, deren Formen und Farben das Herz jedes Betrachters höher schlagen lassen. In Brasilien fügte Roberto Burle Marx verschiedene größere Kompositionen mit meisterlicher Perfektion in die Landschaft ein. Und in Südafrika gestaltete der Landschaftsarchitekt Patrick Watson moderne Gärten, blieb aber bei der Auswahl der Pflanzen einem sehr typischen afrikanischen Stil treu.

Auch andere arbeiten mit großem Erfolg auf diesem Gebiet und verbinden Traditionelles mit Modernem, um ein Gesamtbild und eine Atmosphäre entstehen zu lassen, die den Zeitgeist an diesem speziellen Standort zum Ausdruck bringt.

Pflanzen und Design

Für viele Gartengestalter ist die Arbeit mit Pflanzen am reizvollsten. Aber jeder hat natürlich sein ganz besonderes Interesse. Mein Interesse ist, durch die Gestaltung mit Linien und Formen Muster entstehen zu lassen, die nie

GÄRTEN UND IHRE UMGEBUNG

langweilig und immer anregend wirken. Andere Designer interessieren sich stärker für Pflanzen, entweder für ihre Gruppierung, oder, häufiger, für ihre Kultur. Zweifellos drückt sich darin eine tiefe Beziehung zur Natur aus, die uns allen bis zu einem gewissen Grad eigen ist. Doch auch wenn für uns Pflanzen die wichtigsten Elemente einer Landschaft oder eines Gartens sein mögen, spielen sie bei der Entwicklung eines Gartenentwurfs erst am Ende eine Rolle. Zuerst muß der Gesamtplan festgelegt werden, der den Rahmen für sie bestimmt.

Pflanzen wurden innerhalb der Jahrhunderte in einer bestimmten zeitlichen Abfolge eingeführt, die man auf jeden Fall berücksichtigen sollte, will man dem Baustil von Häusern aus verschiedenen Perioden gerecht werden. In England gibt es heute Vereinigungen, die sich mit den Pflanzen bestimmter Stilepochen beschäftigen, um ihre besonderen Eigenschaften zu erforschen und zu bewahren. Einige bemühen sich, die zahlreichen nicht mehr vorkommenden blühenden Gartenpflanzen viktorianischer Zeit neu zu züchten.

Die meisten von uns sind jedoch vollkommen mit dem vorhandenen Angebot an Pflanzen zufrieden und ordnen sie nur vage bestimmten Perioden zu.

Natürliche Gärten
Während in Großbritannien und in den USA zu manchen Zeiten bestimmte Gestaltungsstile entwickelt wurden, um neu eingeführte Pflanzen präsentieren zu können, sind, was die Pflanzenauswahl betrifft, einige nationale Gestaltungsstile unverfälscht geblieben. Aus diesen Traditionen hervorgegangene, gut gestaltete Gärten bieten jedem, der Gartendesign in Einklang mit der Umgebung betreiben will, ausgezeichneten Anschauungsunterricht. So hat beispielsweise der italienische Garten je nach Epoche ganz unterschiedliche Gesichter, doch die Auswahl der Pflanzen blieb im wesentlichen immer gleich. Dies gilt ebenso für die Gartengestaltung im Norden Frankreichs als auch für die im Süden, wo man sich mediterraner Pflanzen bediente. Auch in kalifornischen Gärten sind von jeher Pflanzen vertreten, die in der Natur vorkommen und daher den klimatischen Bedingungen trotzen. Die Tatsache, daß sich solche Gärten – ob Wüstengärten, Tropengärten, Wassergärten, alpine Gärten oder einfach wilde Gärten – bewährt haben, sollte das Konzept des Naturgartens eher zur Regel als zur Ausnahme machen.

Ein Gärtner möchte immer so viele Pflanzen ziehen, wie es ein Standort erlaubt. Die Kombination verschiedener Wuchsformen und Farben stört ihn dabei ebensowenig wie beispielsweise das Nebeneinanderwachsen einer *Yucca* aus Mexiko und einer *Bergenia* aus Sibirien. Naturschützer haben auf der anderen Seite ein berechtigtes Interesse an der heimischen Vegetation. Doch wenn man in einer städtischen Umgebung nur heimische Arten pflanzt, sieht dies unter Umständen auch seltsam aus. Den in England und manch anderen europäischen Gegenden heimischen Pflanzen mangelt es häufig an optischer Wirkungskraft, und deshalb können sie sich neben Gebäuden nur schwer durchsetzen.

Aus diesem Grund sollte man bei der Auswahl einen Mittelweg finden zwischen den üblichen Gartenpflanzen und den uns durch unser wachsendes Bewußtsein immer mehr bedeutenden heimischen Arten. Dieses Ziel zu verfolgen, dürfte sehr reizvoll sein, und ich hoffe, dieses Buch wird Ihnen dabei helfen.

Mediterrane Umgebung (links)
Dieser Garten fügt sich perfekt in seine Umgebung ein, was durch die Art der Bepflanzung und sorgfältige Detailgestaltung erreicht wurde. Wie in der dahinter liegenden natürlichen Landschaft haben Zypressen und Olivenbäume hier ihren festen Platz.

Südamerikanische Kulisse (links)
Hier wird eine andere Möglichkeit gezeigt, einen Garten mit der Umgebung abzustimmen. Heimische Pflanzen wurden großflächig zusammengesetzt und bilden Muster aus leuchtenden Farben. Sie stehen im richtigen Größenverhältnis zum umliegenden Gelände und der natürlichen Vegetation.

WAS IST EIN GARTEN

Die Geschichte des Gartens

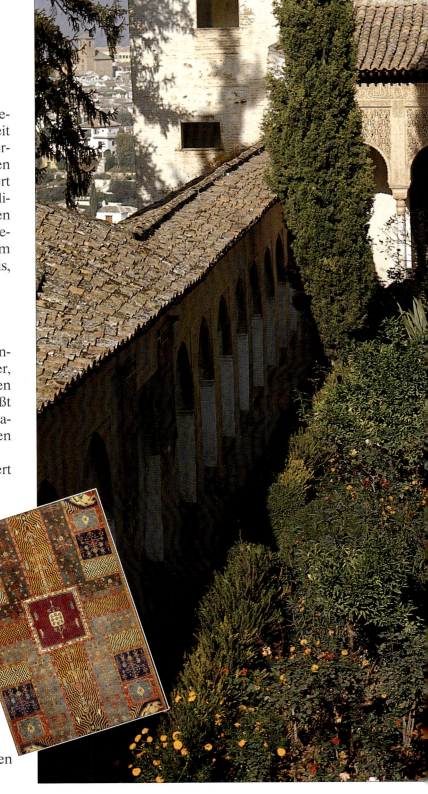

Ein Buch über Gartengestaltung muß mit einem geschichtlichen Abriß beginnen, da die Vergangenheit eine wichtige Grundlage für eine fundierte Auseinandersetzung mit dem Thema ist. Doch bei einer historischen Rückschau kann man die Gartengestaltung nicht isoliert betrachten. Denn jeder Stil ist das Produkt gesellschaftlicher Bedingungen, und jede Veränderung spiegelt einen Wandel der Ideen und Ideale der Menschen wider. Besonders faszinierend war das Hin und Her zwischen dem Bestreben, die Natur auszuschließen, und dem Bedürfnis, sie zu einem Bestandteil der Gestaltung zu machen.

Der islamische Garten

Neben den auf religiösen Gestaltungsprinzipien beruhenden Merkmalen spielten Abgeschiedenheit, Wasser, Schatten und Schutz eine wichtige Rolle in islamischen Gärten. Der Garten war eine Welt für sich, die bewußt von den Sorgen des Alltags getrennt wurde. Vor allem waren aufgrund des Wüstenklimas der Anblick von Bäumen und das Geräusch von Wasser hochgeschätzt.

Angesichts des unwirtlichen Lebensraumes verwundert es nicht, daß sich das Ideal – der Paradiesgarten des Koran – selten verwirklichen ließ. Vom Grundriß her wurde der Garten durch einen kreuzförmigen Kanal (dessen vier Arme die Flüsse des Lebens verkörperten) in vier Bereiche geteilt, was überall dort realisiert werden konnte, wo es Wasser gab. Ein größeres Problem stellte wohl eine üppige Bepflanzung dar, mit fruchttragenden Bäumen, die Schatten spendeten und zusammen mit Pavillons zwischen Blumenteppichen standen, wie es auf zeitgenössischen Illustrationen dargestellt ist. Um das Innere der Gebäude kühl zu halten, wurden die Gärten von Arkaden gesäumt. Innen- und Außenraum waren in einer den islamischen Vorstellungen entsprechenden Weise miteinander verbunden. Die durch das Zusammenspiel von Licht und Schatten ständig wechselnden Wahrnehmungen wurden innerhalb dieses Raumes bewußt hervorgehoben.

DIE GESCHICHTE DES GARTENS

Miniatur (oben)
Dieser Pavillon ist umgeben von rechteckig angelegten Kanälen, die einen Blumengarten bewässern.

Kreuzform (links)
Der durch Kanäle in vier Bereiche unterteilte Garten ist in der islamischen Kunst immer wieder zu finden – wie auf dem Muster des persischen Teppichs auf der gegenüberliegenden Seite. Die islamischen Gärten verkörperten unter anderem die Vorstellung vom Paradies: hier der Innenhof des nordöstlich der Alhambra in Granada liegenden Sommerpalastes Generalife. Man blickt von einem dreistöckigen, von einer kühlen Brise umwehten Turm in einen Garten mit plätschernden Springbrunnen und duftenden Zitrusbäumen.

WAS IST EIN GARTEN

Der formale Garten

Im Mittelpunkt dieser Gartentradition steht der Mensch, dessen räumliche Wahrnehmung durch die zeitlosen Gesetze von Geometrie, Proportion und Symmetrie bestimmt wird. Dies ist das elementare Konzept der Gartengestaltung, die eine der Landschaft aufgezwungene, vom Menschen geschaffene Ordnung beinhaltet. Sie entwickelte sich früh zu einem universellen Stil, der an allen Höfen Europas übernommen wurde. Die Wurzeln des formalen Gartens liegen in der lebensprühenden Renaissancegesellschaft Italiens.

Die Boboli-Gärten Charakteristisch für die italienische Spätrenaissance sind die Boboli-Gärten hinter dem Palazzo Pitti in Florenz. In ihm befinden sich großartige Statuen und Balustraden, die Blickfänge und Durchblicke entstehen lassen, sowie Springbrunnen und künstlich geschaffene Räume.

DIE GESCHICHTE DES GARTENS

Dieser Stil entwickelte sich langsam. Am Anfang standen geometrische Entwürfe mit symmetrischen Pflanzungen. Sie wurden von den alten Florentinern propagiert, obwohl ihnen Beschreibungen der alten römischen Gärten zugrunde lagen. Mitte des 16. Jahrhunderts wurden gemusterte Bepflanzungen üblich. Ganze Gartenanlagen basierten auf Kreisen, Quadraten, Drei-, Sechs- oder Achtecken, und kurzlebige Kräuter machten Parterres aus Buchsbaum Platz. Richtungsweisend für diese Grundrißanordnung wurde der 1503 von Bramante für Papst Julius II. entworfene Cortile del Belvedere, der den Vatikanpalast mit der Villa Belvedere verband. Das Problem der Hanglage löste Bramante, indem er durch quer zum Hang gebaute Treppen eine beherrschende Zentralperspektive entstehen ließ. Aus der ebenen Gartenanlage mit einer statischen, netzartigen Gliederung schuf er eine fließende Komposition mit einer Achse quer zum Hang.

In den beiden folgenden Jahrhunderten entstanden zuerst in Italien und später auch in Frankreich, wo Wasser und Bäume größere Bedeutung bekamen, viele Variationen dieses Vorbildes. Die großartigsten Gärten schuf André Le Nôtre für Louis XVI. Le Nôtres feines Gespür für Harmonie und Proportionen führten den französischen Garten auf einen Höhepunkt klassischer Perfektion.

Die große Tradition des formalen Gartens (links)
Auf diesem Stich wird die Größe der Gärten von Versailles deutlich. Innerhalb der Anlage wurde bewußt eine Trennung zwischen Garten und Natur vorgenommen, um den Status des Besitzers zu unterstreichen.

Komplexe Geometrie
Der Plan für die Gartenanlage rund um diesen Pavillon zeigt die Geometrie der formalen Grundrißordnung.

Landschaftsgärten

Für die parkähnlichen Gärten im England des 18. Jahrhunderts diente die Natur als Vorbild, auch wenn sie in ihnen idealisiert und romantisiert wurde. William Kent, dem ersten Vertreter dieser Richtung, schreibt der Dichter Horace Walpole den Ausspruch zu: (Designers) »sprangen über den Zaun und sahen, daß die Natur ein einziger Garten war«. Diese Aussage spiegelte eine sich wandelnde Weltanschauung wider, denn der Mensch sah sich nun als Teil des Universums, nicht mehr als eine ihm übergeordnete Schöpfung.

Die großen britischen Gartengestalter dieser Periode waren William Kent, »Capability« Brown und später Humphrey Repton. Ihr Anliegen war, den Bereich um das Haus von nachmittelalterlichen kunstvollen Blumen- und Lustgärten, die zu Aussichten führten, zu befreien, damit bis an das Gebäude heran offene Wiesen angelegt werden konnten. Um sie herum lag eine idealisierte Landschaft mit Waldbäumen, Wasser und Statuen, in der das Spiel von Licht und Schatten malerische Effekte entstehen ließ. Ein unsichtbarer Graben verhinderte, daß Wild und Vieh der neuen Grundbesitzerklasse zu nahe kamen, ohne aber die Aussicht vom Haus zu beeinträchtigen. Um den Eindruck zu erwecken, daß sich diese Parklandschaft bis in unendliche Weiten fortsetzt, versteckte man die Grundstücksgrenzen durch Gruppen großer Bäume, die sich im dahinterliegenden Ackerland wiederholten, verlegte das eine oder andere störende Dorf und dämmte Flüsse ein, um künstliche Seen zu schaffen.

Vervollkommnung der Natur
Die Umgebung von Harewood House in Yorkshire, hier auf einem Gemälde von J. M. W. Turner (großes Bild), ist typisch für Anlagen des späten 18. Jahrhunderts. Stolz thront das Haus über einer Wiese, die zu einem See abfällt. Bäume und andere Pflanzen wurden in großen Gruppen zusammengesetzt, um das vorhandene Weideland optisch auszudehnen. Bei Stowe in Buckinghamshire zieht eine palladianische Brücke (rechts) die Blicke auf sich. Sie wirkt wie ein Motiv aus einer Pastorale.

DIE GESCHICHTE DES GARTENS

Der ländliche Garten

Ländliche Stimmung
Die typische Staudenrabatte eines edwardianischen Landgartens.

Obwohl man im 18. Jahrhundert bestrebt war, die Landschaft zu veredeln, dauerte es noch bis zum Ende des folgenden Jahrhunderts, bevor eine neue Generation von Gärtnern versuchte, mit der Natur zu arbeiten. Dieser Wechsel folgte einer Periode übersteigerter Manieriertheit und der Einführung neuer exotischer Arten und Kreuzungsverfahren.

Eine zentrale Figur war Gertrude Jekyll, die den Spuren William Robinsons folgte. Gertrude Jekyll schrieb über den ihrer Ansicht nach sterbenden Stil des ländlichen Gartens und seinen Platz in der Landschaft. Später tat sie sich mit dem Architekten Sir Edwin Lutyens zusammen und schuf innerhalb seiner klassischen Gartengrundrisse Pflanzungen, bei denen sie Staudengruppen mit heimischen Bäumen und Sträuchern kombinierte. In Büchern über Design mit Pflanzen, die heute Klassiker sind, beschrieb sie diese Harmonien der Farben und Formen von Blättern und Blüten. Ihre Ideen wurden in vielen in sich geschlossenen Gärten des frühen 20. Jahrhunderts realisiert, wie etwa in dem von Sissinghurst in Kent.

Dieser Stil wurde weltweit nachgeahmt, obwohl mit der Zeit durch arbeitsintensive Pflanzungen das Gärtnerische auf Kosten der Gestaltung in den Vordergrund trat. Gertrude Jekyll besaß ein sicheres Gespür für Standorte, doch heute scheint ihre Arbeit durch einen Schleier der Nostalgie interpretiert zu werden.

Moderne Gärten

Während um die Jahrhundertwende für eine Generation britischer Gartengestalter der ländliche Stil dominierend war, wurde in Nordamerika ein völlig neues Konzept entwickelt, das nicht länger Staudenrabatten oder komplizierte Pflanzenarrangements zum Inhalt hatte. Vielmehr sollten öffentliche Anlagen so gestaltet werden, daß sie optimal genutzt werden konnten. Dabei ging es allerdings eher um architektonische Formen und Landschaftsgestaltung als um gärtnerische Anliegen, obwohl private Gärten eine immer größere Rolle spielten und die Einflüsse des *Arts and Crafts Movement* (in Deutschland gab es entsprechend die Werkbundbewegung) spürbar wurden.

Diese Entwicklung nahm in der zweiten Hälfte des 19. Jahrhunderts ihren Anfang, als Frederick Law Olmsted den Central Park in New York anlegte. Sein asymmetrischer, fließender Enwurf sah eine ganze Reihe von Einrichtungen für die Bevölkerung vor. Mit seiner Arbeit begründete Olmsted die neue Disziplin der Landschaftsarchitektur.

Ende der dreißiger Jahre wurden unter anderem mit der Veröffentlichung des Buches *Gardens in a Modern Landscape* (Gärten in einer modernen Landschaft) durch den Landschaftsarchitekten Christopher Tunnard in Großbritannien die Ziele der Moderne in die Landschaftsgestaltung übernommen. Später verband H. F. Clark die Ideen Tunnards mit einer Theorie über das britische Landschaftsbild der Nachkriegszeit. Zentrale Aspekte waren Funktion und Nutzung, Möglichkeiten für Aktivität und Erholung und Verzicht auf axialsymmetrische Grundrisse und monumentale Konstruktionen. Diese Prinzipien hatten großen Einfluß auf die moderne Gartengestaltung. Wirklich innovative Ansätze aber kamen aus dem Ame-

Stadt und Natur
Der Central Park in New York, ein grünes Zentrum innerhalb der City.

Moderne und Landschaft
Zu den großen Landschaftsarchitekten gehört Thomas Church. Die schlichten, fließenden Linien seiner Gärten verbinden sich in dynamischer Weise mit den natürlichen Formen der umgebenden Landschaft. Dieser Garten liegt in Sonoma County bei San Francisco.

rika der dreißiger Jahre. Dem Bauhaus und führenden Denkern der Moderne folgend, hatte auch die Gartengestaltung neue Wege eingeschlagen. Darüber hinaus entwickelte sich über die Filmleinwand und Hollywoods Gärten eine Neuinterpretation des ursprünglich spanischen offenen Innenhofes als eine Art Freilichtbühne für luxuriöse Unterhaltung und Geselligkeit. Eine zentrale Rolle spielte dabei Thomas Church, der eine neue Gartenform schuf, indem er die Prinzipien der Moderne in Beziehung zum kalifornischen Ranchhausstil brachte. Seine Gartenentwürfe bestanden oft aus abstrakten Formen, die in eine Landschaft eingepaßt waren, und einige hatten die zeitlose Schlichtheit eines Landschaftsparks aus dem 18. Jahrhundert. Andere führende Köpfe Amerikas waren - und sind noch - Dan Kiley, James Rose, Garret Eckbo und Lawrence Halprin. Der Brasilianer Roberto Burle Marx hingegen entwarf fließende Landschaften, in die er große Gruppen tropischer Pflanzen setzte.

Das Nachkriegseuropa erlebte einen großen Aufschwung, der von gewaltigen Programmen zur sozialen und urbanen Erneuerung begleitet wurde. Parallel entwickelte sich ein neues Bewußtsein für das Stadthaus, dessen angrenzender kleiner Garten als Erweiterung des Innenraumes betrachtet wurde. Der Garten wurde als Lebensraum empfunden und nicht nur als Standort von Pflanzenkulturen im edwardianischen Sinn. Vielmehr stellte das kalifornische Vorbild eines nutzbaren Raumes die Gartengestalter vor eine Reihe neuer Anforderungen. In dieser Zeit des Wandels hin zur Akzeptanz kleinerer Gartenräume nahm ich meine Tätigkeit auf. Auch andere gesellschaftliche Veränderungen beeinflußten meine Arbeit. Bedienstete waren in den Haushalten immer seltener anzutreffen, und Freizeitaktivitäten begannen immer größeren Raum im bürgerlichen Leben einzunehmen, so daß ein Bedürfnis nach pflegeleichten Gärten - und entsprechenden Gartengestaltungen - entstand.

Heute beginnt sich der Garten wieder nach außen zu öffnen und erhält eine eigene Identität innerhalb seiner Umgebung. Es ist ein ökologischer, umweltbewußter Ansatz, der in dem natürlichen Erscheinungsbild vieler Gärten zum Ausdruck kommt: der Wunsch, ein grünes Erbe zu bewahren, statt den Garten mit fremden Pflanzen zu erdrücken. Wie früher ist der Garten auch heute noch ein Zufluchtsort, doch sucht man in ihm nicht länger Zuflucht vor der furchterregenden Natur, sondern vor den furchterregenden Manifestationen menschlichen Wirkens im 20. Jahrhundert.

DIE GESCHICHTE DES GARTENS

Moderne Gestaltung (oben)
In diesem holländischen Garten werden viele Vorstellungen des neuen Gartendesigns deutlich. Die klare Gesamtkonzeption steht in Beziehung zu dem Gebäude und bildet gleichzeitig einen Kontrast zu den halbwilden Pflanzungen.

Meine Terrasse in Sussex (links)
Diese Aussicht genieße ich, wann immer ich zu Hause bin. Im Sommer bietet dieser Außenraum Platz für Geselligkeit, im Winter freue ich mich einfach an seinen Formen, die im ständigen Wandel begriffen sind. Um die Terrasse herum liegen Kiesflächen, in denen sich Pflanzen selbst aussamen können. Mit dieser Natürlichkeit kontrastieren Pflanzen mit architektonischem Charakter. Die Verbindung dieser beiden Gestaltungselemente bildet den Kern meiner Entwürfe.

WAS IST EIN GARTEN

Klimazonen

Das Klima ist ein entscheidender Faktor bei der Ausarbeitung eines jeden Entwurfs; denn am schönsten sehen Pflanzen und Gärten aus, wenn zwischen ihnen und der umliegenden Landschaft eine Verwandtschaft besteht. Und heimische Pflanzen haben eine natürliche Affinität zu ihrer Umgebung.

Die Mehrzahl der Pflanzen ist tolerant und verträgt sehr unterschiedliche Bedingungen, so daß ihre Verwendung in fremden Klimazonen möglich ist, allerdings sollte sie auch zweckmäßig sein.

Jede Klimazone hat eine gewisse Variationsbreite und jeder Garten sein eigenes Mikroklima. Dabei spielen Lage, Himmelsrichtung, Windverhältnisse, Höhe und Topographie eine Rolle, aber auch besondere Faktoren, zum Beispiel, wenn ein Garten salziger Gischt ausgesetzt ist. Darüber hinaus liegen in Städten die Temperaturen höher als im Umland, und möglicherweise ist aufgrund der Bebauung auch die Niederschlagsmenge geringer.

Gemäßigtes Klima

Typisch für gemäßigtes Klima ist ein Fehlen extremer Witterungsbedingungen. Dadurch kann in solchen Zonen eine immense Bandbreite von Pflanzen wachsen, darunter auch viele Importe aus fremden Ländern. Charakteristischerweise sind die Niederschlagsmengen hoch, die Winter mild, die Sommer kühl und Frühjahr und Herbst lang. Die jahreszeitlichen Unterschiede aber sind dennoch beachtlich.

Zu den Regionen mit gemäßigtem Meeresklima gehören Großbritannien, der Norden Kontinentaleuropas, Teile Skandinaviens, Teile der Westküste Kanadas und des Ostens der USA, Neuseeland (Südinsel) und, in Australien, Tasmanien, der Osten Victorias und Neusüdwales. Im Landesinneren wirkt sich der Einfluß des Meeres weit weniger aus. Die Niederschlagsmengen sind generell geringer, die Winter kälter – oft gibt es anhaltende Schneefälle – und die Sommer wärmer und trockener. Dieses Klima herrscht in einem breiten Landstreifen, der quer durch den Norden und die Mitte der USA führt, sowie in Kontinentalasien.

Innerhalb dieser grob umrissenen Klimazonen gibt es

Frühlingsblumen
Die ausgeprägte Artenvielfalt ist ein Merkmal gemäßigter Zonen. Auf dieser bunten Wiese wachsen Gänseblümchen, Hasenglöckchen und robuste Gräser neben eingebürgerten lilienblütigen Tulpen.

Sommergrün
Dieses liebliche grüne Landschaftsbild ist typisch für eine gemäßigte Klimazone. *Alchemilla mollis,* Farne, sommergrüne Bäume und Sträucher, Rasen und Weideland schaffen hier eine sommerliche Atmosphäre. Die Atlaszeder *(Cedrus atlantica)* ist sehr wirkungsvoll, aber sie muß gut plaziert werden.

WAS IST EIN GARTEN

TYPISCHE PFLANZEN

Acer
Aconitum
Carpinus
Carya
Cytisus
Erythronium
Fagus
Fraxinus
Geranium
Hypericum
Liquidambar
Pinus
Primula
Quercus
Ranunculus
Sorbus

Spätsommer in Nordamerika
Spätsommer und Herbst sind in gemäßigten Lagen immer sehr eindrucksvoll. Ziergräser entwickeln in dieser Zeit ihre ganze Pracht – hier *Calamagrostis acutiflora* ›Karl Foerster‹ im Hintergrund und *Pennisetum orientale*. Wie dieses Federborstengras behält auch *Sedum* ›Autumn Joy‹ im Winter seine großartigen verwelkten Samenstände und Stengel.

28

KLIMAZONEN

eine große Variationsbreite. Dennoch hat die Vegetation der gemäßigten Zonen ein typisches Erscheinungsbild. Viele der Bäume und Sträucher sind immergrün, und krautige Pflanzen blühen häufig im Frühjahr, bevor die Bäume Blätter bekommen. Im Sommer ist die Vegetation grün und hat, mit einigen Ausnahmen, lieblichen Charakter. Es gibt eine enorme Vielfalt an Wildblumen, die auf Wiesen dichte Teppiche bilden, obgleich diese Wiesen für kontinentale und subalpine Gebiete vielleicht noch typischer sind. Ein wichtiges, dominantes Element ist Gras.

Die Vegetation wird auch durch den Bodentyp beeinflußt. In Europa beispielsweise bestehen Wälder auf schweren Tonböden zu einem großen Teil aus Eichen und Sykomoren, während auf sandigen, sauren Böden vorwiegend Nadelbäume mit Besenginster und Heide wachsen. In kalkigem Hochland bilden Eibe, Buchsbaum und Wacholder eine niedrige immergrüne Decke; bei den Bäumen dominiert oft die Buche. Eschenwald ist für härtere Kalksteingebiete typisch.

Da das gemäßigte Klima günstige Bedingungen bietet, wird in Europa das Land seit Generationen intensiv bewirtschaftet. Natürliche Vegetation ist heute selten geworden und nur noch dort zu finden, wo sich Naturschutzorganisationen um ihre Erhaltung oder Wiedereinbürgerung bemühen.

Das Spektrum der gemäßigten Regionen der USA ist breiter als das Europas, und es ist dort eine weit größere Vielfalt von Eichen- und Ahornarten oder anderen Gattungen wie etwa Amberbaum und Hickory heimisch. Die Wälder der gemäßigten Gebiete des Fernen Ostens sind ebenfalls sehr artenreich und Heimat einer Vielzahl von Gartenpflanzen.

Herbstliche Farben
Vorübergehend rücken die prächtigen Farben von Ahorn und Fetthenne die Konifere optisch in den Hintergrund, doch im Winter kommt sie wieder zur Geltung.

WAS IST EIN GARTEN

Subalpines Klima

Gemeint ist hier die Klimazone unterhalb der Baumgrenze. Gegenden mit einem solchen Klima finden sich in den Alpengebieten Europas (Schweiz, Österreich und Norditalien), teilweise im Westen der USA (Sierra Nevada und kanadische Rocky Mountains) sowie in den gebirgigen Gegenden Neuseelands. Alle diese Gebiete haben extreme Winter und kurze Sommer, das bedeutet, die Klima- und Temperaturschwankungen sind enorm. Im Winter ist es kalt, im Sommer sonnig und heiß. Zu Beginn und Ende der Wachstumsperiode können die Temperaturen selbst innerhalb eines Tages stark schwanken, was den Gartenbau extrem schwierig macht. Grundsätzlich sind dies Zonen für Sommergärten.

In kälteren Regionen der Erde sind die Pflanzen gewöhnlich sommergrün und haben kleine Blätter oder Nadeln wie etwa Koniferen. Ein vertrauter Anblick sind Birke und Holunder, die sowohl starke Kälte als auch große Hitze vertragen. Der Boden ist vorwiegend sauer, und wo Staunässe auftritt, wachsen üppig Moose, sonst aber sehr wenig. In Gegenden mit solch extremen Bedingungen gibt es Torfmoore.

Außerhalb mooriger oder bewaldeter Gebiete gehören zu den wenigen Pflanzen, die überleben können, Heide, Erika, Stechginster und Dornensträucher.

Die echten alpinen Pflanzen im gärtnerischen Sinn wachsen auf durchlässigem Boden in noch größeren Höhen, vermutlich oberhalb der Baumgrenze. Alle alpinen Pflanzen haben sich diesen besonderen klimatischen Bedingungen und Böden angepaßt, und brauchen so auch als Gartenformen eine ausgezeichnete Drainage und Helligkeit, um gedeihen zu können. Viele - wie etwa Steinbrech, Enzian und Krokus - haben im Verhältnis zur übrigen Pflanze sehr große, leuchtendgefärbte Blüten, um frühe Insekten anzulocken und eine rasche Bestäubung sicherzustellen, was vor allem bei einem kurzen Sommer sehr wichtig ist.

Alpine Pflanzen im Garten
Die niedrigen Blütenteppiche, die alpine Pflanzen bilden, haben Gärtner und Naturliebhaber in alpinen und gemäßigten Zonen von jeher begeistert. In diesem außergewöhnlich reizvollen Garten sorgen große Steine für die notwendige Drainage.

KLIMAZONEN

Eine Bergwiese
Eine bunte Vielfalt von Frühlingsblumen ist für Gebirgswiesen typisch. Diese Wiese liegt 2000 m hoch in einer europäischen Alpenregion. Auf ihr wachsen Mohn, Margeriten, Hahnenfuß und Storchschnabel.

TYPISCHE PFLANZEN

Alnus
Androsace
Arabis
Betula
Crocus
Gentiana
Linnaea
Pedicularia
Picea
Pinus
Populus
Pulsatilla
Salix
Saxifraga
Sorbus
Vaccinium

WAS IST EIN GARTEN

Mediterranes Klima

Die Flora dieser Klimazone wird letztlich durch die Zeiten bestimmt, in denen es regnet. Die Niederschlagsmenge ist im Winter und Herbst am höchsten. Im Sommer regnet es dagegen sehr wenig, und die Temperaturen steigen bis auf 37°C. Daher ruhen die meisten Pflanzen während des Sommers; die Hauptwachstumsperiode liegt im Frühjahr und Frühherbst. Zu diesen Zeiten ist es ebenfalls warm, aber es gibt mehr Regen.

Mediterranes Klima haben der Süden der Sowjetunion und der Balkan und natürlich der Mittelmeerraum, einschließlich des Nahen Ostens. Weitere Regionen mit ähnlichem Klima sind Kalifornien, Teile Chiles, das Südwestkap Südafrikas und Teile Südaustraliens, insbesondere der Südwesten.

Für das Mittelmeergebiet typische Pflanzen sind immergrüne Eichen, die Echte Zypresse, die Pinie mit ihrer schirmförmigen Krone und der Olivenbaum. In einigen Gegenden ist die Macchia ein dominantes Element – ein niedriger immergrüner Buschwald aus verschiedenen Sträuchern wie *Arbutus*, Wacholder, *Quercus coccifera*, *Santolina* und Zistrose. Aus dieser Klimazone stammen viele der bekannten Küchenkräuter, und typische Anbaufrüchte sind Artischocken, Sonnenblumen und Wein. Im Mittelmeerklima kann Rasen nur mit Bewässerung gedeihen, da er Sommerdürre nicht verträgt. Und da, wo er bewässert wird, wirkt er fehl am Platz; deshalb sollte man besser darauf verzichten.

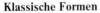

Klassische Formen
Die Echte Zypresse ist eine für diese Klimazone sehr charakteristische Pflanze. In den heißeren Regionen sieht man auch Dattelpalmen.

KLIMAZONEN

> **TYPISCHE PFLANZEN**
>
> *Arbutus*
> *Asphodelus*
> *Bougainvillea*
> *Cistus*
> *Crocus*
> *Cupressus*
> *Juniperus*
> *Muscari*
> *Olea*
> *Ophrys*
> *Pinus pinea*
> *Plumbago*
> *Quercus coccifera*
> *Quercus ilex*
> *Santolina*
> *Spartium*
> *Tulipa*
> *Viburnum*

Farbtupfer
In der gleißenden Sonne des mediterranen Sommers öffnet sich eine Fülle bunter Blüten. Hier gedeihen üppig *Plumbago auriculata* und *Nerine oleander*.

33

Wüstenklima

In einer Wüste ist es nicht unbedingt das ganze Jahr heiß, aber immer sehr trocken. Gewöhnlich liegt die jährliche Niederschlagsmenge unter 250 mm. Mittelaustralien ist eine Wüste, und Wüste bedeckt auch große Landflächen im Norden und Südwesten Afrikas, im Nahen Osten, in Zentralasien, an der Westküste Südamerikas und im Südwesten der USA. Einige dieser Regionen haben darüber hinaus durchschnittliche Sommertemperaturen von mehr als 30°C.

Echtes Wüstengebiet eignet sich nicht für die Anlage von Gärten. Wo aber künstlich bewässert und die Wüste durch Vegetation belebt wird, sind die trockene Luft und das kristallklare Licht von großem Reiz. Im Südwesten der USA werden heute immer mehr Wüstengebiete besiedelt und dienen Menschen aus den frostigen Nordstaaten oft als Winterquartier. Dennoch lassen sich hier nicht nach vorstädtischen Normen Gärten anlegen. Wer in der Wüste sattgrünen Zierrasen und Bougainvilleen pflanzt, stört damit nur die Faszination dieser großartigen Landschaft.

Echte Wüstenpflanzen haben eine enorme visuelle Anziehungskraft, die häufig auch mit ihrer Fähigkeit zusammenhängt, Verdunstung zu reduzieren: Manche haben wachsartige Oberflächen, manche rollen die Blätter in der Hitze fest zusammen, wieder andere sind mit einem isolierenden Haarkleid geschützt oder besitzen gar keine Blätter. Viele Pflanzen sind sukkulent und können große Mengen von Wasser speichern. Ergebnis all dieser Anpassungen ist eine Palette mitunter außergewöhnlicher Pflanzen, die oft sehr reizvolle oder architektonische Formen haben. Zu ihnen gehören *Prosopis, Opuntia, Yucca, Artemisia* und *Tamarix*.

Wann und wieviel es in einer solchen Region regnet, ist nicht vorhersehbar, aber danach öffnen in der Wüste oft Millionen von Wildblumen ihre Blüten.

Architektonische Formen
In Wüstenregionen ohne traditionelle Architektur haben moderne Gebäude vor allem dann eine großartige Wirkung, wenn ihre strengen Linien von üppigen Wüstenpflanzen aufgelockert werden.
In diesem Garten in Arizona wachsen *Opuntia, Yucca* und *Fouquieria splendens*.

KLIMAZONEN

TYPISCHE PFLANZEN

Artemisia
Cereus
Euphorbia
Opuntia
Pachypodium
Parkinsonia
Prosopis
Tamarix
Yucca

Kalifornischer Stil
Opuntien sind großartige Wasserspeicher. Hier wachsen sie in einer Pflanzung mit kräftigen Formen und leuchtenden Farben, beides typische Eigenschaften von Pflanzen in heißen Wüstenregionen.

WAS IST EIN GARTEN

Tropisches Klima

In diesem heißen Klima, das sich, grob gesehen, in feuchte und trockene Zonen unterteilen läßt, habe ich noch nie gearbeitet. In den feuchten Tropen regnet es häufig und viel – manchmal täglich und manchmal nur während bestimmter Jahreszeiten –, und die Temperaturen sind das ganze Jahr hindurch hoch.

Zu den subtropischen Regionen der Welt gehören der Südosten der USA und Teile Mexikos und Südamerikas, Japan, China, die Pazifischen Inseln und Australien. Hier sind die Winter außergewöhnlich mild und die Sommer heiß.

Tropen und Subtropen gemeinsam ist die Kombination von hoher Luftfeuchtigkeit und Hitze, die Pflanzen enorm schnell und äußerst üppig wachsen läßt. Viele der Pflanzen haben außergewöhnliche Blattformen, die Blüten sind oft intensiv gefärbt.

Aus dem tropischen Regenwald stammen zahlreiche Zierpflanzen aller Größen und Formen. In den Zweigen der höheren Bäume gedeihen Farne, Orchideen und Bromelien – alles Epiphyten, die sich dem Leben auf anderen Pflanzen angepaßt haben. Vom Erdboden bis in die Baumwipfel hinauf recken sich Kletterpflanzen wie *Passiflora* und *Clerodendrum*. Unter den leuchtendgefärbten Blütensträuchern befinden sich einige der bekannteren *Hibiscus*- und *Plumeria*-Arten, zu den krautigen Pflanzen gehören unter anderen *Aechmea* und *Heliconia*.

Ein subtropischer Garten
Große, saftige Blätter und üppiges Wachstum sind typisch für alle Pflanzen subtropischer Regionen. Wie in diesem Garten in Florida, siedeln sich in jeder Ecke und Ritze Pflanzen an.

KLIMAZONEN

Leuchtende Farben
Ein großer Teil subtropischer Pflanzen gehört zu den Bromelien. Oben rechts sieht man eine *Guzmania lingulata,* unten eine *Aechmea fasciata* und links eine *Vriesea splendens.*

TYPISCHE PFLANZEN

Aechmea
Allamanda
Anthurium
Billbergia
Cattleya
Chamaedorea
Clerodendrum
Hedychium
Hibiscus
Monstera
Passiflora
Platycerium
Plumeria

2
DIE GESTALTUNG DES GARTENS

Nichts wird im absolut Leeren gestaltet. Bei der Entwicklung eines Designs müssen immer bestimmte Bedingungen und Regeln berücksichtigt werden, und das gilt ganz besonders für Gärten. Schließlich soll ein Entwurf nicht nur schön, sondern auch durchführbar sein. In diesem Kapitel geht es um die Vorteile von Regeln, aber auch um ihr Diktat, dem man sich keineswegs unterwerfen muß.

DIE GESTALTUNG DES GARTENS

Grundlagen der Gestaltung

Bei jeder Gartengestaltung ist es von zentraler Bedeutung, daß man erkennt, in welcher Beziehung Formen zueinander stehen, weil es die dem Entwurf zugrundeliegenden abstrakten Grundrißformen sind, die den Garten maßgebend prägen. Dazu muß man zunächst einmal die Gestaltung als eine Komposition abstrakter Formen begreifen, was nicht allen Gärtnern leichtfällt. Erst viel später entscheidet man, wie diese Formen umgesetzt und wie organische und anorganische Gartenelemente – Boden, Pflanzen, Wasser, Ziegel oder Stein – kombiniert werden.

Ich lasse mich bei meiner Arbeit sowohl von der Natur als auch von Objekten inspirieren, die Menschen geschaffen haben. Auch wenn ich solche Elemente nie direkt in ein Design einbeziehe, führen sie mir doch stets aufs neue die Beziehung zwischen Formen, Linien und Größenverhältnissen vor Augen. Einige dieser Elemente sind rechts abgebildet.

Kompositionen im Freien

Harmonische Proportionen spielen in der Gartengestaltung eine ebenso wichtige Rolle wie auf jedem anderen Gebiet des Designs. Die meisten Menschen haben ein Gespür dafür, wie man im Haus Formen kombiniert. Egal, ob sie Bilder oder Mobiliar arrangieren – sie sehen meistens, ob eine Anordnung einladend wirkt oder ungemütlich eng. Im Garten dagegen scheint ihnen diese Fähigkeit auf einmal verlorenzugehen, obgleich der Gestaltungsprozeß im wesentlichen der gleiche ist.

Ohne sich dessen vielleicht bewußt zu sein, versucht man beim Arrangieren von Objekten, ein Gleichgewicht zwischen Masse (wie etwa ein Bild oder Sofa) und Raum (Wand oder Fußboden) herzustellen. Diese Harmonie zwischen beidem wird durch die alten chinesischen Prinzipien Yin und Yang (Yin, das passive, Yang, das aktive Prinzip) symbolisiert. Im Garten betrachte ich die Masse (Pflanzen und Bauobjekte) als die »aktiven« Elemente und den Raum zwischen ihnen (Gras und Beläge) als die »passiven«. Das Gleichgewicht zwischen beiden ist eine wichtige Komponente in meinen Gartenentwürfen.

Wenn es Ihnen zu Beginn gelingt, zwischen aktiver

Formen und Linien
Pläne für Gartengestaltungen bestehen zunächst aus Kompositionen abstrakter Formen. Moderne Gebäude oder Gemälde, Elemente in der Natur, ländliche oder urbane Landschaften und das Yin-Yang-Prinzip – all diese Dinge machen die herausragende Bedeutung der Beziehung zwischen Form und Linie sichtbar.

PROPORTIONEN

Proportionierte Formen
Vom Haus ausgehende und in Proportionen zu ihm stehende Formen gewährleisten Ausgewogenheit und Harmonie.

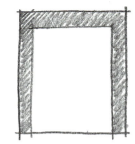

Unproportionierte Formen
Bei diesem Grundriß steht das Haus weder in Beziehung zum Gartenraum noch zu den Grundstücksgrenzen.

GRUNDLAGEN DER GESTALTUNG

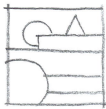

Abstrakte Formen
Dieser Gartenentwurf demonstriert, wie großartig selbst ein kleiner Raum wirken kann. Die größte Bedeutung kommt hier den Grundformen (oben im Umriß dargestellt) und dem Gleichgewicht zwischen Masse (Pflanzen, Mauern und Bäume) und Raum (Bodenfläche) zu. Beginnen Sie zunächst, in abstrakten Formen zu denken, und entscheiden Sie über die konkrete Umsetzung dieser Formen erst, nachdem die Grundanordnung feststeht.

GRUNDRISSFORMEN ANORDNEN

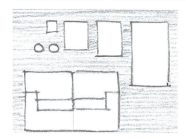

Gruppierung von Möbeln
Im Haus ergibt sich eine zufriedenstellende Kombination von Formen unterschiedlicher Größe meist von selbst.

Veränderte Wirkung
Hier hat sich die Wirkung dadurch verändert, daß das Verhältnis von hellen zu dunklen Flächen umgekehrt wurde.

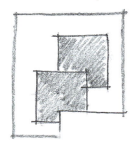

Betonung der Mitte
Wie bei Innenraumgestaltungen kommt es auch in Gärten auf die Zusammenstellung proportionierter Formen an.

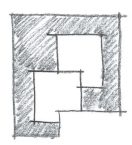

Betonung des Außenbereichs
Durch die einfache Umkehrung des Verhältnisses von Masse zu Raum wird der Gesamteindruck vollkommen verändert.

DIE GESTALTUNG DES GARTENS

Masse und passivem Raum das richtige Verhältnis herzustellen, wird die Gesamtanordnung logisch und harmonisch wirken. Stellen Sie sich zum Beispiel Ihren Rasen als passiven Raum vor, achten Sie aber darauf, daß er von der aktiven Masse, die ihn umgibt – wie etwa Pflanzbeete oder die Terrasse – optisch nicht eingeengt oder erdrückt wird. Oft ist es das Verhältnis zwischen Volumen und Formen der im Kontrast zu den freien Flächen stehenden Gartenelemente, das uns ein Gefühl von Geborgenheit gibt und uns bei einer harmonisch gestalteten Anlage so anspricht.

Erste Schritte

Später müssen auch praktische Dinge in die Überlegungen einbezogen werden, doch zunächst einmal stellen Sie sich Ihren Garten als einen leeren Raum vor, mit der Grundstücksgrenze als einzigen beschränkenden Faktor. Das Haus hat zunächst keinerlei Bezug zum Grundstück, und Ihr Ziel ist es, aus verschiedenen Elementen eine Gartenanlage entstehen zu lassen, die das Haus zu einem integralen Bestandteil macht. Betrachten Sie Bauobjekte und Pflanzgruppen als eine Art Mobiliar, das Sie so plazieren müssen, daß ein harmonisches Gleichgewicht zu den freien Räumen entsteht.

Um ein Gespür dafür zu bekommen, wie grundlegend Sie Ihren Garten verändern können, versuchen Sie sich einmal an der einfachen Übung rechts. Stellen Sie sich vor, Ihr Garten sei eine Bühne mit dem Haus als Hauptrequisit, und von der Bühnenseite wird nun die Gartenkulisse hereingetragen. Indem Sie verschiedene Bilder ausprobieren, werden Sie die Gestaltungsmöglichkeiten erkennen. Sie können auf der Zeichnung mit den verschiedenen Elementen spielen, um Vordergrund, Mitte und Hintergrund zu verändern. Während Sie eine Komposition aus Formen entstehen lassen, müssen Sie sich sowohl über die massiven Elemente als auch über die linearen Formen der Gestaltung Gedanken machen.

Bei der Gestaltung eines Gartens geht es nicht einfach um dessen Bepflanzung, sondern darum, daß man den gesamten Raum unter Kontrolle bekommt. Die Art und Weise, wie man einen Gartenraum wahrnimmt, wird dadurch bestimmt, wie die verschiedenen Elemente in ihm nebeneinandergesetzt und in mehrere Schichten unterteilt werden (dieser Effekt ist auf der gegenüberliegenden Seite oben rechts illustriert). Recht häufig kann man mit einem einfachen Mittel, wie etwa einem Bogen, kontrollieren, auf welche Weise man etwas sieht.

GARTENKOMPOSITIONEN

Um verschiedene Gestaltungsmöglichkeiten spielerisch auszuprobieren, zeichnet man einzelne Elemente auf Transparentpapier. Es müssen nicht die hier gezeigten verwendet werden.

Landschaftssilhouette
Zunächst wird das Gelände grob skizziert. Ehrgeiz ist unangebracht – eine einfache Silhouette reicht aus.

Ein Gebäude hinzufügen
Auf ein Stück Transparentpapier wird der Umriß eines Gebäudes gezeichnet, auf ein anderes abstrakte Formen, die Bäume darstellen.

Verbindung der Elemente
Die Zeichnungen werden jetzt auf unterschiedliche Weise kombiniert. Bei den Bäumen ist botanische Genauigkeit nicht erforderlich, lediglich die Wuchsform sollte ungefähr stimmen.

Der Vordergrund
Auf einem weiteren Transparentpapier wird eine Pflanze mit architektonischem Charakter skizziert und solange auf der Zeichnung verschoben, bis man einen schönen Vordergrund geschaffen hat.

Bildschichten
Indem man Haus und Umgebung durch unterschiedliche Kombinationen der Elemente zu verbinden versucht, wird auch deutlich, daß eine solche Komposition aus verschiedenen Schichten besteht.

Alternative Anordnung
Durch die Ausführung mehrerer Varianten erkennt man die vielfältigen Möglichkeiten, seinen Garten zu gestalten, indem man Vordergrund, Mitte und Hintergrund verändert.

GRUNDLAGEN DER GESTALTUNG

Schichten einer Aussicht (oben)
Einfache und farblich abgesetzte Umrisse lassen Vordergrund, Mitte und Hintergrund des links gezeigten Gartens deutlich erkennen.

Veränderte Wirkung (oben)
Durch die Veränderung des Vordergrundes kann ein Garten eine völlig neue Wirkung bekommen. Der Bogen, der hier den Blick einrahmt, läßt den Garten viel tiefer erscheinen.

Manipulation des Raums (links)
Die ineinandergreifenden »Schichten« verschiedener Pflanzungen lenken das Auge zu dem Punkt, an dem der Weg aus dem Blickfeld verschwindet.

DIE GESTALTUNG DES GARTENS

Formen und ihre Umgebung

Wie aus den vorhergehenden Seiten deutlich wird, ist es bei der Gestaltung des Gartens zunächst wichtig, in Formen zu denken. Doch welche Formen sind das, und wie beginnt man? Betrachten Sie zunächst genau die umliegende Landschaft, denn die von Ihnen verwendeten Formen sollten sich harmonisch in sie einfügen.

Auf dem Land können sich die Formen der natürlichen Landschaft im Garten wiederholen. Eine Aussicht auf in scharfen Winkeln angelegte Felder kann ein gutes Vorbild für die Planung eines Gartengrundrisses mit ähnlichen Winkeln sein.

Aber auch Kontraste sind sehr wirkungsvoll, sofern die Gesamtanordnung proportioniert und überzeugend genug ist, um optische Spannung zu erzeugen.

Ganz im Gegensatz dazu steht die vom Menschen geschaffene urbane Landschaft. Da man hier nicht auf natürliche Geländeformen zurückgreifen kann, muß man sich nach anderen optisch prägenden Faktoren umsehen. Stadtgärten sind oft von hohen Mauern oder den harten Konturen anderer Gebäude umschlossen. In dieser Umgebung wirken geometrische Muster überzeugender, die sich aber nicht auf gerade Linien beschränken müssen, auch Kreise und Kreisausschnitte sind möglich.

Ebenfalls wichtig sind die Größenverhältnisse. In jeder Umgebung, auf dem Land wie in der Stadt, wird die Größe der in der Gestaltung verwendeten Formen durch das Haus bestimmt, denn die Proportionen eines Gartengrundrisses sollten immer mit den Proportionen des Hauses harmonieren. Und deshalb müssen dem Garten eines Bungalows vermutlich kleinere Grundrißfiguren zugrundeliegen als dem eines riesigen Appartementhauses.

Lineare Formen
Die Wirkung dieser Kombination von natürlichen und künstlichen Formen liegt in der Anordnung der waagrechten und senkrechten Linien. Die vertikalen Konturen der schlanken Waldbäume, die den Hintergrund für die horizontalen Linien des Hauses bilden, wiederholen sich vorn in den hohen Gräsern. Die klare Architektur des Hauses bringt die Pflanzungen voll zur Geltung.

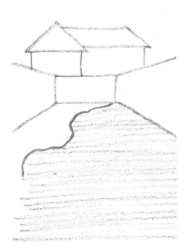

URBANE UMGEBUNG

Auf Grundstücken in der Stadt sollte sich die Geometrie von Grundstücksgrenze und Gebäuden in der Gartengestaltung widerspiegeln. Freie Formen fügen sich optisch nicht in Stadtlandschaften ein und lenken den Blick meist nur auf Grundstücksgrenzen. Geometrische Formen dagegen (auch Kurven und Kreise), die in Proportion zu ihrer Umgebung stehen, wirken harmonisch und halten das Auge auf dem Grundstück.

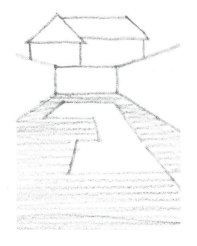 

GRUNDLAGEN DER GESTALTUNG

LÄNDLICHE UMGEBUNG

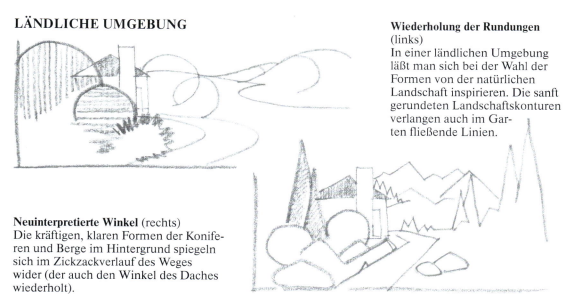

Wiederholung der Rundungen (links)
In einer ländlichen Umgebung läßt man sich bei der Wahl der Formen von der natürlichen Landschaft inspirieren. Die sanft gerundeten Landschaftskonturen verlangen auch im Garten fließende Linien.

Neuinterpretierte Winkel (rechts)
Die kräftigen, klaren Formen der Koniferen und Berge im Hintergrund spiegeln sich im Zickzackverlauf des Weges wider (der auch den Winkel des Daches wiederholt).

Inspiration aus der Natur
Möglicherweise war hier die Form der Zedernzweige, die die Aussicht einrahmen, Vorbild für den Grundriß dieses Gartens, denn die waagrechten Linien von Teich, Weg und Hecke harmonieren perfekt mit den horizontalen Konturen des Baumes.

DIE GESTALTUNG DES GARTENS

Kunstgriffe bei der Gestaltung

Es gibt eine ganze Reihe von Kunstgriffen, mit deren Hilfe man die tatsächlichen Größenverhältnisse innerhalb eines Gartens optisch verändern kann. Ein Beispiel ist, die Mauer am Ende eines langen Raumes durch einen dunklen Anstrich optisch näher heranzuholen. Darüber hinaus gibt es einige allgemeine Gestaltungsregeln.

Bei der natürlichen Perspektive scheinen parallele Linien aufeinander zuzulaufen, bis sie sich im Fluchtpunkt treffen. Aber angenommen, man korrigiert diese Linien, so daß sie sich tatsächlich nähern oder auseinandergehen (wie es die Gestalter der großen klassischen Gärten taten), dann erreicht man, daß der Raum länger oder kürzer erscheint, als er tatsächlich ist. Ähnlich kann man einen schmalen Raum breiter wirken lassen, indem man kräftige horizontale Linien in die Gestaltung einbezieht.

Täuschung des Auges

Wie gut es gelingt, den Blick auf bestimmte Weise gezielt durch den Garten zu lenken, ist nicht nur eine Frage von Grundriß und linearem Muster. Auch Blickfänge spielen hier eine Rolle, die die Anlage gliedern wie Satzzeichen ein Schriftstück. Ein kleiner Garten besteht – im übertragenen Sinn – vielleicht nur aus einem Satz mit einer Bank als Punkt, während größere Gärten aus mehreren, von Kommata unterbrochenen Sätzen bestehen, und der Punkt möglicherweise eine Aussicht ist. (In klassischen Gärten war es oft ein Durchblick).

In manchen Gärten gibt es häßliche Elemente wie etwa einen Öltank, und wer sie hinter einem dekorativen Schutz zu verbergen sucht, erreicht damit oft nur das Gegenteil: Ein weinbewachsenes Spalier zum Beispiel zieht die Blicke geradezu auf sich. Daher ist es weitaus empfehlenswerter, einen ablenkenden Blickfang an anderer Stelle zu plazieren und das unansehnliche Element hinter einem soliden Schirm verschwinden zu lassen. Auch hohe Grundstücksgrenzen und ein häßlicher Anblick im Nachbargarten können ein Problem darstellen, weil sie die Aufmerksamkeit vom Garten ablenken. Um das Auge zu fesseln, ist eine Gestaltung mit einer überzeugenden dreidimensionalen Aufteilung erforderlich, deren Elemente in einem harmonischen Größenverhältnis zur Grundstücksgrenze stehen.

Verlängerter Raum
Dieser von hohen Mauern umgebene Eingangsbereich erscheint durch die kleine Fischskulptur und die tiefliegende blaßrosa Fläche am Ende länger, als er tatsächlich ist.

LINEARE MUSTER

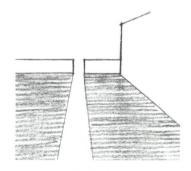 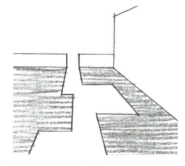

Lange, gerade Linien
Längs verlaufende parallele Linien, wie bei einem Weg, laufen optisch aufeinander zu und lassen den Garten länger erscheinen. Gleichzeitig aber teilen sie ihn in langweilige Blöcke auf.

Optische Auflockerung
Günstiger ist, den Verlauf des Weges in die Flächen zu beiden Seiten zu integrieren. So entsteht ein reizvoller Eindruck, ohne daß der Blick abgelenkt oder der Durchgang erschwert wird.

GRUNDLAGEN DER GESTALTUNG

Blickfang
Blickfänge dienen dazu, die Aufmerksamkeit auf bestimmte Bereiche zu ziehen und vielleicht von anderen abzulenken. Wenn sie so großartig sind wie dieses in eine Hecke geschnittene Fenster, haben sie eine sehr aufregende und anziehende Wirkung. Da man durch das Fenster hindurchschauen kann, erscheint der Garten offener, ohne etwas von seiner Intimität einzubüßen.

Geräumige Wirkung (oben)
Die klaren waagrechten Linien dieser aus Eisenbahnschwellen konstruierten Stufen lassen die Weganlage sehr großzügig erscheinen.

Sanfte horizontale Linien (links)
Das horizontale Verlegemuster der Platten und die über sie wachsenden Pflanzen lenken den Blick von einer Seite zur anderen statt den Weg entlang.

KONZENTRATION DER AUFMERKSAMKEIT

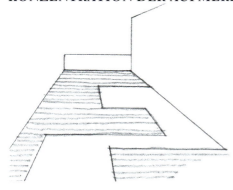

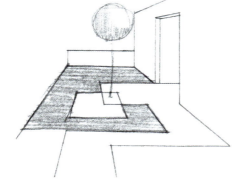

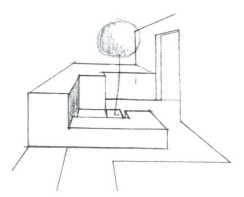

Klare Formen
Bei Stadtgärten sollte man sich für eine geometrische Gestaltung entscheiden, die den Blick im Garten festhält. Formen mit klaren Querlinien führen das Auge langsam das Grundstück hinunter.

Vertikale Elemente
Mit einem Baum oder Tor beginnt man, den zweidimensionalen Grundriß durch vertikale Elemente zu ergänzen. Auch auf begrenztem Raum sollten die Elemente nicht zu klein sein.

Dreidimensionalität
Durch plastische Formen sorgt man im dreidimensionalen Raum für optischen Reiz und verhindert auf diese Weise, daß kleine Gärten von umliegenden Gebäuden optisch erdrückt werden.

DIE GESTALTUNG DES GARTENS

Die Sprache der Gestaltung

Mit Hilfe von Zeichnungen kann man seine Gestaltungsideen darstellen, erläutern und auch weiterentwickeln, bis der Garten endgültig angelegt und bepflanzt ist. Zu den Zeichnungen, deren Anfertigung Sie beherrschen sollten, gehören Grundriß, Schnitt und Projektion, die maßstabgerecht angelegt sein müssen. Sie sind für die genaue Planung und Konstruktion aller Elemente des Gartens von grundlegender Bedeutung. Zusammen enthalten sie alle Informationen, die die an der Ausführung der Gartenanlage Beteiligten benötigen. Darüber hinaus ist es die präziseste Art, sich mit dem Architekten zu verständigen, mit dem Sie vielleicht zusammenarbeiten. Der Grundriß stellt den ersten Schritt im Gestaltungsprozeß dar und zeigt nur die wichtigsten der geplanten Elemente und Pflanzbereiche. Auf ihm bauen alle nachfolgenden Zeichnungen auf.

Viele Leute erschreckt der Gedanke, eine technische Zeichnung anfertigen zu müssen, obwohl dafür keine besonderen Fähigkeiten erforderlich sind. Jede technische Zeichnung basiert auf einer logischen Schrittfolge. Auch vor freihändigem Zeichnen schrecken viele Leute zurück, doch ist es ein wertvolles Mittel, wenn man neuen Ideen Gestalt verleihen möchte. Wer sich mit Skizzen schwertut und auch durch Üben nicht weiterkommt, kann die unten gezeigte Technik anwenden.

Grundriß
Die erste und wichtigste Zeichnung im Gestaltungsprozeß ist der Grundriß. Sie muß genau und maßstabgerecht sein, da sie als Grundlage für alle Detailzeichnungen dient.

Der Teil des Grundrisses, der im Schnitt gezeigt ist, beginnt hier und geht zum Haus.

Die auf dem Grundriß zweidimensionalen Elemente werden in der Projektion anschaulich dargestellt.

Die perspektivische Zeichnung zeigt, wie der Garten von diesem Standort aus wirkt.

Schnellverfahren
Diese Technik ermöglicht es Ihnen, mit verschiedenen Gestaltungsideen zu experimentieren. Sie legen ein Transparentpapier über ein vom Haus aus aufgenommenes Foto des Grundstücks und zeichnen darauf die geplante Aussicht. Ziel dieser Vorgehensweise ist, einen Eindruck von den verschiedenen Formen der Gestaltung zu erhalten. Daher zeichnet man zunächst nur grobe Umrisse (wie auf Seite 42 gezeigt) und läßt überflüssige Details weg. Ein Foto von Haus und Umgebung zeigt Ihnen, ob sich die Gartengestaltung in die Landschaft einfügt.

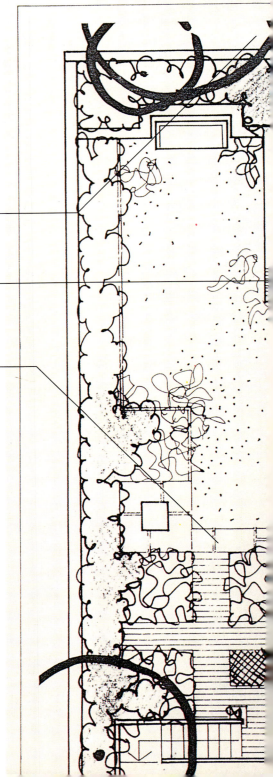

DIE SPRACHE DER GESTALTUNG

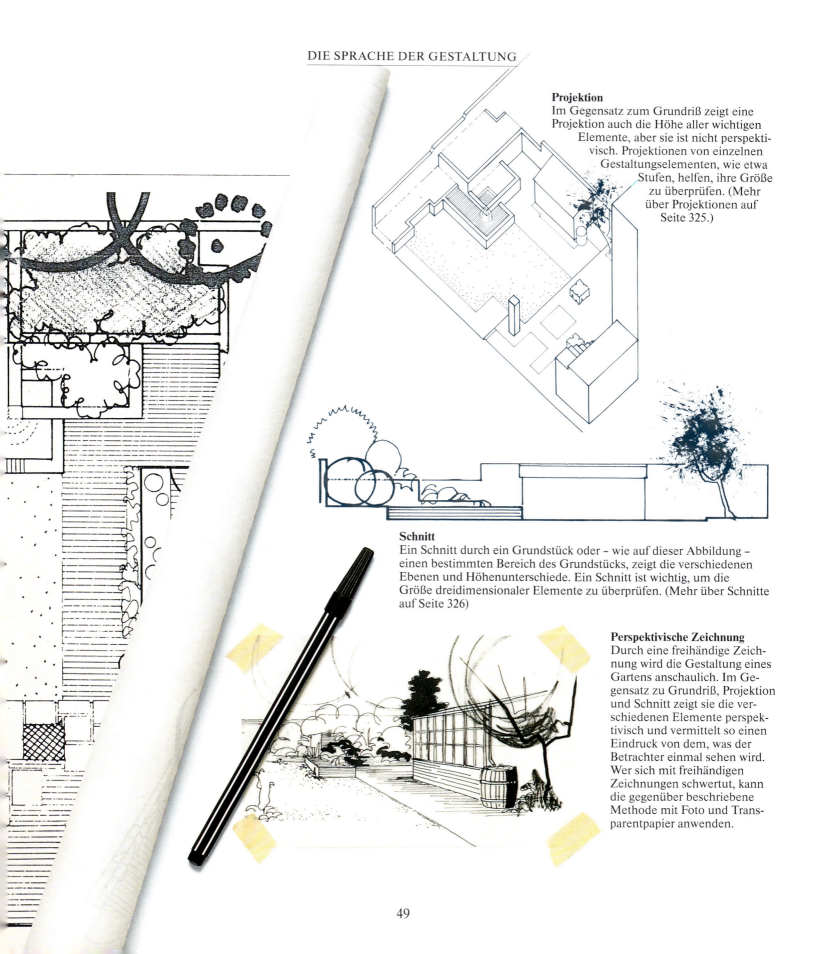

Projektion
Im Gegensatz zum Grundriß zeigt eine Projektion auch die Höhe aller wichtigen Elemente, aber sie ist nicht perspektivisch. Projektionen von einzelnen Gestaltungselementen, wie etwa Stufen, helfen, ihre Größe zu überprüfen. (Mehr über Projektionen auf Seite 325.)

Schnitt
Ein Schnitt durch ein Grundstück oder – wie auf dieser Abbildung – einen bestimmten Bereich des Grundstücks, zeigt die verschiedenen Ebenen und Höhenunterschiede. Ein Schnitt ist wichtig, um die Größe dreidimensionaler Elemente zu überprüfen. (Mehr über Schnitte auf Seite 326)

Perspektivische Zeichnung
Durch eine freihändige Zeichnung wird die Gestaltung eines Gartens anschaulich. Im Gegensatz zu Grundriß, Projektion und Schnitt zeigt sie die verschiedenen Elemente perspektivisch und vermittelt so einen Eindruck von dem, was der Betrachter einmal sehen wird. Wer sich mit freihändigen Zeichnungen schwertut, kann die gegenüber beschriebene Methode mit Foto und Transparentpapier anwenden.

DIE GESTALTUNG DES GARTENS

Grundrißmodelle

Nachdem Sie einen Grundriß der vorgesehenen Gartenanlage gezeichnet haben, können Sie einen Konstruktionsplan und einen Bepflanzungsplan anfertigen, die alle Arbeitsdetails enthalten. Der Konstruktionsplan zeigt die Position von Mauern und Stufen und sogar die einzelnen Belagelemente, auf dem Pflanzplan wird der Standort eines jeden Strauches und jeder Staudengruppe in der Rabatte eingezeichnet. (Maßstabempfehlungen für diese Pläne finden Sie auf Seite 152.)

Zur Darstellung der verschiedenen Belagmaterialien, Bauten und Pflanzen werden Symbole benutzt. Eine Übersicht über die bei diesen Abbildungen verwendeten Symbole finden Sie auf den Seiten 322 und 323. Viele davon sind im Gartenbau allgemein üblich, so daß Auftragnehmer in der Regel mit ihnen vertraut sein werden. Alle Symbole – auch selbsterfundene – müssen maßstabgerecht verwendet werden, was bedeutet, daß man beispielsweise Pflasterplatten größer zeichnet als Ziegel und Sträucher größer als Stauden. Sollte auf dem Konstruktionsplan nicht genügend Platz für alle notwendigen Details sein, ergänzt man die Symbole mit kurzen Bezeichnungen. Auf dem Pflanzplan müssen Name und Anzahl der Pflanzen festgehalten werden. Auch wenn die Pläne zweidimensional sind, können Sie den Eindruck von Tiefe entstehen lassen, indem Sie die Strichstärke nach der Dominanz des betreffenden Elementes variieren.

KONSTRUKTIONSPLAN

Der Konstruktionsplan wird anhand des Grundrisses angefertigt und zeigt detailliert alle gebauten Elemente des Gartens. Wie im Grundriß werden auch hier das Haus sowie alle Fenster und Türen zum Garten eingezeichnet. Darüber hinaus gibt der Konstruktionsplan Aufschluß über alle im Garten vorhandenen Mauern (Stützmauern und freistehende Mauern müssen zu unterscheiden sein), Zäune, Einfassungen, Stufen, Pergolen und Gartengebäude. Belagmaterialien der Wege, Rasenflächen und stehendes oder bewegtes Wasser müssen ebenfalls klar erkennbar sein. Möglicherweise geht aus dem Plan auch hervor, in welchem Muster Ziegel oder Platten verlegt werden. Obwohl dieser Plan in erster Linie Bauobjekte berücksichtigt, trägt man gewöhnlich die Konturen bereits existierender großer Bäume ein.

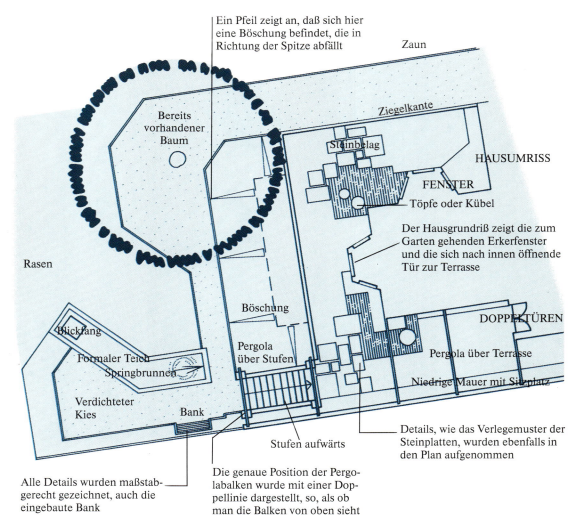

DIE SPRACHE DER GESTALTUNG

PFLANZPLAN

Der Grundriß bildet auch die Basis für den Pflanzplan, auf dem durch Symbole die Positionen einzelner Bäume, Sträucher, Stauden und so weiter eingezeichnet werden, obwohl man für die detaillierte Darstellung einer Staudenrabatte den Maßstab vergrößern muß. Die Umrisse der Symbole zeigen den Umfang der einzelnen Pflanzen nach einer bestimmten Zeit des Wachstums an und ein Punkt ihre genaue Pflanzstelle. Die Symbole für immergrüne Pflanzen werden schraffiert, um sie von denen für sommergrüne unterscheiden zu können. In Mengen gepflanzte Zwiebel- und kleine Einjahresblumen werden nur durch eine Anzahl von Punkten oder durch Schraffur angedeutet. Wegen der Übersichtlichkeit kann man die Symbole für Gruppen von nur einer Pflanzenart in der Mitte verbinden. Die einzelnen Symbole oder Symbolgruppen werden mit Artname und Pflanzenanzahl ausgezeichnet (siehe Beispiel Seite 119). Der fertige und detaillierte Pflanzplan dient nicht nur als Einkaufsliste, sondern später auch als genaue Vorlage beim Pflanzen.

BAUMSYMBOLE

Das sind einige der Baumsymbole, die in den Plänen verwendet werden. Weitere befinden sich auf Seite 323.

Pflanzenumriß und Pflanzstelle

Sommergrüne Bäume: bereits vorhanden (dicke Linie) oder geplant

Koniferen: bereits vorhanden (dicke Linie) oder geplant

Kleiner Baum

Pflanzenumriß

Waldbaum

Mittelgroßer Baum

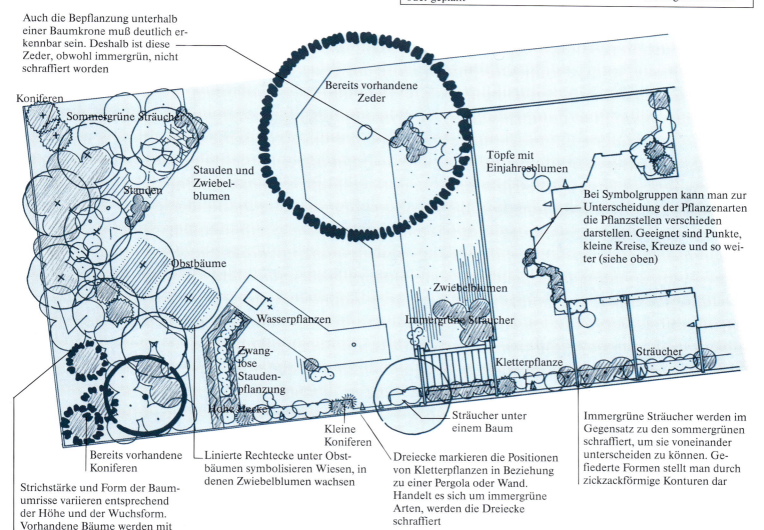

Auch die Bepflanzung unterhalb einer Baumkrone muß deutlich erkennbar sein. Deshalb ist diese Zeder, obwohl immergrün, nicht schraffiert worden

Koniferen

Sommergrüne Sträucher

Stauden

Bereits vorhandene Zeder

Stauden und Zwiebelblumen

Obstbäume

Wasserpflanzen

Zwanglose Staudenpflanzung

Hohe Hecke

Bereits vorhandene Koniferen

Strichstärke und Form der Baumumrisse variieren entsprechend der Höhe und der Wuchsform. Vorhandene Bäume werden mit dicken Linien dargestellt

Linierte Rechtecke unter Obstbäumen symbolisieren Wiesen, in denen Zwiebelblumen wachsen

Kleine Koniferen

Töpfe mit Einjahresblumen

Bei Symbolgruppen kann man zur Unterscheidung der Pflanzenarten die Pflanzstellen verschieden darstellen. Geeignet sind Punkte, kleine Kreise, Kreuze und so weiter (siehe oben)

Zwiebelblumen

Immergrüne Sträucher

Kletterpflanze

Sträucher

Sträucher unter einem Baum

Dreiecke markieren die Positionen von Kletterpflanzen in Beziehung zu einer Pergola oder Wand. Handelt es sich um immergrüne Arten, werden die Dreiecke schraffiert

Immergrüne Sträucher werden im Gegensatz zu den sommergrünen schraffiert, um sie voneinander unterscheiden zu können. Gefiederte Formen stellt man durch zickzackförmige Konturen dar

DIE GESTALTUNG DES GARTENS

Grundtechniken des Zeichnens

Um die für eine Gartengestaltung erforderlichen technischen Zeichnungen anfertigen zu können, muß man wissen, wie man mit dem notwendigen Zeichengerät umgeht – und etwas Selbstvertrauen haben.

Auf einer schrägen Fläche ist das Zeichnen einfacher, deshalb verwendet man am besten einen Zeichentisch. Er sollte mindestens 1 m breit und mit einer Parallelreißschiene ausgestattet sein. Probieren Sie aus, welche Höhe und Neigung für Sie am bequemsten ist. Außerdem brauchen Sie gutes Licht. Technische Zeichnungen werden häufig auf Transparentpapier angefertigt. Für die ersten Versuche verwendet man dünnes Papier, für die Reinzeichnungen dickes. Ich mache meine ersten Zeichnungen oft auf dünnes Skizzenpapier, das sich ebensogut eignet wie Transparentpapier, aber preiswerter ist. Ferner benötigt man eine Auswahl an Bleistiften und Tuschzeichenstiften mit Spitzen unterschiedlicher Stärke. Um sauber zu zeichnen, hält man den Stift senkrecht. Dunkle Zeichentische deckt man mit weißem Karton ab, damit auf transparentem Papier gezeichnete Linien besser sichtbar sind.

DAS ZEICHENGERÄT

Unverzichtbar ist ein Maßstablineal mit den Maßstäben 1 : 100 und 1 : 50 (siehe auch Seite 152). Tuschzeichenstifte werden nur für Reinzeichnungen verwendet. Zum Zeichnen benutzt man die Bleistiftstärke HB, zum Skizzieren 2B. Details werden mit 2H gezeichnet.

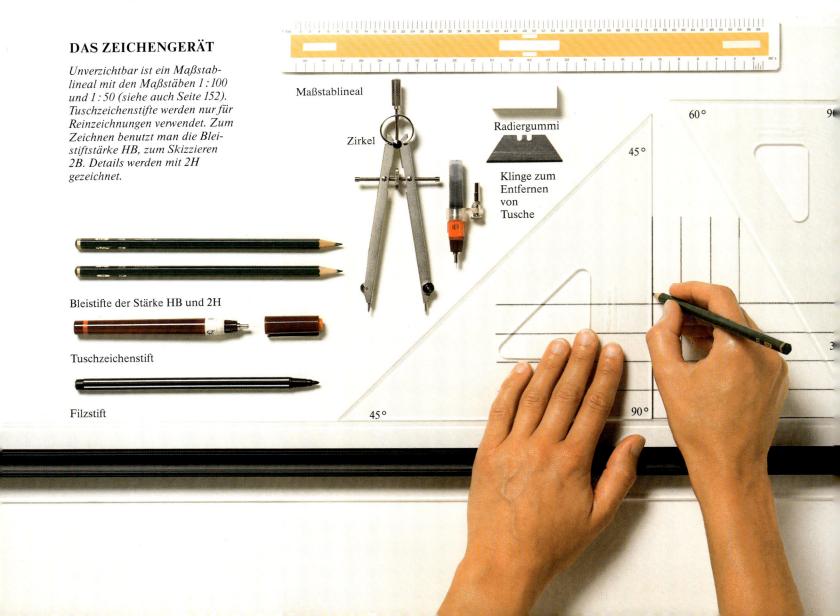

GRUNDTECHNIKEN DES ZEICHNENS

1 Waagrechte Linien
Die Parallelreißschiene feststellen und in gleichmäßigen Abständen Linien ziehen. Dabei immer von oben nach unten arbeiten.

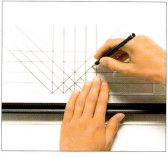

2 Senkrechten und Diagonalen
Ziehen Sie mit einem an der Parallelreißschiene angelegten rechtwinkligen Dreieck im 90°-Winkel senkrechte und im 45°-Winkel diagonale Linien.

3 75°-Winkel
Für weitere Winkelmaße die verschiedenen Schenkel der beiden Dreiecke aneinanderlegen. Führen Sie einfache Additionen durch: 45° und 30° ergeben hier 75°.

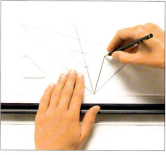

4 105°-Winkel
Für einen 105°-Winkel das rechtwinklige Dreieck an die Parallelreißschiene anlegen und den 60°-Winkel des zweiten Dreiecks am langen Schenkel des ersten ansetzen.

Schablone

Zwei Kurvenlineale

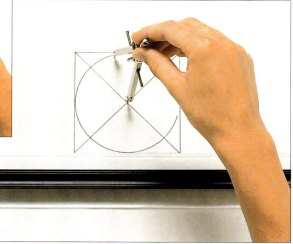

Geometrie (oben und rechts)
Den Zirkel in der Mitte eines gezeichneten Quadrates einstechen und, wie gezeigt, einen Kreis zeichnen.

Empfehlenswert ist ein Zeichenbrett, dessen Parallelreißschiene mit einer Plexiglaskante versehen ist

KREISE UND KURVEN

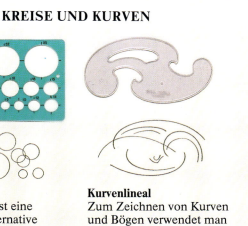

Kleine Kreise
Eine Schablone ist eine zeitsparende Alternative zum Zirkel.

Kurvenlineal
Zum Zeichnen von Kurven und Bögen verwendet man ein Kurvenlineal.

53

DIE GESTALTUNG DES GARTENS

Entwicklung von Formen und Mustern

Die auf diesen Seiten beschriebene Übung erleichtert den Schritt vom Linienzeichen zur Entwicklung abstrakter Muster. Dabei werden innerhalb eines mehr oder weniger starren Rasters freie Formen entwickelt. Durch die Verfremdung von Buchstaben lernen Sie, große Winkel und klare Formen zu nutzen (spitze Winkel und komplizierte Grundrißfiguren sind für Gärten ungeeignet). Versuchen Sie, ein oder mehrere Muster zu entwickeln, die Sie auch als abstrakte Entwürfe auf dem Papier zufriedenstellen und nicht nur im Hinblick auf den zukünftigen Garten begeistern.

Von der Linie zur abstrakten Form
Hier ist innerhalb eines Rasters ein Muster entstanden.

ENTSTEHUNG EINES MUSTERS

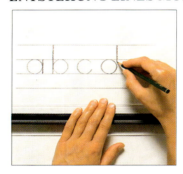

1 Im Abstand von jeweils 2,5 cm vier Linien ziehen und freihändig Buchstaben aus Kreisen und geraden Linien hineinzeichnen.

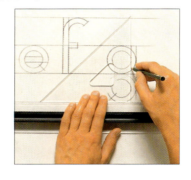

2 Dann vier Linien mit 5 cm Abstand ziehen und mit Dreieck und Zirkel Buchstaben zeichnen, die in der Größe aufeinander abgestimmt sind.

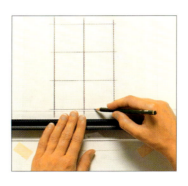

3 Auf einem Transparentpapier einen Raster aus sechs 5-cm-Quadraten zeichnen. Für die Senkrechten ein Dreieck, für die Waagrechten die Parallelreißschiene verwenden.

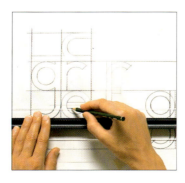

4 Vier Buchstaben aus Schritt 2 in beliebiger Position übertragen (m und w nicht verwenden). Kreise und Quadrate müssen übereinstimmen.

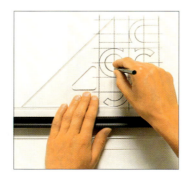

5 Anschließend werden die Rasterquadrate durch waagrechte und senkrechte Linien halbiert. Die Linien sollten sich in der Mitte der Kreise kreuzen.

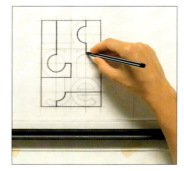

6 Einen Teil der Buchstaben und Linien nachziehen, so daß ein abstraktes Muster entsteht. Am Rand dürfen Winkel nicht kleiner als 45° sein.

54

GRUNDTECHNIKEN DES ZEICHNENS

MIT ABSTRAKTEN FORMEN ARBEITEN

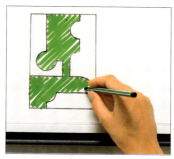
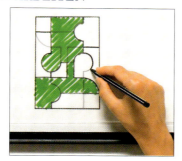
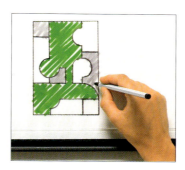

1 Das entstandene Muster mit einem farbigen Filzstift grob schraffieren, um die Form klarer hervortreten zu lassen.

2 Mit weiteren Formen ergänzen: Schritt 6 wiederholen und die Konturen, eventuell umgedreht, übertragen.

3 Die neuen Flächen schraffieren. Alle Formen sind durch den gleichen Raster geometrisch aufeinander abgestimmt.

4 Farbe macht das abstrakte Muster lebendig. Experimentieren Sie auch mit einer Umkehrung der Farben (unten links).

DIE GESTALTUNG DES GARTENS

Wahl und Verwendung eines Rasters

Jeder Gartengestaltung liegt ein Maß zugrunde, das sich in der genau gleichen Form nicht wiederholt und einmalig ist. Es dient zur Erstellung eines Rasters. Die Seitenlänge der Rasterquadrate sollte einem dominanten Element des Hauses entsprechen, dem wichtigsten Baukörper auf dem Grundstück. Innerhalb dieses Rasters wird eine Gestaltung entwickelt, die mit dem Haus optisch in Einklang steht. Der Raster erleichtert auch, die Gestaltung vom Wohnbereich aus zu entwickeln, statt die Grundstücksgrenzen als Ausgangspunkt zu nehmen, woran viele Gartengestaltungen scheitern. Den Raster zeichnet man auf Transparentpapier und benutzt ihn in Verbindung mit einem maßstabgetreuen Grundriß des Grundstücks.

Doch welches Element legt man dem Rastermaß zugrunde? Betrachten Sie das Haus zusammen mit dem Grundriß und versuchen Sie, ein sich wiederholendes Maß zu finden, wie etwa die Breite der Fenster. Dann schauen Sie sich das Haus aus einiger Entfernung an, weil Sie so leichter Maßordnungen erkennen wie etwa die Abstände zwischen den Pfosten einer Veranda. Bei einigen Häusern ist die Rückseite L-förmig, wovon ein gutes Grundmaß für einen Raster abgeleitet werden kann. Wahrscheinlich wurde das Haus auf der Basis eines Moduls entworfen und gebaut – versuchen Sie also, dieses im Grundriß zu finden. Sonst können Sie das dominanteste Bauelement verwenden oder eines, auf das Sie die Aufmerksamkeit lenken wollen.

Wählt man ein zu kleines Maß für den Raster, hat das unter Umständen eine kümmerlich wirkende Gestaltung zur Folge mit spitzen Winkeln, deren Realisierung darüber hinaus problematisch ist. Wo ein Grundstück von offener Landschaft umgeben ist, kann man am Rand die Rastergröße verdoppeln und großzügigere Formen verwenden, die dennoch harmonisch wirken.

Unabhängig von Größe und Form des Gartens muß der Raster im Winkel von 90° zum Haus liegen. Soll das Muster eine bestimmte Dynamik erhalten – etwa in Richtung auf eine Aussicht oder einen bestimmten Baum –, kann man den Raster um 45° drehen. Ein Raster hilft, ein Gefühl für Proportionen zu entwickeln, aber er sollte nicht zur Zwangsjacke werden. Später werden Sie sehen, wie man einen Gartenentwurf ohne die Zwänge des Rasters entwickelt, indem man ein Grundkonzept in konkrete Formen und Räume umsetzt.

WAHL DER RASTERGRÖSSE

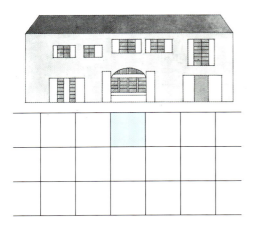

Fensterbreite
Bei diesem Entwurf wurden dem Raster die Maße der Fenster im Erdgeschoß zugrunde gelegt, weil sie die wichtigsten Elemente dieser Hausfront sind.

Verandamaße
Die Pfosten dieser Veranda unterteilen die Hausfront in rhythmisch gleiche Abstände, deren Maß für die Rasterquadrate gewählt wurde.

Erker
Besteht zwischen den einzelnen Elementen proportional keine Beziehung, legt man dem Raster das Maß des dominierenden Elements – hier der Erker – zugrunde.

56

WAHL UND VERWENDUNG EINES RASTERS

RASTER UND GRUNDRISS

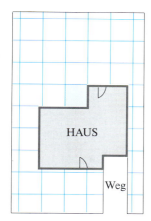

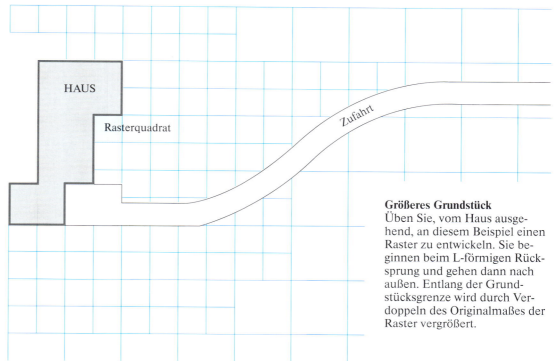

Kleines Grundstück
Die Größe der Rasterquadrate basiert auf dem L-förmigen Rücksprung an der Hinterseite des Hauses. Es spielt keine Rolle, daß die Quadrate an der Grundstücksgrenze angeschnitten sind. Auf einem kleinen Grundstück wie diesem wird nur eine Rastergröße verwendet.

Größeres Grundstück
Üben Sie, vom Haus ausgehend, an diesem Beispiel einen Raster zu entwickeln. Sie beginnen beim L-förmigen Rücksprung und gehen dann nach außen. Entlang der Grundstücksgrenze wird durch Verdoppeln des Originalmaßes der Raster vergrößert.

Optische Einheit (oben und rechts)
Mit Hilfe des Rastersystems stehen die Maßeinheiten des Gartens in ausgewogener Beziehung zu denen des Hauses. Für diesen Garten wurde dem Raster die Breite des Fensters zugrundegelegt, die sich in der Kiesfläche, dem Pflasterbereich sowie in den Abständen zwischen den Pergolabalken wiederholt.

DIE GESTALTUNG DES GARTENS

Muster auf einem Raster

Die Strukturierung einer Gartenanlage legt Atmosphäre und Gestaltung des Gartens bereits fest, lange bevor man entscheidet, welche Materialien oder Pflanzen man verwendet. Durch Figuren, deren Maße ein mehrfaches der Rastergröße betragen, kann erreicht werden, daß die Gestaltung in einem engen Bezug zu den Proportionen des Hauses steht. Doch zunächst werden die Formen arrangiert, um der Gestaltung einen bestimmten Grundcharakter zu verleihen.

Man kann grob zwischen Mustern unterscheiden, die Bewegung beinhalten, und solchen, die statisch sind. Muster mit fließenden, geschwungenen Linien lassen Bewegung entstehen, weil sie das Auge durch den Raum lenken. Die gleiche Wirkung haben Formen mit geraden Kanten, die in einer bestimmten Richtung angeordnet sind. Gerade Linien haben die größte Dynamik, bei Diagonalen ist die Bewegung etwas langsamer.

Bewegte Muster müssen gezielt eingesetzt werden – vielleicht, um die Aufmerksamkeit auf ein besonderes Element oder auf eine Aussicht zu lenken. Muster mit großzügigen Schlangenlinien eignen sich nicht für kleine Gärten, weil einfach nicht genug Raum vorhanden ist, um sie zur Geltung zu bringen.

Statische Muster können ruhiger sein. Gewöhnlich handelt es sich um ausgewogene Kompositionen, die die Aufmerksamkeit auf das Grundstück ziehen, was bei kleinen Gärten, hohen Mauern oder häßlichen Aussichten sinnvoll ist.

Masse und Raum

Bei jedem Muster hat das Verhältnis zwischen aktiver Masse und passivem Raum große Bedeutung (siehe Seite 40–41). Die auf einem Gartengrundriß hell dargestellten Flächen werden später zu aktiver Masse und die dunklen zu passivem Raum. So kann es sich bei der Masse um Beete handeln, die durch Stützmauern unterteilt werden, und bei dem Raum um eine Belagfläche oder Rasen. Stellen Sie sich zuerst im Geist die hier gezeigten Muster auf diese Weise vor. Dann kehren Sie das Verhältnis um, so daß die hellen Flächen zu Raum und die dunklen zu Masse werden. So können Sie sehen, daß sich viele der Muster als Ausgangsbasis für Gartengestaltungen mit sehr unterschiedlichem Charakter eignen.

REGELN FÜR MUSTER

Diese Muster bestehen aus Formen, die auf einem Raster basieren. Probieren Sie mit einem gezeichneten Raster und Papierschablonen verschiedene Möglichkeiten aus. Für kleinere Figuren wird die Rastergröße halbiert. Diese Übung vermittelt Ihnen ein Gefühl für Muster, die Sie bald selbst entwickeln können.

1 Symmetrisch und statisch
Ein formales Muster aus Quadraten der vierfachen Rastergröße konzentriert die Aufmerksamkeit auf das Grundstück.

2 Diagonale Harmonie
Ein leicht bewegtes Muster entsteht durch freie Flächen zwischen L-Formen in der Größe dreier Rasterquadrate.

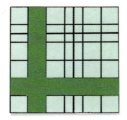

3 Kontrollierte Bewegung
Gerade Linien haben die stärkste Dynamik. Durch Querlinien wird die Bewegung etwas verlangsamt.

4 Ineinandergeschobene Quadrate
Hier bilden zwei sich überschneidende Quadrate in der Mitte ein drittes.

5 45°-Drehung
Die Quadrate wurden im Winkel von 45° zu den Grundstücksgrenzen verschoben und lassen ein abstraktes Muster entstehen.

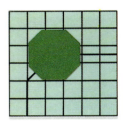

6 Einfache Geometrie
Achtecke sind sehr wirkungsvoll. Vier Seiten halbieren Rasterquadrate diagonal, vier berühren direkt ihre Kanten.

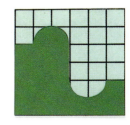

7 Bogenlinien
Hier wurden zwei Halbkreise über eine Rasterlinie miteinander verbunden.

WAHL UND VERWENDUNG EINES RASTERS

8 Runde Formen
Der kleine Kreis sitzt genau im Raster, ihm gegenüber liegt ein größerer Kreisausschnitt.

9 Umkehrung
Das oben gezeigte Muster wurde umgekehrt, wodurch das Verhältnis von passiven und aktiven Formen deutlich wird.

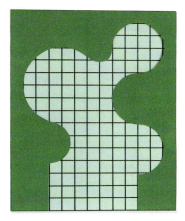

Schlangenlinien
Runde Formen dieser Größe eignen sich nur für große Gärten. Von diesem Entwurf wäre auch eine passive Version denkbar, die eine andere Wirkung hätte. Üben Sie, mit einem Zirkel genaue Bögen zu zeichnen, die sich mit den Rasterquadraten decken. Obwohl diese Formen keiner Gesetzmäßigkeit unterworfen sind, wirkt dieses Muster geometrisch.

Statische Geometrie
Dieser Gartengrundriß zeigt, daß sich die Ecken des Hauses in zwei Achtecken und der Kante des Ziegelpflasters wiederholen. Auf dem kleinen Rasterplan (oben rechts) ist ein Achteck als passiver Raum zu sehen, doch im angelegten Garten sind die achteckigen Ziegelbeete aktive Masse, die die Aufmerksamkeit auf das Grundstück konzentriert. Soll ein Blickfang geschaffen werden, muß er auffällig sein. Sorgen Sie dafür, daß die meisten Formen wenigstens einem Rasterquadrat entsprechen und, wie die Ziegelbeete, im Verhältnis zum Gesamtentwurf ziemlich groß sind.

59

DIE GESTALTUNG DES GARTENS

Muster auf einem Grundstück

Nachdem Sie gelernt haben, abstrakte Formen zu zeichnen, einen Raster anzufertigen und in der Theorie ein Muster entstehen zu lassen, entwickeln Sie als nächstes selbst ein Muster für ein Grundstück. Bei dieser Übung experimentieren Sie mit verschiedenen Gestaltungsmöglichkeiten, wobei Sie bereits Vorhandenes außer acht lassen und den Garten in völlig neuer Weise betrachten.

In diesem frühen Stadium versuchen Sie ein optisch überzeugendes Muster zu finden, das Sie später bei der Ausarbeitung des Gartengrundrisses umsetzen und verbessern. Wie bereits erwähnt, sollten die Formen zwar in Beziehung zum Raster stehen, man muß sich aber nicht sklavisch an ihn halten – er ist nur eine Hilfe, um bei einer Gestaltung mit den richtigen Proportionen zu beginnen.

Wenn Ihnen zum freihändigen Skizzieren nichts einfällt, können Papierschablonen sehr nützlich sein. Man legt sie einfach auf verschiedene Bereiche des Rasters – vielleicht so, daß sie bereits existierende Formen überschneiden –, um auf diese Weise rasch Alternativen zu finden. Um eine saubere Zeichnung zu erhalten, paust man Teile des Musters durch. Dann kann man mit neuen Figuren experimentieren, ohne noch einmal ganz von vorn beginnen zu müssen. Das hier gezeigte Grundstück ist unregelmäßig geschnitten, was ziemlich häufig vorkommt, und eine echte Herausforderung für den Gestalter. Sie können die Technik auf ein imaginäres Grundstück oder Ihren eigenen Garten anwenden.

Erste Schritte

Zeichnen Sie auf dem gekippten Zeichentisch mit Hilfe von Parallelreißschiene und Dreieck die Umrisse von Haus und Grundstück sowie den Raster. Die endgültige Version (siehe Schritt 8) wird mit einem dunklen Filzstift und einem Lineal nachgezogen. Während des Experimentierens werden alle Muster freihändig gezeichnet, obwohl sich Kreise leichter mit einem Zirkel ziehen lassen. Ab Schritt 4 wird das Zeichenbrett waagrecht gestellt, damit die Papierschablonen nicht verrutschen.

Da die Gartenflächen zu beiden Seiten des Hauses miteinander verbunden sind und zusammen im Blickfeld liegen, sind beide Räume mit dem gleichen Raster als Einheit gestaltet worden. Wer jedoch zwei völlig voneinander getrennte Gartenräume hat, gestaltet sie auch getrennt. In diesem Fall kann man sowohl den gleichen als auch zwei verschiedene Raster verwenden.

GESTALTUNG MIT GRUNDRISSFIGUREN

Bei dieser Technik erkennt man die Gestaltungsmöglichkeiten auf einem Grundstück. Es geht in diesem Stadium vor allem darum, ein optisch überzeugendes abstraktes Muster entstehen zu lassen.

Konturenstift
Kreppband
Bunte Filzstifte
Bleistift
Farbiges Papier
Schere

EIN MUSTER ENTWICKELN

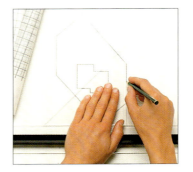

1 Die Rastergröße festlegen und auf Transparentpapier einen Raster anfertigen. Auf einem Blatt Papier den Grundriß des Hauses und die Grundstücksgrenze maßstabgetreu aufzeichnen.

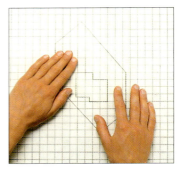

2 Haus- und Grundstücksumriß unter den Raster legen. Die Quadrate sollten sich mit einem wichtigen Element – wie etwa dem L-förmigen Rücksprung – decken. Mit Kreppband festkleben.

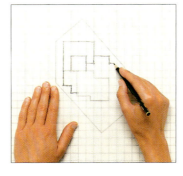

3 Ein Stück Transparentpapier darüberlegen. Mit Hilfe der Rasterlinien abstrakte Formen zeichnen und ein Muster entwickeln. Beim Haus beginnen und nach außen arbeiten.

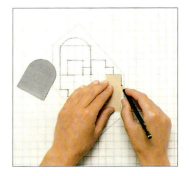

4 Man kann auch (auf dem Raster basierende) Figuren ausschneiden und sie in verschiedenen Positionen ausprobieren. Die Formen werden mit Bleistift nachgezogen.

WAHL UND VERWENDUNG EINES RASTERS

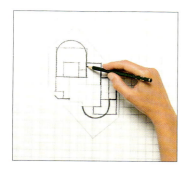 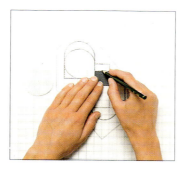 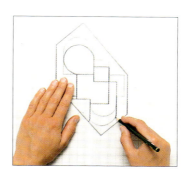 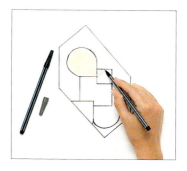

5 Weiter mit verschiedenen Kombinationen experimentieren. Dabei sowohl auf die zwischen den Schablonen entstehenden Formen sowie auf die Formen der Schablonen selbst achten. Heben Sie ein Muster, das Ihnen gefällt, dadurch hervor, daß Sie Elemente, die erhalten bleiben sollen, dick nachzeichnen.

6 Ein neues Stück Transparentpapier darüberlegen und die dicken Linien von Schritt 5 nachziehen. Die Formen können dabei noch verbessert werden. Das Transparentpapier von dem groben Entwurf abnehmen und auf der sauberen Zeichnung das Muster durch Hinzufügen neuer Formen weiter ausarbeiten.

7 Erst wenn das Muster überzeugend wirkt (nicht früher!), wieder eine saubere Version anfertigen: Auf einem neuen Transparentpapier die Umrisse von Haus und Grundstücksgrenze nachziehen, ebenso das Gestaltungsmuster. Auch jetzt können die Formen noch verbessert, verändert oder ergänzt werden.

8 Den Entwurf mit dunklem Filzstift und einem Lineal sauber nachziehen. Alle darunterliegenden Blätter entfernen und die unterschiedlichen Bereiche mit Filzstiften in verschiedenen Farben schraffieren. Es sollten nicht mehr als zwei Arten von Mustern zusammen verwendet werden, damit der Entwurf klar bleibt.

Gestaltung aus Kreisen und Quadraten

Eckiges Design im Winkel von 45° zum Haus

Kontrastierende Muster
Durch Kreise, die sich mit den Rasterquadraten decken, wie auf dem Entwurf links, entsteht etwas Bewegung in dem Muster, das sich auch für ein recht kleines Grundstück eignet. Für den Entwurf mit dem winkligen Muster ganz links wurde der Raster um 45° zum Haus gedreht.

UM 45° GEDREHTER RASTER

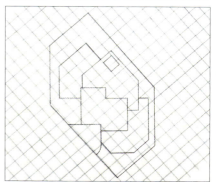

Um die Gestaltungsmöglichkeiten aus neuer Sicht zu betrachten, kann man den Raster um 45° drehen. Er steht dann in einer neuen Beziehung zum Haus, und man kann beispielsweise winklige Muster entwickeln.

Umsetzung von Mustern

Den sorgfältig plazierten, wohlproportionierten Formen dieser Beispiele für Gartengestaltung ist eine Klarheit und Ausdruckskraft zu eigen, die man durch Stückwerk selten erreicht. Bedingt durch den zugrundeliegenden Raster, sind alle Anlagen streng geometrisch. Auf dem Papier entworfene Muster lassen sich immer in vielfältiger Weise umsetzen, weil sie ebenso mit erhabenen wie vertieft liegenden oder flachen Formen realisiert werden können. Außerdem wird der Charakter des Musters auch durch die verwendeten Materialien beeinflußt, die hart, weich, reflektierend, glatt oder auch rauh sein können. Muster müssen nicht kompliziert sein – oft sind ganz einfache Muster sogar die wirkungsvollsten, wenn sie im Garten erst einmal dreidimensional verwirklicht worden sind.

Lineare Führung (links)
Hier besteht das Grundmuster der Gartengestaltung aus einer einzigen langen, geraden Linie, zu der eine Anzahl kurzer waagrechter Linien ein Gegengewicht bilden. Der Plattenweg läßt einen Kontrast zu den weichen Formen verschiedener Pflanzungen entstehen und gibt ihnen gleichzeitig Halt.

Dynamisches Muster (oben)
Obwohl dieser Gestaltung ein sehr einfaches Muster zugrundeliegt, ist der Effekt der quadratischen Holzdecks großartig.

Geometrische Balance (rechts)
In diesem Garten wurde ein wunderbares Gleichgewicht zwischen wohlproportionierten Formen geschaffen. In der Geometrie der Hecken und Pflanzungen ist der zugrundeliegende Raster erkennbar.

Sich wiederholende Kreise (links)
Das Muster aus Halbkreisen, welches den beiden Treppen – eine ist aus Ziegeln, die andere aus Stein – zugrundeliegt, ist klar und schlicht und wird dadurch belebt, daß die Ziegelstufen im Wasser weitergehen.

DIE GESTALTUNG DES GARTENS

Gestaltungs-alternativen

Auf dieser und den folgenden Seiten finden Sie einige Gartenpläne, die deutlich machen, wie die in diesem Kapitel erklärte Theorie in der praktischen Gartengestaltung Anwendung findet. Alle Entwürfe wurden, wie auf Seite 56–57 gezeigt, mit Hilfe eines Rasters entwickelt, der auf den Plänen sichtbar ist.

Um überprüfen zu können, ob Terrassen, Rasenflächen und andere Elemente eine zweckmäßige Größe haben, kann man maßstäbliche Papierschablonen von den Dingen anfertigen, die dort Platz finden müssen, wie eine Sonnenliege auf einer Terrasse oder ein Tisch mit Stühlen auf einem gepflasterten Bereich beim Pool.

Kleiner Stadtgarten

Für einen kleinen Stadtgarten entwickelt man mit geometrischen Formen eine Gestaltung, die die Aufmerksamkeit auf dem Grundstück festhält; denn es ist nicht sinnvoll, lineare Bewegung entstehen zu lassen, ohne daß das Auge durch sie auf etwas Sehenswertes gelenkt wird. Alle drei hier gezeigten Enwürfe sind daher in sich geschlossen, obgleich zwei Bewegung beinhalten. Gewöhnlich sind kleine Gärten vom Haus aus vollkommen überschaubar, weshalb es wichtig ist, daß jedes Element einen Zweck erfüllt, Gefäße als Blickfänge gruppiert oder permanente Möbel als integraler Bestandteil der Anlage behandelt werden. Außerdem ist es wichtig, daß an den Grundstücksgrenzen alle Linien im Winkel von 90° auftreffen, damit keine engen, unbequemen Ecken entstehen.

Geometrische Übergänge
Wie die Arbeitszeichnung zeigt, lassen mehrere klar abgegrenzte, aber dennoch miteinander verbundene Flächen einen kleinen Garten geräumig erscheinen. Durch die Trittsteine im Wasser entsteht Bewegung. Ein Gegengewicht zu den sich überschneidenden Rechtecken und Quadraten bilden die großen Bäume, die sich an den Grenzen des Gartens diagonal gegenüberstehen.

Geometrische Formen in einem von Mauern umgebenen Stadtgarten

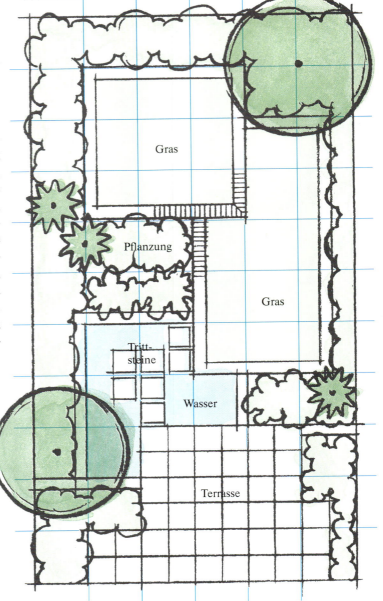

Raster für kleine Gärten
Die Fassade dieses Hauses ist optisch in drei Teile unterteilt, von denen jeder die Breite eines Fensters hat. Dieses Maß wurde für den Raster halbiert. Die hier gezeigten Entwürfe haben einen engeren Bezug zu den Rasterquadraten als die freieren Gestaltungen in größerem Umfang auf den vorhergehenden Seiten 66–69.

GESTALTUNGSALTERNATIVEN

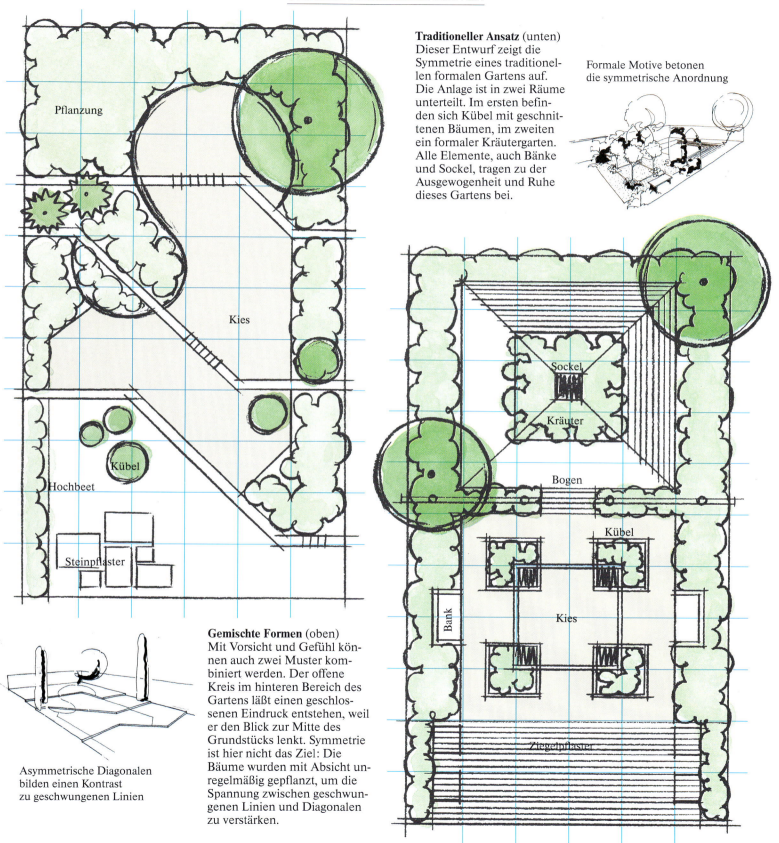

Traditioneller Ansatz (unten)
Dieser Entwurf zeigt die Symmetrie eines traditionellen formalen Gartens auf. Die Anlage ist in zwei Räume unterteilt. Im ersten befinden sich Kübel mit geschnittenen Bäumen, im zweiten ein formaler Kräutergarten. Alle Elemente, auch Bänke und Sockel, tragen zu der Ausgewogenheit und Ruhe dieses Gartens bei.

Formale Motive betonen die symmetrische Anordnung

Gemischte Formen (oben)
Mit Vorsicht und Gefühl können auch zwei Muster kombiniert werden. Der offene Kreis im hinteren Bereich des Gartens läßt einen geschlossenen Eindruck entstehen, weil er den Blick zur Mitte des Grundstücks lenkt. Symmetrie ist hier nicht das Ziel: Die Bäume wurden mit Absicht unregelmäßig gepflanzt, um die Spannung zwischen geschwungenen Linien und Diagonalen zu verstärken.

Asymmetrische Diagonalen bilden einen Kontrast zu geschwungenen Linien

DIE GESTALTUNG DES GARTENS

Mittelgroßer Garten

Wenn man einen Garten dieser Größe gestaltet, sollte man etwas Bewegung in das Design einbeziehen und die Formen mit zunehmendem Abstand zum Haus etwas vergrößern. Bewegung kann durch geschwungene Linien und Kreise oder durch gerade Linien und Winkel entstehen. Die fließenden Kurven des unten gezeigten Entwurfs würden sich wahrscheinlich sehr gut für einen mittelgroßen Garten eignen, in dem es weder einen Zaun noch eine Grenzmauer gibt und statt dessen eine natürliche Umgebung, wie zum Beispiel einen Wald. Auch die winklige Gestaltung oben rechts ist nicht statisch, hat jedoch einen urbaneren Charakter.

Der Gestaltungsprozeß

Wie gewöhnlich wählte ich zunächst einen Raster, um Formen entstehen zu lassen, die mit den Proportionen des Hauses harmonieren. Bald aber stellte ich fest, daß ich zu ihrer Plazierung den Raster entfernen mußte. (Denken Sie stets daran: Der Raster ist ein äußerst nützliches Hilfsmittel, um eine Gestaltung zu entwickeln, deren Formen proportional mit dem Haus harmonieren, aber er ist nicht unumgänglich.) Nachdem ich einen groben Plan entworfen hatte, der sich in Grundstück und Umgebung einfügte und alle gewünschten Grundelemente enthielt (Terrasse, Pool und einen Oberflächenbelag, der Vorder- und Rückseite des Hauses verbindet), tauchten einige speziellere Fragen auf, wie: Ist die Terrasse am Pool groß genug für einen Tisch und Stühle; ist der Weg, der die beiden Seiten des Hauses verbindet, breit genug; und sind die Rasenflächen ausreichend? Ich mußte den Entwurf entsprechend verändern und begann, das Muster aufzulockern und integrierte in die Grundanordnung neue Elemente wie eine Pergola, Bäume und weitere Pflanzbereiche.

Der Raster
Das dominante Merkmal dieser Hausfront ist die Unterteilung der Veranda durch Pfosten in fünf Abschnitte. Die Seitenlänge der Rasterquadrate entspricht zwei dieser Abschnitte, die zufällig die gleiche Breite wie der Anbau des Hauses haben (siehe Grundriß).

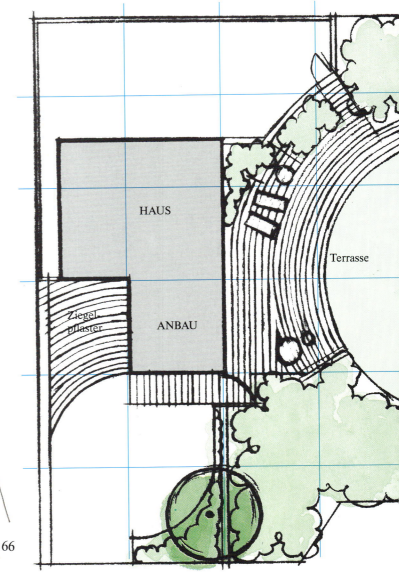

Bewegung durch Kreise
Das Muster entstand aus Kreisen innerhalb der Rasterquadrate. Der Hauptkreis direkt beim Haus aber wurde zum Anbau hin verschoben, weil der Ausblick aus den Fenstern der Rückseite wichtig ist. Auch alle anderen Kreise auf dieser Seite wurden entsprechend versetzt.

Versetzte Kreise öffnen sich zu fließenden Linien

GESTALTUNGSALTERNATIVEN

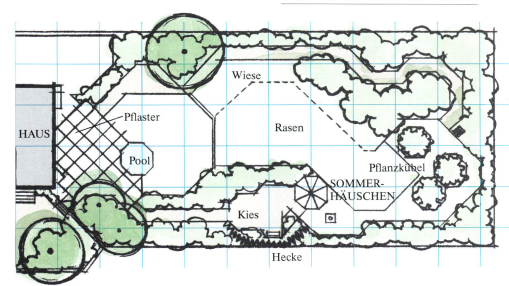

Alternative Gestaltung
Hier wurde der gleiche Raster wie für den Entwurf unten verwendet, doch habe ich alle Formen im Winkel von 45° plaziert, um ein eckiges Muster zu entwickeln. Man hätte auch den Raster selbst drehen können. Innerhalb der Rasterquadrate habe ich ein Wabenmuster entwickelt, das auf der Form eines Achteckes basiert. Für Stadtgärten finde ich dies sehr passend, weil ein Design mit scharfkantigem Charakter zustandekommt, das im Einklang mit den Ecken von Bauten steht. Die Formen mit 45°-Winkeln variieren in der Größe zwischen der Unterteilung der Bodenfläche und den Pflanzkübeln am Ende des Gartens.

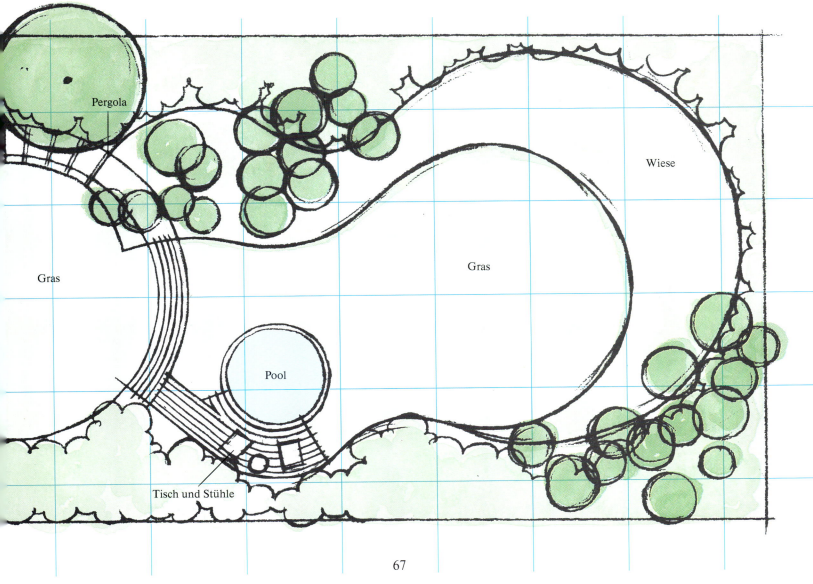

DIE GESTALTUNG DES GARTENS

Ländlicher Garten

In größeren Gärten bringt man nicht nur mehr, sondern auch andere Elemente unter als in kleinen. Auch hier gilt wieder: Orientiert man sich ungefähr am Raster und paßt die Formen im Bedarfsfall an, kann man sichergehen, daß jeder Teil des Gartens in harmonischer Beziehung zum Haus steht.

Bei diesem Gebäude handelt es sich um ein Landhaus mit einem weiten Blick über das umliegende Land. Meine Aufgabe für diese Gestaltung war, eine große vorhandene Zufahrt, die das Grundstück zerteilt, zu integrieren sowie den Garten nach außen zu öffnen, und dennoch einen Schutz vor heftigen Winden zu gewährleisten, damit man im Garten sitzen kann. Es ist besser, notwendige Übel wie diese Zufahrt in die Gestaltung miteinzubeziehen als zu versuchen, sie hinter Hecken und Baumreihen zu verbergen, wie das häufig der Fall ist.

Meine Vorgaben schienen eine formale, symmetrische Gestaltung auszuschließen. Ich versuchte statt dessen, ein Muster zu entwickeln, das dominanter ist als die Zufahrt. Innerhalb des großzügigen, zwanglosen Entwurfs, der die Zufahrt und (als Schutz) große Pflanzgruppen einbezieht, gibt es in dem von Mauern umgebenen Gartenbereich eine relativ formale Anordnung geometrischer Formen.

Der Raster
Für die Seitenlänge der Rastergrundquadrate wurde die Breite des kleineren Erkers halbiert, für die größeren offenen Gartenflächen wurde dieses Maß dann wiederum verdoppelt. Ich habe mich für dieses Element entschieden, weil ein kleinerer Raster für den Grundriß des von Mauern umschlossenen Bereiches kleinlich gewirkt hätte. Ein größerer Raster wäre für die offene Fläche eine zu grobe Aufteilung.

Ein Garten voller Kontraste
Der Garten an der Vorderseite des Hauses ist größer als der ummauerte Bereich. Er wurde geöffnet und der dahinterliegenden Landschaft angepaßt, indem die Rastergröße zur Grundstücksgrenze hin verdoppelt worden ist. Der Belag rund um das Haus und in dem kleinen von Mauern umgebenen Garten entspricht dem kleineren Raster, der auch für die Kies-Ziegel-Fläche zwischen Haus und Garage verwendet wurde. Als Kontrast dazu liegt auf der anderen Seite ein Bereich mit großzügigen fließenden Linien (mit dem großen Raster als Basis), zu dem auch die Zufahrt gehört.

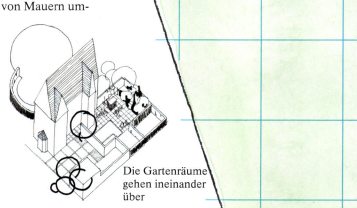

Wiese

Rasen

Obstbäume

Die Gartenräume gehen ineinander über

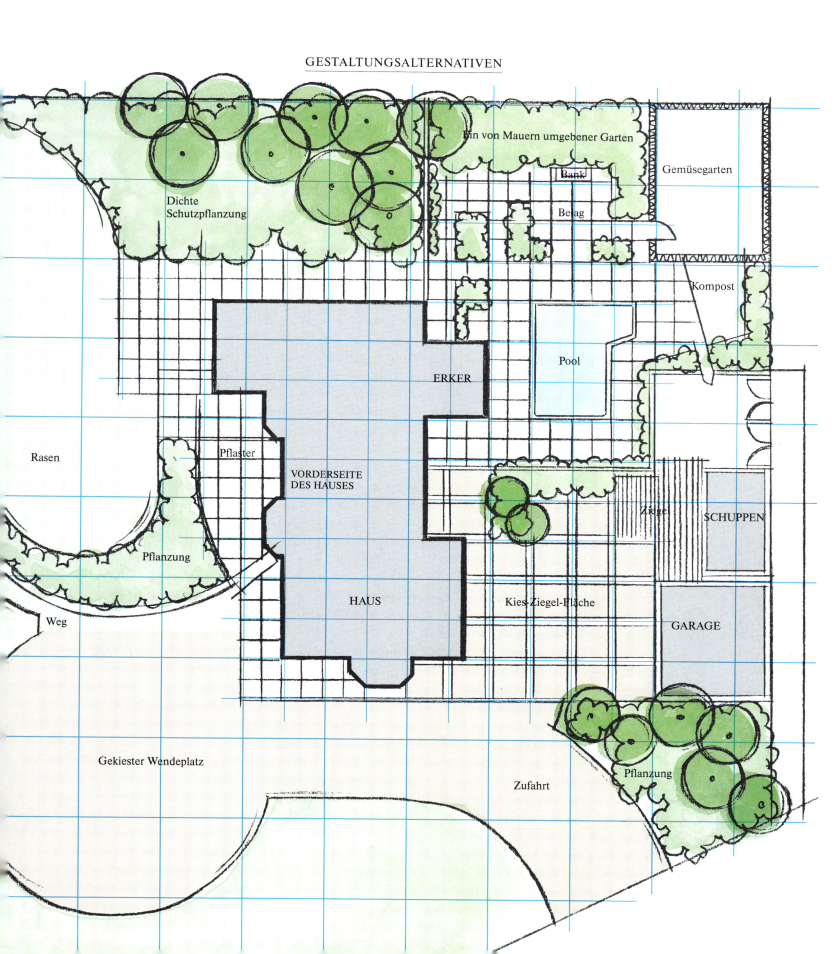

3
DER STIL DES GARTENS

Die Grundregeln der Gartengestaltung können auf vielfältige Weise in die Praxis umgesetzt werden. Die Bandbreite der Stile reicht von historischen bis zu modernen und von regionalen bis zu nationalen Richtungen, von denen es wiederum zahllose Variationen gibt.

DER STIL DES GARTENS

Die Stilrichtung

Im letzten Kapitel wurde beschrieben, wie man ein schönes und realisierbares Gartendesign entwickelt. Die Gesamtanordnung eines Entwurfs aber wird durch ein stilistisches Konzept bestimmt, über das man sich im klaren sein muß, bevor man einen Stift überhaupt auf das Papier setzt. Denn dieser Stil beeinflußt die Art der Grundrißanordnung ebenso wie die spätere Ausstattung des Gartens.

Wie im letzten Kapitel deutlich wurde, wirken Gärten, in denen sich die Umgebung widerspiegelt, integriert und harmonisch. Ich gehöre nicht zu den Designern, die es in Ordnung finden, wenn man einem widerspenstigen Grundstück ein fertiges Konzept überstülpt - etwa, indem man in Arizona einen Bauerngarten anlegt - und das Gelände solange verändert, bis das Konzept hineinpaßt. Dennoch sollte man solche Richtlinien nicht in jedem Fall als obligatorisch betrachten. Nationale und historische Gestaltungsstile auf der ganzen Welt weisen viele Elemente auf, aus denen ein Gartendesigner lernen kann - es ist immer eine Frage der Interpretation. Der japanische Garten zum Beispiel bietet großartigen Anschauungsunterricht, wie man mit unpathetischen, andeutenden Ausdrucksformen eine Atmosphäre der Stille und Kontemplation entstehen lassen kann - auch wenn viele westliche Versionen zu bloßen Duplikaten geraten.

Um die potentiellen Möglichkeiten bei der Ausgestaltung eines Gartens deutlich zu machen, sind auf den folgenden Seiten nützliche wie dekorative Gegenstände, Baumaterialien, Beläge und Pflanzen gezeigt, die in bestimmten Gärten und in bestimmten Umgebungen die passende Atmosphäre erzeugen.

Ländlicher Gestaltungsstil

Ländliche Gestaltungsstile werden wesentlich durch die geologischen Gegebenheiten einer Region bestimmt und auch davon, wie das Land genutzt wurde. Diese vom Menschen vorgenommenen Eingriffe in die natürliche Landschaft spielen für das Gesamtbild eine wichtige Rolle, und durch Wiederholungen innerhalb der Gartengestaltung kann man eine überzeugende Verbindung zwischen Umgebung und Garten herstellen (s. Seite 10-15).

Nationale, regionale und traditionelle Gestaltungsstile haben sich stets aus ihrer Umgebung heraus entwickelt. Die verwendeten Materialien stammen zwangsläufig aus der Gegend, da es praktisch undenkbar war, Materialien von einer Region in eine andere zu transportieren. Natürlich wurden Ideen übernommen, aber man hat sie den vor Ort verfügbaren Materialien und den unterschiedlichen Lebensweisen entsprechend angepaßt. Gestaltungskonzepte können sehr viel überzeugender wirken, wenn man nur Materialien aus der Region verwendet. Sie lassen nicht nur eine klare Verbindung mit der Umgebung entstehen, sondern harmonieren auch generell miteinander.

Urbaner Gestaltungsstil

Ländliche Gestaltungsstile lassen sich vor Ort relativ leicht analysieren, weil man nur über seinen Zaun zu schauen braucht. In umschlossenen Stadtgärten oder vorstädtischen Gärten scheint es mitunter weit schwieriger, einen geeigneten Stil zu finden. In Wirklichkeit aber ist es ganz einfach - man entscheidet sich für das, was einem gefällt. Legen Sie Ihrer Planung Ihre praktischen Bedürfnisse zugrunde, und stimmen Sie den Gestaltungsstil auf das Haus ab. Wo ein Garten vollkommen umschlossen ist, kann er beliebig exotisch gestaltet werden, da er in sich wirkt und keine Beziehung zu den Nachbargärten hat.

Häufig wird die Gestaltung von Stadtgärten einfach durch die vorhandene Fläche diktiert. Der Stadtgarten ist keine verkleinerte Version eines ländlichen Gartens, sondern steht in direkter Beziehung zum Innern des Hauses. Tatsächlich handelt es sich um einen ins Freie erweiterten Raum zum Wohnen. Materialien und Ausgestaltung können auf die Inneneinrichtung abgestimmt werden, sollten aber möglichst auch mit dem Baustil des Hauses harmonieren. Bei der Innengestaltung fällt es relativ leicht, sich für einen Stil zu entscheiden, im Freien dagegen verlieren wir schnell das Vertrauen in unsere Urteilskraft, obwohl hier die gleichen Regeln gelten. Wichtige Anhaltspunkte für den Stil geben uns Grundstück, Haus und Umgebung.

DER STIL DES GARTENS

Ländlicher Stil

Derbe Steinmauern und Holzzäune entsprechen dem Charakter des ländlichen Gartens, der an Wälder und Äcker grenzt oder auch nahe am Meer liegen kann. Mit seinem großartigen Mosaik aus Farben wirkt er ungekünstelt, ja vielleicht sogar ein wenig verwildert. Dennoch sollte dieser scheinbaren Zufälligkeit ein klares Konzept zugrunde liegen, das alles kontrolliert und zusammenhält. Wichtige Elemente, wie etwa Mauern und Zäune, sollten die Farben und Strukturen des Hauses und der Landschaft fortführen, in der der Garten entstanden ist. Um die ländliche Stimmung weiter zu betonen, wählt man schlichte Pflanzen, wie zum Beispiel Arten mit Korbblüten, Wicken oder Stockrosen, die man üppig wachsen läßt. Die Farben können bunt und leuchtend sein, doch sollten die blühenden Stauden von kräftigen Blattformen ergänzt werden. Als Material für Gartenmöbel eignet sich vor allem gut abgelagertes und mit einem umweltfreundlichen Holzschutzmittel behandeltes Kiefernholz.

Möbel
Für ländliche Gärten sind vor allem natürliche Materialien geeignet. Auch Möbel, die bereits etwas Patina angesetzt haben, können reizvoll aussehen.

Pflanzgefäße
In dieser Umgebung kann fast jedes Gefäß bepflanzt werden. Glatte Tontöpfe wirken in ihrer Schlichtheit immer passend, aber selbst alte Dosen mit üppig wuchernden Kräutern und Blumen haben ihren Charme.

Beläge
Ideal für ländliche Gärten sind Steinbeläge, ebenso Kiesflächen, in denen sich Pflanzen beliebig selbst aussamen, oder Pflasterziegel, in deren Ritzen Pflanzen wachsen.

Grundstücksgrenzen
Offene Holzzäune, wie etwa Lattenzäune, lockern die Trennlinie zwischen Garten und Landschaft auf.

Zubehör
Werkzeuge und andere Gebrauchsgegenstände können sehr dekorativ sein, wenn sie entsprechend dem Material und der Form ausgewählt werden.

DER STIL DES GARTENS

LÄNDLICHER STIL

Ländliche Atmosphäre (links)
Ländliche Gärten werden stets von ihrer Umgebung geprägt, doch dieser typisch englische Garten macht deutlich, was eine ländliche Atmosphäre ausmacht, nämlich üppig wachsende Pflanzen und ein einladender Sitzbereich. Einige der Blumen, Sträucher und Kräuter haben sich willkürlich in den Pflasterritzen und in der Rabatte hinter der Steinmauer ausgesamt.

Garten und Landschaft (rechts)
Die absolute Verschmelzung von Garten und dahinterliegender Hügellandschaft ist das Resultat dieser konsequent durchgehaltenen ländlichen Gestaltung. Die wichtigsten Elemente dabei sind eine versenkte Mauer, die in der Mitte des Bildes sichtbar ist, und eine Terrasse.

Romantisches Flair (links)
Ländlicher Stil wird häufig in Verbindung gebracht mit verwunschenen Gärten, knarrenden Toren, Ziegeln in weichen Farben und üppig wachsenden Rosen. Diese romantische Vorstellung läßt sich aber nur verwirklichen, wenn es die vorhandenen Bauten erlauben.

DER STIL DES GARTENS

Moderner Stil

Typisch für moderne Gärten sind Schlichtheit der Linien und klare Gestaltung des Raumes. Sowohl im Grundriß als auch in der Dreidimensionalität sind die Formen einfach und geometrisch oder fließend und organisch. Aber so wie das Haus nach den Worten von Le Corbusier eine »Maschine zum Wohnen« ist, wird auch im Garten die Form der Funktion untergeordnet. Denn der Garten ist ein Raum, den man auch aktiv genießen sollte. In diesen Rahmen passen zweifellos Schwimmbecken oder kleinere Poolarten und eventuell auch ein Tennisplatz. Im modernen Garten bilden frische Farben starke Kontraste, und es gibt flächige Pflanzungen mit architektonischem Charakter und prägnanten Konturen. Beliebt sind vor allem großblättrige Funkien und hohe Gräser. Schmückendes Beiwerk sollte zurückhaltend verwendet werden. Die sorgfältige Auswahl einzelner Objekte ist eine wichtige Regel des modernen Konzeptes.

Pflanzgefäße
Große Betonkübel passen ausgezeichnet in eine moderne Umgebung, und auch Tontöpfe mit klaren, einfachen Formen sind gut geeignet.

Grundstücksgrenzen
Die Grundstücksgrenzen sollten schlicht gestaltet werden und die klaren Linien des Gesamtdesigns betonen. Ein schwarzes Spalier vor einer weißen Wand schafft eine frische, fast fernöstlich anmutende Atmosphäre.

Beläge
Quadratische Fliesen unterteilen den Raum geometrisch, während an Ort und Stelle gegossener Beton zwar nüchtern, aber schlicht und erfrischend wirkt.

Möbel
Wichtig sind Bequemlichkeit, klare Linienführung und Schlichtheit. Die Funktion steht ganz im Vordergrund. Moderne Klassiker wie dieser Regiestuhl haben dominierende Formen.

MODERNER STIL

Linie und Form (links)
Die klare Linienführung moderner Architektur erfordert auch Pflanzen mit architektonischem Charakter. Diese borstigen Gräser mit ihren kugeligen Wuchsformen passen perfekt zu den klaren Konturen und bilden einen schönen Kontrast zu dem Gitterzaun. Einen ähnlichen Charakter haben die Keulenlilien, die für eine optische Verbindung der Bereiche zu beiden Seiten der Mauer sorgen.

Minimalart im Garten (rechts)
In diesem amerikanischen Garten wurde auf alles Unwesentliche verzichtet. Die klaren Umrisse des rechteckigen Beckens wiederholen sich in den skulpturalen Formen der Pflanzgruppen. Die Stühle sind einfach und funktional.

Umschlossener Raum (links)
Mit organischen und anorganischen Formen wurde hier ein großartiger Innenhof gestaltet, in dem Bäume, Treppen und ein überdimensionales Gefäß ein absolut harmonisches Gefüge bilden.

DER STIL DES GARTENS

Formaler Stil

Es gibt Häuser – und mitunter auch Menschen –, für die ein formaler, klassischer Garten obligatorisch erscheint. Dieser Stil ist universell und wird gewöhnlich gleichermaßen von Grundrißanordnung und der Wahl des Zubehörs geprägt. Obwohl ich mich selbst nicht ständig innerhalb gerader Linien bewegen möchte, kann ich an der klassischen Eleganz dieses Stils durchaus Gefallen finden. Geometrische Formen, Gleichgewicht und Proportion sind ebenso Bestandteil dieses Stils wie eine gewisse Theatralik. In formalen Gärten können sich Terrassen mit Balustraden, elegante Treppen, Statuen und sogar ein Pavillon befinden. Und manchmal spiegeln sich in einem formalen Teich die symmetrischen Formen der Umgebung wider. Durchblicke werden im Idealfall von Eiben gesäumt, und an ihrem Ende befindet sich ein geeigneter dekorativer Blickfang. Üppige Rosen oder Glyzinen sorgen für einen Hauch Fragonardscher Atmosphäre – doch sorgfältig in Form geschnittene Bäume setzen dieser Ungezwungenheit sofort wieder Grenzen.

Beläge
Grauer Kies oder eine Mischung aus Sand und Kies eignen sich gut für Parterres und für eibengesäumte gerade Wege.

Grundstücksgrenzen
Weißes Spalier und dekoratives Gußeisen schaffen eine formale urbane Atmosphäre. Klassische Steinbalustraden sind eindrucksvoll und äußerst dekorativ.

Skulpturen und Möbel
Aussichten werden mit Statuen oder formalen Elementen betont. Gartenmöbel können klassisch gestaltet sein.

Pflanzgefäße
Quadratische Terrakottagefäße mit in Form geschnittenem Buchsbaum reflektieren die symmetrische Grundrißanordnung. Die altehrwürdige Vase im klassischen Stil (oben) verbreitet italienisches Flair.

DER STIL DES GARTENS

FORMALER STIL

Skulpturale Formen (oben)
In diesem streng traditionellen und dennoch dem 20. Jahrhundert angepaßten Garten haben die in Form geschnittenen Hecken skulpturale Qualität. Die Atmosphäre wirkt friedvoll und sachlich.

Luxuriöses Ambiente (links)
Eine spielerische Neuinterpretation von Motiven der klassischen Antike zeigt dieser formale, mit einem herrlichen Pool ausgestattete Garten in Kalifornien. Ein sehr ausdrucksstarkes, aber keineswegs pathetisches Design.

Urbane Klassik (oben)
Dieses Foto zeigt den Blick in einen gepflegten Garten in Neuengland. Um den formalen Charakter dieser großartigen Anlage zu betonen, wurde die Bepflanzung ausschließlich auf die dafür vorgesehenen Bereiche beschränkt.

DER STIL DES GARTENS

Kolonialstil

Volkstümlich, gepflegt und attraktiv – all dies sind Eigenschaften, die mir zu diesem Stil in den Sinn kommen. In seiner ausgeprägtesten Form findet man den Kolonialstil an der Ostküste der USA, und mit seiner behaglichen, erquickenden Atmosphäre, die in sanfter Harmonie mit der Umgebung steht, erinnert er an den Stil ländlicher Gärten. Die wichtigsten Charakteristika des Hauses, das dieser Garten umgibt, sind Schindeln und Ziegel, und auf der Veranda stehen Schaukelstühle. Türen aus Maschendraht halten Fliegen und Mücken fern. Im Garten spiegelt sich zwar Formalität und elegante Lebensweise in Bögen, Lauben und Buchshecken wider – doch insgesamt ist die Atmosphäre zwangloser und zufälliger als beim formalen Stil. Harmonisch wirken natürliche Materialien. Holzdecks, Natursteinpflaster und Skulpturen aus Holz oder Stein fügen sich in die Gestaltung gut ein.

Pflanzgefäße
Weißgestrichene Tontöpfe und halbe Fässer vermitteln eine schlichte und behagliche Atmosphäre. Da der Kolonialstil eher ländlichen Charakter hat, wirken auch solche übereinandergesetzten Gefäße.

Grundstücksgrenze und Beläge
Schlichtheit und natürliche Materialien sind Hauptmerkmale dieses Stils. Ein weißer Lattenzaun wirkt frisch und gepflegt, und Holzdecks lassen eine zwanglose, ländliche Atmosphäre entstehen und verbinden den Garten, wenn vorhanden, mit einer natürlichen Umgebung. Als Wegbelag verwendete Holzschnitzel haben eine ähnliche Wirkung. Gut geeignet sind auch Schieferplatten.

Möbel und Zubehör
Ein unbeschwertes Leben suggeriert diese traditionelle Hängematte, die gleichzeitig Erinnerungen an den tiefen Süden Amerikas weckt. Wunderbar sind auch bequeme Deckstühle, in denen man an langen Sommerabenden auf der Terrasse entspannen kann. Holz ist in jedem Fall das geeignete Material für Möbel. Als Skulpturen sind einfache Tierplastiken am schönsten.

DER STIL DES GARTENS

Ein Garten zum Entspannen (rechts)
Diese ruhige, sonnige Veranda weist alle Charakteristika des Kolonialstils auf: großzügige Proportionen und dennoch eine Intimität, die zum Verweilen und Entspannen einlädt; Pflanzen, die beliebig wachsen dürfen; und einige formalere Elemente wie Tontöpfe und Eisenbank. Hier scheint das Leben in gemächlichem Tempo zu verlaufen.

Großzügigkeit (oben)
Vorläufer des Kolonialstils war der klassische englische Stil des 17. Jahrhunderts, in dem wohlhabende Kaufleute ihre Stadthäuser bauen ließen. Hier vermitteln gewaltige Bäume und große Rasenflächen eine herrschaftliche Atmosphäre aus vergangenen Tagen.

KOLONIALSTIL

Volkstümliches Ambiente (oben) Ein Kunterbunt aus Pflanzgefäßen und anderen Gegenständen verleiht diesem Garten im Kolonialstil seinen besonderen Charme. Ein sensibles Gegengewicht zum gemütlichen Durcheinander und der heimeligen Atmosphäre setzen einige formale Elemente, wie die in Form geschnittenen Buchsbäume.

DER STIL DES GARTENS

Mediterraner Stil

Ob in Kalifornien, Australien oder Frankreich – ein Garten im mediterranen Stil ist fast immer ein Garten, in dem man sich auf einer Terrasse oder neben einem Schwimmbecken entspannt, während der schwere Duft von Zitrusbäumen und Zypressen die Luft erfüllt. In einem solchen Garten sollte es einen einladenden Platz zum geselligen Beisammensein geben, am besten unter einem schattenspendenden Baum oder einem großen Sonnenschirm. Während weiße oder von der Sonne ausgetrocknete Mauern und Pflanzen mit borstigen Konturen den Hintergrund bilden, gedeihen in Terrakottatöpfen üppige Blumen in leuchtenden Farben. Die klassischen Farben sind kräftiges Blau, Gelb, Rot, Orange und Tiefrosa. Zartere Töne verblassen in der starken Sonne, und Violett und Dunkelblau wirken düster.

Beläge
Ton und Keramik schaffen eine typische mediterrane Atmosphäre, und bunte Fliesen sowie Kies harmonieren gut mit den intensiven Farben von Meer und Himmel.

Möbel
Bei der Gestaltung eines mediterranen Gartens spielt Schatten eine wichtige Rolle. Deshalb kommen Sonnenschirme und – wo genug Platz ist – große Marktschirme aus Leinen gut zur Geltung, ebenso buntgestrichene Möbel.

Pflanzgefäße
Gefäße vermitteln mitunter lokale Impressionen. Die Ölkrüge erinnern an die Provence, die Blumentöpfe an maurische Einflüsse und der Kopf, ein mit Patina überzogenes Wandgefäß, an die klassische Welt des Mittelmeers.

MEDITERRANER STIL

Mediterranes Flair (links)
Nichts ist typischer für ein mediterranes Ambiente als diese Zitronenbäume in ihren herrlichen Terrakottagefäßen. Die unregelmäßigen Steinplatten, das Ziegeldach und die Zypresse im Hintergrund ergänzen das Bild auf vollkommene Weise.

Schatten am Pool (oben)
Das dominante Element dieses von hohen Mauern umgebenen Gartenbereichs ist das Schwimmbecken. Sonnenliegen und Leinenschirm gewähren Schutz vor der sengenden afrikanischen Sonne. Die in Gefäßen wachsenden Sukkulenten, Kakteen und Palmen erscheinen wie extravagante Skulpturen.

Frühlingsfarben (links)
Diese Gestaltungsvariante ist geprägt von der Üppigkeit und blühenden Pracht eines mediterranen Gartens im Frühling. Weiße Wände schützen das Haus vor der Hitze, und der Sitzbereich liegt im Schatten. Die Terrakottafliesen sind eine harmonische Ergänzung der frischen, leuchtenden Blütenfarben.

DER STIL DES GARTENS

Fernöstlicher Stil

Die Art und Weise, wie fernöstliche Künstler auf kleinstem Raum mit wenigen, oft rein symbolischen Elementen Miniaturlandschaften und ganze Panoramen schufen, machte sie zu Meistern der Gartenbaukunst. Der Stil dieser ganz auf Stille und Kontemplation ausgerichteten Gärten ist streng und von nüchterner Schönheit. In den Gärten Tokios finden sich Bananenstauden, gewaltige Fächerpalmen, üppiges Buschwerk, Fischteiche und leuchtende Orchideen. Beläge wie Sand und Kies (in Japan in bestimmter Weise geharkt) und Elemente wie Findlinge werden bewußt eingesetzt. Der Art der Verwendung liegen alte östliche Philosophien zugrunde. Von entscheidender Bedeutung sind Strukturen, wie etwa die von geknüpften Bambuszäunen oder kühlem Moos, das unter Kiefern wächst. Hie und da werden mit großer Genauigkeit leuchtende Farbtupfer gesetzt, beispielsweise in Form eines Büschels Schwertlilien oder eines leuchtendorange gestrichenen Objektes.

Pflanzgefäße
Achten Sie bei der Wahl auf Strukturen. Steintröge und Holzgefäße sind gleichermaßen geeignet, weil ihre Materialien und gedeckten Farben diesen Stil harmonisch ergänzen.

Grundstücksgrenzen
Zäune aus Reisig oder Bambusrohr sind großartig strukturiert. Zur Unterteilung des Gartens sind leichte Wandschirme sehr reizvoll.

Möbel
Die natürlichen Strukturen und Formen von Steinen und Treibholz eignen sich gut zum Bau von Sitzgelegenheiten und anderen Elementen. Sitzgelegenheiten sollten niedrig sein.

Beläge
Neben gebeizten Holzdecks und Kies sind Steine mit ihren verschiedenen Größen und Formen ein wichtiges und vielseitig verwendbares Gestaltungselement.

Lineare Formen und Strukturen
(rechts)
Die klaren Linien und die Betonung der Form sind charakteristisch für den fernöstlichen Stil und haben viele moderne Gartengestalter inspiriert. In dieser Gartenecke werden die linearen Formen von Deck, Zaun und Plankenweg durch Pflanzen ergänzt, die so angeordnet wurden, daß ein vollkommenes Gleichgewicht entstanden ist.

FERNÖSTLICHER STIL

Der Garten eines Palastes (links)
Dieser traditionelle japanische Garten mit Felsen und geharktem Kies ist ein typisches Beispiel für die Strenge und nüchterne Schönheit dieses Stils. Natürliche Formen stellen die Symbiose zwischen Natur und Gestaltung dar.

Blattstrukturen (oben)
Das Ambiente eines traditionellen fernöstlichen Gartens wird hier bestimmt durch die verschiedenen Blattstrukturen und Wuchsformen mit architektonischem Charakter. Den Mittelpunkt bilden eine grandiose großblättrige Hosta und ein Farn mit feingegliederten Wedeln.

4
DIE GESTALTUNG MIT PFLANZEN

*Die Art und Weise, in der man Pflanzen verwendet,
ist ebenso Teil der Formgebung wie das Erstellen eines Planes
und seine Ausgestaltung, denn all dies zusammen ergibt
das Gesamtkonzept. Die Schwerpunkte, auf die es bei der Auswahl
und der Verwendung des Pflanzenmaterials zu achten gilt,
werden in diesem Kapitel besprochen.*

DIE GESTALTUNG MIT PFLANZEN

Betrachtungsweisen eines Designers

Das Einfügen von Pflanzenmaterial in ein Modell ist das, was viele Gartendesigner am meisten fasziniert, denn in ihrer Vorstellung beginnt das statische Modell erst dann zu leben. Selbstverständlich geht es dabei nicht allein um das Ausfüllen freier Flächen: die Anordnung und der Stil des lebenden Materials müssen von Beginn an Teil des Gestaltungskonzeptes sein.

Abhängig vom Gelände, kann Ihr zweidimensionaler Gestaltungsentwurf eine dritte Dimension der Höhe in Form von Stützmauern und Geländestufen beinhalten, doch sind es immer die Pflanzungen, die für Rauminhalt, für Volumen sorgen. Das bedeutet, daß Ihre Pflanzenauswahl darauf ausgerichtet sein sollte, das Design nach oben zu erweitern. Die aktiven Bauelemente des Grundstücks wie auch die dazwischenliegenden passiven Räume kommen erst dann optisch zu der beabsichtigten Wirkung. Plötzlich verfügt der ins Freie erweiterte Wohnraum nicht nur über Wände, sondern auch über Mobiliar, zwischen dem Sie sich bewegen. In diesem Licht betrachtet, ist ein Gartendesign ein bildhauerisches Konzept.

Die Stimmung oder Stilrichtung Ihres Gartens kann historisch geprägt oder für eine bestimmte Landschaft typisch sein; sie kann in Beziehung zu einem besonderen Merkmal des Geländes stehen oder zu einem Pflanzstil – Beispiele hierfür finden sich auf den folgenden Seiten.

Doch als Gestalter der Pflanzungen brauchen Sie eine klare Vorstellung von dem zukünftigen Erscheinungsbild Ihres Gartens.

Historische Stile werden vor allem durch den Baustil des Hauses bestimmt, für Puristen spielt allerdings auch die Auswahl der richtigen Pflanzen für die betreffende Epoche eine Rolle. Erst im späten 18. Jahrhundert kamen Ziergärten in Mode, und man führte zunehmend Pflanzen aus fremden Ländern ein, die später gekreuzt wurden. Was mich betrifft, so bin ich mit einigen Elementen einer Epoche durchaus zufrieden und arbeite sonst mit der zur Verfügung stehenden Palette von Pflanzen. Rhododendren, Azaleen, Koniferen und Beetrosen sind zum Beispiel in meinen Augen typisch für die zwanziger Jahre und passen nicht in Gärten bestimmter anderer Zeitstile. Bei einem Haus aus dem 18. Jahrhundert dagegen würde ich mich für einige Gehölze entscheiden, die bei den wohlhabenden Bürgern dieser Zeit beliebt waren – wie etwa eine Libanonzeder oder in der Stadt eine *Magnolia grandiflora* aus den Kolonien.

Landestypische Stile entspringen regionalen Wurzeln, so daß ihre Gestaltungsformen durch Standorte und Klima mit beeinflußt werden. Und was die Pflanzenwelt betrifft, so beweist das, was wächst, daß es unter den gegebenen Bedingungen überleben kann.

Den Blick lenken
Der Baum bildet einen Vordergrund für die runden Formen der gemischten Pflanzung: die Form des Baumes findet wiederum eine Entsprechung in den senkrechten Blütenständen von *Verbascum*.

Belebendes Zierwerk
Eine Kugel aus Beton setzt hier einen Akzent in einem Pflanzschema mit großzügigen fließenden Konturen und bildet gleichzeitig einen reizvollen Kontrast zur üppig wuchernden Natur.

Überraschungseffekt
Pflanzenformen können ein Kunstobjekt hervorheben, indem sie den Blick daraufenken, ohne die Aufmerksamkeit auf sich zu ziehen. Hier umrahmen die Blätter von *Ligularia* ein geheimnisvolles Standbild.

Pflanzen als Blickfang
Diese Eibe bildet einen Formkontrast zu all den niedrigen Blütenpflanzen. Ihr senkrechter Wuchs hat einen Bezug zur städtischen Umgebung, und im Winter ist sie ein reizvolles Formelement.

BETRACHTUNGSWEISEN EINES DESIGNERS

Farbe und Form
(links und oben)
Ausgeprägte architektonische Formen erfordern ein unerschrockenes Pflanzkonzept. Hier wachsen üppige Pflanzengruppen in aufsehenerregenden Farbkontrasten, wobei die hohen Grasbüschel die Form der abgerundeten Fenster des dahinterliegenden Bürohauses wiederaufnehmen und die Blütenstände von *Lythrum* im Vordergrund den senkrechten Gebäudelinien entsprechen.

Formschnitt (oben)
Kuppelförmig geschnittener Buchsbaum liefert einen abstrakten Hintergrund für die skulpturalen Blätter einer Artischocke – ein anschauliches Beispiel für sich ergänzende Pflanzenformen.

DIE GESTALTUNG MIT PFLANZEN

Architektonischer Stil

Während andere Pflanzstile den Grundriß weniger hart erscheinen lassen und sich von ihm abheben, ist es beim architektonischen Stil Aufgabe der Pflanzen, das zweidimensionale Planungskonzept zu unterstützen und es auf drei Dimensionen zu erweitern.

Grundsätzlich kann man drei Arten des architektonischen Stils unterscheiden. Als erstes sind die Pflanzen mit architektonischem Charakter zu nennen, die mit ihren markanten Formen lockeren Pflanzenschemata Struktur verleihen oder ihre Wirkung hervorheben. Viele dieser Pflanzen stammen aus heißen und trockenen oder feuchten, tropischen Regionen, und ihre auffallenden Blattformen oder dominierenden Umrisse resultieren häufig aus der Anpassung an das Klima. Als nächstes kommen Parterres und Alleen, Gärten mit in Form geschnittenem Baum- und Buschwerk im architektonischen Stil der Renaissance und formaler Vorbilder.

Bei diesem Stil geht es mehr um das kontrollierte Formen der Pflanzen als um ihre eigentlichen architektonischen Qualitäten. Schließlich gibt es noch den sehr strengen japanischen Pflanzstil.

Formaler englischer Stil
Buchsbaum und Eiben wurden in diesem streng architektonischen Konzept in geometrische Formen geschnitten.

BETRACHTUNGSWEISEN EINES DESIGNERS

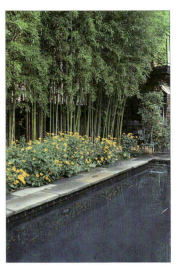

Blockpflanzung (oben)
In diesem Washingtoner Garten wird die Kontur des Schwimmbeckens durch die großzügigen Pflanzblöcke mit Bambus und *Rudbeckia fulgida* ›Goldsturm‹ besonders hervorgehoben.

Subtropisches Ambiente (links)
Die ausgeprägten Formen von *Agaven, Yuccas* und *Aloen* ergeben zusammen das üppige, architektonische Erscheinungsbild, das für heiße, subtropische Regionen typisch ist.

DIE GESTALTUNG MIT PFLANZEN

Wassergärten

Häufig verdanken Wasserpflanzen ihren optischen Reiz der horizontalen Wasserlinie; denn viele der wasserliebenden Pflanzen haben große Blätter und markante Umrisse, die schöne Kontraste dazu bilden, ohne daß der Designer nachhelfen müßte.

Zahlreiche Pflanzen dieser Gruppe gedeihen auch in beständig feuchten Böden. Man sollte allerdings bedenken, daß in gemäßigten Klimazonen nur wenige von ihnen im Winter ihre Blätter behalten. Bambus stirbt selbstverständlich nicht ab, wächst aber unkontrolliert, und die Zweige vom buschigen *Salix* und *Cornus* - Gehölze, die beide feuchte Standorte lieben, - bieten schönen Ersatz.

Abgesehen von Wassergärten mit klassischen Wasserpflanzen – wie Schilf, Binsen und Seerosen –, kann man mit Gräsern in Feuchtbereichen einen sehr ähnlichen Eindruck erwecken. Sie müssen allerdings in Kies und Steine gebettet sein, damit sie überzeugend wirken. Und mit *Iris germanica* kann auf reizvollen Weise das Ambiente eines Baches simuliert werden. Eine weitere Möglichkeit ist das Ziehen von Wasserpflanzen in wasserdichten Pflanzgefäßen.

Schlichte Pflanzung
Die lockeren Pflanzungen am Rand dieses kleinen Wasserfalls bilden einen weichen Kontrast zu den ausgeprägten klaren Linien des Wasserlaufs. Bei der größeren Pflanze handelt es sich um *Iris ensata,* die den Hintergrund für *Astilbe* ›Brautschleier‹ bildet.

Wassergarten mit Felsen
In diesem warmen subtropischen Teich wachsen hinter Felsen langstielige Lotosblumen *(Nelumbo)* und Zypergras *(Cyperus).* Der vertikale Wuchs von Schilf und Binsen kontrastiert mit der horizontalen Wasserlinie, während die Seerosen mit ihren ausgebreiteten Blättern die Sonne einfangen, die durchs Laub der umstehenden Bäume dringt.

Üppige Wasserpflanzung

In diesem holländischen Garten wiederholt sich die horizontale Wasserfläche in der Holzdeckbrücke, und beides zusammen kontrastiert mit der üppigen Pflanzung im und um den Wassergarten herum. Die blauen Blütenstände im Vordergrund gehören zu *Pontederia cordata;* dahinter wächst ein Bambus *(Sinarundinaria nitida);* und daneben *Ligularia dentata* ›Desdemona‹ mit ihren abgerundeten Blättern. Das Gras mit den gebänderten Blättern hinter der Holzdeckbrücke ist *Miscanthus sinensis* ›Zebrinus‹.

Cottagegärten

Ursprünglich waren Cottagegärten ein farbenfrohes Durcheinander von Gemüsen, Kräutern, Obst und blühenden Pflanzen wie *Calendula,* die der Schädlingsabwehr dienten. Zweifellos gab es auch dekorative Blumen, etwa Schneeglöckchen und Hasenglöckchen im Frühjahr, aber Blumen, die nur der Dekoration dienten, waren ausschließlich den reichen Leuten vorbehalten. Die Cottagebewohner bestellten ihre Gärten, um Nahrungsmittel für den Eigenbedarf zu produzieren. Der Cottagestil von heute hat Altbewährtes dieser Tradition beibehalten, die Pflanzenvielfalt ist jedoch viel umfassender. Altbekannte Pflanzen – das heißt all jene, die es gab, bevor sich die Hybridenzüchter ans Werk machten – bilden noch immer den Kern dieser Gärten. Dazu gehören beispielsweise Nelken, Strauchrosen, Jungfer im Grünen, Eisenhut und *Lilium candidum.* Kräuter wie Rosmarin, Lavendel, Salbei, Petersilie und Schnittlauch sind ebenfalls wesentliche Elemente. Wunderbar integriert werden können außerdem *Helleborus* sowie eine große Auswahl an Kletterpflanzen und Zwiebelblumen. Der Effekt ist ein pulsierendes Kunterbunt mit berauschendem Duft und vielen Insekten.

Dekorative Kräuter
Kräuter prägen mit den Stil eines Cottagegartens. Im Vordergrund blüht Schnittlauch, dahinter stehen Winterzwiebeln.

BETRACHTUNGSWEISEN EINES DESIGNERS

Moderner Cottagegarten (links)
Zu dieser modernen Pflanzung im Cottagestil gehören Lupinen, Rittersporn und kriechende Nelkengewächse am Wegrand. Die kräftigen Farben der Zierpflanzenblüten werden durch das graue Blattwerk von Kräutern und die grünen Blüten von *Alchemilla* angenehm gedämpft.

Farblinien (oben)
Vor einer schönen alten Ziegelmauer mit einer rosaroten Rose wachsen kalifornischer Baummohn *(Romneya coulteri)*, *Iris pallida* mit gestreiften Blättern und Lavendelbüschel.

DIE GESTALTUNG MIT PFLANZEN

Kiespflanzungen

Kies ist ein wunderbares natürliches Saatbett. Er bietet ideale Bedingungen für sich selbst aussäende Pflanzen, die an den verschiedensten Stellen im Garten spontan eigenwillige Pflanzengruppierungen entstehen lassen. Die Erscheinungsbilder aber verändern sich immer wieder, weil sich die Pflanzen jedes Jahr vermehren und neue Standorte suchen. Von Zeit zu Zeit können sie ausgedünnt werden, so daß erneut ein anderes Bild entsteht.

Pflanzen, die sich selbst aussäen, können mit Sträuchern kombiniert und strukturiert werden. Statt in vorbereitete Beete, werden Sträucher oder Kletterpflanzen in Kies gesetzt, was nicht nur sauber aussieht, sondern auch die Pflege erleichtert.

Alle Pflanzen, die durchlässige, flache Böden bevorzugen, gedeihen gut in Kies. Im Winter schützt der Kies die Samen vor Fäulnis, im Sommer dient er Sämlingen als schützende Mulchschicht. An sonnigen Standorten fühlen sich viele graublättrige Pflanzen wohl, vor allem Gewächse aus dem Mittelmeerraum.

Früher wurde Kies auch zum Auffüllen von mit Buchsbaum eingefaßten Parterres verwendet.

Goldgelbe Narzissen
Wenn diese Narzissen verblüht sind, werden ihre Blätter durch Staudengewächse verdeckt, insbesondere durch *Alchemilla mollis*.

BETRACHTUNGSWEISEN EINES DESIGNERS

Kiespflanzung
Auf dieser Kiesfläche hat sich *Sisyrinchium striatum* durch Selbstaussaat kräftig vermehrt. Die Pflanzen, die gut für Kies geeignet sind, behalten auch im Winter ihre schwertlilienförmigen Blätter. Bei den grauen Blütenständen mit gelben Blüten handelt es sich um *Verbascum olympicum*. Der goldgelb belaubte Baum auf der rechten Seite ist eine *Catalpa bignonioides* ›Aurea‹.

DIE GESTALTUNG MIT PFLANZEN

Natürliche Pflanzengruppierungen

Durch eine natürliche Anordnung von Pflanzen läßt sich der Eindruck einer Wildblumenwiese oder einer Feldhekke vermitteln. Der Erfolg solcher Pflanzschemata hängt vom Standort ab, der ebenso natürlich wirken sollte. In den meisten gemäßigten Klimazonen der Erde, die keine extremen Bodenbedingungen aufweisen, reicht die natürliche Wuchshöhe von Pflanzen von der niedriger Kräuter und Wildblumen über Sträucher und kleine Gehölze bis hin zu der von Waldbäumen. Um eine naturnahe Pflanzung zu schaffen, verwendet man Gewächse aus diesem Spektrum und gruppiert sie so, wie sie in der freien Natur wachsen würden. Einige davon vermehren sich beispielsweise durch Ausläufer, wie etwa Brombeeren; Farne entwickeln sich aus Sporen; Zwiebelblumen bilden Brutzwiebeln; wieder andere Blumen säen sich selbst aus, und zwar jede nach einem für sie typischen Muster. Solche Wachstumsmuster können Sie durch entsprechende Neuanpflanzungen künstlich erzeugen – die Natur wird Ihre Auswahl schon bald durch andere heimische Pflanzen bereichern. Es ist enttäuschend, daß viele Gartenbesitzer diese Wildpflanzen »Unkräuter« nennen und herausreißen, sobald sie auftauchen, um statt dessen ausländische Arten zu pflanzen. Gartenpflege bedeutet dann häufig nichts anderes, als alle heimischen Gewächse, die sich ansiedeln wollen, aus dem Garten fernzuhalten.

Blumenwiese
Hier wachsen Gänseblümchen und Hasenglöckchen zwischen grobgemähtem Gras. Wildblumenwiesen sollten in bestimmten Zeitabständen gemäht werden, damit holzige Pflanzen nicht überhandnehmen. Wildblumenmischungen sind im Fachhandel erhältlich – achten Sie jedoch darauf, daß Sie die richtige für Ihren Boden und den Standort wählen.

Heimische Pflanzen an Felsen
»Natürlich« bedeutet je nach Standort etwas anderes: In dieser großartigen Pflanzung eines kalifornischen Gartens wachsen *Sedum,* Moose und Gräser an einem Felsvorsprung und überwuchern alle Spalten und Risse im Gestein. Jede Landschaft bietet eine eigene Auswahl an Wildpflanzen, die für das entsprechende Areal am besten geeignet ist.

BETRACHTUNGSWEISEN EINES DESIGNERS

Böschung mit Wildpflanzen
An dieser Böschung in einem englischen Garten wachsen Hasenglöckchen, Brombeeren, rotes Leimkraut, Löwenzahn und Adlerfarn. Solche natürlichen, wenn auch gepflanzten Gruppierungen können eine wunderbare Verbindung zwischen einer strukturierten Gartenanlage und der angrenzenden freien Landschaft bilden.

DIE GESTALTUNG MIT PFLANZEN

Waldgärten

Das Erscheinungsbild eines Waldes können Sie durch die Verwendung entsprechender Pflanzen nachgestalten, sollten sich aber zuvor genau ansehen, in welcher Weise die Pflanzen in der freien Natur gruppiert sind und das auch in Ihrem Garten berücksichtigen. Waldähnliche Pflanzungen variieren je nach Art des Waldes, nach Alter sowie Höhe und Dichte der Bäume. In gemäßigten Klimazonen ist ein nicht zu dicht gepflanzter Wald ideal, der vorzugsweise aus Laubbäumen besteht. Darüber hinaus sollten Lichtungen vorhanden sein, damit die am Boden wachsenden Pflanzen genügend Licht bekommen. Die Auswahl der Bäume ist zwangsläufig von Ihrem Grundstück abhängig. Steht eine ausreichend große Fläche zur Verfügung, sollten Sie Forstgehölze anpflanzen und vielleicht einige Weichholzbäume dazwischensetzen, die schneller wachsen und später ausgedünnt werden können. Für kleinere Areale eignen sich mittelgroße Bäume mit kleineren, möglicherweise blühenden Gehölzen am Saum des Waldes. Ist das Platzangebot stark begrenzt, können Haselsträucher gepflanzt werden, die den Anschein eines Niederwaldes erwecken. Die Fruchtbarkeit des Bodens hat ebenfalls Einfluß auf die Pflanzung. In natürlich gewachsenen Wäldern ist der Boden zumeist feucht und durch eine Mulchdecke vor dem Austrocknen geschützt, bei Neupflanzungen dagegen kann der Boden zuweilen extrem trocken sein, wenn man nicht eingreift.

Waldartige Pflanzung
An diesem halbschattigen Standort bilden Fingerhut und Salomonssiegel einen reizvollen Hintergrund für die blühende *Tiarella*.

Frühlingsszene (oben)
Eine wunderbare Komposition unter hohen Bäumen aus *Euphorbia, Helleborus lividus corsicus* mit blaßgrünen Blüten und *Paeonia mlokosewitschii* im Vordergrund.

Ein Meer von Funkien (links)
Unzählige Funkien, die unter dem lichten Blätterdach einer Rhododendronpflanzung wachsen, ergeben im Frühjahr ein herrliches Bild. Die meisten waldartigen Pflanzungen sehen zu dieser Jahreszeit am schönsten aus, wenn die Bäume noch nicht belaubt sind und noch keinen Schatten werfen.

DIE GESTALTUNG MIT PFLANZEN

Einen Rahmen schaffen

Pflanzen sind so vielseitig und verführerisch, daß man sich nur allzu leicht gleich zu Beginn der Planungsphase von den spektakulären Einzelheiten eines dekorativen Pflanzschemas fesseln läßt. Das Ergebnis ist vielfach ein unruhig wirkender Garten, dem es an einem gutdurchdachten Konzept mangelt, in dem Pflanzen harmonisch ins Design integriert sind. Um dies zu verhindern, sollten Sie sich die bepflanzten Gartenbereiche als große, dreidimensionale Elemente vorstellen, die es als Fortsetzung Ihres Gestaltungskonzeptes zu formen gilt – ich werde dies auf Seite 116 näher erläutern. Damit Ihre Pflanzung Struktur und System bekommt, werden die Pflanzen nach ihrer Funktion innerhalb des Gesamtdesigns ausgewählt.

Unabhängig davon, ob ich neue Pflanzschemata plane oder bestehende Gärten begutachte, unterscheide ich stets zwischen fünf Hauptkategorien von Pflanzen und stelle mir die Frage, welche Funktion das Pflanzschema im Hinblick auf diese Kategorien erfüllt. Die erste Kategorie umfaßt die »besonderen« Pflanzen, häufig Solitär- oder Leitpflanzen, die als optische Fixpunkte fungieren und ausschlaggebend für die Blickrichtung innerhalb des Gartens und darüber hinaus sind. Die zweite Kategorie umfaßt die »gerüstbildenden« Pflanzen, die man sich zum Beispiel als grünen Hintergrund vorstellen kann, der zu allen Jahreszeiten Abgrenzungen schafft, als Windschutz dient und dem Gartenraum insgesamt optischen Halt verleiht. Vor diesem Pflanzengerüst stehen die »dekorativen« Gewächse, gefolgt von den »anmutigen« Pflanzen – Stauden, deren Blüten und Blätter im Frühling und Sommer reizvolle Blickfänge bilden. Die letzte Kategorie bilden die Zwischenpflanzungen, die im Wechsel der Jahreszeiten für Farbtupfer sorgen und unschätzbare vorübergehende Lückenfüller für neuangelegte Pflanzungen sind.

Diese Pflanzenkategorien werden auf Seite 120–133 noch genauer beschrieben. Für die jeweilige Zuordnung einzelner Pflanzen gibt es keine festen Regeln. Ein Gewächs, das in einem kleinen Garten unter die Kategorie der »besonderen« Pflanzen fällt, kann in anderen Gärten einfach nur eine »anmutige« Pflanze sein. Die genannten Kategorien dienen hauptsächlich der Übersichtlichkeit bei der Planung, die in einzelne Phasen unterteilt wird, wodurch sich Ihr Konzept einfacher realisieren läßt.

DIE FÜNF KATEGORIEN VON PFLANZUNGEN

»Besondere« Pflanzen
Die golgelbe *Robinia pseudoacacia* ›Frisia‹ ist das dominante Element der Pflanzung (Foto Seite 115) und somit die »besondere« Pflanze.

»Gerüstbildende« Pflanzen
Die Hintergrundgruppierung, die dieses Konzept zusammenhält, besteht aus einer Zypresse, einer Stechpalme, *Pittosporum, Cotoneaster* und *Olearia*.

»Dekorative« Pflanzen
Die *Escallonia* gehört in diesem Fall zur Kategorie der »dekorativen« Pflanzen, ebenso die ausdauernde *Crambe cordifolia* während der Blütezeit.

»Anmutige« Pflanzen
Zu den hier gepflanzten Stauden gehören *Hosta sieboldiana, Chrysanthemum frutescens*, goldblättriger Majoran sowie rosa Bartnelken.

Pflanzgruppe im Frühjahr
Das Analysieren vorhandener Pflanzengruppen trägt dazu bei, in gelungenen Kombinationen das strukturelle Gefüge zu erkennen, in dem Pflanzen der verschiedenen Kategorien zusammen eine ausgewogene Einheit bilden. Wie in allen meinen Pflanzungen sind auch bei diesem Beispiel immergrüne Elemente mit schönen Blattfarben und Strukturen wichtig für den Hintergrund. Im Frühjahr dann zieht eine Reihe von ausdauernden und einjährigen Pflanzen mit ihrer Blütenpracht die Aufmerksamkeit auf sich.

»Lückenfüller«
Fingerhut hat sich am Rand und innerhalb der Pflanzgruppe selbst ausgesät. *Alchemilla mollis* und *Asphodeline lutea* füllen die übrigen Lücken aus.

DIE GESTALTUNG MIT PFLANZEN

Größenverhältnis, Form und Volumen

Die Pflanzgruppen umschließen, formen und schützen Ihren Garten und bringen die zentralen Räume eines neuen Designs ins Gleichgewicht. Wie bereits erwähnt, ist es das richtige Verhältnis zwischen Pflanzungen und freien Flächen, das den Garten als einen Raum gestalten hilft, in dem man sich gerne aufhält. Und mit den Pflanzungen rückt das Volumen in den Mittelpunkt unseres Interesses.

Die unten gezeigten Skizzen sollen Ihnen helfen, die bepflanzten Flächen als Blöcke grüner Materie zu verstehen (Zeichnungen dieser Art brauchen Sie für Ihr eigenes Design nicht anzufertigen). Sobald Sie dieses Konzept verstanden haben, können Sie einen Aufriß anfertigen und mit Hilfe verschiedener Pflanzenformen ein Bild entwerfen (gegenüberliegende Seite). Auf diese Weise sehen Sie nicht nur, wie hoch bestimmte Pflanzgruppen sein müssen – um beispielsweise als Sichtschutz zu fungieren, um eine Beziehung zu vorhandenen großen Pflanzungen herzustellen oder um eine Verbindung zwischen dem Garten und einem Gebäude zu schaffen –, sondern Sie erkennen auch die Bereiche, wo Neupflanzungen erforderlich sind und welche Form sie haben sollten, um zum Stil Ihres Entwurfes zu passen.

Als erstes muß der richtige Standort für »besondere« Pflanzen, das heißt für optische Fixpunkte, gefunden werden. Diese können den Entwurf beherrschen oder das Gegengewicht zu einem vorhandenen Element bilden. An-

VOLUMEN UND FORM

Diese Skizzen verdeutlichen mein Konzept, Pflanzungen als große Blöcke zu betrachten, die den Plan nach oben erweitern. Es ist nicht nötig, derartige Zeichnungen für Ihr eigenes Design anzufertigen.

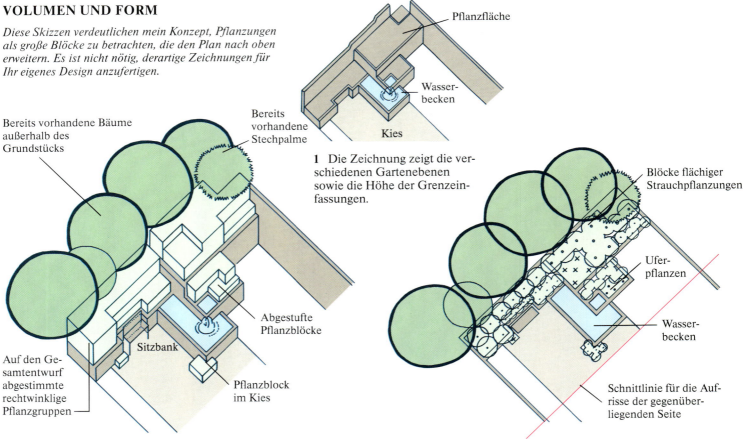

1 Die Zeichnung zeigt die verschiedenen Gartenebenen sowie die Höhe der Grenzeinfassungen.

2 Das Pflanzenmaterial ist hier in Form von großen Blöcken und Umrissen skizziert. Dadurch wird deutlich, in welcher Beziehung die Pflanzgruppen zum neuen Entwurf und zu ihrer Umgebung stehen und wie groß sie sein müssen, damit die dazwischenliegenden Räume diesem Verhältnis entsprechen.

3 Bei breiten Pflanzenumrissen handelt es sich um einzelne Leitpflanzen, die in den Pflanzplan eingezeichnet werden. Jedes Symbol ist maßstabgetreu eingetragen; über den Platzbedarf und die empfohlenen Pflanzabstände geben Gartenbücher und Gartenkataloge Auskunft.

EINEN RAHMEN SCHAFFEN

PFLANZENFORMEN IN EINEM AUFRISS

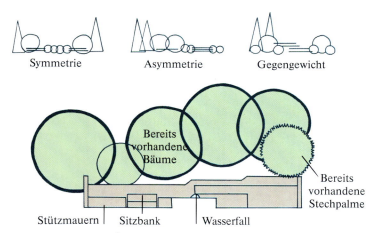

1 Der Aufriß Fertigen Sie in jeder wichtigen Blickrichtung des neuen Designs einen Aufriß des Plans an (s. Seite 326). Zeichnen Sie maßstabgetreu alle bereits vorhandenen Pflanzen innerhalb oder außerhalb des Grundstücks ein, da durch den Aufriß die Proportionen der Neuanpflanzungen bestimmt werden.

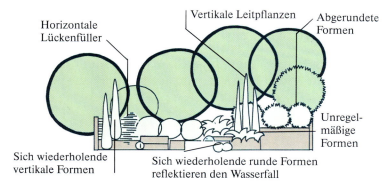

2 Anordnung der Formen Skizzieren Sie auf Transparentpapier eine Komposition aus verschiedenen einfachen abstrakten Pflanzenformen. Immergrüne Gewächse sollten schraffiert werden, damit sie sich von den Laubgehölzen abheben.

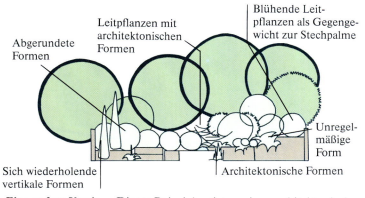

Eine andere Version Dieses Beispiel weist weniger architektonische Formen auf als das vorhergehende und verfügt über mehr abgerundete Pflanzenformen und weniger dominante vertikale Elemente.

schließend gestalten Sie die Aufrißzeichnung weiter aus, so daß eine ansprechende Komposition von Formen entsteht. Experimentieren Sie dabei mit unterschiedlichen Formen, mit länglichen, kreisrunden, dreieckigen und kegelförmigen, und probieren Sie verschiedene Größen aus. Sie können kleine Formen mit großen kombinieren oder getrennt voneinander als Gegengewicht verwenden. Kleinere Formen werden im endgültigen Pflanzplan als niedrige Pflanzungen eingetragen.

Es gibt keine verbindliche Zusammenstellung von Formen für Ihre Pflanzkomposition – richtig ist das, was Ihnen am besten gefällt.

Auf dem endgültigen Aufriß können Sie dann anhand Ihrer abstrakten Pflanzenumrisse festlegen, welches die gerüstbildenden und welches die dekorativen Elemente sind. Der Garten muß selbstverständlich noch durch »anmutige« Pflanzen und Lückenfüller ergänzt werden, doch kann man mit diesen beiden Kategorien warten, bis der Pflanzplan im Detail erarbeitet ist.

Der Pflanzplan

Sobald Sie eine Vorstellung davon haben, wie die Pflanzung insgesamt aussehen soll, können Sie überlegen, mit welchen Pflanzen sich der gewünschte Effekt verwirklichen läßt. Da Sie von einem exakten Plan ausgehen, sind Ihre skizzierten Umrisse in etwa maßstabgetreu. Sie können also, bevor Sie die einzelnen Pflanzen auswählen, die ungefähre Höhe und Ausdehnung errechnen, die eine Pflanze haben muß, um die ihr innerhalb des Designs zugedachte Rolle zu erfüllen.

Der Zeitrahmen für das Pflanzschema muß in einer frühen Planungsphase festgelegt werden. Wenn ich für kleinere Gärten Pflanzabstände festsetze und Pflanzen auswähle, lege ich eine Zeitspanne von fünf Jahren zugrunde. Die Gewächse werden soweit auseinander gepflanzt, daß sie nach Ablauf dieser Zeit zu einer Gruppe zusammengewachsen sind. Anschließend müssen sie zumeist zurückgeschnitten, ausgedünnt oder versetzt werden. In den dazwischenliegenden Jahren schließe ich alle Lücken mit Bodendeckern, einjährigen oder zweijährigen Pflanzen, die sich selbst aussäen. Bei sehr großen Gärten oder waldartigen Pflanzungen kann ein längerer Zeitrahmen durchaus angemessen sein, weil man später mit Sicherheit keine Bäume versetzen möchte.

Das Beispiel auf Seite 158–160 zeigt einen Plan, der entsprechend der fünf Entwicklungsphasen des Pflanzschemas erstellt wurde.

DIE GESTALTUNG MIT PFLANZEN

Der wachsende Garten

Die ersten Monate
Wenige Wochen nach der Bepflanzung wirkt der Garten noch recht kahl, und die harten Konturen des zickzackförmigen Entwurfs sind deutlich zu erkennen. Wenn die Pflanzen nach einigen Jahren größer und dichter geworden sind, erscheinen die Linien weicher, haben aber noch immer einen Bezug zu den Dachkonturen der benachbarten Lagerhalle.

Es dauert einige Jahre, bis ein auf dem Papier entwickeltes Pflanzschema durch das Heranwachsen der Pflanzen das Erscheinungsbild bietet, das Sie sich vorgestellt haben. Um die Entwicklungsstadien zu zeigen, habe ich als Beispiel einen innerstädtischen Garten in einem nüchternen Industriegebiet gewählt. Der Garten hat einen engen Bezug zu seiner Umgebung, denn als Grundlage für den Entwurf habe ich die abstrakten Muster verwendet, die durch die Dachkonturen der benachbarten Lagerhalle entstehen.

Die Pflanzung mußte sowohl schlicht als auch schnellwüchsig sein, denn der Garten sollte möglichst bald das Gefühl des Ungestörtseins vermitteln, den Autoabstellplatz abschirmen und noch genügend Spielfläche für ein Kind bieten.

Die verräucherten braunen Ziegelmauern und das triste städtische Umfeld mußten durch helle Farben aufgeheitert werden. Als »besondere« Pflanzen wählte ich deshalb zwei goldlaubige Robinien, die als lange, dünne Baumschulpflanzen von 5m Höhe geliefert wurden, was nicht einmal ihrer halben ausgewachsenen Größe entspricht. Die Robinien wurden mit schnellwachsenden Koniferen ergänzt (die ich normalerweise nicht empfehle, die hier jedoch nötig waren als Ausgleich für das langsame Wachstum der meisten übrigen »gerüstbildenden« Pflanzen). Die dekorative Pflanzung war auf goldfarbenes und grünes Blattwerk mit weißen Blüten konzentriert.

Im Mikroklima einer Innenstadt wachsen Pflanzen schnell, dennoch waren einige Lückenfüller nötig, damit von Anfang an ein dschungelartiger Eindruck entstand. Wie immer setzte ich einjährige Pflanzen zwischen junge Sträucher sowie Frühlingszwiebelblumen in großer Zahl und bepflanzte Töpfe mit Geranien für die Terrasse.

Um eine Vorstellung davon zu erhalten, wie sich die Pflanzung innerhalb von drei Jahren entwickeln würde, habe ich den Garten kurz nach dem Setzen der Pflanzen fotografiert und die sich verändernden Pflanzenformen und -größen auf darübergelegtes Transparentpapier skizziert (siehe unten).

DIE PFLANZUNG IM VERLAUF VON DREI JAHREN

Eine *Robinia pseudoacacia* ›Frisia‹ (Baumschulpflanze)

Drei *Griselinia littoralis* ›Variegata‹, in weiten Abständen gepflanzt

Malus, wurde versetzt, damit er besser zur Geltung kommt

Hohe Sonnenblumen dienen vorübergehend als Blickfang

Die *Cupressocyparis leylandii* ist noch sehr klein

Nicotiana und weißer *Antirrhinum* sind mit ihren Blüten niedrige, rein dekorative Elemente

Erstes Jahr: Dauerpflanzung
Die Jungpflanzen, eine *Robinia* aus der Baumschule sowie ein umgesetzter *Malus*, stehen weit auseinander, damit sie sich zu ihrer vollen Größe entwickeln können.

Malus

Fingerhut wächst am Rand der Pflanzung

Erstes Jahr: Lückenfüller
Schnellwüchsige Pflanzen dienen als Lückenfüller und bieten vorübergehend optische Fixpunkte. Sonnenblumen und Fingerhut sind wegen ihrer Höhe geeignet.

EINEN RAHMEN SCHAFFEN

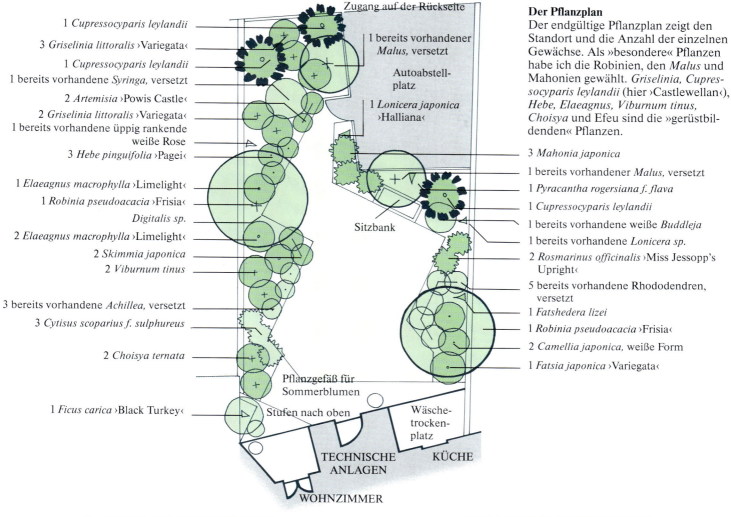

Der Pflanzplan
Der endgültige Pflanzplan zeigt den Standort und die Anzahl der einzelnen Gewächse. Als »besondere« Pflanzen habe ich die Robinien, den *Malus* und Mahonien gewählt. *Griselinia, Cupressocyparis leylandii* (hier ›Castlewellan‹), *Hebe, Elaeagnus, Viburnum tinus, Choisya* und Efeu sind die »gerüstbildenden« Pflanzen.

Beschriftungen am Plan (links):
- 1 *Cupressocyparis leylandii*
- 3 *Griselinia littoralis* ›Variegata‹
- 1 *Cupressocyparis leylandii*
- 1 bereits vorhandene *Syringa*, versetzt
- 2 *Artemisia* ›Powis Castle‹
- 2 *Griselinia littoralis* ›Variegata‹
- 1 bereits vorhandene üppig rankende weiße Rose
- 3 *Hebe pinguifolia* ›Pagei‹
- 1 *Elaeagnus macrophylla* ›Limelight‹
- 1 *Robinia pseudoacacia* ›Frisia‹
- *Digitalis sp.*
- 2 *Elaeagnus macrophylla* ›Limelight‹
- 2 *Skimmia japonica*
- 2 *Viburnum tinus*
- 3 bereits vorhandene *Achillea*, versetzt
- 3 *Cytisus scoparius f. sulphureus*
- 2 *Choisya ternata*
- 1 *Ficus carica* ›Black Turkey‹

Beschriftungen am Plan (oben/rechts):
- Zugang auf der Rückseite
- 1 bereits vorhandener *Malus*, versetzt
- Autoabstellplatz
- 1 *Lonicera japonica* ›Halliana‹
- Sitzbank
- 3 *Mahonia japonica*
- 1 bereits vorhandener *Malus*, versetzt
- 1 *Pyracantha rogersiana f. flava*
- 1 *Cupressocyparis leylandii*
- 1 bereits vorhandene weiße *Buddleja*
- 1 bereits vorhandene *Lonicera sp.*
- 2 *Rosmarinus officinalis* ›Miss Jessopp's Upright‹
- 5 bereits vorhandene Rhododendren, versetzt
- 1 *Fatshedera lizei*
- 1 *Robinia pseudoacacia* ›Frisia‹
- 2 *Camellia japonica*, weiße Form
- 1 *Fatsia japonica* ›Variegata‹
- Pflanzgefäß für Sommerblumen
- Stufen nach oben
- Wäschetrockenplatz
- TECHNISCHE ANLAGEN
- KÜCHE
- WOHNZIMMER

Die Bäume verdecken den Autoabstellplatz

Die *Griselinia littoralis* ›Variegata‹ gewinnen an Volumen

Die *Cupressocyparis leylandii* markieren die Grundstücksgrenze

Einjährige Lückenfüller sind noch immer nötig, um die Sitzbank zur Geltung zu bringen

Die Robinien rahmen den Garten ein und lenken die Aufmerksamkeit auf das Grundstück

Die Sträucher breiten sich langsam aus

Zweites Jahr: Mehr Volumen
Die immergrünen Sträucher nehmen zwar an Volumen zu, aber nur langsam. Einjährige Lückenfüller sind noch immer notwendig, um die Beetränder weicher zu gestalten.

Die Sitzbank ist von Pflanzgruppen eingefaßt

Camellia japonica bildet am Fuß einer Robinie kugelförmige Büsche

Die Pflanzenformen bilden optisch ein Gegengewicht zur Rasenfläche

Drittes Jahr: Realisierter Entwurf
Sonnengelbes Blattwerk belebt den Garten. Durch die Pflanzgruppen sind Schattenbereiche entstanden, so daß die Anlage skulpturalen Charakter erhält.

119

DIE GESTALTUNG MIT PFLANZEN

»Besondere« Pflanzen

Auf den folgenden Seiten habe ich versucht, Richtlinien für meine fünf Kategorien von Pflanzungen aufzustellen und zu erläutern. Selbstverständlich erfordert jedes Design seine eigene individuelle Pflanzenzusammenstellung, doch hoffe ich, daß einige meiner Vorschläge hilfreich für Sie sind.

Die Pflanzen, die ich als »besondere« Pflanzen bezeichne (auch Leitpflanzen genannt), sind die Schwerpunkte des Pflanzschemas. Sie lenken den Blick durch den Garten und bilden optische Fixpunkte im Design. Darüber hinaus setzen sie Akzente innerhalb der Sequenz verschiedener Pflanzungen.

Je nach Entwurf kann ein Garten entweder nur eine Leitpflanze aufweisen oder aber über mehrere »besondere« Pflanzen verfügen, die aufgrund ihrer Anordnung das Hauptelement des Designs bilden oder gleichmäßig im Garten verteilt sind. Wenn es sich um mehrere identische Pflanzen handelt – ich denke dabei an eine Gruppe von mediterranen Zypressen beispielsweise –, bilden sie in sich eine Einheit und einen eigenen Stil.

Bei einer vollständigen Neuplanung des Gartens ist es vermutlich Ihr Ziel, mit Hilfe der »besonderen« Pflanzen eine Verbindung zwischen den Proportionen des Hauses und denen des Gartens herzustellen. Ein zu großer Baum, etwa eine Weide in einem kleinen Garten, bringt das Pflanzschema schon nach kurzer Zeit aus dem Gleichgewicht, während eine zu kleine Pflanze nicht genügend optisches Durchsetzungsvermögen hat. Bereits vorhandene, ausgewachsene Bäume können gut als »besondere« Pflanzen fungieren, selbst wenn sie außerhalb des Grundstücks stehen. Dies birgt allerdings das Risiko in sich, daß dieses zentrale Element, nämlich der Baum, eines Tages gefällt wird. Sicherer ist es deshalb, ein entsprechendes Gegenstück im eigenen Garten zu pflanzen.

Im kleineren Maßstab gehört auch in die einzelnen Pflanzbereiche jeweils eine »besondere« Pflanze, die eine Beziehung zu den größeren Exemplaren angrenzender Pflanzungen hat. Selbst große Kübelpflanzen können als optische Fixpunkte auf einer Terrasse fungieren.

Alle Gewächse, die man als »besondere« oder Leitpflanzen wählt, müssen architektonische Formen und klare Umrisse haben, damit sie das ganze Jahr hindurch dominant wirken. Dabei muß es sich nicht unbedingt um

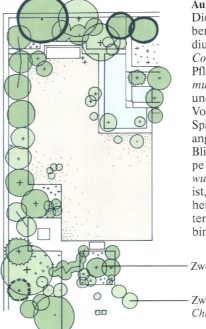

Aufbau einer neuen Pflanzung
Dieses Pflanzgefüge wirkt bereits in diesem frühen Stadium ansprechend. Die beiden *Cordyline australis* und die Pflanzkübel mit *Chrysanthemum* setzen optische Akzente und bilden einen hübschen Vordergrund für diesen Garten. Später, wenn die Pflanzen herangewachsen sind, wird der Blick zusätzlich auf eine Gruppe von *Euphorbia characias ssp. wulfenii* gelenkt, die so plaziert ist, daß sie die Bank optisch hervorhebt und zu den Elementen im Vordergrund eine Verbindung herstellt.

— Zwei *Cordyline australis*

— Zwei Pflanzkübel mit *Chrysanthemum*

Zwei Betula pendula

Ein weitläufiger Blick
Anstelle von Requisiten, wie einer Sitzbank oder gemauerten Elementen, wird das Bild dieses Gartens von zwei anmutigen Weißbirken *(Betula pendula)* und einer Rasenfläche mit harmonischen Konturen geprägt. Bodendecker verstärken die besondere Wirkung der Bäume. Um den Blick auf sie zu lenken, wurde das Pflaster quer durch die Gebüschpflanzung verlegt, die den Vordergrund bildet.

DIE GESTALTUNG MIT PFLANZEN

Besondere Bäume und Gartenelemente
In diesem Garten sind die optischen Fixpunkte ein großer Pavillon und eine Armillarsphäre. Durch die Pflanzung versuchte ich, diese beiden Elemente miteinander zu verbinden und ihre Funktion innerhalb des Designs durch Bäume mit großzügigen Umrissen zu verstärken. Die Buche und die pyramidenförmige Zeder sind damit die »besonderen« Pflanzen und füllen den Raum zwischen dem Pavillon und der Armillarsphäre. Mit seinen ausladenden Zweigen spielt der Wacholder eine zurückhaltendere, aber nicht weniger wichtige Rolle als »gerüstbildende« Pflanze.

BESONDERE PFLANZEN

»Besondere« Pflanzen außerhalb des Grundstücks als Gegengewicht zur Gartenpflanzung

Wiederholung von Formen

»Besondere« Pflanzen außerhalb des Grundstücks
Diese Pflanzung wird von zwei säulenförmigen *Calocedrus decurrens* dominiert. Eine gerüstbildende Hecke und ein kugelförmiger Buchsbaum beziehen diese »besonderen« Pflanzen optisch in das Pflanzschema ein und lenken den Blick quer durch den Garten.

Tropisches Flair
Die ausgeprägten skulpturalen Wuchsformen und auffallenden Blätter machen viele Tropenpflanzen zu aufregenden Blickfängen in einem Garten oder einer Rabatte. Hier wurden die langen spitzen Blätter der *Yucca* im Hintergrund bewußt durch die der *Agave* im Vordergrund betont.

immergrüne Gewächse handeln. Wofür Sie sich im konkreten Fall entscheiden, ist letztlich eine Frage des persönlichen Geschmacks, dennoch könnte ein Hinweis darauf, was man nicht tun sollte, durchaus nützlich sein. So würde ich beispielsweise von einigen Stars unter den Pflanzen abraten: Bäume mit bronzeroten oder mehrfarbigen Blättern lassen sich nur schwer unterbringen, da ihre Gesamtform selten aufsehenerregend ist, ihr Laub aber ständig die Aufmerksamkeit auf sich zieht. Stellen Sie sich *Acer negundo* ›Variegatum‹ zusammen mit einer rotblättrigen Pflaume vor – alles andere darum herum muß eine Enttäuschung sein. Zu viele Koniferen können ebenfalls ein großer Fehler sein, da ihre markante Farbe und Form jede Pflanzung abgehackt und unruhig erscheinen läßt.

Sträucher, die eine schöne Form und interessantes Laub aufweisen, sind geeignete Kandidaten. Dazu gehören beispielsweise *Euphorbia characias* sowie ihre Unterart *wulfenii*, *Melianthus* und die aufrechten Formen von Rosmarin und Eibe. Und auch alle Pflanzen mit langen spitzen Blättern, wie *Yucca* und *Phormium*, sind hervorragende Blickfänge. (Siehe auch Seite 280 – 283).

DIE GESTALTUNG MIT PFLANZEN

»Gerüstbildende« Pflanzen

Wenn Sie die optischen Fixpunkte innerhalb Ihres Designs festgelegt und ausgewählt haben, können Sie mit Hilfe der »gerüstbildenden« Pflanzen die Struktur entwickeln, die das ganze Jahr hindurch bestehen bleibt. Diese Pflanzen geben dem Design nicht nur Substanz, sondern schaffen auch ein dauerhaftes optisches Gerüst für den Garten als Ganzes sowie für die einzelnen Beete und Rabatten. Das Aussehen des Gartens im Winter ist die wichtigste Richtlinie für die »gerüstbildende« Pflanzung. Die gewünschten Merkmale sind schöne immergrüne Blätter oder reizvolle Winterformen.

Die »gerüstbildenden« Pflanzen wirken eher im Hintergrund, festigen das Design und erfüllen das ganze Jahr hindurch unauffällig ihre Aufgabe. Im Sommer werden sie durch Sträucher, die die Aufmerksamkeit stärker auf sich ziehen, in den Schatten gestellt, im Winter dagegen bilden sie wegen ihrer Form, ihrer Blätter, Stengel, Blüten oder Beeren selbst einen Blickfang. Hecken stellen aufgrund ihrer grünen Masse ein wichtiges »gerüstbildendes« Element dar, das gleichzeitig als Sicht- und Windschutz dient.

Als »gerüstbildende« Pflanzen kommen immergrüne Sträucher und Bäume in Betracht, beispielsweise Stechpalmen, Eiben, Wacholder, Buchsbaum und auch einige Pflanzen mit buntem Laub, wie *Lonicera nitida* ›Baggesen's Gold‹ oder graublättriger *Elaeagnus*. Grundsätzlich empfehle ich allerdings heimische Gewächse. Sie verfügen über eine enorme Vitalität, die auch extremen klimatischen Bedingungen standhält, und da ein Großteil der »gerüstbildenden« Pflanzen am Rand des Gartens angesiedelt ist, tragen heimische Gewächse dazu bei, den Garten harmonisch in die Umgebung einzubetten. In kleinen Gärten müssen zumeist auch die »gerüstbildenden« Pflan-

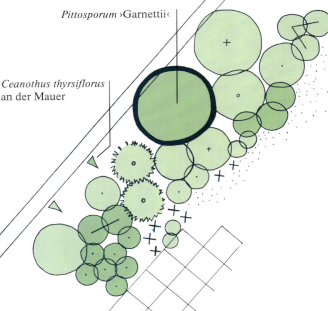

Pittosporum ›Garnettii‹

Ceanothus thyrsiflorus an der Mauer

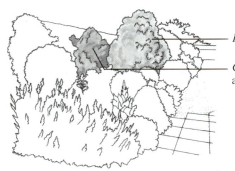

Pittosporum ›Garnettii‹

Ceanothus thyrsiflorus an der Mauer

Eine gemischte Rabatte
Die Leitpflanze dieser Rabatte ist *Pittosporum* ›Garnettii‹. Sie trägt das ganze Jahr hindurch zur Strukturierung der Pflanzung bei. Ein anderes »gerüstbildendes« Element ist der immergrüne *Ceanothus*.

»Gerüstbildende« Pflanzen als Formelemente
Die skulpturale Form des goldblättrigen Buchsbaums – hier die »gerüstbildende« Pflanze – bringt das Hauptelement dieser Gruppierung, einen Holzapfel, verstärkt zur Geltung.

DIE GESTALTUNG MIT PFLANZEN

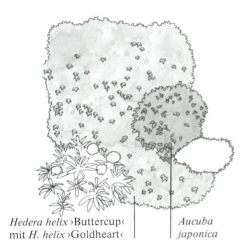

Hedera helix ›Buttercup‹ mit H. helix ›Goldheart‹ | Aucuba japonica

»Gerüstbildende« Pflanzen für kleinere Gärten (oben)
In diesem Fall bilden verschiedene Formen von Efeu *(Hedera helix* ›Goldheart‹ und *H. helix* ›Buttercup‹) sowie *Aucuba japonica* und im Vordergrund *Euphorbia mellifera* ein immergrünes Gerüst. Wenn Farbkontraste und unterschiedliche Blattformen so gelungen wie hier aufeinander abgestimmt sind, sollten keine leuchtendgefärbten Blüten davon ablenken.

Skulpturale Effekte (rechts)
Die hohen vertikalen Bambushalme bilden einen aufregenden Kontrast zu dem horizontalen und ausladenden Wuchs von *Juniperus chinensis*.

GERÜSTBILDENDE PFLANZEN

zen kleiner sein: *Euonymus, Cotoneaster* und selbst Efeu passen alle sehr gut, was ebenso für Lorbeer und Buchsbaum gilt, wenn sie als Kübelpflanzen gezogen werden. Unter den immergrünen blühenden Sträuchern gibt es Pflanzen mit hervorragenden »gerüstbildenden« Eigenschaften. Mahonien mit ihrer architektonischen Form, dem glänzenden Laub und den duftenden Winterblüten sind am besten geeignet – in kleinen Gärten können sie auch gut die Rolle der »besonderen« Pflanze übernehmen. Eine weitere allseits verwendbare Pflanze ist die in Mexiko beheimatete *Choisya ternata. Viburnum tinus, V. burkwoodii* und die Portugiesische Lorbeerkirsche (*Prunus 'lusitanica*) zählen ebenfalls zu meinen Favoriten. In den Rabatten kann man kleinere immergrüne Pflanzen und strauchartige immergrüne Kräuter wie Strauchveronika und Rosmarin verwenden. Vermeiden Sie jedoch alles, was außerhalb der Saison die Blätter hängen läßt.

Winterliche Blickfänge stellen die nächste Gruppe der »gerüstbildenden« Pflanzung dar. *Viburnum bodnantense, Garrya elliptica, Jasminum nudiflorum* und *Chimonanthus praecox* sind ihrer Blüten wegen sehr geschätzt. Und auch alle Christrosen halte ich – entweder zusammen mit *Iris foetidissima* oder auch alleine – für wundervolle Gartenpflanzen. Während der Blüte sind sie eher unscheinbar, haben aber auffällige Samen und das ganze Jahr hindurch schöne Blätter. Bei einer Reihe anderer Pflanzen, zu denen *Cornus* und *Rubus* gehören, kommen dagegen im Winter besonders die Zweige zur Geltung (s. auch Seite 288–293).

Das Element im Hintergrund
Das dunkle Grün des auf dieser Abbildung in Form geschnittenen »gerüstbildenden« *Taxus baccata* dient im Winter als Hintergrund für die kahlen Zweige von *Cornus mas.*

DIE GESTALTUNG MIT PFLANZEN

»Dekorative« Pflanzen

Wenn das Gefüge der »besonderen« und der »gerüstbildenden« Pflanzen auf dem Plan entwickelt ist, werden die »dekorativen« blühenden Sträucher ausgewählt, die die »gerüstbildende« Pflanzung im Hintergrund beleben. Die größeren »dekorativen« Gewächse erfüllen zwar auch eine strukturelle Funktion, stellen aber gleichzeitig die erste Gruppe blühender Pflanzen im Pflanzschema dar. Die dekorativen Qualitäten einer Pflanze sind überaus vielfältig. Farbe und Beschaffenheit der Blüten spielen selbstverständlich eine wesentliche Rolle; Blüten sind jedoch ein vergängliches Merkmal, und die Pflanze sollte deshalb auch attraktive Blätter und eine ansprechende Gesamtform haben. Hohe Ziergräser zählen zum Beispiel zu dieser Kategorie, denn ihr Erscheinungsbild ist außergewöhnlich und besonders attraktiv.

Bei der Wahl der »dekorativen« Pflanzen sollten Sie sich ganz nach dem persönlichen Geschmack richten, der dem Design auch die persönliche Note verleiht.

Zu meinen Lieblingspflanzen der hier besprochenen Kategorie gehören Ginster (*Cytisus*), insbesondere wenn er nach der Blüte zurückgeschnitten wird, sowie Flieder (*Syringa*) und *Philadelphus* (*P. coronarius*, der mit seinen cremeweißen Blüten besonders schön ist), die weichere Formen haben und sich während der Blüte durch ihren herrlichen Duft auszeichnen, was ebenso für Sommerflieder gilt. Wie alle »dekorativen« Sträucher sollte man sie regelmäßig zurückschneiden, damit sie nicht zu stark verholzen. Auch Strauchrosen stehen weit oben auf meiner Liste. Sie sind robust, haben eine gute Form, wenn man sie richtig beschneidet, und manche von ihnen bringen im Herbst wunderschöne Hagebutten hervor.

Einige Kletterpflanzen und Sträucher, die an Spalieren gezogen werden, gehören ebenfalls in die Kategorie der »dekorativen« Pflanzen. Geißblatt und Kletterrosen – ›Madame Alfred Carrière‹ ist einer meiner Favoriten – bestechen durch ihren wundervollen Duft und ihre Blütenkaskaden. *Azara*, ein immergrünes Gewächs, dessen frühe Blüten angenehm nach Vanille riechen, eignet sich gut zum Begrünen von Mauern oder Zäunen. In manchen Gärten kann auch *Ceanothus* als »dekorative« Pflanze verwendet werden, ebenso *Clematis montana*. Alle anderen Clematis-Arten würde ich dagegen der nächsten Kategorie zuordnen, den »anmutigen« Pflanzen.

DEKORATIVE PFLANZEN

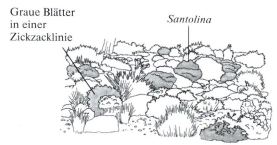

Pflanzung mit skulpturalen Formen (oben)
Hier bilden »dekorative« graublättrige Pflanzen wie *Santolina* und *Artemisia* niedrige Büschel, die in einer Zickzacklinie zu Neuseeländer Flachs *(Phormium)* und Zypressen führen. Letztere fungieren in diesem kalifornischen Garten als Leitpflanzen.

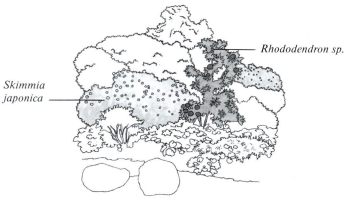

Farbliche Ergänzung (links und oben)
»Dekorative« Pflanzgruppen aus Azaleen und blühender *Skimmia japonica* bringen Volumen und Farbe in diese Komposition und unterstreichen den Effekt des Rhododendron als Solitärpflanze.

DIE GESTALTUNG MIT PFLANZEN

»Anmutige« Pflanzen

Mit den »anmutigen« Pflanzen kommen die Glanzstücke des späten Frühjahrs und der Sommermonate ins Spiel – die krautartigen, winterharten Pflanzen. Auch hierbei handelt es sich in meinen Augen um einen Planungsabschnitt und nicht um eine festgefügte Gruppe bestimmter Pflanzen. Das Ziel sind Farbharmonien und eine Sequenz von blühenden Blickfängen im Garten.

Für mich beinhaltet die Kategorie der »anmutigen« Pflanzen in erster Linie solche Gewächse, die sich durch ihre Blüten auszeichnen. Gleichzeitig aber gehören auch einige unersetzliche Blattpflanzen dazu, die sich wegen ihrer uninteressanten Winterform in frühere Planungsphasen nicht einbeziehen lassen. Ich denke hier beispielsweise an Funkien, Fenchel und Engelwurz.

Die Tatsache, daß so viele prachtvolle Stauden wie Rittersporn, Lupinen oder Astern erst in diesem vierten Planungsabschnitt Berücksichtigung finden, obwohl sie zu den angestammten Favoriten im Garten zählen, darf nicht als Herabwürdigung verstanden werden. Denn diese Pflanzen, die leider nach der Blütezeit Lücken hinterlassen, wirken erheblich besser, wenn sie vor den richtigen »dekorativen« Gewächsen stehen, die ihrerseits von »gerüstbildenden« Pflanzungen flankiert werden. Bei der konkreten Auswahl der Pflanzen steht Ihnen eine riesige Palette zur Verfügung. Zu den von mir persönlich bervorzugten gehören *Alchemilla* – eine Pflanze, die ich wegen ihrer Üppigkeit und Großzügigkeit nicht missen möchte –, *Kniphofia* (speziell *K. caulescens*), Japananemonen für Schattenbereiche und *Stachys*. In manchen Gärten kann *Acanthus* in dieser Phase eingeplant werden, in anderen eignet er sich aufgrund seiner Form und Blütenstände auch als »besondere« Pflanze.

Zusammen mit den »anmutigen« Pflanzen werden die Bodendecker bestimmt. Sie sind dauerhafter als die Gewächse der Kategorie Lückenfüller, denn bei ihnen ist nicht die Wirkung der einzelnen Pflanze, sondern die der gesamten Masse ausschlaggebend.

In dieser Planungsphase können Sie experimentieren und selbst ausgefallenen Ideen nachgehen, ohne daß sich die Gesamtstruktur der Pflanzung verändert. Denn wenn die vorhergehenden Kategorien erfolgreich eingeplant wurden, hat das Design genügend Aussagekraft, um die »anmutigen« Pflanzen in den unterschiedlichsten Konzeptionen aufzunehmen.

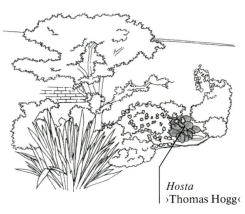

Hosta ›Thomas Hogg‹

»Anmutige« Pflanzen im Kontext
Auch wenn viele Pflanzen dieser Kategorie keine ganzjährige Struktur aufweisen, bedeutet das nicht, daß es ihnen an Wirkung mangelt. In diesem Garten fungiert *Phormium* als Blickfang, *Hosta* als »anmutige« Pflanze und *Alchemilla* als Lückenfüller.

»Anmutige« Sommerpflanzung
Eine wundervolle Gruppierung von Stauden, die alle zur Kategorie der »anmutigen« Pflanzen gehören, da keine verholzt ist oder während der Wintermonate ins Auge fällt. Der Maßstab des Konzeptes und die subtilen Farbkompositionen sind ein Meisterwerk. Dieses Bild entsteht im Frühsommer. Die Wirkung der kontrastierenden vertikalen Formen und horizontalen Farbverläufe wird von den Farbtönen der Blätter noch hervorgehoben. Zu den Pflanzen zählen (von oben): *Veronica virginica f. alba, Campanula lactiflora, Astrantia sp., Salvia nemorosa* und *Sedum spectabile.*

DIE GESTALTUNG MIT PFLANZEN

Lückenfüller

Ganz gleich, wie gut Sie Ihre Pflanzenwahl getroffen haben, es wird immer Zeiten geben, in denen zusätzliche Blickfänge und Farbtupfer erforderlich sind. Und solange Ihre Pflanzung noch heranwächst, sorgen kurzlebige Pflanzen für Farbe und Reiz. Beiden Anforderungen wird die Kategorie der Lückenfüller gerecht.

Zwiebelpflanzen, einjährige Pflanzen, zweijährige und solche, die sich selbst aussäen, fallen alle unter diese Kategorie. Sie füllen die Lücken zwischen Sträuchern, Stauden oder Bodendeckern, tauchen zwischen Pflasterplatten auf oder wachsen zu Dutzenden auf Grünflächen. Mitunter ist ihre Pracht nur von kurzer Dauer, aber für eine bestimmte Jahreszeit typisch, wie etwa bei Krokussen, Narzissen und Tulpen. Oder die Lückenfüller dienen als Bodendecker, wie Vergißmeinnicht, *Nicotiana* oder *Saxifraga*. Und zu guter Letzt gibt es noch die Vorwitzigen. In meinem eigenen Garten verbreiten sich beispielsweise Königskerzen, *Onopordum* und *Silybum* auf völlig ungenierte Weise durch Selbstaussaat, und *Alchemilla* wird mitunter sogar ein wenig zu dreist.

Früh im Jahr sind Zwiebelpflanzen mit die wichtigsten Lückenfüller, wie zum Beispiel die zierlichen frühblühenden Krokusse. Für gemischte Pflanzungen verwende ich am liebsten lilienblütige Tulpen und die exotisch wirkenden Papageientulpen. Wo nur wenig Platz zur Verfügung steht, nehme ich die kleineren Sorten. Dann gibt es noch all die hübschen *Allium*-Arten und die Kaiserkronen (*Fritillaria imperialis*), die mit ihren großen glockenförmigen Blüten in keinem Cottagegarten fehlen dürfen.

Zu den Sommerzwiebelpflanzen gehört *Gladiolus communis ssp. byzantinus*: eine kleinwüchsige Gladiole mit schön gefärbten Blüten, die auf sehr reizvolle Weise verwildert. Bei den Lilien sind die Trompetenlilien, speziell die wundervoll duftende Königslilie (*Lilium regale*), meine Favoriten.

Von den einjährigen Pflanzen sind vor allem die größeren Exemplare zu empfehlen, insbesondere in neuen Rabatten, denen es noch an Höhe fehlt. Fingerhüte und Sonnenblumen sind von unschätzbarem Wert.

Darüber hinaus können auch Topfpflanzen ausgezeichnete Lückenfüller sein, die dem Garten vorübergehend Farbe verleihen.

LÜCKENFÜLLER

Frühlingsblumen (links)
Lilienblütige Tulpen sind mit ihrer eleganten Form hübsche Farbtupfer in gemischten Rabatten und sehen am besten aus, wenn man sie in lockeren, unregelmäßigen Gruppen anordnet. Hier bilden sie einen schönen Kontrast zu den runden Formen der Dauerpflanzung und sorgen vor allem im Frühjahr für Belebung.

Kontrastierende Formen (oben)
Die fleischigen silbrigen Rosetten von *Echeveria elegans* und die pelzigen Blätter von *Stachys* breiten sich vor einer stacheligen *Agave* aus. Trotz der starken Form- und Strukturkontraste passen die Lückenfüller an diesem heißen, trockenen Standort stilistisch zu der benachbarten Leitpflanze.

DIE GESTALTUNG MIT PFLANZEN

Saisonbedingte Attraktionen

Ein wesentlicher Aspekt beim Konzipieren eines Pflanzschemas ist, daß die Pflanzen nicht nur im Sommer den Garten räumlich und farblich reizvoll gestalten helfen, sondern auch während der übrigen Jahreszeiten – einzeln und gemeinsam – vorteilhaft zur Geltung kommen. In einem Pflanzschema können saisonale Merkmale verschiedener Pflanzen sehr vorteilhaft genutzt werden, während man zu anderen Jahreszeiten einen Ausgleich für ihr dann eher unscheinbares Erscheinungsbild schafft. Zum Beispiel läßt sich die im Frühjahr blühende und überall anzutreffende Kirsche mit anderen Gewächsen gruppieren, die im Sommer Blüten und im Herbst interessante Blätter aufweisen.

Sobald Sie die saisonalen Pflanzenmerkmale erkannt haben, können Sie Gruppierungen zusammenstellen, deren Reiz auch im Wechsel von Farbe und Form liegt, etwa von der Blütenfarbe zu den Samenständen oder vom Frühlingsgrün zur Herbstfärbung der Blätter.

Die Farbe der Stengel, immergrüne Blätter und Beeren scheinen im Sommer nicht besonders wichtig zu sein, spielen aber im Winter eine wesentliche Rolle. Im Winter wird dann auch deutlich, ob Ihre »gerüstbildende« Pflanzung dem Garten einen Rahmen gibt, der das Design zusammenhält.

In großen Gärten läßt sich die Pflanzung so planen, daß einzelne Bereiche zu verschiedenen Jahreszeiten besonders zur Geltung kommen. Kleine Gärten sind eine größere Herausforderung, weil man sie immer in ihrer Gesamtheit sieht.

Bei näherer Betrachtung ist die Palette der Pflanzen, die während mehr als einer Jahreszeit reizvoll wirken, nicht sehr groß, und je kleiner die zu bepflanzende Fläche, desto wertvoller sind Gewächse mit zwei oder gar drei verschiedenen dekorativen Eigenschaften. Wenn Sie Ihre Pflanzen so auswählen, daß sich ihr Reiz – innerhalb einer abgestimmten Gruppierung – wenigstens über zwei Jahreszeiten erstreckt, werden Sie viel Freude daran haben. Von besonderem Wert sind hier Frühlings- und Sommerzwiebelpflanzen – ihre Blüten beleben andere Pflanzungen, die wiederum absterbende Blätter verdecken.

SAISONBEDINGTE ATTRAKTIONEN

DOPPELTER RAHMEN

Sommer

Herbst

Ein Blick in meinen eigenen Garten: Im Frühjahr bilden Tulpen den optischen Fixpunkt vor einem Hintergrund aus Sträuchern; links blüht *Daphne laureola*. Im Sommer werden die vielen Gelbtöne der Blätter durch Königskerzen und *Alchemilla* hervorgehoben, die den Blick auf die *Robinia pseudoacacia* ›Frisia‹ im Hintergrund lenken. Im Herbst treten graugrünes Laub und rostbraune Töne in den Vordergrund.

Frühling

DIE GESTALTUNG MIT PFLANZEN

SAISONBEDINGTE ATTRAKTIONEN

PLANUNG EINER EINZELNEN PFLANZUNG

Ein gut strukturierter Rahmen garantiert, daß die Gruppierung zu jeder Jahreszeit von allen Seiten ansprechend aussieht. Berücksichtigen Sie bei der Planung eines Pflanzschemas sowohl die Gesamtstruktur als auch das Erscheinungsbild jeder einzelnen Pflanze vor, während und nach der Blütezeit. Bei dieser Gruppierung war es mein Ziel, die Strenge der Leitpflanzenformen durch Staudengewächse aufzulockern, eine Formkomposition, die aus einer einfachen Kuppel mit vertikalen und horizontalen Elementen besteht (rechts).

Frühling (links)
Diese Kiespflanzung besteht aus einem in Form geschnittenen Buchsbaum *(Buxus sempervirens* ›Gold Tip‹*)*, der den Hintergrund für die graugrünen Blätter von *Euphorbia characias ssp. wulfenii* und ihre herrlichen hellgrünen Blütenstände bildet.

Sommer (rechts oben)
Die kräftigen Frühlingsfarben verblassen und werden durch weichere Gold- und Mauvetöne ersetzt, wobei die *Euphorbia* stark ihre Farbe verändert und die »anmutigen« Pflanzen besonders gut zur Geltung kommen. Die Rückansicht der Pflanzung ist schlichter; hier wird der niedrige *Cotoneaster dammeri* im Vordergrund lediglich durch *Alchemilla* und *Allium christophii* belebt.

Herbst (rechts unten)
Nachdem die *Euphorbien* verblüht sind, wechselt die Komposition der Pflanzung in Gruppierungen von fast ausschließlich monochromatischen Farbtönen. Das helle Grau der *Atriplex halimus* bildet ein Gegengewicht zum Graugrün der neuen *Euphorbia*-Triebe. Einen besonderen Akzent setzen die Glattblattastern mit ihren reinweißen Blüten. Die Rückansicht ist geprägt durch die bronze- und rostroten Farbtöne der absterbenden Blütenstände von *Sedum spectabile*.

Sommer, Vorderseite

Sommer, Rückseite

Herbst, Vorderseite

Herbst, Rückseite

SAISONALE BLICKFÄNGE

Unterschiedliche Texturen und Farben stehen über das ganze Jahr hinweg bei jeder Pflanzung im Mittelpunkt. Planen Sie für jede Jahreszeit einige Blickfänge ein, die von ansprechenden Blattformen und Farbtönen unterstützt werden. Die Hauptelemente dieser Einzelpflanzung sind rechts gezeigt.

FRÜHLING

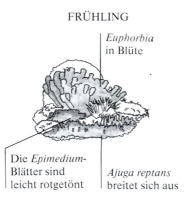

Euphorbia in Blüte

Die *Epimedium*-Blätter sind leicht rotgetönt

Ajuga reptans breitet sich aus

SOMMER

Euphorbia hat teilweise einen warmen Orangeton angenommen

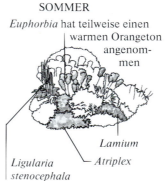

Ligularia stenocephala

Lamium

Atriplex

HERBST

Die neuen Triebe der *Euphorbia* sind ebenso auffällig wie die Blütenstände

Atriplex in Blüte

Glattblattastern in Blüte

DIE GESTALTUNG MIT PFLANZEN

Mit Farbe arbeiten

Über Theorien der Farbe, über Farbharmonien und Farbkontraste wurden ganze Bücher geschrieben, doch letzten Endes ist das Farbempfinden eine sehr persönliche, um nicht zu sagen subjektive Angelegenheit. Manche Menschen lieben kräftige, leuchtende Farben, andere wiederum bevorzugen weichere Rosa- und Grautöne.

Ich unterscheide auch zwischen den Farben, die mir am frühen Morgen und in den Abendstunden gefallen und denen, die mich am Nachmittag faszinieren. In ähnlicher Weise haben auch die Farben der Pflanzen, die ich in unmittelbarer Nähe eines belebten Schwimmbeckens verwenden würde, nur wenig mit denen gemein, die mir für einen Blick auf eine weiter entfernte Wiese angemessen erscheinen. Ob sich nun meine Präferenzen aber nach einem Vorbild richten oder einer momentanen Laune entspringen – bestimmte Regeln beachte ich immer.

Die erste besteht darin, zu akzeptieren, daß das Grün der Blätter ebenso eine Farbe ist wie die der Blüten und daß es sich dabei um die Farbe handelt, die wir im Garten am häufigsten verwenden. Frisches Frühlingsgrün verwandelt sich in schweres Sommergrün, bevor es zu herbstlichen Goldtönen entflammt – eine Skala, die von blassem Gelbgrün bis hin zu dunklem Bronzerot reicht.

In den meisten Fällen verwende ich Farbe zur Vervollständigung meines Designs und nicht um ihrer selbst willen. Meine Farbgebung basiert auf der Farbe des Zaunes oder der Mauer hinter dem Pflanzbeet, auf der Farbe der Baumaterialien des Hauses und vor allem auf den Farben, die meine Klienten bevorzugen. Die Innenaustattung des Hauses ist für mich ein guter Anhaltspunkt für die Farben der Terrassenpflanzen – was ebenso für die Farbe und die Art des Pflasters sowie den Stil der Pflanzgefäße gilt.

Darüber hinaus sind die Lichtverhältnisse zu berücksichtigen, die in verschiedenen Teilen der Erde stark variieren – je intensiver das Licht, desto klarer die Farben, denn die Lichtverhältnisse haben großen Einfluß auf unsere Farbwahrnehmung.

Auch die Größe des Gartens beeinflußt meine Farbgebung. Bei kleinen, eingefriedeten Grundstücken wähle ich Farben, die einen Bezug zum Haus und der Innenausstattung haben; bei größeren Arealen endet die Beziehung zum Haus an der Terrasse, und die Farben werden zur Grundstücksgrenze hin im allgemeinen blasser. Allzu kräftige Farben im Randbereich lassen das Terrain optisch kleiner erscheinen. Und wo man vom Garten aus auf die Landschaft blicken kann, muß dies bei der Farbwahl Berücksichtigung finden. In Großbritannien führt das oft feuchte, diesige Wetter beispielsweise dazu, daß die Landschaft in ein diffuses bläuliches Licht getaucht

Blattfarben (rechts)
Diese Blattkombination ergibt ein interessantes Farbspiel von Grün und Weiß, bei dem die weißen Streifen der *Hosta* von den Blüten der *Trillium* (s. auch Seite 265) farblich reflektiert werden. Die Pflanzgruppe zeigt, wie eine schattige Ecke durch die sorgfältige Auswahl von Grüntönen hell und freundlich gestaltet werden kann.

Einfarbiges Schema (rechts)
Einfarbige Arrangements können eine phantastische Wirkung haben. Diese Pflanzung sollte schnell heranwachsen, um ein Betriebsgebäude zu verdecken. Die gelben Blüten von *Senecio*, *Hypericum* ›Hidcote‹, *Santolina* und Stiefmütterchen sind eingerahmt von grauem Blattwerk und goldblättrigem Salbei.

DIE GESTALTUNG MIT PFLANZEN

Effekte mit Farbtupfern (rechts)
Das hübsche Kunterbunt von Staudengewächsen in einem Cottagegarten zeigt, wie sich punktuelle Farbeffekte erzielen lassen: die Pflanzen sind in kleinen, ineinander übergehenden Gruppen angeordnet, deren Farbspiel jeden Betrachter fasziniert.

Farbbänder (rechts)
Wenn Farbe großflächig eingesetzt wird, so daß die Pflanzungen eigene Formen entwickeln und sich starke Kontraste ergeben, ist das immer ein großartiger Anblick. Hier erzeugt Lavendel im Verhältnis zu der dahinter stehenden Eibenhecke einen skulpturalen Effekt.

ist, was bedacht werden muß. Denn die Randbereiche des Gartens sollten im Einklang und nicht im Widerspruch zur Landschaft stehen.

Jahreszeitlich bedingte Farbveränderungen müssen ebenfalls beachtet werden; denn es scheint – zumindest in gemäßigten Klimazonen – einen bestimmten natürlichen Zyklus zu geben. Cremeweiße und blasse zitronengelbe Töne sind für den Beginn des Jahres charakteristisch, Blautöne für den Hochsommer und warme Orange- und Kupfertöne für den Herbst. Es gibt auch Leute, die behaupten, daß alle Farben der Natur zusammenpassen. Aber das stimmt nicht! Insbesondere wenn es sich bei den Pflanzen um Hybriden handelt.

Die meisten Farbkombinationen ergänze ich durch Weiß (eventuell mit Hilfe eines Lückenfüllers), Grau (»dekorative« oder »anmutige« Pflanzen) und einen Hauch von Bronzerot (eine »dekorative« Pflanze). Die von mir gewählte Farbe findet sich sowohl in Blättern als auch in Blüten, und sie steht immer in Beziehung zu Grün, vorzugsweise zum dunklen Grün einer Eibenhecke im Hintergrund, häufiger jedoch zum frischen Grün einer Grasfläche.

Das Erzielen unterschiedlicher Effekte

Besonderes Vergnügen bereiten mir einfarbige Arrangements, obwohl ich niemals auf die Idee käme, einen ganzen Garten in dieser Weise zu bepflanzen, sondern nur Teilbereiche. Gelb und Zitronengelb sind meine Favoriten, doch dazu gehören auch goldgelbe und graue Blätter und selbstverständlich Grün. Sie können eine ähnliche Auswahl von Pflanzen mit blauen oder gar rosaroten Blüten zusammenstellen, sobald Sie jedoch graues Laub mit Grün und einem Hauch Bronzerot hinzufügen, wird das Ganze kompliziert. Kombinationen mit ausschließlich weißen Blüten sind ebenfalls sehr beliebt. Aber die Palette von Weißtönen ist überaus groß und reicht von Blau- bis hin zu Cremeweiß. Monochromatische Farbschemen sind also keine leichte Sache, denn die subtilen Schattierungen müssen sorgfältig aufeinander abgestimmt sein.

Wer keinen Gefallen an Arrangements mit nur einer Blütenfarbe findet, kann auch eine Komposition aus Blattfarben schaffen: wie etwa mit Grau, Gold, Bronzerot und Grün. Solche Zusammenstellungen von Blattfarben können eine aufsehenerregende Wirkung haben, vorausgesetzt, die Grundlage dieses Effektes wird nicht durch die verschiedenen Blütenfarben zerstört. Sie können die von Ihnen gewählte Pflanzenfarbe in großen Blockpflanzungen verwenden, um einen bestimmten Richtungsverlauf anzuzeigen; Sie können in klein aufgeteilten Flächen arbeiten; oder Sie können eine Farbe mit einer anderen durchsetzen, was natürlicher wirkt. Der Erfolg jedes Farbschemas hängt von der jeweiligen Farbskala ab.

Gehen Sie unerschrocken vor und setzen Sie beispielsweise zwischen eine großzügige Gruppe von *Nepeta* nur einige wenige Lilien – das ist eine Pflanzmethode, die spektakuläre Effekte erzeugen kann, aber Mut erfordert und auf keinen Fall mit dem lockeren Kunterbunt eines Cottagegartens verwechselt werden darf.

Alle Designer haben ihre eigenen Techniken und sind ständig bemüht, ihre alten Ideen zu perfektionieren und neue Kombinationen und Zusammenstellungen von Pflanzen zu kreieren. Ihr Geheimnis liegt sehr häufig darin, daß sie mit einer einfachen Grundstruktur beginnen und erst später mit Variationen experimentieren.

5
Gartengestaltung Schritt für Schritt

In diesem Kapitel geht es um die praktischen Grundlagen der Gartengestaltung. Wie bringt man seine eigenen Ideen zu Papier, und wie lassen sie sich darstellen und ausarbeiten.

Begutachtung des Geländes

Ich habe hier ein Übungsmodell skizziert, das den Garten in Beziehung zu seiner Umgebung setzt, und gezeigt, in welcher Weise die Umgebung wiederum das Erscheinungsbild des Hauses und des Gartens beeinflussen kann. Darüber hinaus werden die Prinzipien eines guten Designs, des Stils und der Pflanztheorie eingehend behandelt. In diesem Kapitel möchte ich all diese Elemente zusammenfügen und den Gestaltungsprozeß anhand eines Mustergartens verdeutlichen.

Der erste Schritt ist eine genaue Bewertung des Geländes, eine Aufstellung Ihrer eigenen, den Garten betreffenden Vorstellungen sowie eine exakte Vermessung des Areals. Man könnte dies den Vorentwurf nennen, der eine Geländeanalyse beinhaltet.

Vorentwurf

Häufig ist zwar ganz klar, was man in seinem Garten nicht möchte, was man aber tatsächlich will, davon gibt es nur vage Vorstellungen. Halten Sie deshalb zuerst alle Punkte fest, bei denen Sie noch unschlüssig sind. Stellen Sie dann eine weitere Liste zusammen (s. Seite 147), die all das enthält, was Sie in jedem Fall verwirklichen wollen.

Als nächstes müssen Sie den Stil festlegen, denn Ihre bis zu einem gewissen Grad subjektiven Vorstellungen von Ihrem neuen Garten sind maßgebend für den gesamten Gestaltungsprozeß.

Dazu beginnen Sie am besten bei sich selbst: Sind Sie eher ein förmlicher oder ein unbekümmerter Mensch; lieben Sie wild wuchernde Pflanzen, oder bevorzugen Sie ein geordnetes, strukturiertes Bild? Fragen Sie sich als nächstes, was Ihnen das Haus und die Umgebung des Gartens sagen. Ich stelle immer wieder fest, daß mir ein Blick in das Haus eines Klienten – Alter und Stil der Möbel, Farbgebung, Bilder und selbst Gardinen – viel über die Bewohner und ihren Lebensstil offenbart. Betrachten Sie das Haus in allen Einzelheiten: den Baustil, die Materialien, das Dach, die Traufe und so weiter, und notieren Sie Ihre Eindrücke. Achten Sie auch auf dominante Merkmale, die in den Entwurf einbezogen werden können.

Geländeanalyse

Eine Analyse des Grundstücks ist wichtig, um ein Gefühl für seine Lage innerhalb eines größeren Rahmens zu ent-wickeln sowie für die Einzelheiten des Geländes und die Lage des Hauses innerhalb des Grundstücks. Fertigen Sie dazu eine grobe Skizze des Gartens an, und tragen Sie alle wichtigen Informationen ein (s. Seite 146).

Umgebung Ländliche Gärten sollten die umliegende Landschaft reflektieren. Eine städtische Umgebung kann ebenso gewichtig sein und starke historische oder architektonische Züge haben. Ist dies der Fall, können baurechtliche Einschränkungen bestimmten Vorhaben entgegenstehen, so daß auch dieser Punkt berücksichtigt werden muß. Der dazwischenliegende Bereich, die überall anzutreffende Vorstadt, kann auf der ganzen Welt ein erstaunlich ähnliches Erscheinungsbild haben, selbst wenn jeder Vorstadtgarten seine eigenen Klimabedingungen und topographischen Merkmale aufweist.

Himmelsrichtungen Bestimmen Sie mit einem Kompaß, wo die Sonne zur Mittagszeit steht. Je weiter im Norden man sich auf der nördlichen Halbkugel befindet und je weiter im Süden auf der südlichen Halbkugel, desto niedriger ist der Bogen, den die Sonne im Winter am Himmel beschreibt. Dies kann in überschatteten Stadtgärten oder in Gärten mit hohen Grenzeinfassungen von Bedeutung sein.

Topographische Gegebenheiten Halten Sie alle Faktoren außerhalb des Grundstücks fest, die möglicherweise Einfluß auf die Gestaltung haben. Eine Erhebung, die auf der Geländekarte als »stürmischer Höhenrücken« oder eine Senke, die als »Nebelgrund« ausgewiesen ist, sagen etwas über die örtlichen Bedingungen aus (siehe Lageplan auf der gegenüberliegenden Seite).

Vorherrschende Windrichtung Wind und Luftströmungen können dazu führen, daß man den Garten nicht nutzen kann. Stellen Sie deshalb die Hauptwindrichtung in Ihrem Garten fest. Bei freiliegenden Grundstücken ist die Form der Bäume ein guter Hinweis. In Nähe des Meeres trägt der Wind Salz über das Land, was die Pflanzenauswahl einschränkt, weil nur bestimmte Gewächse unter diesen Bedingungen gedeihen.

Grundstücksgrenzen Sind sie zu offen oder zu geschlossen? In einer ländlichen Umgebung wird die Beschaffenheit der Grenzeinfassung bestimmt durch den Blick, den man auf die Landschaft und den Garten haben möchte, sowie durch die Notwendigkeit, einen Wind-

BEGUTACHTUNG DES GELÄNDES

GELÄNDEANALYSE

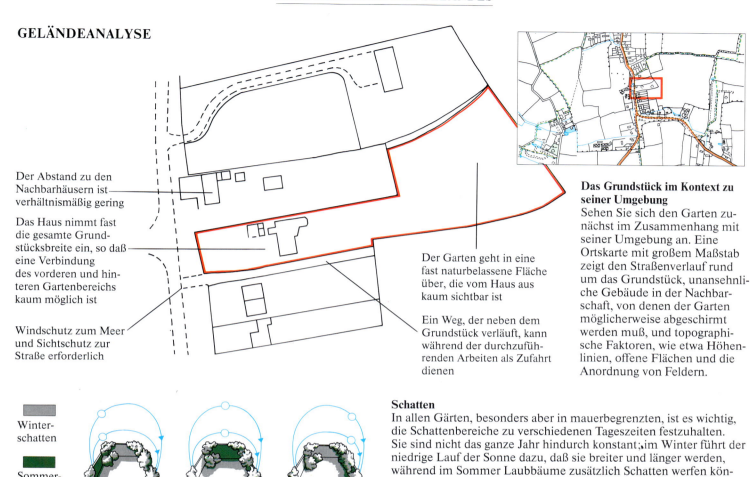

Der Abstand zu den Nachbarhäusern ist verhältnismäßig gering

Das Haus nimmt fast die gesamte Grundstücksbreite ein, so daß eine Verbindung des vorderen und hinteren Gartenbereichs kaum möglich ist

Windschutz zum Meer und Sichtschutz zur Straße erforderlich

Der Garten geht in eine fast naturbelassene Fläche über, die vom Haus aus kaum sichtbar ist

Ein Weg, der neben dem Grundstück verläuft, kann während der durchzuführenden Arbeiten als Zufahrt dienen

Das Grundstück im Kontext zu seiner Umgebung
Sehen Sie sich den Garten zunächst im Zusammenhang mit seiner Umgebung an. Eine Ortskarte mit großem Maßstab zeigt den Straßenverlauf rund um das Grundstück, unansehnliche Gebäude in der Nachbarschaft, von denen der Garten möglicherweise abgeschirmt werden muß, und topographische Faktoren, wie etwa Höhenlinien, offene Flächen und die Anordnung von Feldern.

Winterschatten

Sommerschatten

Schatten
In allen Gärten, besonders aber in mauerbegrenzten, ist es wichtig, die Schattenbereiche zu verschiedenen Tageszeiten festzuhalten. Sie sind nicht das ganze Jahr hindurch konstant; im Winter führt der niedrige Lauf der Sonne dazu, daß sie breiter und länger werden, während im Sommer Laubbäume zusätzlich Schatten werfen können. Links sind die unterschiedlichen Schattenbereiche in einem Garten mit hohen Mauern gezeigt.

schutz zu errichten und eventuell Vieh vom Grundstück fernzuhalten. In der Stadt steht häufig die Wahrung der Privatsphäre an oberster Stelle, so daß offene Grundstücksgrenzen nicht in Betracht kommen. Hier richtet sich das Hauptinteresse auf die Materialien, aus denen die Grenzeinfassungen bestehen. Sind bereits vorhandene Mauern in gutem Zustand, sind sie zu hoch oder zu niedrig? Paßt der Zaun zum Gebäude?

Drainage und Bewässerung Ein anderer Faktor, der Ihr Gartendesign beeinflußt, ist die Frage, ob eine Bewässerung (s. Seite 332–333) oder eine Entwässerung erforderlich ist. Trifft letzteres zu, was nach meiner Erfahrung bei Privatgrundstücken nur selten der Fall ist, sollten Sie ein Feuchtbiotop in Erwägung ziehen und sich bei der Gartengestaltung an das Gelände anpassen, statt dagegen anzukämpfen. Eine besondere Situation entsteht bei tiefliegenden Grundstücken in der Nähe des Meeres oder eines Flusses, wo der Garten oder ein Teilbereich Überschwemmungen ausgesetzt ist oder einen hohen Grundwasserspiegel aufweist. In solchen Fällen ist die Zahl der in Frage kommenden Pflanzen klein, weil die meisten starke Schwankungen des Wasserstandes nicht tolerieren. Tiefwurzler zum Beispiel müssen durch entsprechende Geländeveränderungen über das Niveau des Grundwasserspiegels gebracht werden.

Höhenunterschiede Zeichnen Sie alle Geländeniveaus und Böschungen auf, denn die Möglichkeit einer Höhenveränderung im neuen Design hat starken Einfluß darauf, wie man an die Gestaltung herangeht. Selbst bei ebenem Gelände wie dem unseres Mustergartens läßt sich unter Umständen ein Höhenunterschied einbauen, ohne daß größere Erdarbeiten notwendig sind.

Hausanschlüsse Normalerweise verfügt jedes Haus über eine Reihe von unterirdisch verlegten Anschlüssen,

GESTALTUNG SCHRITT FÜR SCHRITT

GELÄNDEANALYSE

Ein natürlicher Bereich
Durch eine Öffnung in der Hecke geht der Garten in den dahinterliegenden natürlichen Bereich über, der aus großflächigen, lockeren Strauchpflanzungen und Grünflächen besteht; in der Mitte befindet sich ein Teich.

Das Haus
Die Proportionen, der Stil und der Grundriß des Hauses sind die Ausgangspunkte für das neue Design. Hier ist ein klares, aber zwangloses Design angebracht – ohne historische, manierierte oder streng symmetrische Elemente. Polaroidfotos sind gute Gedächtnisstützen.

Diese Randbepflanzung sollte zurückgeschnitten und umgruppiert werden. Ältere Sträucher bilden ein gutes Gegengewicht zu dem Walnußbaum auf der gegenüberliegenden Seite. Hier herrschen die Farben Weiß und Rosa vor

Die gepflasterte Fläche mit der Hecke ist zu bestimmten Jahreszeiten ein gut geschützter Sitzbereich, der nicht verändert wird. Bei der Farbgestaltung richte ich mich nach dem kräftigen Gelb der Hecke

Dieser Bereich liegt die meiste Zeit des Tages in der Sonne

Die Wand des neuen Anbaus verläuft schräg, was im Entwurf vielleicht verwendet werden kann

An der rückwärtigen Seite des Hauses sind Kletterpflanzen und Pflanzgefäße vorgesehen

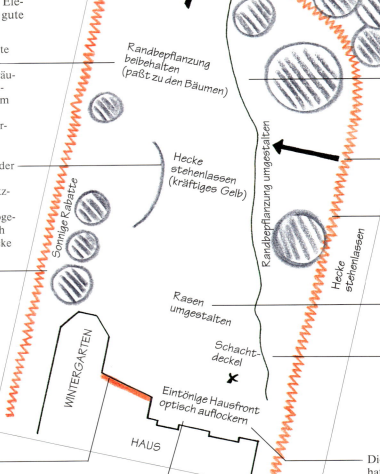

Die Gartenfläche muß zu dem natürlichen Bereich hinführen und auf ihn aufmerksam machen

Garten mit natürlicher Fläche verbinden

Bäume

Randbepflanzung beibehalten (paßt zu den Bäumen)

Hecke stehenlassen (kräftiges Gelb)

Sonnige Rabatte

Randbepflanzung umgestalten

Hecke stehenlassen

Rasen umgestalten

Schachtdeckel

WINTERGARTEN

HAUS

Eintönige Hausfront optisch auflockern

Die Bäume hinter der Hecke sind ein optischer Fixpunkt am Ende des Gartens. Sie sollten in das Design vor der Hecke einbezogen werden. Die Hecke kann etwas gekürzt werden, damit ein besserer Ausblick auf die natürliche Fläche geschaffen wird

Der Garten ist insgesamt zu flach und rechteckig. Man sollte versuchen, optische Unterbrechungen zu schaffen und den Weg zum natürlichen Bereich reizvoller zu gestalten

Richtung der Sonne zur Mittagszeit

Die Hecken sind nicht optimal, denn sie lassen den Garten wie einen eckigen Kasten aussehen; aber sie schützen vor den Blicken der Nachbarn und dem Wind vom Meer

Diese Rasenfläche ist zu flach und sollte deshalb völlig umgestaltet werden

Die Hauptattraktion der Bepflanzung soll in die Nähe des Hauses. Gelb an dieser Stelle reflektiert die Sonne und schafft eine Verbindung zur gegenüberliegenden Hecke

Die Terrasse hat unvorteilhafte Linien; vielleicht kann man sie zum neuen Wintergarten hin ausrichten

BEGUTACHTUNG DES GELÄNDES

DER VORENTWURF

Stellen Sie anhand dieser Liste Ihre persönlichen Anforderungen an den neuen Garten zusammen.

Praktische Erfordernisse
Parkmöglichkeiten und Garagenzufahrt
Bedarf an Lagerraum
Zugang zum Haus und zu technischen Anlagen
Berücksichtigung schöner Ausblicke
Sicht- und Windschutz
Kompostfläche
Bewässerungssystem
Vorkehrungen für Haustiere

Für die Nutzung des Gartens
Terrasse:
– für wieviele Personen
– Art des Materials
– Gartengrill
– eingebaute Sitzmöglichkeiten
– Schatten oder Sonne
Schattiger Sitzbereich abseits der Terrasse
Rasen
Spielbereich für Kinder
Nächtliche Außenbeleuchtung:
– für Sitzbereiche
– für Wege zum Haus
– um den Garten vom Haus aus anzustrahlen

Geplante Elemente
Bevorzugte Grenzeinfassung (Hecke, Zaun etc.)
Aussichtspunkt
Gewächshaus
Wasserelemente

Pflanzen
Bereits vorhandene schöne Pflanzen
Art der bevorzugten Bodendecker
Vorlieben und Abneigungen
Bevorzugte Blütenfarben

Besondere Interessen
Vorkehrungen für Vögel, wildlebende Tiere etc.

---

und bevor Sie sich für ein Design entschließen, das Erdarbeiten größeren Umfangs erforderlich macht, sollten Sie überlegen, was ohne eine kostspielige Neuverlegung von Rohren und Kabeln realisierbar ist. In diesem Stadium genügt es, zu wissen, wo ungefähr die Wasser-, Gas- und Elektrizitätsanschlüsse sowie die Telefonleitung verlaufen. Falls Sie später doch umfangreiche Erdarbeiten ins Auge fassen, muß der genaue Verlauf der Leitungen gegebenenfalls bei den betreffenden Energieversorgungsunternehmen erfragt werden.

Zu den Entsorgungsleitungen des Hauses gehören die Ableitung des Oberflächenwassers, wie etwa vom Dach, und die der Abwässer. Die Abwasserleitung mündet entweder in das öffentliche Kanalsystem oder in eine Hauskläranlage. Da diese von Zeit zu Zeit entleert werden muß, ist ein entsprechender Zugang notwendig. Ist ein Kontrollschacht vorhanden, muß dieser im Plan eingezeichnet werden.

Boden

Obwohl Zusammensetzung und Beschaffenheit des Bodens nicht zwangsläufig Einfluß auf die Nutzung eines Grundstücks haben, sind sie dennoch wichtig hinsichtlich der endgültigen Ausgestaltung des Gartens. Denn die Pflanzen und der Pflanzstil sind ein wesentlicher Teil des Gesamtentwurfs, und es wäre unsinnig, einen Garten zu planen, der sich nicht realisieren läßt. Das heißt, die Grundstücksbewertung muß auch eine Bodenanalyse beinhalten.

Die Zusammensetzung des Bodens variiert in verschiedenen Teilen der Erde sehr stark. So bildet sich beispielsweise auf Gesteinsarten wie Granit und Sandstein zumeist ein saurer Boden, während Kalkstein und Kreide alkalische Böden hervorbringen.

Bis zu einem gewissen Grad sagt die vorhandene Vegetation bereits eine Menge über den betreffenden Boden aus. Einheimische Gewächse und Wildkräuter sowie eingeführte Pflanzen in benachbarten Gärten liefern Hinweise. Die Pflanzen lassen auf die Beschaffenheit des Bodens schließen, auf seinen Säuregehalt oder seine Alkalität und darauf, ob er trocken oder feucht ist – Faktoren, die alle dazu beitragen, das Gelände richtig einzuschätzen. Heidekrautgewächse und Rhododendren sind beispielsweise klassische Indikatoren für einen sauren Boden, Nesseln für einen nährstoffreichen, Hahnenfußgewächse für einen feuchten und *Viburnum* für einen alkalischen Boden. Für eine exakte Analyse sollten Sie jedoch eine Bodenuntersuchung vornehmen.

Bodenuntersuchung

Bei der Bodenuntersuchung wird der Säuregehalt, beziehungsweise die Alkalität des Bodens anhand einer sogenannten pH-Skala gemessen. Dabei liegt der neutrale Bereich bei pH 7. Oberhalb dieses Wertes nimmt die Alkalität zu, wobei der Höchstwert pH 14 beträgt, unterhalb des neutralen Bereichs steigt der Säuregehalt. Ein pH-Wert unter 4,5 bedeutet, daß der Boden für ein Pflanzenwachstum zu sauer ist. Ein idealer Boden hat einen pH-Wert zwischen 6 und 6,5.

Außer in sehr kleinen Gärten sollte man immer an drei oder vier verschiedenen Stellen einen Bodentest vornehmen und jede Stelle sowie das entsprechende Ergebnis in den Analyseplan eintragen. Untersucht wird dabei Erdreich, das 70–150 mm unter der Oberfläche liegt. Es gibt pH-Tester, die zum Ermitteln des pH-Wertes einfach in den Boden gestochen werden. Darüber hinaus sind Test-Sets erhältlich, bei denen die Bodenprobe mit einer Lösung versetzt wird. Ähnlich wie bei einem Test mit Lackmuspapier vergleicht man die entstandene Farbe dann mit einer Farbskala.

Bodenstruktur

Die Beschaffenheit und das Potential Ihres Bodens sind nicht nur eine Frage des pH-Wertes, denn auch seine strukturelle Qualität spielt eine wesentliche Rolle.

Die Bodenstruktur hängt von der Größe der Partikel ab, aus denen sich der Boden zusammensetzt. Ein sandiger Boden besteht beispielsweise aus groben Körnern des Ausgangsgesteins, Lehm dagegen aus winzigen Partikeln. Diese strukturelle Qualität wirkt sich unmittelbar auf die Pflanzen aus, da ihre Wurzeln Nährstoffe aus der Lösung aufnehmen, von der die Bodenpartikel umgeben sind. Und diese Nährstoffe werden von der Pflanze – vereinfacht ausgedrückt – durch einen chemischen Prozeß, der Photosynthese, in Kohlenhydrat verwandelt. Bei sandigen Böden kann die Feuchtigkeit rund um die groben Teilchen sehr leicht versickern. Man bezeichnet einen solchen Boden deshalb als arm, obwohl es sich gleichzeitig um einen warmen Boden handelt, der sich im Frühjahr schneller erwärmt als etwa ein feuchter Lehmboden. Sind die Bodenpartikel sehr klein, sammelt sich extrem viel Feuchtigkeit an, und der Boden wird klebrig und läßt sich nur schwer bearbeiten, bevor er ausgetrocknet ist.

Diese beiden extremen Bodentypen lassen sich durch den Zusatz organischer Substanzen verbessern. Sobald Sie also mit der Ausführung Ihres Gartendesigns beginnen, sollten Sie zur Verbesserung der Bodenstruktur Humus untergraben. Faseriges organisches Material bindet lose Partikel bei offenen Böden, sorgt aber auch für eine Durchlüftung bei Lehmböden, indem es die Teilchen auseinanderdrückt. Einige Humusarten liefern Nährstoffe, andere beinhalten kleine Organismen, aber alle tragen dazu bei, einen undankbaren Boden fruchtbar zu machen.

Der ideale Boden hat also einen pH-Wert von 6,5, ist reich an organischem Material, hat eine krümelige Struktur, eine dunkle Farbe und riecht gut – vergessen Sie deshalb die Geruchsprobe nicht!

Wenn es sich bei Ihrem Garten um ein vernachlässigtes Stadtgrundstück handelt, ist der Boden wahrscheinlich sandig und sauer, da jeder Boden ohne regelmäßige Zufuhr von organischem Material auslaugt und staubig wird. Lassen Sie den Boden nicht für viel Geld abfahren und durch neuen ersetzen, sondern reichern Sie ihn mit Nährstoffen an und graben Sie reichlich Humus unter.

Vermessung des Grundstücks

Der nächste Schritt ist das genaue Vermessen des Grundstücks, um alle Informationen zu erhalten, die zur Erstellung einer exakten, maßstabgetreuen Zeichnung erforderlich sind. Ich empfehle, alle bestehenden Elemente des Gartens zu vermessen, selbst wenn Sie einige davon nicht in das neue Design übernehmen wollen – vielleicht ändern Sie Ihre Meinung wieder.

Prüfen Sie, ob bereits Pläne vom Grundstück oder von Teilbereichen existieren, möglicherweise waren sie für einen Anbau nötig oder gehörten zu den Kaufunterlagen. Solche Pläne sollten aber stets mit den eigenen Meßergebnissen verglichen werden.

Klarheit ist beim Vermessen eines Gartens wesentlich, denn jeder Fehler führt zu Ungenauigkeiten im maßstäblichen Plan. Fertigen Sie eine Arbeitsskizze des Gartens an, so wie Sie ihn sehen, und tragen Sie die Maße darauf ein. Wenn das Grundstück sehr groß oder der Geländeverlauf kompliziert ist, müssen Sie einzelne Skizzen der verschiedenen Bereiche oder der Triangulationspunkte anfertigen, damit die Gesamtskizze nicht zu einem Dickicht unverständlicher Zahlen wird.

Statt Einzelabschnitte zu messen, sollten Sie Maßketten, das heißt fortlaufende Messungen vornehmen und die Längen sorgfältig im Plan markieren, anderenfalls stellen Sie später am Zeichenbrett fest, daß die aufaddierten Einzellängen nicht der tatsächlichen Gesamtlänge entsprechen. In jedem Fall empfiehlt es sich, die ermittelten Maße klar und deutlich mit einem spitzen Bleistift in die Arbeitsskizze einzutragen, damit sie später auch lesbar sind. Das klingt banal, aber ich habe festgestellt, daß man bei klirrender Kälte, wenn es stürmt, das Papier feucht ist und man überall sein möchte, nur nicht draußen im Freien, leicht eine Zahl schreibt, die 5 oder 3, 1 oder 7 bedeuten kann.

Wenn Sie glauben, fertig zu sein, kontrollieren Sie auf Ihrer Skizze, welche Details Sie möglicherweise vergessen haben – ob sich Terrassentüren nach innen oder außen öffnen, Schachtdeckel, Stammumfang der Bäume und so weiter.

Die Vermessungstechniken sind bei allen Grundstücken gleich. Die Verfahrensweise ist vollkommen logisch, und solange Sie ohne Hektik, nach Ihrem eigenen Arbeitstempo und mit ganzer Konzentration vorgehen, damit kein Maß vergessen wird, können Sie nichts falsch machen.

BEGUTACHTUNG DES GELÄNDES

TECHNIKEN ZUM VERMESSEN EINES GARTENS

Mit den hier beschriebenen einfachen Techniken kann jedes Grundstück vermessen werden. Welche Methode für welchen Grundstücksbereich angemessen ist – 90-Grad-Messungen oder Dreiecksmessungen (Triangulation) – liegt in Ihrer Entscheidung. Außer den abgebildeten Utensilien ist ein kleines Metallmaßband zum Ermitteln der Fensterhöhen nützlich; für grobe Messungen von Höhenunterschieden (s. Seite 151) benötigt man eine Latte, einen Holzpflock und einen Holzhammer.

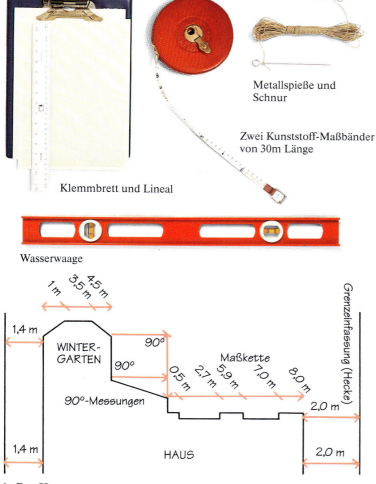
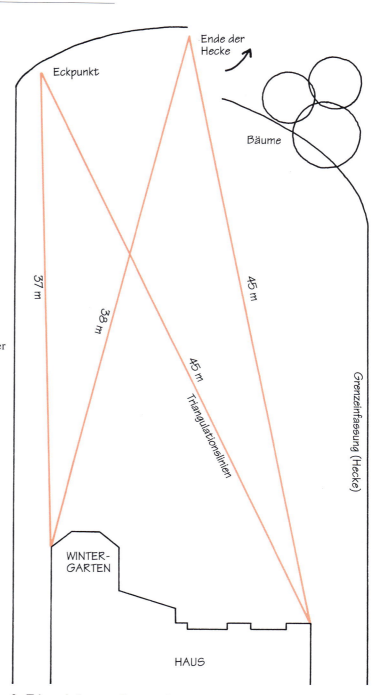

1 Das Haus vermessen
Das Maßband am Boden feststecken und die Länge der Fassade messen. Entlang der Meßlinie die Breite von Fenstern, Türen und sonstigen Elementen markieren. Auf diese Weise alle wichtigen Außenseiten vermessen. Bei nichtrechtwinkligen Hausecken Messungen im 90°-Winkel vornehmen (siehe Arbeitsschritt 4). Zur Kontrolle der Winkel kann man nach Augenmaß ein Dreieck errichten, das vom betreffenden Winkel und einer benachbarten Hausecke gebildet wird, und die Länge aller drei Seiten messen. Den Abstand zwischen Haus und Grundstücksgrenze messen.

2 Triangulation von Grenzpunkten
Selbst bei regelmäßig geschnittenen Arealen sollte man die Eckpunkte des Grundstücks mit Hilfe der Triangulationsmethode vermessen. Dazu jeweils die Strecke zwischen dem Grenzpunkt und zwei Hausecken messen. Die beiden Maße notieren. Die gewählten Hausecken sollten möglichst weit auseinanderliegen – andernfalls ist das Dreieck zu schmal und es entstehen Ungenauigkeiten beim Übertragen der Maße auf den Plan. Als nächstes die Grundstücksgrenze vermessen und dabei notieren, wo Zäune enden und Mauern beginnen, Mauern enden und Hecken beginnen und so weiter.

GESTALTUNG SCHRITT FÜR SCHRITT

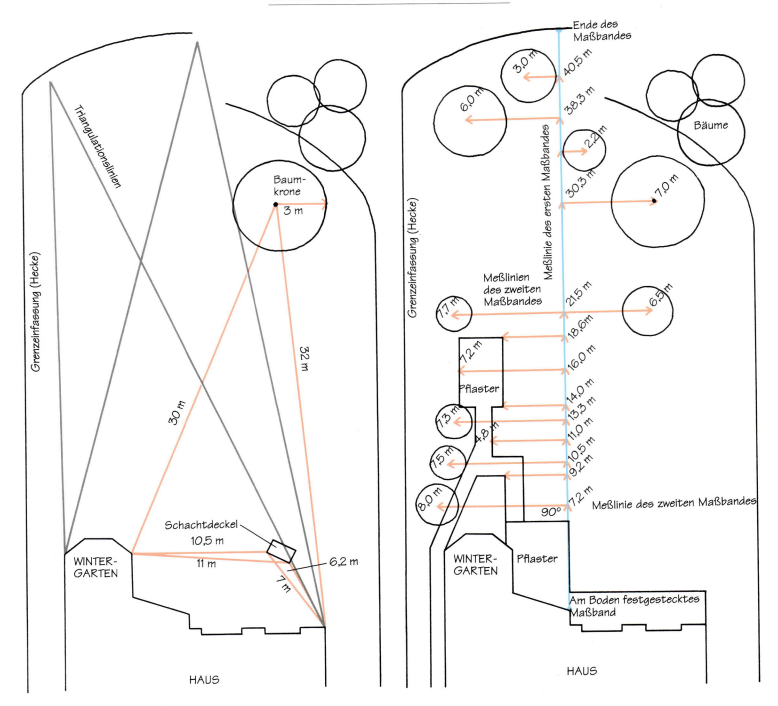

3 Triangulation von Bäumen
Durch Dreiecksmessungen läßt sich auch die Lage von Bäumen und anderen Elementen exakt ermitteln. Dazu von jedem Baum aus die Strecken zu zwei Ecken des Hauses messen; die Maße können der Übersichtlichkeit halber auf einem separaten Blatt Papier notiert werden. Ferner ist wichtig, auch den Durchmesser der Baumkronen auszumessen (dabei auf unregelmäßigen Wuchs achten). Alle Baumkronen sind maßstabgetreu in den Plan einzuzeichnen, um Fehler bei der Planung der Pflanzungen zu vermeiden.

4 90-Grad-Messungen
Bei manchen rechteckigen Arealen und Bereichen anderer Form nimmt man am besten 90°-Messungen vor. Dazu das Maßband an einem (auf dem Plan angekreuzten) Punkt am Boden feststecken und eine Meßlinie markieren, die im rechten Winkel zur Hausfassade (oder einem anderen Bauelement) verläuft. Von dieser Linie aus ein zweites Maßband so genau wie möglich im Winkel von 90 Grad anlegen und so die Lage aller Bäume und sonstigen Elemente bestimmen und die Maße auf dem Plan notieren.

BEGUTACHTUNG DES GELÄNDES

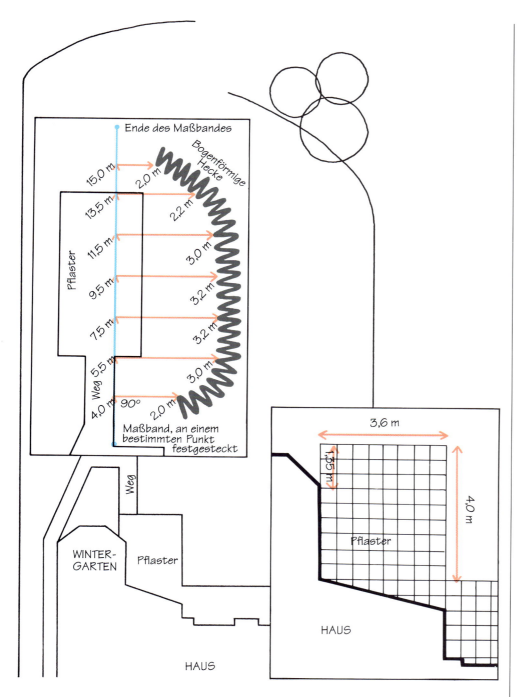

DAS MESSEN VON HÖHENUNTERSCHIEDEN

Grundstücke mit deutlichen Höhenunterschieden müssen für einen Höhenlinienplan vom Fachmann vermessen werden. In diesem Stadium der Geländebewertung genügt jedoch ein grobes Erfassen der Geländeniveaus. Die folgenden einfachen Meßmethoden reichen hierzu aus.

1 Man nimmt einen Holzpflock und eine Latte, auf der ein rundes Maß – beispielsweise 2 m – angezeichnet ist. Den Anfang der Latte am oberen Ende des Hanges auf den Boden legen. Mit Hilfe der Metermarkierung auf der Latte 2 m weiter unten einen Pflock in die Erde schlagen, bis die Latte waagerecht ist, wenn sie auf dem Pflock aufliegt (zur Kontrolle eine Wasserwaage benutzen).

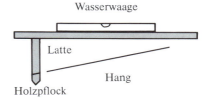

2 Messen, wie weit der Pflock aus der Erde ragt – dieses Maß entspricht dem Gefälle auf 2 m. Nun den Pflock aus der Erde ziehen, den Anfang der Latte an der Stelle des Pflocks auf den Boden legen und den Pflock erneut mit Hilfe der Markierung auf der Latte 2 m weiter unten in die Erde schlagen. Wieder messen, wie weit der Pflock aus der Erde ragt. In dieser Weise weiterverfahren, bis der tiefste Punkt des Hanges erreicht ist.

3 Um das Gesamtgefälle auf der vermessenen Hanglänge auszurechnen, die ermittelten Einzelmaße addieren.

Alternative Methode für leichte Böschungen
Diese Methode liefert zwar keine exakten Ergebnisse, kann aber als grober Anhaltspunkt für Höhenunterschiede nützlich sein. Man bittet einen Helfer, das Maßband am oberen Ende der Böschung anzuhalten, stellt sich selber an das untere Ende und bringt das Maßband per Augenmaß – eventuell durch das Anlegen einer Wasserwaage – so gut wie möglich in die Waagerechte. Um das Gesamtgefälle zu ermitteln, mißt man den Abstand zwischen Maßband und Boden.

5 Bögen vermessen
Mit dem Maßband wird eine Meßlinie festgelegt, die parallel oder rechtwinklig zu einem vorhandenen Element verläuft. In regelmäßigen Abständen, etwa alle 50 cm, 90°-Messungen zum betreffenden Bogen vornehmen. Umgekehrt können mit dieser Methode auch neue Elemente abgesteckt werden.

6 Andere Elemente
Einzelbereiche gesondert skizzieren, damit genügend Platz zum Eintragen der Maße vorhanden ist. Elemente wie Pflastersteine oder Details von Türschwellen ausmessen. Nicht vergessen, auch die Höhe von Hekken, Dachüberständen und dergleichen auszumessen und genau auf dem Plan zu notieren.

GESTALTUNG SCHRITT FÜR SCHRITT

Die maßstabgetreue Zeichnung

Wenn alle Messungen vorgenommen sind, kann ein maßstäblicher Plan angefertigt werden.

Den Maßstab festlegen

Im Maßstab zeichnen bedeutet, daß man auf dem Plan eine bestimmte Maßeinheit für eine reale Strecke verwendet; 1 cm auf dem Maßstablineal entspricht dann beispielsweise 100 cm im Gelände.

Im Verlauf des Gestaltungsprozesses kann sich durchaus herausstellen, daß für unterschiedliche Zeichnungen auch unterschiedliche Maßstäbe erforderlich sind; mitunter geht es dann nur um die Frage, wie der Plan am besten auf das Papier paßt, manchmal ist jedoch ein anderer Maßstab nötig, um Einzelheiten von Flächen, wie etwa gepflasterte Bereiche oder Pflanzungen, zu zeigen. Im folgenden sind die am häufigsten benutzten Maßstäbe aufgeführt:

1:100 – für die maßstabgetreue Zeichnung und den Umrißplan mittelgroßer Gärten von 10 bis 30 m Länge. Ich empfehle diesen Maßstab auch für die ersten groben Skizzen, unabhängig vom später verwendeten Maßstab der Zeichnung, damit Sie sich nicht in unnötigen Details verlieren, die nur vom Gesamtdesign ablenken. Bei kleineren Gärten kann man jedoch durchgängig im Maßstab 1:50 arbeiten, da es nicht zweckmäßig erscheint, zwei Zeichnungen anzufertigen. Bei größeren Gärten von mehr als 30 m Länge sollten Sie den Garten in kleinere Bereiche unterteilen und für jeden eine Zeichnung im Maßstab 1:100 erstellen.

1:50 – für den Umrißplan von Gärten, die nicht länger als 10m sind. Wählen Sie diesen Maßstab auch für Pflanzdetails in Beeten, Rabatten und dergleichen sowie für maßstäbliche Konstruktionspläne.

1:20 – zum Zeichnen aller Einzelelemente, wie etwa einer Pergola, damit die Details hervorgehoben werden.

1:10 – für detaillierte Bauzeichnungen oder für Ausschnittzeichnungen von Elementen wie Mauern. Der Maßstab ist groß genug, um beispielsweise auch die Breite und Höhe von Mörtelfugen darzustellen.

Anfertigung einer maßstabgetreuen Zeichnung

Zeichnen Sie den maßstabgetreuen Plan auf Transparentpapier, ungefähr in der Reihenfolge, in der Sie das Grundstück vermessen haben, und überprüfen Sie anhand korrespondierender Maße die Lage aller Elemente. Sollten Sie auf Unstimmigkeiten stoßen, müssen Sie die Maße vor Ort nochmals kontrollieren (s. auch Seite 52–53).

Jeder Garten ist verschieden, aber ich hoffe, daß es Ihnen mit Hilfe der gezeigten Grundtechniken keine Schwierigkeiten bereitet, die Maße Ihres eigenen Gartens in einen maßstabgetreuen Plan umzusetzen.

TECHNIKEN

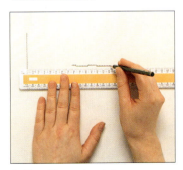

1 Das Haus einzeichnen
Das ist immer der erste Arbeitsschritt. Das Maßstablineal waagerecht anlegen und den Verlauf der rückwärtigen Hausfassade entsprechend der ermittelten Maße mit Bleistift aufzeichnen. Alle Fenster und Türen sowie deren Vorsprünge markieren.

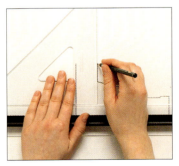

2 Der Umriß des Hauses
Zum Zeichnen rechter Winkel ein rechtwinkliges Zeichendreieck an der Parallelreißschiene der Zeichenplatte anlegen. Mit dem Maßstablineal die Maße auf den senkrechten Linien eintragen. Für andere Winkel sorgfältig die 90°-Messungen übertragen.

3 90°-Messungen übertragen
Die Position des Maßbandes auf dem Plan durch eine Linie markieren. Mit Hilfe der Parallelführung oder eines Dreiecks sowie des Maßstablineals von unten nach oben im rechten Winkel zur Linie die exakte Lage der einzelnen Elemente einzeichnen.

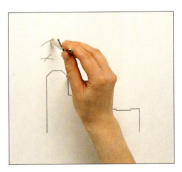

4 Triangulationspunkte
Einen Zirkel auf die maßstabgerechte Länge einstellen, an der Hausecke ansetzen und einen Kreisbogen ziehen. Dann für das andere Maß einen weiteren Kreisbogen schlagen: der Schnittpunkt der Kreisbögen markiert die genaue Lage des Baumes oder anderer Elemente.

BEGUTACHTUNG DES GELÄNDES

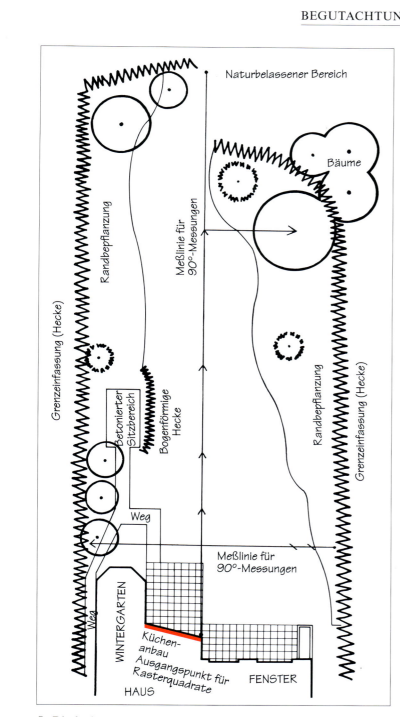

5 Die fertige maßstabgetreue Zeichnung
Alle erfaßten Maße des Gartens auf den maßstäblichen Plan übertragen und genau überprüfen. Dabei jedes vorhandene Element einzeichnen, weil erst zu einem späteren Zeitpunkt entschieden wird, welche Elemente in das neue Design übernommen werden und welche nicht. Wenn die Zeichnung fertig ist, das Element auswählen, dessen Maß den Rasterquadraten zugrunde gelegt wird (s. Seite 56–57). Bei dem hier gezeigten Garten ist der schräg verlaufende Küchenanbau ein geeignetes Element, dessen Dimensionen eine günstige Rastergröße ergeben.

DESIGN-SKIZZE

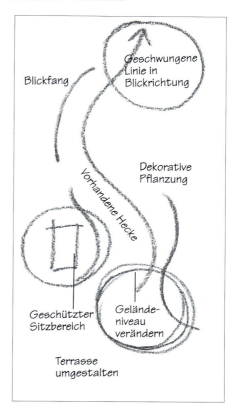

Die Design-Skizze wird auf Transparentpapier gezeichnet, das man über den maßstäblichen Plan legt. Sie zeigt die Position aller im neuen Design vorgesehenen Elemente. Auf diese Weise können die im Vorentwurf festgehaltenen Ziele mit der maßstabgetreuen Zeichnung des Gartens abgestimmt werden.

DIE VORARBEITEN FÜR DAS DESIGN

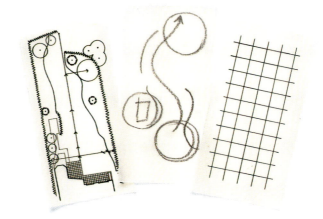

Sie haben jetzt eine maßstabgetreue Zeichnung des bestehenden Gartens, eine die Ziele des neuen Designs aufzeigende Skizze sowie einen Raster auf Transparentpapier vorliegen.

GESTALTUNG SCHRITT FÜR SCHRITT

Entwicklung eines Entwurfs

Die unten abgebildeten Zeichnungen verdeutlichen, wie sich ein erstes Design für den Mustergarten entwickeln läßt. Dazu wurden die auf Seite 60 – 61 erläuterten Methoden angewandt. Auf Transparentpapier habe ich mit Hilfe frei gezeichneter Formen rudimentäre Entwürfe erarbeitet, um neue Ideen zu realisieren, und die Designs anschließend durch eine Unterteilung in aktive und passive Räume konkretisiert. Jeder der drei Gestaltungsvorschläge hätte einen großartigen Garten ergeben.

Ich hoffe, diese Beispiele zeigen, daß man sich nicht mit nur einer gangbaren Lösung begnügen sollte. Aufgabe jedes Designers ist, Dinge immer wieder neu zu überdenken, unterschiedliche Lösungen zu erarbeiten und neue Kompositionen auszuprobieren, damit ein Entwurf entsteht, der auf dem Plan ansprechend aussieht und offene Räume vorsieht, die gestaltet werden können.

Während dieser ersten Phase sollten Sie die spätere Interpretation der entwickelten Formen und Räume zwar stets im Auge behalten, doch besteht Ihr oberstes Ziel zu diesem Zeitpunkt darin, einen schönen Plan zu entwickeln – die praktische Umsetzung folgt später.

Arbeitsmethoden
Gehen Sie in dieser Gestaltungsphase nach den Anweisungen auf Seite 60 – 61 vor. Auf die maßstabgetreue Zeichnung werden die Design-Skizze und der Raster gelegt. Für die Entwürfe wird ein neuer Bogen Transparentpapier verwendet.

DIE ENTWÜRFE

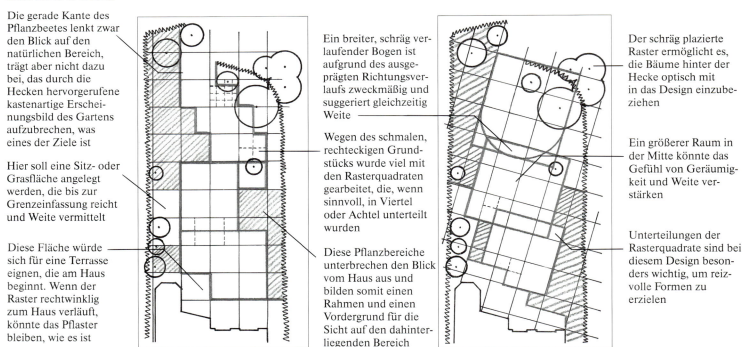

Die gerade Kante des Pflanzbeetes lenkt zwar den Blick auf den natürlichen Bereich, trägt aber nicht dazu bei, das durch die Hecken hervorgerufene kastenartige Erscheinungsbild des Gartens aufzubrechen, was eines der Ziele ist

Hier soll eine Sitz- oder Grasfläche angelegt werden, die bis zur Grenzeinfassung reicht und Weite vermittelt

Diese Fläche würde sich für eine Terrasse eignen, die am Haus beginnt. Wenn der Raster rechtwinklig zum Haus verläuft, könnte das Pflaster bleiben, wie es ist

Ein breiter, schräg verlaufender Bogen ist aufgrund des ausgeprägten Richtungsverlaufs zweckmäßig und suggeriert gleichzeitig Weite

Wegen des schmalen, rechteckigen Grundstücks wurde viel mit den Rasterquadraten gearbeitet, die, wenn sinnvoll, in Viertel oder Achtel unterteilt wurden

Diese Pflanzbereiche unterbrechen den Blick vom Haus aus und bilden somit einen Rahmen und einen Vordergrund für die Sicht auf den dahinterliegenden Bereich

Der schräg plazierte Raster ermöglicht es, die Bäume hinter der Hecke optisch mit in das Design einzubeziehen

Ein größerer Raum in der Mitte könnte das Gefühl von Geräumigkeit und Weite verstärken

Unterteilungen der Rasterquadrate sind bei diesem Design besonders wichtig, um reizvolle Formen zu erzielen

Design Eins Ich habe den Raster zunächst rechtwinklig zum Haus plaziert und ihn dort unterteilt, wo es nützlich erschien. Dieses Design verfolgt das Ziel, zwischen Haus und naturnaher Fläche Bewegung zu schaffen; die Pflanzbeete sind optische Unterbrechungen, die den Blick verlangsamen.

Design Zwei Der schräg verlaufende Küchenanbau liefert für den Raster einen sehr günstigen Winkel. Durch ihn erhält das Design einen besseren Richtungsverlauf, und die rechteckige Form von Design Eins kann durch bogenförmige Elemente aufgebrochen werden.

ENTWICKLUNG EINES ENTWURFS

Design Drei Die Verwendung von Bögen eröffnete eine Vielzahl neuer Möglichkeiten, die es auszunutzen galt. Da mir der schräg verlaufende Raster entschieden besser gefiel, habe ich ein Design aus sich überschneidenden Kreisbögen entwickelt, deren Radien ein Vielfaches – oder auch Bruchteile – der Rasterquadrate betragen. Die Anordnung aktiver und passiver Räume harmonierte am besten in Design Eins, so daß ich dies als Ausgangspunkt gewählt habe.

Die Bögen und Kreise wurden als Pflanzungen angeordnet, die – wie in Design Eins entwickelt – im Zickzack verlaufen. Durch den schräg vom Haus verlaufenden Raster verstärkt sich dieser Eindruck noch: der Blick wird von der Terrasse aus nach rechts zu einem Beet gelenkt und von dort zu den Pflanzungen am Ende des Gartens

Die vorhandene bogenförmige Hecke bleibt stehen und wird formlich in der Gestaltung wieder aufgegriffen, um ein proportionales Gleichgewicht zu schaffen

Offene, unverstellte Flächen in Nähe des Hauses können den Eindruck von Weite erzeugen und das langgezogene, schmale Bild des bestehenden Gartens auflockern

Aus Design Zwei wurde hier der ausgeprägte Richtungsverlauf hin zu den Bäumen am rechten hinteren Gartenende übernommen

Ein stark betonter Bogen, der schwungvoll zum naturbelassenen Bereich führt, erzeugt jenes Maß an Bewegung, das mir vorschwebte. Mir gefällt die zunehmende Komplexität der Bögen, die vom Haus wegführen – der Übergang zwischen Gartenbereich und natürlicher Fläche scheint dadurch hervorgehoben zu werden

Eine rechtwinklige Fläche in der Nähe des Hauses erleichtert den Übergang von geraden zu bogenförmigen Linien

GESTALTUNG SCHRITT FÜR SCHRITT

Einen Umriß zeichnen

Wenn das Gestaltungskonzept festgelegt ist, folgt als nächster Schritt die Ausarbeitung der Skizze zu einem praktikablen Gartendesign. Die grob umrissenen Formen müssen nun in sorgfältig geplante Gartenflächen umgesetzt werden, was zwangsläufig ein gewisses Maß an Bearbeitung und Veränderung mit sich bringt.

Das Ziel ist der fertige Umriß, der genau nach Maßstab gezeichnet ist und allgemein übliche Symbole (s. Seite 322 – 323) enthält. Dieser Umriß dient als Grundlage für alle weiteren Zeichnungen und den Pflanzplan.

Flache Stufe
Ein wichtiges Element dieses Designs ist eine flache Stufe, die im Bogen verläuft. Hinter den Ziegelsteinen wurde Erdreich aufgefüllt.

Die Hecke
Die sich mehrfach wiederholenden Bögen entsprechen der Form der vorhandenen Hecke.

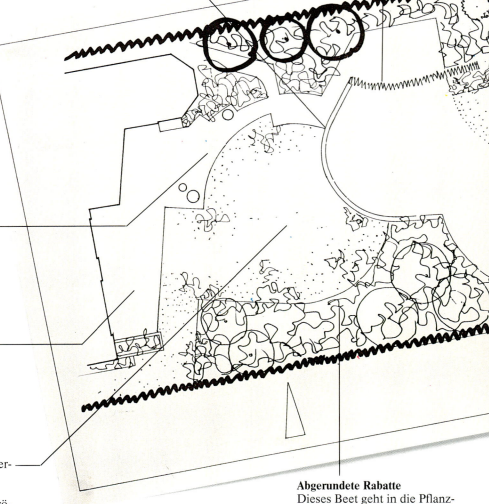

Bogenförmige Ziegelflächen
Der erste Bogen auf der Skizze wurde durch konzentrische Linien aus Ziegelsteinen realisiert, zu denen die angrenzenden Pflasterplatten einen schönen Kontrast bilden.

Bereits vorhandenes Pflaster
Für das Bogen-Design mußten einige der bereits vorhandenen Terrassenplatten abgenommen werden, um die Linie der Terrasse an den bogenförmigen Absatz des Wintergartens anpassen zu können.

Kiesfläche
Der vordere Kreis, der eine Verbindung zur Terrasse schafft, wurde als Kiesfläche eingeplant, die mit Pflanzen und Trögen ausgestaltet ist.

Abgerundete Rabatte
Dieses Beet geht in die Pflanzfläche über, die sich, vom Haus aus gesehen, rechts von der Stufe befindet.

ENTWICKLUNG EINES ENTWURFS

Randbepflanzung
Im hinteren Gartenbereich befanden sich viele Pflanzen, die die Besitzer behalten wollten. Die Bögen auf meiner Skizze sollten hier teilweise durch Umgestaltung der Pflanzfläche und teilweise durch bogenförmige Grasflächen (gepunktete Linien) verwirklicht werden.

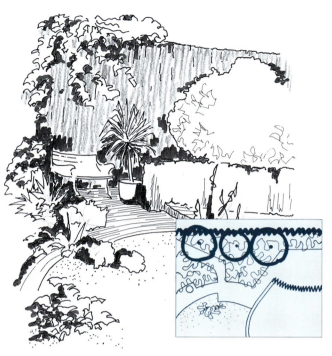

Skizze des geplanten Gartens
So sollte der Sitzbereich hinter der kleinen Hecke aussehen: Die Linien der Ziegelsteine laufen vom Wintergarten auf diesen Bereich zu und tragen dazu bei, daß er vom Haus aus einen einladenden Anblick bietet. Ziegelsteine oder anderes kleinformatiges Pflaster bieten die größte Flexibilität bei Rundungen. Betonplatten lassen sich passend zuschneiden oder so verlegen, daß der Mörtel die Rundung aufnimmt, doch entstehen – außer bei ganz leichten Bögen – unschöne breite Fugen an der Außenkante.

Bereits vorhandene Bäume
Mit den vorhandenen Bäumen in der hinteren rechten Gartenecke stand eine fertige große Pflanzgruppe zur Verfügung, deren kräftiges Grün durch die goldgelbe Konifere akzentuiert wird. Die Hecken der Grenzeinfassung wurden an dieser Stelle verkürzt, um einen freieren Blick zu ermöglichen.

Der realisierte Garten aus der gleichen Blickrichtung

GESTALTUNG SCHRITT FÜR SCHRITT

Der Pflanzplan

Auch beim Entwickeln eines Pflanzplanes gibt es immer bereits vorhandene Elemente, die mit einbezogen werden müssen. Der hier als Beispiel gezeigte Garten verfügte bereits über eine beträchtliche Menge an Pflanzenmaterial, das der Klient aus verständlichen Gründen nicht unberücksichtigt lassen wollte. Statt also völlig von vorne zu beginnen, wurden viele der kleineren Sträucher und Stauden ausgegraben und an anderer Stelle wiederverwendet. Einige schöne ältere Sträucher, auf die nicht verzichtet werden sollte, die sich aber nicht versetzen ließen, wurden zurückgeschnitten und neu umpflanzt. Sträucher wie alte Rosen, *Philadelphus* und *Buddleja* müssen ohnehin von Zeit zu Zeit drastisch zurückgeschnitten werden. Selbstverständlich ist es in vielen Fällen einfacher, alte Sträucher zu entfernen, denn es wäre schade, zugunsten zwar schöner, aber möglicherweise unpassender Pflanzen auf das neue Design zu verzichten.

Strukturale Elemente
Eine Skizze der beabsichtigten Pflanzung zeigt die großen Pflanzgruppen, die im Zickzack nach hinten verlaufen. Die Pflanzenformen sind so zusammengestellt, daß ausgewogene dreidimensionale Bilder entstehen (s. Seite 116 – 117).

SYMBOLE

- ● Pflanzen ein und derselben Kategorie
- ● Immergrüne Pflanzen
- ● Andere Pflanzen

Besondere Pflanzen
Nach dem Zurückschneiden der Pflanzen (und Einschlagen der Wurzeln), die wir behalten, aber versetzen wollten, waren die umlaufende Hecke, ein *Malus* und eine goldfarbene Konifere die herausragenden Pflanzenelemente des Gartens. Ich beschloß, daß die bogenförmige Hecke und die Konifere auch weiter als Hauptblickfang fungieren sollten und vervollständigte das Bild durch eine buschiggewachsene goldgelbe *Catalpa* in der Ecke sowie zwei goldgefleckte *Phormium tenax*. Das Arrangement goldgelb gefärbter Pflanzen zieht sich somit zickzackförmig durch den Garten, wodurch das Konzept an Kontur gewinnt und der Garten vereinheitlicht wird.

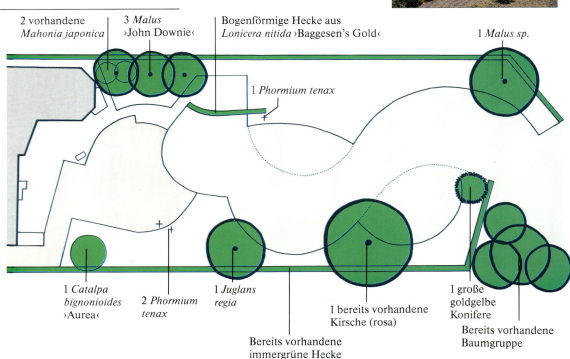

2 vorhandene *Mahonia japonica*
3 *Malus* ›John Downie‹
Bogenförmige Hecke aus *Lonicera nitida* ›Baggesen's Gold‹
1 *Malus sp.*
1 *Phormium tenax*
1 *Catalpa bignonioides* ›Aurea‹
2 *Phormium tenax*
1 *Juglans regia*
1 bereits vorhandene Kirsche (rosa)
1 große goldgelbe Konifere
Bereits vorhandene Baumgruppe
Bereits vorhandene immergrüne Hecke

158

DER PFLANZPLAN

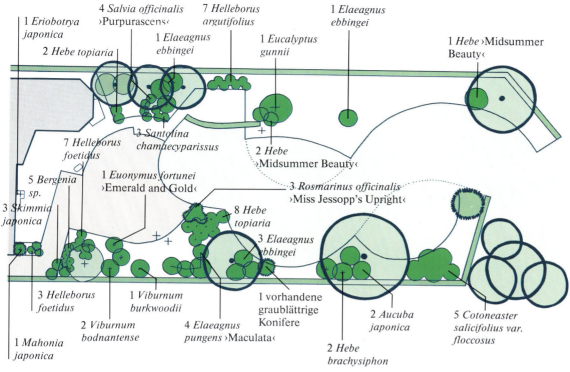

Gerüstbildende Pflanzen
Diese Pflanzen verleihen dem Garten im Winter Fülle sowie Reiz und durchbrechen die harte Rechteckform. Die Hecke sorgt für den nötigen Schutz. Hier wurden immergrüne Gehölze und niedrige Sträucher mit graugefärbten und bronzeroten Blättern, wie Salbei und *Hebe*, kombiniert. Ohne sich zu verzetteln, zieht sich die Pflanzung kontinuierlich in der geplanten Richtung durch den Garten. In der rechten hinteren Ecke ist zur Hälfte ein bepflanztes Beet zu sehen.

Dekorative Pflanzen
Bei vielen der dekorativen Pflanzen dieses Gartens, speziell denen der linken Rabatte, handelt es sich um Sträucher, die bereits vorhanden waren. Die durch eine riesige Berberitze und alte Rosen (oben eine *Rosa* ›Pink Grootendorst‹ mit *Sambucus* und *Aquilegia*) entstandene Struktur wurde durch Lavendel, *Potentilla* und *Geranium* ›Johnson's Blue‹ verdichtet. Das rechte Beet wurde aufgehellt, damit es mit der *Catalpa* harmoniert und nicht im Schatten der Hecke verschwindet. Aus diesem Grund wurde eine weiße *Hydrangea* gepflanzt, die das Licht reflektiert.

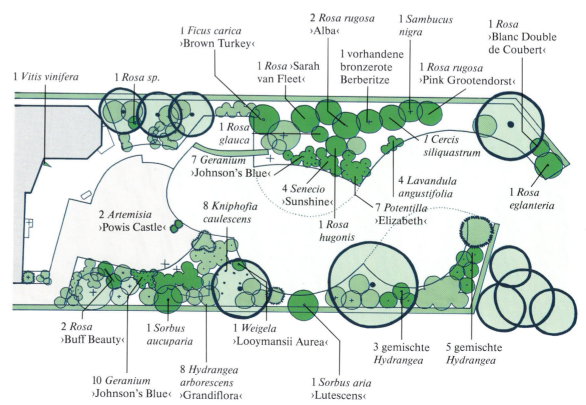

159

GESTALTUNG SCHRITT FÜR SCHRITT

Anmutige Pflanzen
Bei dieser Pflanzenkategorie stand die Kiesfläche im Mittelpunkt: Es wurde grauer *Stachys* gepflanzt, um einen Bezug zu den dichten, spitzen Blättern der *Artemisia* und *Libertia* herzustellen. Ein schöner *Acanthus* unterbricht die Linie der quer verlaufenden Stufe. Im rechten Beet entfaltet im Frühjahr die zum *Geranium* passende *Brunnera* mit goldgefleckten Blättern und blauen Blüten ihren vollen Reiz. Stauden mit grünen, grauen und bronzeroten Blättern setzen, im Garten verteilt, Akzente.

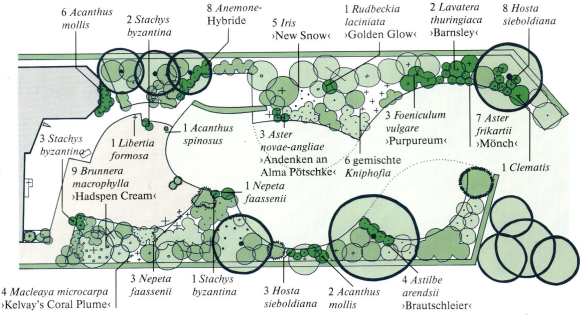

Blick über eine *Libertia*

Aquilegia als Lückenfüller

Hinter der bogenförmigen Hecke

Die Kiesbepflanzung

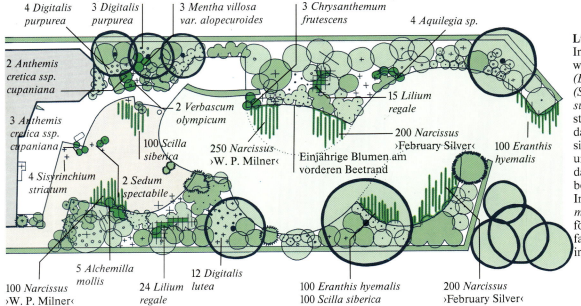

Lückenfüller
In den Gras- und Kiesflächen wachsen unzählige Winterlinge (*Eranthis hyemalis*), Blausterne (*Scilla*) und Narzissen (*Narcissus*). Zum Verwildern wähle ich stets frühblühende Narzissen, da sie weniger windempfindlich sind, nicht umgeweht werden und beizeiten absterben, so daß das Gras nicht zu hoch wird, bevor man es schneiden kann. In die Kiesfläche wurden *Anthemis*, *Sisyrinchium* mit schwertförmigen Blättern und cremefarbenen Blüten gepflanzt und in die Rabatten *Lilium regale*.

160

Pflanzung unter dem Walnuß-baum (rechts)
An dieser Stelle fehlte ein Farbtupfer, um den Schatten der Hecke und des Walnußbaumes aufzuhellen. Einige umgepflanzte Fackellilien *(Kniphofia)* bringen Farbe und Leben in die Pflanzung; später im Jahr übernimmt gelber Fingerhut *(Digitalis lutea)* diese Aufgabe.

Die Strauchveroniken *(Hebe)* in dieser neuen Pflanzung stehen weit auseinander und bilden mit ihrer gepflegten kugelförmigen Wuchsform ein optisches Gegengewicht zum vertikal wachsenden Rosmarin. *Nepeta faassenii* bringt einen Hauch Bronzerot mit ins Spiel.

GESTALTUNG SCHRITT FÜR SCHRITT

Der fertige Garten

Am Ende des ersten Sommers nach der Fertigstellung vermittelt der Garten bereits einen gewachsenen Eindruck – was teilweise den Proportionen des ursprünglichen Pflanzenmaterials zu verdanken ist, das ich integrieren konnte. Die Kiespflanzung braucht etwas mehr Zeit, um sich auszubreiten – sie wirkt noch ein wenig spärlich im Verhältnis zur Fläche –, aber die bogenförmige Einfassung aus Ziegelsteinen bringt sie gut zur Geltung. Die Wiese ist zu dieser Jahreszeit gemäht; im Frühjahr dagegen verstärkt sie mit den vielen Zwiebelblumen die Wirkung der anmutigen Bögen, die den Blick langsam zum angrenzenden naturnahen Bereich lenken.

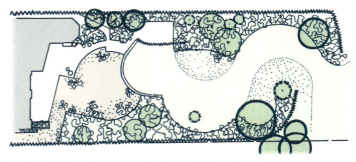

Der Plan und der fertige Garten (oben und rechts)
Der Blick auf den Garten zeigt deutlich die schrittweisen Übergänge von der Terrasse zur Kiesfläche und über die niedrige Stufe zur Wiese. Gelbgetönte Pflanzen bestimmen einen zickzackförmigen Richtungsverlauf.

Bodenbelag (Ausschnitt)
Die abgerundeten Linien des Ziegelsteinbelags werden durch die unterschiedliche Breite des Weges betont, wobei der durch die grasähnlichen Blätter von *Libertia formosa* angezeigte Absatz durch *Anthemis* optisch aufgelockert wird. Ein junger *Acanthus* wird sich bis zum Sommer zu einem Blickfang entwickeln.

Blick vom Garten auf das Haus
Da weder das Haus noch seine Umgebung besondere stilistische Merkmale aufzuweisen hatten, sollte das neue Design einen eigenen Charakter erhalten. Dieser Blick zeigt, daß die Pflanzungen einen gelungenen Rahmen für das Haus schaffen.

Pflanzgruppe
Das rechts im Bild gezeigte Beet ist ein wichtiger optischer Einschnitt im Garten. *Kniphofia* und Hortensien ziehen die Aufmerksamkeit auf sich, wenn sie blühen, das goldfarbene *Phormium* hat dagegen das ganze Jahr hindurch eine starke Wirkung.

6
BEISPIELE FÜR GESTALTUNGS- UND STILMÖGLICHKEITEN

In diesem Kapitel werden anhand von Fallbeispielen verschiedene Möglichkeiten des Gartendesigns vorgestellt. Dabei wird deutlich, wie ein strenger Gestaltungsentwurf zu einer perfekten Einheit von Pflanzenmaterial und zugrundeliegender Designstruktur heranreift.

GESTALTUNGS- UND STILMÖGLICHKEITEN

Ein Garten mit Ausblick

Der Blick auf die sanft dahinfließende Hügellandschaft mit ihren Äckern, Wiesen und Feldhecken war der Hauptgrund für meinen Klienten, dieses Bauernhaus zu erwerben. Und so war es mein Ziel, den Garten harmonisch in diese Landschaft einzubetten.

Beim Kauf befand sich das Haus in einem baufälligen Zustand, und der Garten war verwahrlost. Ursprünglich wurde eine ausgedehnte Fläche kultiviert, die bis zu einem Bach im Tal hinunterreichte, doch den neuen Besitzern erschien diese Fläche zu groß, um sie in Ordnung halten zu können – und ohnehin wäre zuviel Garten in einer so herrlichen Umgebung beinahe schon eine Zumutung gewesen. Aus diesem Grund verkleinerte ich den Garten als erstes durch eine versenkte Grenzmauer, die hinter einer alten Traueresche verläuft. Das Gelände außerhalb dieses Bereiches ist Weideland geblieben. Man hat nun vom Haus aus eine ungehinderte Sicht auf die Landschaft, und die grasenden Schafe sind fast zu einem lebenden Gartenelement geworden.

Auf der Rückseite des Hauses wurde in einem weiten Halbkreis eine erhöhte Terrasse angelegt, die mit Natursteinplatten gepflastert ist (links) und deren niedrige Begrenzungsmauer in Sitzhöhe verläuft. Mit diesem markanten Vorbau als Hauptelement des Gartens und ohne störende Grenzzäune hat man das Gefühl, aus dem Haus direkt in die freie Natur treten zu können. Seitlich vom Haus befinden sich die Arbeitsbereiche des Gartens, doch auch hier wird der Blick über den leicht abschüssigen Rasen hin zu den angrenzenden Feldern nicht behindert.

167

GESTALTUNGS- UND STILMÖGLICHKEITEN

Plan-Analyse

Das dominierende Element des Planes ist die halbkreisförmige Terrasse. Um die Verbindung zwischen Haus, Garten und Ausblick zu verstärken, habe ich die Proportionen für den Plan von einem Eckzimmer des Rückgebäudes aus entwickelt, dem wichtigsten Aussichtspunkt. Der bogenförmige Terrassenverlauf wiederholt sich in der angrenzenden Rabatte, die ihrerseits ein flaches Rasenstück zum Sonnenbaden einfaßt. Die dekorative Bepflanzung schirmt gleichzeitig die Gemüsebeete und das Gewächshaus ab. Der vordere Gartenbereich mit seinen alten Hofgebäuden ist durch eine hohe Ziegelmauer weitgehend vom hinteren Bereich abgetrennt. Ein neu angelegter Obstgarten wirkt als verbindendes Element, da die Obstbäume quer über den Fußweg und weiter durch eine Mauerlücke nach hinten gepflanzt wurden. Jenseits der Bäume hat man einen Blick auf die Kirchturmspitze.

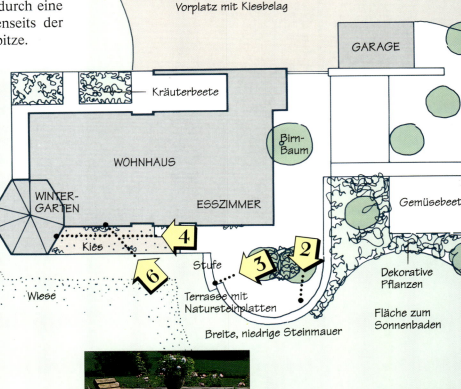

1 Um den Garten in die Landschaft zu integrieren, wurde anstelle eines Zaunes eine versenkte Grenzeinfassung errichtet. Weil das Gelände abschüssig ist, war ein Graben nicht erforderlich; statt dessen wurde eine 1,25 m hohe Mauer aus Betonsteinen in den Hang gebaut, deren Oberkante man hier gerade noch erkennen kann.

2 Die Natursteinplatten der Terrasse sind nur in Sand verlegt. Zwischen den Platten wurden Lücken gelassen, damit kriechende Kräuter, wie etwa Thymian, und *Santolina* angepflanzt werden konnten.

EIN GARTEN MIT AUSBLICK

3 Der Abschluß der Terrassenmauer aus Natursteinplatten bietet Platz für Blumentöpfe mit Geranien, und daneben hat eine Agave ihr Sommerquartier.

Die Pfeile auf den Plänen dieses Kapitels zeigen die Blickrichtung zu den fotografierten Ausschnitten, und die Zahlen beziehen sich auf die jeweilige Bildunterschrift.

5 Vor dem Haus befindet sich eine Reihe alter Hofgebäude. Ihre Steinmauern und Ziegeldächer sind ein schöner Hintergrund für dekorative Sträucher. *Hebe*, *Senecio* und Rosen kommen hier gut zur Geltung.

4 Terrasse und Wintergarten an der Rückseite des Hauses sind durch einen Platten- und Kiesweg miteinander verbunden.

6 Zwischen einer Kletterrose ›Zephirine Drouhin‹ und Spornblumen *(Centranthus ruber)* steht eine schöne hölzerne Gartenbank am Haus. Links wächst eine Garnelenblume.

169

GESTALTUNGS- UND STILMÖGLICHKEITEN

Ein von Mauern umgebener Garten

Ein Gefühl von Ruhe und Weiträumigkeit charakterisiert diesen Stadtgarten, der hinter einem im edwardianischen Stil erbauten Haus liegt. Früher durch eine langweilige rechteckige Rasenfläche und streng gegliederte Staudenrabatten entlang der Mauern beherrscht, wurde der Garten mit Hilfe locker angeordneter Natursteinplatten, Ziegelsteinen und Kies umgestaltet.

Außer dem Lebensstil der Besitzer Rechnung zu tragen, war es meine Absicht, eine Synthese zwischen Haus und Garten zu schaffen und den Eindruck eines edwardianischen Gartens zu erwecken, ohne das Original zu kopieren. Die Gewächshausfenster, die denen des Wohnhauses gleichen, sowie die Sitzbank aus Eisen entsprechen dem Stil der Zeit, während die modernen Gartenmöbel einen optischen Bezug zum hölzernen Balkongeländer haben. Die Betonung von Blattpflanzen (von denen viele auch im Schatten gedeihen) erinnert an die Vorliebe für exotische Blattformen in edwardianischer Zeit – allerdings auf moderne Weise, denn die Pflanzen verfügen über ausgeprägte architektonische Qualitäten und sind keine botanischen Kuriositäten.

Das Design mußte kraftvoll sein, um zu verhindern, daß der Garten von den riesigen Bäumen, die ihn umgeben und überschatten, beherrscht wird, und um optische Fixpunkte innerhalb der Fläche zu schaffen – denn von der Küche und dem Wohnzimmer im ersten Stock ist dieser Garten immer einsehbar. Die offenen Kiesflächen, die rustikale Anordnung des Oberflächenmateriales und die Kette optischer Fixpunkte tragen alle zur Gesamtwirkung des Entwurfes bei.

GESTALTUNGS- UND STILMÖGLICHKEITEN

Plan-Analyse

Mein Ziel war es, die rechteckige Grundstücksform aufzubrechen und ein Gefühl von Weiträumigkeit zu schaffen. Der Schlüssel hierfür liegt in dem stark ausgeprägten Grundmuster. Dazu gehört eine Terrasse aus Natursteinplatten, die quer durch den Garten verläuft, um seine Breite zu betonen. Damit die Länge des Grundstücks hervorgehoben wird, sind die in Längsrichtung verlaufenden Ziegel- und Kiesflächen zu Rechtecken angeordnet, die sich überschneiden. Um den Eindruck von Weite zu verstärken, erhalten diese offenen Flächen Akzente durch eine flache Stufe, ein Arrangement aus Pflanzgefäßen und Gartenmöbeln sowie vereinzelte Anpflanzungen.

Der Entwurf für den Garten wurde auf einem Raster entwickelt, dessen Quadratgröße der halben Breite des Hausanbaus entspricht. Vervielfachungen und Unterteilungen des Grundquadrates bilden die Basis der proportionalen Formen. Weil der Garten von rechtwinkligen Mauern eingefaßt ist, entschied ich mich für Formen mit geraden Kanten. Dennoch ist der Gesamteindruck eher weich als hart, denn ich habe Baumaterialien in sanften Farben gewählt, abrupte Höhenunterschiede vermieden und Pflanzen zum wesentlichen Bestandteil der zentralen Fläche gemacht.

1 Die kräftigen Linien von *Cordyline australis* sind ein aufregender Blickfang in dem lockeren Pflanzenarrangement hinter einem alten wassergefüllten Trog und nehmen die winkligen Formen der Holztreppe und des darüberliegenden Balkons auf.

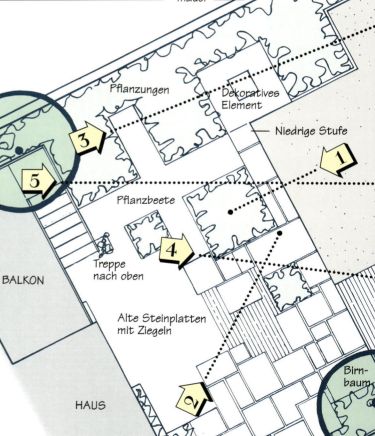

2 Die Auswahl der Gartenutensilien spielt eine entscheidende Rolle für die Stimmung, die ein Design hervorruft. Der schlichte, klassische Stil dieser Hartholzmöbel unterstreicht die ruhige Atmosphäre, die den Garten erfüllt.

EIN VON MAUERN UMGEBENER GARTEN

3 Eine stilgerechte Eisenbank bildet das Gegenstück zum hölzernen Gewächshaus. Das Weiß der Blüten und der Bank verbindet optisch unterschiedliche Bereiche.

4 Locker gruppierte, mit blühenden Stauden bepflanzte Gefäße und Steinelemente bilden einen Kontrast zu der Weite offener Flächen.

5 Dieser Ausschnitt macht deutlich, wie ausschlaggebend optische Fixpunkte zu beiden Seiten einer offenen Fläche sein können. Die *Cordyline australis* im Vordergrund unterbricht den Blick auf das Wasserbecken und die mit Ziegeln eingefaßten Beete und läßt das Grundstück somit größer erscheinen.

GESTALTUNGS- UND STILMÖGLICHKEITEN

Ein ländlicher Garten

Dieser Garten gehört zu einem modernen Haus, das auf dem Terrain eines Bauernhofes aus dem 19. Jahrhundert errichtet wurde. Ursprünglich eine Aneinanderreihung ummauerter Parzellen mit einem großen, von alten Heckengehölzen abgeschirmten Teich, brauchte der Garten einen Zusammenhalt, um ihm einen logischen Verlauf sowie Ausblicke auf die freie Landschaft zu ermöglichen.

Nun führen breite Trittsteine von der Terrasse aus zu einer Rabatte in verschiedenen Pastelltönen, wobei die Steinplatten eine optische Verbindung zwischen Haus und Garten schaffen. Die Rabatte endet an einer alten Mauer (links), die ich mit einer Steinkugel versehen habe, um einen Schlußpunkt zu setzen. Denn hinter einem Mauerbogen, der von einem offenen Holzpavillon überspannt ist, verändert sich die Stimmung des Gartens. Dieser Bereich wird durch eine riesige Blutbuche beherrscht, und die Anpflanzung mußte erheblich kräftigere Farben aufweisen, um sich daneben behaupten zu können. Ich legte eine Kiesfläche an, die mit vorwiegend gelbblühenden Gewächsen bepflanzt ist, und in deren Mitte sich ein alter Brunnenring befindet. Hinter der Blutbuche kann man durch eine Maueröffnung die Kühe auf der angrenzenden Weide sehen.

Vom Brunnenbereich führt ein Weg unter einer bestehenden Pergola zu einem neuen Element – einem zweiten Holzpavillon, der im Winter das optische Gegengewicht zum ersten bildet. Hinter diesem Pavillon und dem ausgehobenen Teich ist kaum ein Unterschied zwischen Weideland und Garten zu erkennen. Der ohnehin große Garten wirkt nun noch größer, da der Blick in die freie Landschaft bis zu den umliegenden Feldern reicht.

GESTALTUNGS- UND STILMÖGLICHKEITEN

Plan-Analyse

Der Plan für den Garten ist in zwei Hälften gegliedert, die durch den Pergolagang in der Mitte geteilt sind. Die Pergola existierte bereits, da sie jedoch auf den zentralen Vorbau des Hauses ausgerichtet ist, stellt sie eine nützliche Achse dar. Die Holzpavillons schaffen eine optische Verbindung zwischen den beiden Hälften.

Der rechts vom Pergolagang liegende Bereich ist eine Collage aus Quadraten und Rechtecken, wobei die Proportionen einiger Elemente dem Quadrat entsprechen, das den Brunnenring umgibt. Die linke Seite ist fließender und zieht sich über angelegte Höhenverläufe vom Rand des Teiches aus nach außen. Reste vom Teichaushub wurden für einen flachen Erdwall zur Abschirmung des Swimmingpools verwendet. Auf diese Weise wirkt der Geländeverlauf vom Haus zum Teich leicht bogenförmig.

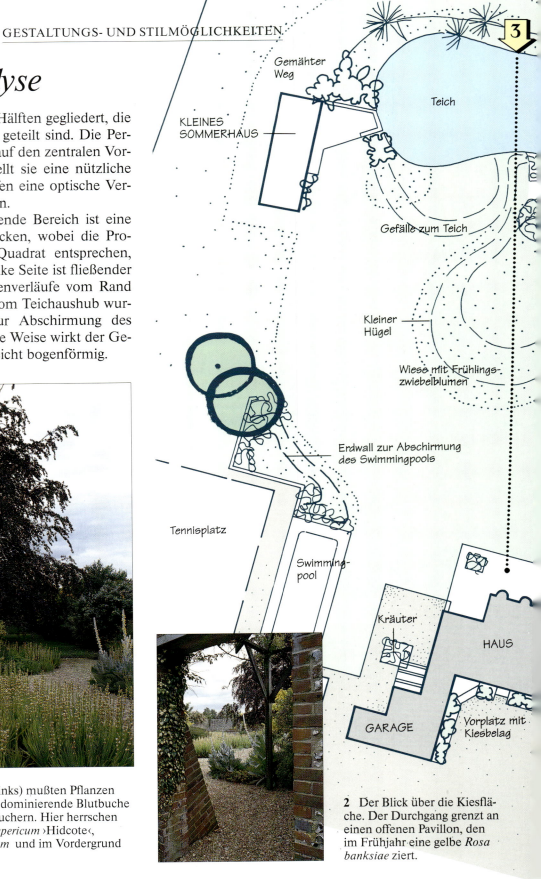

1 Für den Bereich um den Brunnenring (links) mußten Pflanzen gewählt werden, die sich optisch gegen die dominierende Blutbuche durchsetzen und in die Kiesfläche hineinwuchern. Hier herrschen Gelbtöne vor. Zu den Pflanzen gehören *Hypericum* ›Hidcote‹, *Cornus alba* ›Spaethii‹, *Verbascum olympicum* und im Vordergrund Gruppen von *Sisyrinchium striatum*.

2 Der Blick über die Kiesfläche. Der Durchgang grenzt an einen offenen Pavillon, den im Frühjahr eine gelbe *Rosa banksiae* ziert.

EIN LÄNDLICHER GARTEN

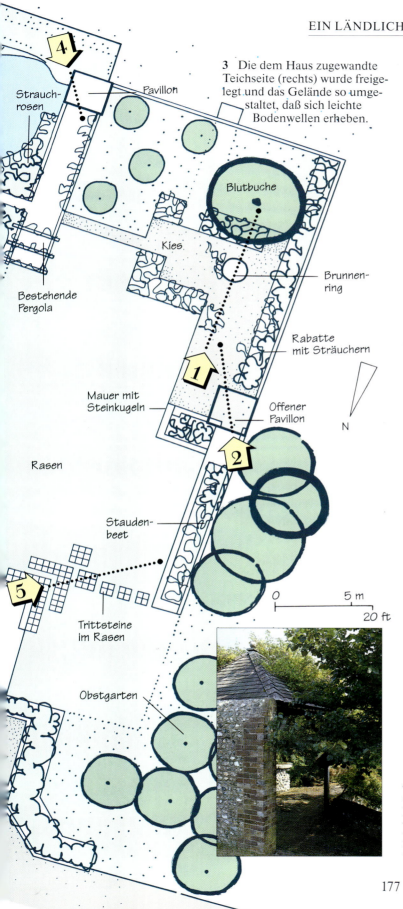

3 Die dem Haus zugewandte Teichseite (rechts) wurde freigelegt und das Gelände so umgestaltet, daß sich leichte Bodenwellen erheben.

4 Der zweite Holzpavillon (links) bildet das Ende der Pergola. Im Winter blickt man vom Haus auf die beiden Pavillondächer, die über die Mauern ragen.

5 Breite Pflasterflächen (oben) führen als Trittsteine von der Terrasse zur Rabatte an der Mauer. Der Rasen scheint durch sie hindurch und um sie herum zu fließen.

GESTALTUNGS- UND STILMÖGLICHKEITEN

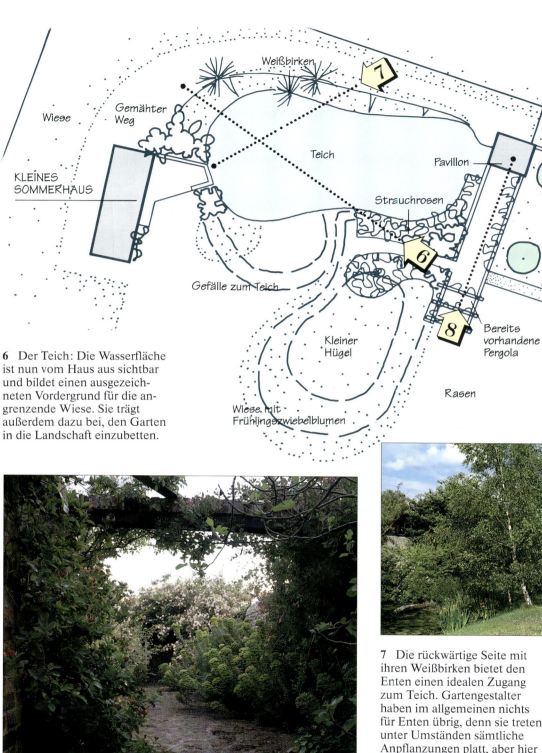

6 Der Teich: Die Wasserfläche ist nun vom Haus aus sichtbar und bildet einen ausgezeichneten Vordergrund für die angrenzende Wiese. Sie trägt außerdem dazu bei, den Garten in die Landschaft einzubetten.

7 Die rückwärtige Seite mit ihren Weißbirken bietet den Enten einen idealen Zugang zum Teich. Gartengestalter haben im allgemeinen nichts für Enten übrig, denn sie treten unter Umständen sämtliche Anpflanzungen platt, aber hier ist die Situation akzeptabel. Im Frühjahr ist das Teichufer ein Meer von Narzissen.

8 Entlang der Pergola, die in einem von Rosen überwucherten Pavillon endet, wächst immergrüne *Euphorbia characias ssp. wulfenii,* die auch im Winter hübsch anzusehen ist.

GESTALTUNGS- UND STILMÖGLICHKEITEN

Ein Wüstengarten

Dieser Garten von James Kellogg Wheat, einem Landschaftsarchitekten aus Arizona, ist stilistisch völlig dem amerikanischen Südwesten angepaßt. Diese vergleichsweise neue Gestaltungsform übernimmt spanische, Navajo- und einheimische Wüstenelemente, um einen vollkommen eigenen Stil hervorzubringen.

Vom gärtnerischen Standpunkt aus betrachtet, scheinen Lehmmauern, Terrakottafliesen und Kakteen die prägenden Elemente zu sein. Die in Arizona heimischen Pflanzen werden seit geraumer Zeit gewerbsmäßig gezogen, denn bei Neuansiedlern ist der Wüstenlook überaus beliebt. Länger ansässige Einwohner mühen sich dagegen seit Jahrzehnten mit Gärten im Stil der Ostküste ab, die alle viel Wasser brauchen. Und genau das ist der kritische Punkt – Wasser. Die immer knapper werdende Wasserversorgung hat Gärten im Wüstenstil zur einzigen Alternative gemacht. Die Veränderungen in der Region sind derart drastisch, daß mittlerweile selbst professionelle Planer Landschaftspläne fordern, die Maßnahmen zum Schutz der vorhandenen einheimischen Pflanzen sowie deren Neuanpflanzung beinhalten. Der einheimische Saguaro- oder Riesenkaktus *(Carnegiea gigantea),* der den hier abgebildeten Garten stark prägt, steht bereits unter so strengem Naturschutz, daß er nicht mehr ohne behördliche Genehmigung verpflanzt werden darf.

Das Haus in Lehmbauweise und die Terrakottafliesen auf den Wegen sind ein einfühlsamer Rahmen für diesen Garten. Die Anlage besteht aus einer Zusammenstellung sorgfältig aufeinander abgestimmter Formen und Strukturen, die langsam in feinem Kies wachsen, einem Lebenselement, das wenig Pflege und Wasser benötigt.

GESTALTUNGS- UND STILMÖGLICHKEITEN

Plan-Analyse

In dem Plan für diesen Garten wiederholen sich die klaren architektonischen Linien des Hauses in den Wegen und in einer Reihe von abgestuften niedrigen Mauern, die Pflanzbereiche und Patio einfassen. (Den Begriff Patio benutze ich normalerweise nicht für eine Terrasse, doch erscheint er mir aufgrund seines spanischen Ursprungs in diesem Zusammenhang angemessen zu sein.) Die abgerundeten Mauerecken unterstreichen die Natur des Baustoffes, der luftgetrockneten Lehmziegel, auch Adobe genannt.

Für Kontrast im Entwurf sorgt die Bodengestaltung, die durch die unterschiedlichen Höhen der Mauern sowie die sparsame Ausgestaltung mit Felsen und Wüstenpflanzen betont wird. Nicht jeder Zentimeter des Bodens ist bepflanzt, und die freien Flächen dienen dazu, die besonderen Formen der Pflanzen zu unterstreichen.

1 Die weiten Kiesflächen mit den stacheligen Goldkugelkakteen *(Echinocactus grusonii)* bilden ein originelles optisches Gegengewicht zu der strengen Architektur des Hauses.

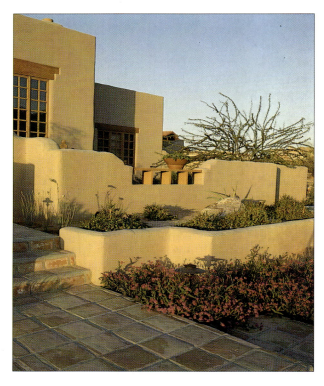

2 Die Konturen des Hauses sind einfach und klar, und nur die Stürze und Sprossen der Fenster haben schmückende Details. Die Gartengestaltung trägt zur Betonung dieser Elemente bei. Vom Weg, der zur Eingangstür führt, wird der Blick durch die Mauern und die Balustrade zu den Fenstern gelenkt, während die Fliesen das Muster der Sprossen aufnehmen. Die freie Form des Baumes in dem Patio wirkt als Kontrast.

3 Die eigenwilligen Formen der *Agave vilmoriniana* durchbrechen optisch die Linien der Mauern vor dem Patio und sorgen für einen zusätzlichen skulpturalen Reiz der Kiesflächen, auf denen, dem Schein nach ganz willkürlich verteilt, Findlinge liegen.

182

4 Zwei einheimische Pflanzen Arizonas: im Vordergrund die mehrstämmige Ocatilla *(Fouquieria splendens)*, dahinter der artgeschützte Riesenkaktus.

5 *Aloe striata* belebt die Fläche vor den Fenstern. Die Pflanzenformen sind auffallend genug, um sich optisch gegen die stilisierte Balustrade durchzusetzen.

6 Die Bodengestaltung war der Ausgangspunkt dieses Gartendesigns, das durch niedrige Stufen und terrassenförmige Pflanzbereiche gekennzeichnet ist. In frostfreien Regionen wie dieser, in der die Nächte dennoch recht kalt sein können, gehören Terrakottafliesen zu den ortsüblichen Baustoffen. Ihr einfaches Verlegemuster und ihre Färbung sind ein guter Kontrast zu den glatten Lehmwänden. Auf dem Weg macht sich *Verbena rigida* breit.

GESTALTUNGS- UND STILMÖGLICHKEITEN

Ein Wassergarten in der Stadt

Dieses kleine Siedlungshaus, das in einer Gegend mit mehreren Gärtnereien in der Nähe von Aalsmeer in Holland liegt, hat seinen eigenen zauberhaften Wassergarten, der durch einen hohen Holzzaun von der dahinterliegenden Durchgangsstraße abgeschirmt ist. Die prachtvollen Pflanzen und das unerschrockene Design von Henk Weijers machen den Garten zu einer Oase, deren Schönheit die häßliche Straße jenseits des Zaunes vergessen läßt.

An der Rückseite des Hauses befindet sich eine Terrasse aus Strukturbetonplatten. Von hier führt ein Holzdeck über das Wasserbecken zu einer anderen kleinen Terrassenfläche. Der Weg aus Holzbohlen läuft dann entlang der Grundstücksgrenze zurück zum Haus. In der Nähe des Hauses und am Rand des Gartens gibt es Bereiche mit durchgehenden Holzbänken. Ein kleiner Dachgarten ist ebenfalls vorhanden.

Der Garten vermittelt einen dschungelähnlichen Eindruck, der durch Libellen, die an sonnigen Tagen umherschwirren, und Goldfische im Teich noch verstärkt wird. Im Sommer ist die Auswahl des Pflanzenmaterials ausschlaggebend für des Gesamteindruck des Gartens. Hier bildet der senkrechte Wuchs von Binsen, Gräsern, Bambus und *Achillea* einen starken architektonischen Kontrast zum linearen Grundriß. Die Farbkombinationen sind kühn und eindrucksvoll, passend für ein Grundstück ohne Ausblick. Im Winter behält der Entwurf allein durch die Holzdecks und die kompromißlosen Rechteckformen seine Anziehungskraft. Dies ist ein sehr kleiner Garten hinter einem kleinen Haus, aber seine Gestaltung ist dennoch überaus phantasievoll und anregend.

Plan-Analyse

Schaut man aus einem Fenster im oberen Stockwerk des Hauses auf den Garten, bekommt man eine recht genaue Vorstellung vom Gestaltungsplan: überzeugend, aber einfach, darauf ausgerichtet, den Blick nur auf den Garten und die üppige Vegetation zu lenken. Der Garten ist in der Tat ein wunderbares Beispiel für halbverwilderte Pflanzengruppierungen, die von einem strengen Grundmuster zusammengehalten werden. Doch was auf dem Plan formal erscheint – ein kreuzförmiges Muster ineinandergreifender Rechtecke –, ist in Wirklichkeit ein kleines Gärtnerparadies. Im Verhältnis zum gesamten Garten ist der Teich recht groß. Die Teichränder sind völlig zugewachsen, und der Kontrast von Wasser, Pflanzen und Brücke ist meisterhaft in seiner Schlichtheit. Eine dichtere Grundstruktur oder etwa Gartenelemente in Form von schmückendem Beiwerk würden nur Verwirrung stiften.

1 Der Blick auf den Garten von der Dachterrasse aus. Der große Teich reicht beinahe über die gesamte Grundstücksbreite, und die Holzbrücke verläuft in einer Linie bis zum hinteren Ende des Gartens.

2 Zu den Pflanzen zwischen der Terrasse und dem Teich gehören *Iris germanica* und weiße *Campanula lactiflora*.

EIN WASSERGARTEN IN DER STADT

3 In Blickrichtung auf das Haus setzen die orange *Hemerocallis* und die gelbe *Ligularia* Farbakzente.

4 Am Teichrand wuchern Zwergrohrkolben *(Typha minima)*, und hinter der gelben *Achillea* sind die hohen Stengel von blühendem Blutweiderich *(Lythrum salicaria)* zu sehen. Im Hintergrund wird der Verlauf des Grenzzauns optisch durch große Gruppen von Bambus *(Sinarundinaria nitida)* unterbrochen.

5 Am Rande der gepflasterten Terrasse bildet die üppig wachsende *Alchemilla mollis* einen lebhaften Kontrast zu den runden Blütendolden der *Achillea* und den gestreiften Büscheln von *Arundinaria variegata*.

GESTALTUNGS- UND STILMÖGLICHKEITEN

Ein Garten mit Diagonalen

Vermutlich gehört es zu den größten Freuden eines Gartendesigners, wenn er seine Klienten leidenschaftlich für ihre Gärten begeistern kann. Das ist der zweite Garten, den ich für ein Ehepaar entworfen habe, und ihr Enthusiasmus reichte so weit, daß sie die Gestaltung anhand meines Entwurfes ausgearbeitet und meinen späteren Pflanzplan durch Pflanzen aus ihrem anderen Garten und neue Favoriten abgewandelt haben.

Der Garten ist von Mauern begrenzt und liegt hinter einer Doppelhaushälfte in der Stadt. Die Bäume, von denen das Grundstück umgeben ist, bilden einen grünen Hintergrund. Ihr Schatten bestimmte die Lage der Terrasse, denn wir wollten, daß sie von der späten Nachmittags- und frühen Abendsonne beschienen wird. Meine Absicht war, den Blick auf einen bereits vorhandenen Apfelbaum und auf die gegenüberliegende Terrasse zu öffnen, den Plan aber gleichzeitig statisch zu halten und durch einen umlaufenden, sich zu einer großen Fläche erweiternden Kiesweg eine Anbindung des Gartens an die Veranda zu schaffen. Diagonale Formen dienen dem ersten Ziel, indem sie den Blick behutsam durch den Garten lenken. Die Rasenfläche hilft, die zweite Intention zu verwirklichen. Sie reicht bis hinter die Terrasse, damit sich das Auge auf das Grundstück konzentriert.

Nach zwei Jahren bietet der Garten ein ausgewogenes, belebendes Bild, und man muß den Besitzern ein Kompliment aussprechen für die Gestaltung der Pflanzgruppen, die gut mit den Dimensionen der strukturalen Elemente harmonieren.

GESTALTUNGS- UND STILMÖGLICHKEITEN

Plan-Analyse

Ein Grundstück mit geraden, rechtwinkligen Grenzen erfordert ein Design, das diese Konturen widerspiegelt und mit Hilfe der Pflanzungen harte Linien aufbricht und einen lockeren Gesamteindruck erzeugt. Während Entwürfe mit planlosen, verschlungenen Linien nach dem Bepflanzen zu einem optischen Mischmasch geraten, schafft ein Design mit geraden Linien und rechten Winkeln eine optische Balance.

Die Breite des Hausanbaus und der Raum zwischen Anbau und Grundstücksgrenze war die Basis für das Maß der Rasterquadrate. Ich habe den Raster im Winkel von 45 Grad zum Haus ausgerichtet und – angefangen bei der Terrasse – eine Reihe proportionaler Formen eingefügt. Da die Terrasse in einiger Entfernung zum Haus liegt, versuchte ich, sie durch eine Formencollage mit der gepflasterten Fläche vor der Veranda zu verbinden. Mit Hilfe der diagonalen Anordnung von Formen erzielte ich die erforderliche begrenzte Dynamik.

1 Der Blick vom ersten Stock aus zeigt deutlich die Wirkung der Diagonalen. Das Design kommt durch die lockere Bepflanzung im Vordergrund besonders gut zur Geltung.

2 Die Beete in kompromißlos geometrischen Formen weisen eine üppige Vegetation auf. Die über den Rand wachsenden Pflanzen lassen den Umriß dieses rechtwinkligen Beetes weniger hart erscheinen, während die Steineinfassung die Gesamtstruktur erhält und eine gerade Mähkante bildet.

3 Blätter von ähnlicher Form, aber unterschiedlicher Größe ergeben eine Komposition, die ins Auge fällt. Hier sind großblättrige Funkien mit der kleinblättrigen *Tiarella cordifolia* gruppiert.

EIN GARTEN MIT DIAGONALEN

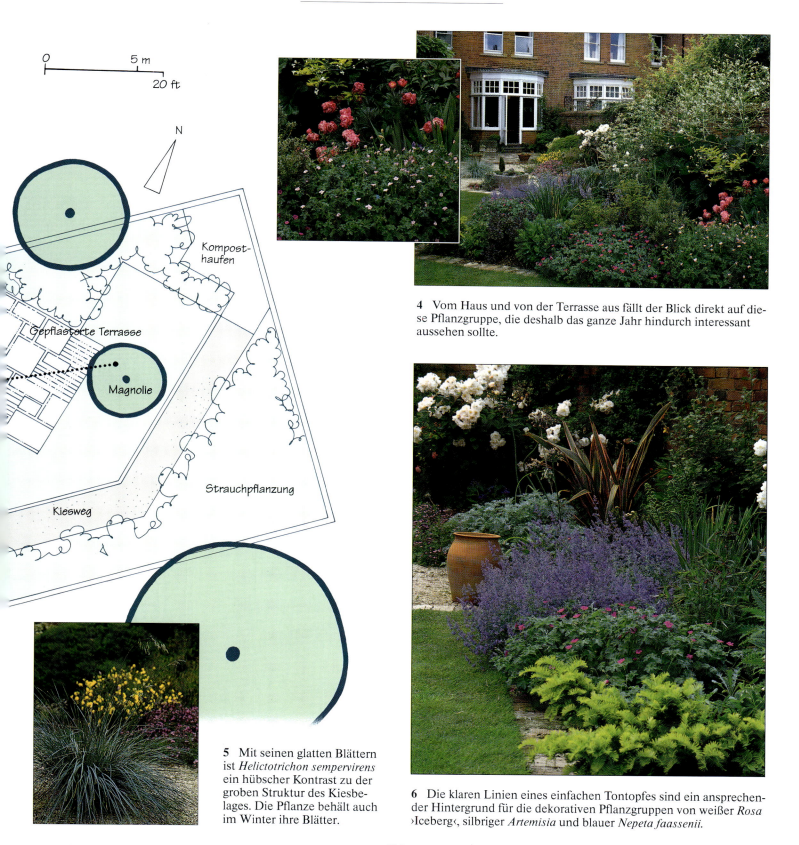

4 Vom Haus und von der Terrasse aus fällt der Blick direkt auf diese Pflanzgruppe, die deshalb das ganze Jahr hindurch interessant aussehen sollte.

5 Mit seinen glatten Blättern ist *Helictotrichon sempervirens* ein hübscher Kontrast zu der groben Struktur des Kiesbelages. Die Pflanze behält auch im Winter ihre Blätter.

6 Die klaren Linien eines einfachen Tontopfes sind ein ansprechender Hintergrund für die dekorativen Pflanzgruppen von weißer *Rosa* ›Iceberg‹, silbriger *Artemisia* und blauer *Nepeta faassenii*.

GESTALTUNGS- UND STILMÖGLICHKEITEN

Ein Innenhofgarten

In den letzten Jahren wurden hier mehrere Häuser auf dem Terrain eines großen, alten Gebäudes errichtet. Das ist der neu angelegte Garten eines dieser Häuser. Er schließt einen Teil der alten Mauern ein, den aus Ziegelsteinen gemauerten Gartenschuppen und einen großen Apfelbaum – Elemente, die dem Garten ein gewachsenes Aussehen verleihen und als Hauptmerkmale des neuen Designs fungieren. Wegen der geringen Größe und dem beinahe städtischen Flair, das durch die Ziegelmauern hervorgerufen wird, bot sich der Garten nicht für eine Rasenfläche an. Ein Kiesbelag erzeugt statt dessen die passende Innenhofatmosphäre. Ein weiterer Grund, kein Gras zu verwenden, war der Wunsch, den Garten für längere Zeiträume sich selbst überlassen zu können. Und ein Garten wie dieser wird in der Tat immer schöner und harmonischer, wenn man ihn etwas vernachlässigt und nur gelegentliche Korrekturen durch ein Ausdünnen der Pflanzen vornimmt.

Da sich das moderne Haus mit seiner Terrasse aus Betonpflastersteinen im Stil stark vom gegenüberliegenden Gartenschuppen unterscheidet, dienen breite Trittsteine innerhalb der Kiesfläche als optisches Verbindungsglied zwischen den beiden Gebäuden. Der Umriß dieser Flächen wirkt durch Pflanzungen im Kies weniger hart.

Die schmückenden Elemente – Statue, Taufbecken und Pflanzgefäße – bilden optisch eine Einheit, denn sie wurden bereits in der Planungsphase berücksichtigt und werden durch die Pflanzungen im Gleichgewicht gehalten. Ein Übermaß an zufälligem Beiwerk zerreißt jeden Entwurf und bringt Unruhe ins Konzept. Dieses Design ist überzeugend, aber gleichzeitig so einfach, daß es eine Fülle von Pflanzenmaterial in sich aufnehmen kann.

GESTALTUNGS- UND STILMÖGLICHKEITEN

Plan-Analyse

Der Grundraster für dieses Design ist aus den Proportionen des Hauses entwickelt, das im Modulsystem errichtet wurde. Die Elemente an der Rückseite des Hauses erzeugen einen optischen Rhythmus: vom Wintergarten zum Anbau, vom Anbau bis zu der von der Pergola überspannten Nische und der doppelten Raumeinheit zwischen Pergola und Grenzmauer. Bei der Ausarbeitung des Designs habe ich zunächst die Hauptelemente des Gartens in Rasterquadrate eingefügt, die auf den Dimensionen des Hauses basieren, und vom Haus aus Linien im Winkel von 90 und 45 Grad zum Garten hin eingezeichnet. Für die vorderen gepflasterten Flächen vor der Haustür wurde die Rastergröße halbiert.

1 Der alte Apfelbaum (links) ist ein markantes Element, umgeben von einem mit Ziegelsteinen eingefaßten Beet, das mit immergrünem *Hypericum calycinum* bepflanzt ist.

2 Der Lavendelstrauch und der kleine Kräutergarten (unten) am Ende der gepflasterten Terrasse sind vom Haus aus gut zu erreichen. Dahinter wächst eine gemischte Pflanzung in einen Kiesweg hinein.

3 Die Kiesfläche (oben) zieht sich an der Seite des Hauses entlang und endet mit einem dekorativen Element. Ich hatte eine Bank geplant, doch die Besitzer entschieden sich für ein steinernes Taufbecken. Die Komposition wird durch die wiederholte Verwendung von *Alchemilla mollis* akzentuiert.

4 *Alchemilla mollis* (links) sät sich selbst aus, hier aber wurde sie gepflanzt, um einen strukturellen Kontrast zu den Pflasterflächen zu erzielen. Die *Yucca* und *Cotoneaster horizontalis* werden zwar schnell größer, doch sorgt in der Zwischenzeit ein Steinkübel für zusätzlichen Reiz.

EIN INNENHOFGARTEN

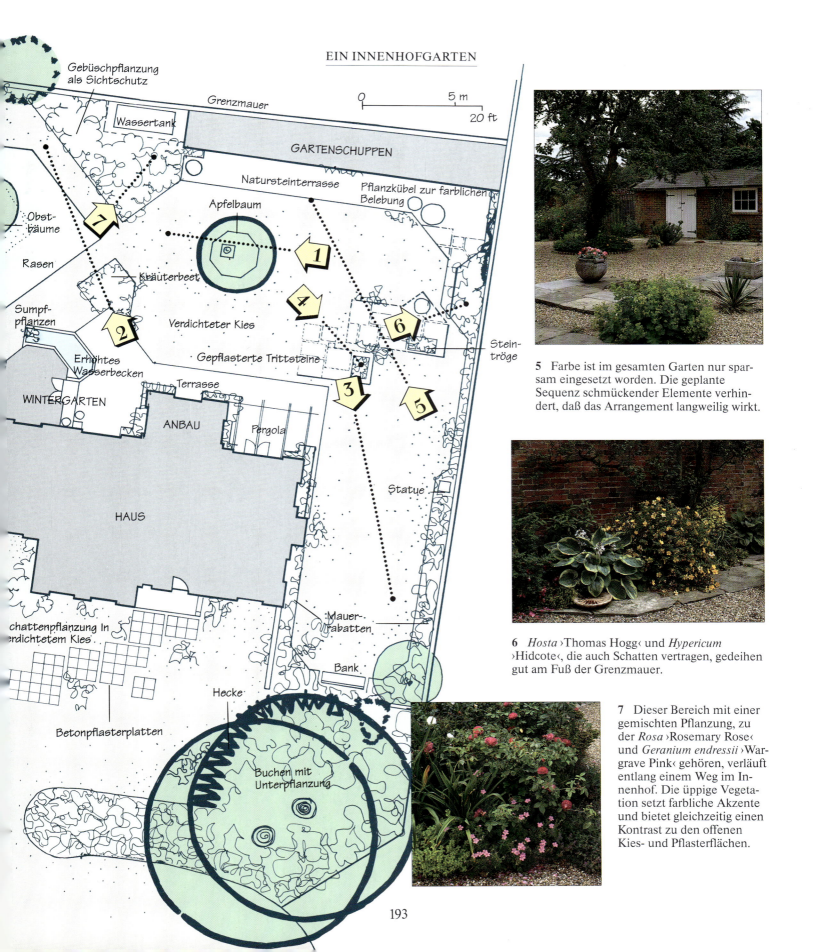

5 Farbe ist im gesamten Garten nur sparsam eingesetzt worden. Die geplante Sequenz schmückender Elemente verhindert, daß das Arrangement langweilig wirkt.

6 *Hosta* ›Thomas Hogg‹ und *Hypericum* ›Hidcote‹, die auch Schatten vertragen, gedeihen gut am Fuß der Grenzmauer.

7 Dieser Bereich mit einer gemischten Pflanzung, zu der *Rosa* ›Rosemary Rose‹ und *Geranium endressii* ›Wargrave Pink‹ gehören, verläuft entlang einem Weg im Innenhof. Die üppige Vegetation setzt farbliche Akzente und bietet gleichzeitig einen Kontrast zu den offenen Kies- und Pflasterflächen.

GESTALTUNGS- UND STILMÖGLICHKEITEN

Ein klassischer Garten

Eine gelungene Mischung aus Alt und Neu, Tradition und Moderne ist das Merkmal dieses großen Landschaftsgartens. Er wurde im frühen 19. Jahrhundert – angeblich von dem englischen Landschaftsgärtner Humphrey Repton – angelegt, und ich habe in meinem Design versucht, die Atmosphäre der ursprünglichen Anlage zu bewahren, gleichzeitig aber einen neuen Gesamteindruck zu schaffen.

Als die Besitzer und ich vor etwa 20 Jahren begannen, an dem Garten zu arbeiten, war er sehr verwahrlost und zugewachsen. Das Hauptelement war ein gewundener Wasserlauf, der wieder instand gesetzt werden mußte, um seine ursprüngliche Bedeutung im neuen Design wiedererlangen zu können. Viele der älteren Bäume wurden gefällt und wuchernde Bambusgruppen ausgegraben, damit sich der Blick auf das angrenzende Weideland öffnete. Einige Bäume sind neu gepflanzt worden. Der Wasserlauf (links) mußte gesäubert und der vorhandene flache Wasserfall wiederhergestellt werden.

Die gärtnerischen Elemente beschränken sich auf eine Staudenrabatte, damit der Garten leicht zu pflegen ist – dennoch ist er das ganze Jahr hindurch sehenswert. Im Frühling gibt es riesige Flächen mit Zwiebelblumen, und im Winter liefern Eiben und Buchsbaum, die in dem kreidehaltigen Boden gut gedeihen, einen prächtigen Hintergrund für die kahlen grauen Stämme der zahlreichen alten Buchen. Fließendes Wasser, ausgedehnte Rasenflächen, Skulpturen und die grasenden Rinder und Pferde auf den angrenzenden Weiden bieten zu allen Jahreszeiten Kontraste und setzen Akzente.

GESTALTUNGS- UND STILMÖGLICHKEITEN

Plan-Analyse

In diesem Garten habe ich viele vorhandene Elemente übernommen und neu definiert – etwa den Wasserlauf, den Swimmingpool, das Badehaus und den Kanal.

Ein ungewöhnliches Merkmal des Geländes waren die querverlaufenden unterschiedlichen Geländeniveaus, die ich durch die Gestaltung des Wasserfalls sowie der Fläche rund um das Badehaus stärker herausgearbeitet habe.

Die schwungvollen Bögen des Wasserlaufes bilden den Kern des Designs, doch kam der Wasserzulauf, der von einem See am Ende des Gartens durch eine Rohrleitung erfolgt, nicht genügend zur Geltung. Ich habe die Stelle deshalb durch einen kleinen Hügel mit einem offenen Pavillon stärker hervorgehoben. Der Besitzer hat ein übriges zur Gestaltung beigetragen, indem er eine Reihe von erstklassigen modernen Plastiken aufstellen ließ.

1 Hinter einer Plastik von Henry Moore markiert ein offener Pavillon den Zulauf des Wassers – eine glückliche Verbindung von Klassik und Moderne.

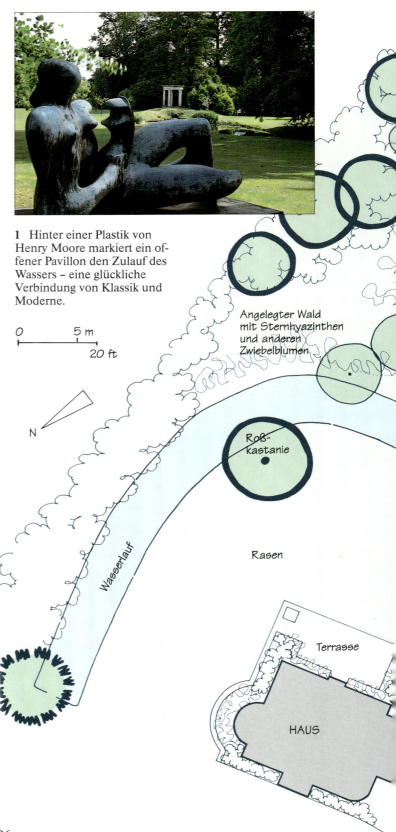

2 Der gesäuberte und rekonstruierte Wasserfall kündigt die Höhenveränderung im Gelände an und ist vom Haus aus ein optischer Fixpunkt.

3 Den Garten schmücken im Sommer blaßrosa Astilben (links), dahinter wachsen wilde gelbe Schwertlilien. Die heimischen Pflanzen, die am Wasserlauf gedeihen, brauchen wenig Pflege.

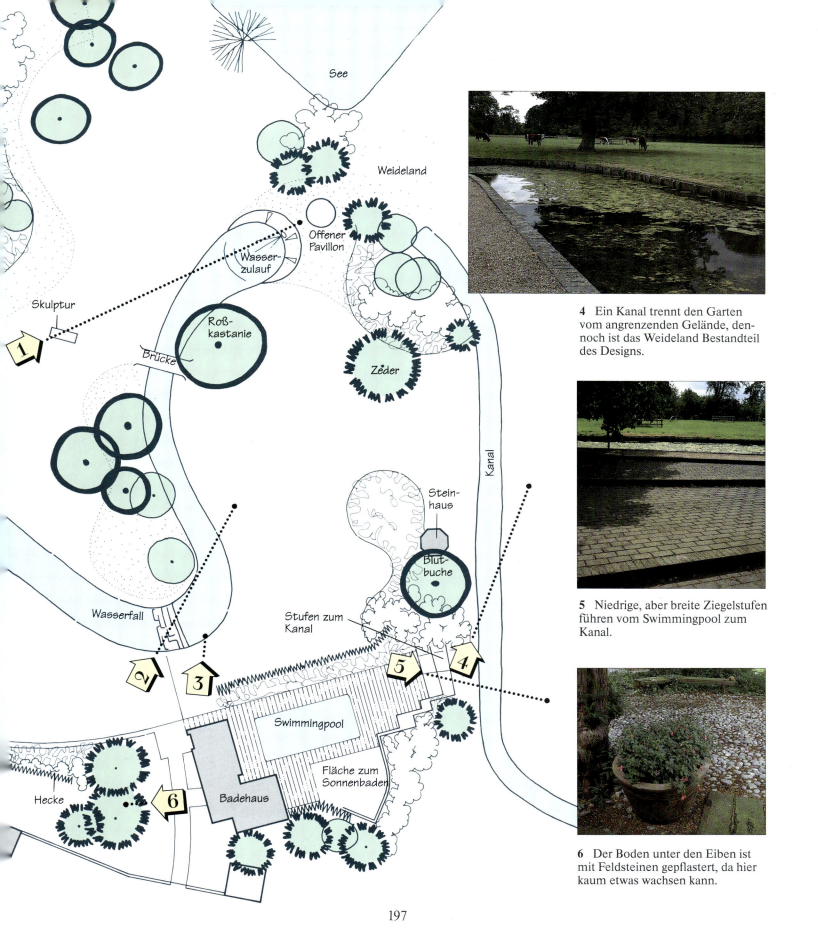

4 Ein Kanal trennt den Garten vom angrenzenden Gelände, dennoch ist das Weideland Bestandteil des Designs.

5 Niedrige, aber breite Ziegelstufen führen vom Swimmingpool zum Kanal.

6 Der Boden unter den Eiben ist mit Feldsteinen gepflastert, da hier kaum etwas wachsen kann.

GESTALTUNGS- UND STILMÖGLICHKEITEN

Ein Garten mit Gräsern

Der Ausblick von diesem Garten – er liegt nördlich von Baltimore in den Vereinigten Staaten – war zwar überwältigend, aber ohne Privatatmosphäre. Die Besitzer hatten deshalb versucht, sich unmittelbar am Haus etwas Intimität zu verschaffen und errichteten einen Sichtschutz aus immergrünen Pflanzen. Davor wollten sie einen Swimmingpool bauen.

Die Landschaftsarchitekten Wolfgang Oehme und James van Sweden erkannten, daß dies der falsche Platz für den Swimmingpool war. Statt dessen gestalteten sie das Gelände so um, daß an der Südseite des Hauses eine Reihe von terrassenartigen Bereichen verläuft. Der von einer Terrasse umgebene Swimmingpool ist nun so plaziert, daß er sich harmonisch in das Bild des dahinterliegenden Farmlandes einfügt und durch die gestuften Bereiche vom Haus etwas abgeschirmt ist. Der Geländeverlauf rund um die Terrasse wirkt als eine Art Einfassung, und der Verlauf der Grenzlinie ist nicht mehr sichtbar, obwohl an manchen Stellen ein Zaun erforderlich war, der in der schlichten ortsüblichen Weise errichtet wurde.

Die wahre Stärke dieses Designs liegt in den auffälligen Graspflanzungen, die einen Vordergrund für den Blick in die offene Landschaft bilden. Riesige strukturierte Flächen mit bunten Sommerstauden passen zum Maßstab der Felder, die den Garten umgeben, und verbinden beides optisch miteinander. Außerhalb des Bereiches, der unmittelbar an die Terrasse grenzt, sind Sträucher aus dem ursprünglichen Garten stehengeblieben, die die Pflanzung überaus üppig erscheinen lassen – eine Pflanzung, die einzigartig ist! Farbenfroh und überschäumend im Spätsommer und Herbst, behält sie ihren Reiz auch während des ganzen Winters, denn das Meer von abgestorbenen Samen- und Blütenständen sieht atemberaubend aus, wenn Schnee das Land bedeckt, und liefert gleichzeitig Nahrung für die Vögel.

Plan-Analyse

Die Terrasse am Swimmingpool ist in den Hang gebaut, wobei eine höher liegende Wiese die Badenden vor Wind schützt. Unterhalb davon befindet sich eine neu angelegte Rasenfläche, die von bereits vorhandenen und neuen Pflanzungen durchsetzt ist. Die Verbindung zwischen Swimmingpool und Haus entsteht durch sich überschneidende und ineinandergreifende Rechtecke. Hierzu gehört auch eine im rechten Winkel angelegte Treppe zur Überbrückung des Höhenunterschiedes, die der Anlage einen ausgeprägten Richtungsverlauf gibt. Die Treppe wird im Plan durch die unter Wasser liegenden Stufen des Swimmingpools wieder aufgenommen.

1 Die Terrasse aus Waschbetonplatten am Swimmingpool ist ein herrlicher Kontrast zu der angrenzenden üppigen Vegetation. Der Belag fügt sich gut in die Umgebung ein, und die blauen Natursteine der Randeinfassung schaffen einen feinen Übergang.

2 Der etwas erhöht liegende Swimmingpool und die angrenzende Pflanzung passen ausgezeichnet in die bäuerliche Umgebung.

EIN GARTEN MIT GRÄSERN

3 Am anderen Ende des Swimmingpools bekommt der Garten einen wilderen Charakter. Hier findet man anstelle von Waschbetonplatten große lose Kieselsteine und dazwischengepflanzte Gräser (s. auch Seite 28).

4 Für die Treppe, die nach oben zum Swimmingpool führt, wurden Trittstufen aus blauen Natursteinplatten und Setzstufen aus Feldsteinen verwendet – eine subtile Strukturkomposition.

5 Die Zierelemente und Möbel haben einfache und klare Linien. Hier kontrastiert die Form der großen Pflanzkübel mit niedrigen Bänken, und dennoch ziehen die Gräser und die Pflasterdetails die Aufmerksamkeit auf sich.

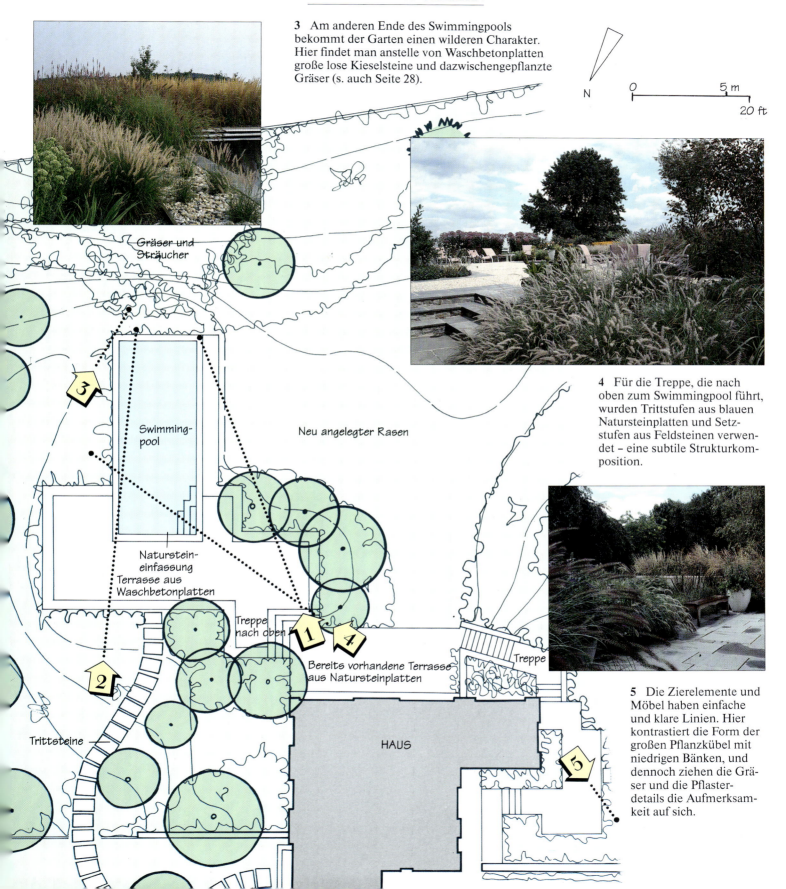

GESTALTUNGS- UND STILMÖGLICHKEITEN

Ein moderner Garten

Der von Henk Weijers entworfene Vorgarten dieses Hauses in Haarlem, Holland, verläuft parallel zur Straße und trägt mit seinen klaren architektonischen Linien japanische Züge. Im Plan zeigen die kompromißlos gesetzten Pflanzgruppen mit dazwischenliegenden Kiesflächen, wie sich eine städtische Umgebung auf subtile Weise in einem Gartendesign widerspiegeln kann. Die Kieswege laufen bis zu einer gepflasterten Fläche, die als Autoabstellplatz gedacht ist.

Im Gartenbereich hinter dem Haus kontrastiert üppiger Pflanzenwuchs mit einem einfachen, formalen, wenn auch asymmetrischen Design, und einige ausgewachsene Bäume bieten Schatten und Schutz. Wege in Form von Holzdecks rahmen Wasserflächen ein und wiederholen damit die holzverschalten Flächen des eingeschossigen Wohnhauses (links).

Die Wirkung der klaren Linien wird zwar durch die reichhaltige Pflanzung etwas gedämpft, doch darf man nicht übersehen, wie viele der Pflanzenformen gleichzeitig auch architektonisch sind: grüne, spitz zulaufende Blätter kontrastieren mit abgerundeten Formen, pfeilartige Blattformen mit kreisförmigen Lilienpolstern und so weiter. Darüber hinaus betont die Verwendung von Gräsern und Bambus jede Form weitaus stärker, als dies sonst üblich ist. Vergleicht man diesen Garten mit dem von Oehme und van Sweden auf den Seiten 198–199, lassen sich deutliche Parallelen im Design der Pflanzungen erkennen, was durchaus kein Zufall ist, denn die beiden amerikanischen Designer haben eine stark europäisch geprägte Ausbildung durchlaufen.

GESTALTUNGS- UND STILMÖGLICHKEITEN

Plan-Analyse

Es gibt verschiedene Möglichkeiten, eine Verbindung zwischen Haus und Garten herzustellen. In manchen Fällen bietet sich die Verwendung ähnlicher Materialien an, in anderen können Kletterpflanzen als Bindeglied dienen, und mitunter sind Kontraste wirkungsvoll, wobei man das Haus wie eine Skulptur behandeln kann, die in einem Garten steht. Dies ist hier der Fall, obwohl die Struktur von Garten und Haus recht unterschiedlich zu sein scheint – bis man den Grundriß näher betrachtet. Dann nämlich ergeben die rechten Winkel und die Proportionen von Wegen, Pflaster, Pflanzbereichen und Wasser eine Collage von Formen, die in einer proportionalen Beziehung zu den strukturellen Elementen des Hauses stehen.

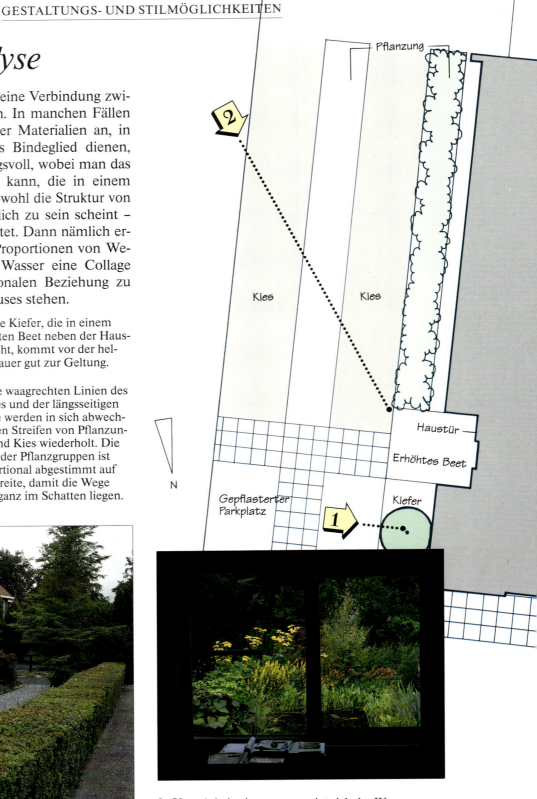

1 Eine Kiefer, die in einem erhöhten Beet neben der Haustür steht, kommt vor der hellen Mauer gut zur Geltung.

2 Die waagrechten Linien des Hauses und der längsseitigen Straße werden in sich abwechselnden Streifen von Pflanzungen und Kies wiederholt. Die Höhe der Pflanzgruppen ist proportional abgestimmt auf ihre Breite, damit die Wege nicht ganz im Schatten liegen.

3 Vom Arbeitszimmer aus zeigt sich der Wassergarten als eine wundervolle Kombination ausgewogener Formen und kühner Farben.

EIN MODERNER GARTEN

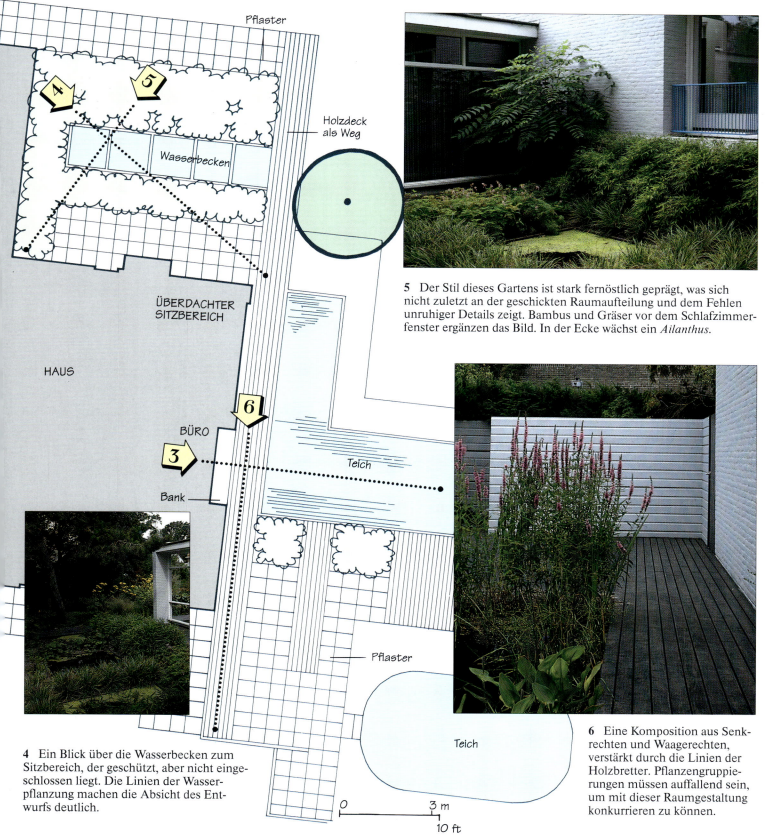

5 Der Stil dieses Gartens ist stark fernöstlich geprägt, was sich nicht zuletzt an der geschickten Raumaufteilung und dem Fehlen unruhiger Details zeigt. Bambus und Gräser vor dem Schlafzimmerfenster ergänzen das Bild. In der Ecke wächst ein *Ailanthus*.

4 Ein Blick über die Wasserbecken zum Sitzbereich, der geschützt, aber nicht eingeschlossen liegt. Die Linien der Wasserpflanzung machen die Absicht des Entwurfs deutlich.

6 Eine Komposition aus Senkrechten und Waagerechten, verstärkt durch die Linien der Holzbretter. Pflanzengruppierungen müssen auffallend sein, um mit dieser Raumgestaltung konkurrieren zu können.

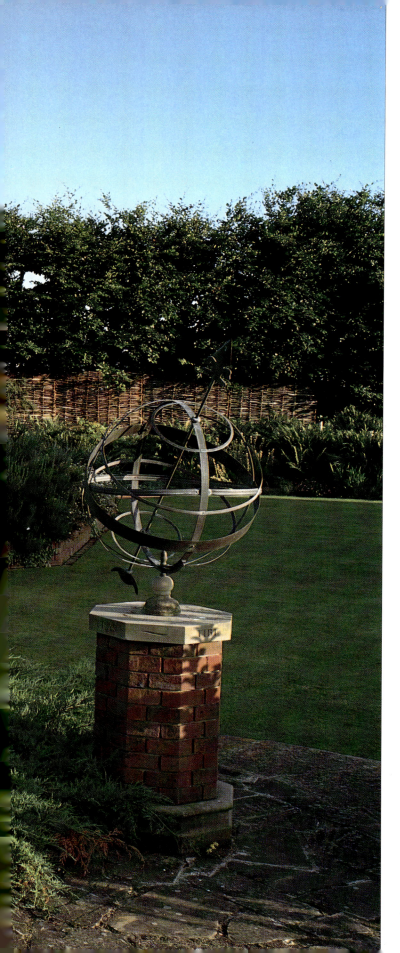

GESTALTUNGS- UND STILMÖGLICHKEITEN

Ein Garten mit Räumen

Dieser Garten, der früher einer Ansammlung beziehungsloser Flächen glich, besteht heute aus einer Reihe schön gestalteter Außenräume. Jeder Raum ist verschieden – ein sonniger Rasen, ein Wassergarten, eine Parzelle, die ausschließlich Pflanzen mit roten Blättern und Blüten beherbergt, ein kleiner Wintergarten und so weiter –, doch der ländliche Charme, der den gesamten Garten durchdringt, gibt all diesen Räumen einen Zusammenhalt.

Der Garten umgibt ein Landhaus aus dem 16. Jahrhundert, zu dem außerdem ein kleines Cottage, mehrere alte Scheunen sowie ein achteckiges Sommerhaus (links) gehören. All diese Gebäude sind dominierende optische Fixpunkte für die neue Gartenanlage. Man betritt das Grundstück durch den Torbogen einer alten Scheune, der zu einer Kiesfläche mit einem erhöhten Wasserbecken führt. Von hier aus gelangt man auf großen Trittsteinen über eine kleine Rasenfläche zum Haus.

Beim Durchstreifen des Gartens eröffnen sich die verschiedensten Ausblicke: von einem Tor in der Mauer, die das Hauptgebäude mit dem Gästehaus verbindet, verläuft eine Rasenfläche bis nach oben zu einem Swimmingpool, hinter dem sich ein Badehaus befindet, und von einer offenen Scheune in einer Ecke des Gartens – ein idealer Platz für Sommerfeste – hat man einen Blick auf den Wassergarten und die dahinterliegende, von Clematis überwachsene Pergola.

Trotz der vielen unterschiedlichen Bereiche ist der Garten eine Einheit, denn er wurde auf einem hohen Niveau geplant und wird von den Besitzern wunderbar in Ordnung gehalten.

GESTALTUNGS- UND STILMÖGLICHKEITEN

Plan-Analyse

Mein Plan war, raumähnliche Bereiche zu schaffen, ohne eine gewisse Kontinuität innerhalb des Gartens zu verlieren. Die vorhandenen Gebäude sind Ankerpunkte innerhalb des Gartens, wobei jedes den Stil, die Proportionen und die Funktion der unmittelbar daran angrenzenden Fläche bestimmt: ein gepflasterter Frühstücksplatz neben dem Haus, eine Terrasse aus Ziegelsteinen vor dem ebenfalls aus Ziegeln bestehenden Sommerhaus, die so angelegt ist, daß sie von der späten Nachmittagssonne beschienen wird. Unter Berücksichtigung so vieler Faktoren mußten die Gesamtproportionen eines jeden Bereiches so einfach und großzügig wie möglich sein.

1 Der Blick über den sauber eingefaßten Gemüsegarten wird durch Kübel mit Sommerblumen belebt. Im Hintergrund steht eine Statue, die den Besucher in den nächsten Gartenbereich leitet.

2 Die späte Abendsonne scheint auf lockere Pflanzungen in einer Kiesfläche, die an das Gästehaus anschließt. Die gleichen Pflanzen haben sich auch auf einer freien Fläche zwischen kleinen Sträuchern und Sommerblumen selbst ausgesät.

3 Die gemauerten Pfeiler und das Pflaster unter der Pergola haben einen engen Bezug zum Badehaus am Ende des Ganges. Selbst im Winter wirken die großzügigen Proportionen der Pergola einladend.

EIN GARTEN MIT RÄUMEN

4 Zu den besonderen Attraktionen, die dieser Garten zu bieten hat, gehören unvermutete Entdeckungen wie etwa dieses efeubewachsene Standbild.

5 Ein wichtiger Aspekt bei der Konzeption der Pflanzungen (links) ist ihre optische Wirkung im Winter.

6 Die Pflanzung rund um die Terrasse des Sommerhauses (rechts) wird von *Robinia pseudoacacia* ›Frisia‹ beherrscht. Graue Blütenstände von *Kniphofia* kontrastieren mit Margeriten.

7 In dieser gemischten Rabatte werden verschiedene Blattformen durch kraftvolle scharlachrote Rosen belebt. Alle vier im Garten vorherrschenden Blattfarben sind in diesem kleinen Ausschnitt vertreten: *Cotinus* und *Lonicera nitida* ›Baggesen's Gold‹ haben das ganze Jahr hindurch rote und gelbe Blätter, im Sommer bilden der graue *Stachys* und die glänzenden Rosenblätter Kontraste.

8 Flintsteine (rechts) rund um einen jungen Feigenbaum wiederholen optisch die Baustoffe des Haupthauses. Die ländliche Pflanzenzusammenstellung beinhaltet weiße *Lychnis*, Strauchpäonien, Fingerhut und *Eucalyptus gunnii,* der wegen seiner jungen grauen Blätter geschnitten werden muß. Im Vordergrund hat sich *Eschscholzia* im Kies ausgesät.

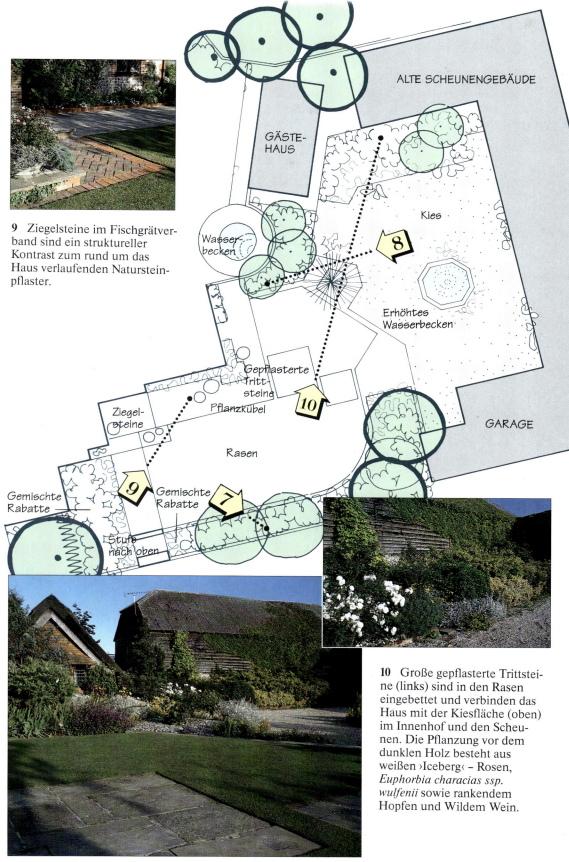

9 Ziegelsteine im Fischgrätverband sind ein struktureller Kontrast zum rund um das Haus verlaufenden Natursteinpflaster.

10 Große gepflasterte Trittsteine (links) sind in den Rasen eingebettet und verbinden das Haus mit der Kiesfläche (oben) im Innenhof und den Scheunen. Die Pflanzung vor dem dunklen Holz besteht aus weißen ›Iceberg‹ – Rosen, *Euphorbia characias ssp. wulfenii* sowie rankendem Hopfen und Wildem Wein.

7
DIE PRAKTISCHEN UND SCHMÜCKENDEN ELEMENTE DES GARTENS

In diesem Kapitel sollen einige der festen Bestandteile erläutert werden, die Ihr fertiges Design eventuell beinhaltet. Es kann sich auch hier nur um eine Auswahl und um Anregungen handeln, nicht aber um eine vollständige Auflistung. Ich habe die folgenden Themen mehr oder weniger in der Reihenfolge behandelt, in der sie bei der Ausgestaltung des Gartens berücksichtigt werden sollten. Weitere Informationen zur Konstruktionsweise der wichtigsten Einrichtungen und Gartenelemente finden sich auf Seite 334 – 341.

PRAKTISCHE UND SCHMÜCKENDE ELEMENTE

Vorbereitung des Geländes

Ist das Design Ihres künftigen Gartens entwickelt, können Sie zur nächsten Phase, der Realisierung Ihres Planes, übergehen. Zur Umsetzung des Entwurfs und Ihrer stilistischen Ziele steht eine Fülle von Materialien zur Verfügung, aus denen es das Richtige auszuwählen gilt.

Die Arbeit am Zeichenbrett ist selbstverständlich noch nicht beendet, denn anhand Ihres Umrißplanes müssen jetzt einige technische Zeichnungen erstellt werden, die auf Seite 344 näher erläutert sind. Im allgemeinen benötigen Sie eine Zeichnung, aus der die Maße sämtlicher geplanter Anlagen, einschließlich solcher Details wie dem Radius kreisrunder Elemente, hervorgehen, sowie einen Konstruktionsplan (s. Seite 50). Sofern Sie beabsichtigen, den größten Teil der Arbeiten von einem Fachmann ausführen zu lassen, brauchen Sie von allen neuen Gartenelementen detaillierte Pläne, die schriftlich spezifiziert sind.

Im folgenden werden zunächst all jene Arbeiten aufgezählt, die eventuell auf Ihrem Grundstück durchzuführen sind, bevor mit der Anlage des Gartens begonnen werden kann.

Säuberungsarbeiten

Das Ausmaß der erforderlichen Säuberungsarbeiten hängt vom Zustand des Grundstücks und von den beabsichtigten Maßnahmen ab. Der Anlage eines Gartens gehen häufig Arbeiten am Haus voraus, so daß sich die Säuberungsarbeiten möglicherweise darauf beschränken, die leeren Bierflaschen der Bauarbeiter einzusammeln. In ländlichen Gegenden müssen vielleicht Bäume und Sträucher entfernt werden; oder aber das Areal ist von hüfthoher Spontanvegetation überwuchert. Das Säubern des Grundstücks kann somit den Einsatz von Maschinen erfordern, oder es kann von Hand möglich sein. Von Unkrautvernichtungsmitteln sollte man jedenfalls absehen und, falls notwendig, statt dessen das Gelände dämpfen. Damit beauftragt man entweder eine Firma, oder man leiht sich das notwendige Gerät dazu aus.

Falls Grünmaterial verbrannt werden soll, muß dies im freien Gelände geschehen, und der Platz darf sich nicht in der Nähe einer Straße befinden. Bei größeren Feuern sind zuvor alle Bäume, die eine ausladende Krone haben, vorübergehend abzuzäunen, damit sie keinen Schaden nehmen. Unabhängig davon, ob sich Ihr Garten in der Stadt oder auf dem Land befindet, erkundigen Sie sich nach den örtlichen Bestimmungen für das Verbrennen von Gartenabfällen.

Sorgen Sie dafür, daß vor Beginn der Baumaßnahmen der Mutterboden abgetragen und, getrennt vom Unterboden, gelagert wird, bis die Arbeiten abgeschlossen sind und die Muttererde wieder ausgebracht werden kann. Mutterboden ist ein wertvolles Gut und darf niemals mit den darunter liegenden Erdschichten vermischt werden. Bei kleineren Grundstücken kann das Zwischenlagern von Mutterboden Platzprobleme verursachen. Gehen Sie vorausschauend vor und wählen Sie eine Fläche, wo die aufgeschüttete Erde liegen kann, ohne daß die anstehenden Arbeiten behindert werden.

Im Anschluß an die Säuberungsarbeiten erfolgt die Gestaltung des Geländes, wie etwa das Ausheben von Wasser- oder Schwimmbecken und Gartenteichen oder das Aufschütten von kleinen Hügeln, Böschungen und Wällen. Hierzu kann der Einsatz von Maschinen nötig sein – die Feinarbeiten nimmt man später von Hand vor. Für alle Geländeveränderungen wird nur Unterboden ausgehoben oder aufgeschüttet, und erst später bringt man die Muttererde wieder aus.

Das Design auf dem Gelände abstecken

Nach der Säuberung des Geländes können Sie die groben Umrisse Ihres Designs auf dem Grundstück abstecken, um einen Eindruck von der Gesamtwirkung zu erhalten.

Zum Abstecken nimmt man nach Möglichkeit weiße, gut sichtbare Pflöcke und Schnur, wobei alle Geraden zunächst nur mit Pflöcken markiert werden. Kreise lassen sich mit einem behelfsmäßigen Zirkel ziehen: Binden Sie die Enden einer Schnur, deren Länge dem Radius des jeweils geplanten Kreises entspricht, an zwei Holzpflöcken fest. Stecken Sie dann einen Pflock im Mittelpunkt des Kreises in den Boden und ziehen Sie (wie mit einem Zirkel) mit dem zweiten einen Kreis oder Bogen. Anschließend markieren Sie den Kreis mit Pflöcken und verbinden alle Pflöcke durch eine Schnur.

Nehmen Sie Ihr Design aus allen Blickrichtungen in Augenschein, und das nicht nur von ebener Erde, sondern auch vom ersten Stock des Hauses aus. Sind die Rabatten zu breit oder zu schmal, oder liegen sie zu sehr im Schat-

VORBEREITUNG DES GELÄNDES

Abstecken
Stecken Sie Ihr Design mit Pflöcken im Gelände ab, bevor Sie mit den Bauarbeiten beginnen. Einerseits können Sie so überprüfen, ob Ihr Entwurf auch praktischen Anforderungen genügt und gegebenenfalls noch Veränderungen vornehmen, andererseits bietet sich so die Möglichkeit, die optische Wirkung Ihres Entwurfs zu überprüfen.

Betonfundamente
Jede gebaute Anlage in Ihrem neuen Garten braucht das richtige Fundament. Die Details müssen von Ihnen als Designer oder einem entsprechenden Fachmann spezifiziert werden. Gehen Sie niemals ein Risiko ein, sondern ziehen Sie immer einen Experten zu Rate, wenn Sie selbst nicht über das nötige Fachwissen verfügen.

Materialkenntnisse
(links und unten)
Sie können eine Menge über das Potential verschiedener Baustoffe lernen, wenn Sie einem guten Maurer bei der Arbeit über die Schulter schauen. Links ist zu sehen, wie die Ecken der unten abgebildeten erhöhten Pflanzbeete aufgemauert wurden. Die Form der Ecksteine ist deutlich zu erkennen.

ten? Ist die Terrasse ausreichend groß? Befindet sich der Swimmingpool am richtigen Platz? Laufen Sie die abgesteckten Wege entlang und schieben Sie die Schubkarre darüber, denn die Anlage soll nicht nur optisch ansprechend, sondern auch praktisch sein. Wenn Sie eine neue Zufahrt mit Wendemöglichkeit planen, ist jetzt der Zeitpunkt gekommen, dies auszuprobieren.

Drainage

Falls überhaupt notwendig, muß man sich in diesem Stadium der Vorbereitung mit der Anlage eines Drainagesystems befassen. Bei Privatgrundstücken mit sehr feuchtem Boden plädiert man heute immer häufiger für Pflanzungen, die undrainierten Boden tolerieren. Während dies in vielen Gärten, in denen nasser Boden zu den natürlichen Gegebenheiten gehört, angemessen erscheint, ist es bei einigen Grundstücken dennoch nötig, überschüssiges Wasser abzuleiten.

Bei neu bebauten Grundstücken sammelt sich häufig Wasser an der Oberfläche. Wo dies auf eine Verdichtung des Erdreichs durch schwere Baumaschinen zurückzuführen ist, braucht der Boden möglicherweise nur durchlüftet zu werden; ist die Ursache allerdings eine Lehmschicht, die auf einen ehemals durchlässigen Boden geschüttet wurde, muß der Boden abgetragen und das Gelände drainiert werden. Ein offener Entwässerungsgraben mit Gefälle, der zu einem Ablauf führt, leitet Oberflächenwasser rasch ab. Wenn keine Ablaufmöglichkeit besteht, leitet man das Wasser zu einem Sickerschacht (s. Seite 332).

PRAKTISCHE UND SCHMÜCKENDE ELEMENTE

Entwässerungsprobleme treten in einem Garten gewöhnlich nur in kleinem Rahmen auf und beschränken sich zumeist auf einzelne Flächen, auf denen sich nach starken Regenfällen das Wasser sammelt, wie etwa ein stark belaufenes Rasenstück, das auf Lehmboden angelegt wurde, oder der Fuß einer Bodenerhebung. Um das überschüssige Wasser von solchen Flächen abzuleiten, sollte nicht mehr als ein einfacher Entwässerungsgraben nötig sein, der zu einer Sickergrube läuft. Oberflächenwasser, das von einer gepflasterten Fläche abläuft, wird meistens von angrenzenden Erd- oder Grasflächen aufgenommen.

Bewässerung

Während eine Bewässerung in bestimmten Teilen der Vereinigten Staaten und in Australien die Regel ist, hat man diesem Thema bei uns etwas weniger Beachtung geschenkt. Es gibt verschiedene Bewässerungssysteme für Pflanzen und Grünflächen. Berieselungsanlagen werden für Pflanzungen verwendet, unterirdische Systeme für Grünflächen (s. Seite 333). Bewässerungsanlagen unter der Erde müssen bereits bei den Erdarbeiten berücksichtigt werden. Welchen Anforderungen das System gerecht werden muß, hängt vom jeweiligen Areal ab. Ziehen Sie deshalb stets einen örtlichen Bewässerungsexperten zu Rate. Der Wunsch, auch dann einen frischen grünen Rasen zu haben, wenn dieser unter natürlichen Bedingungen eigentlich braun sein müßte, ist eine andere Sache – ich persönlich lehne den ganzjährigen Plastik-Look von Palm Springs oder Miami Beach grundsätzlich ab.

Wasseranschlüsse

Unter Umständen sind an verschiedenen Stellen im Garten Wasseranschlüsse notwendig. Wenn ja, müssen bei der Vorbereitung des Geländes auch die Rohre verlegt und die Wasserhähne gesetzt werden. Falls die Rohrleitung nicht in einer geraden Linie vom Haus zum Wasserauslauf führt, sollten Sie ihren Verlauf durch Pflöcke markieren oder in einen Plan einzeichnen, damit Sie wissen, wo sie ist, wenn ein Wasserrohr platzt oder erneuert werden muß.

Stromanschlüsse

In dieser Phase müssen Sie entscheiden, ob Sie Ihren Garten nachts beleuchten wollen, einen Kühlschrank im Badehaus brauchen, einen Stromanschluß für die Wasserpumpe oder eine Steckdose für den Grill benötigen. Die Kabel für all diese Stromanschlüsse müssen verlegt wer-

Verschiedene Ebenen
Hier werden die neuerrichteten Bauelemente eines kleinen Stadtgartens gezeigt, der vom Untergeschoß aus in mehreren Ebenen angelegt wurde. Achten Sie auf die niedrige gemauerte Sitzfläche in der linken oberen Ecke.

den, bevor die Bauarbeiten im Garten beginnen. Gehen Sie niemals Risiken ein, und ziehen Sie immer einen Elektriker hinzu (s. auch Seite 333).

Wasser- und Stromleitungen sollten nach Möglichkeit unmittelbar neben einem Weg verlaufen, damit sie bei der Bodenbearbeitung nicht beschädigt werden.

Materialkenntnis

Ein gutes Design besteht keineswegs aus einem einzigen Bild, sondern setzt sich aus vielen kleinen Teilen zusammen, die alle perfekt ausgearbeitet sein müssen. Ich halte es für besonders wichtig, daß Sie sich vor der Realisierung Ihres Gartendesigns mit den Materialien vertraut machen, mit denen Sie später arbeiten wollen. Einzelheiten, die Ihnen in anderen Gärten gefallen, sollten Sie mit dem Fotoapparat festhalten.

Bei der Verwendung von Ziegeln und Klinkern müssen Sie wissen, welche unterschiedlichen Sorten es gibt, wie sie hergestellt werden und welche Arten von Ton in der Umgebung Ihres Gartens vorkommen. Aus diesen Kriterien sowie der Art und Weise, wie die Steine gebrannt und geschnitten werden, erklärt sich ihre Farbe und Struktur. Naturstein muß ebenfalls einer genauen Prüfung unterzogen werden. Sehen Sie sich an, wie er im Steinbruch abgebaut und gebrochen wird. Schauen Sie sich das örtlich ver-

VORBEREITUNG DES GELÄNDES

wendete Material an, oder suchen Sie entsprechendes Gestein im Gelände und untersuchen Sie alle Einzelheiten.

Um sachkundig mit Holz umgehen zu können, sollten Sie einen Holzplatz aufsuchen, sich verschiedene Hart- und Weichhölzer anschauen, ihre Maserung beurteilen und sich mit einem guten Schreiner unterhalten. Auf diese Weise lernen Sie das Potential des Materials kennen und können – mit etwas Selbstvertrauen – beginnen, eigene Details auszuarbeiten. Der Besuch einer Baustoffhandlung ist ebenfalls recht nützlich, denn dort können Sie sich alle möglichen Baustoffe, verschiedene Arten von Sand, Zuschlag und Kieselsteinen anschauen.

Vorbereitung des Bodens

Sobald die baulichen Anlagen im Garten fertiggestellt sind, sind die schweren Arbeiten zum größten Teil beendet. Es zahlt sich jedoch aus, wenn Sie ebensoviel Energie für die Vorbereitung der Pflanzbereiche aufwenden. Bringen Sie sorgfältig den zwischengelagerten Unter- und Mutterboden auf und graben Sie anschließend reichlich organisches Material unter: Humus verbessert in jedem Fall die Bodenstruktur und kann erforderlich sein, um ausgelaugten Böden Nährstoffe zuzufügen. Graben Sie den Boden gründlich um, damit er durchlüftet und krümelig wird. Eine sorgfältige Vorbereitung des Bodens garantiert, daß sich die Pflanzen rasch entwickeln und ihre Funktion im Design erfüllen.

Ein neuangelegter Garten
Nach Abschluß der Bauarbeiten wirken die gepflasterten Flächen erschreckend groß und kahl, doch durch das grüne Pflanzenmaterial wird sich dieser Eindruck sehr bald ändern (s. Seite 170–173).

PRAKTISCHE UND SCHMÜCKENDE ELEMENTE

Kleinformatiges Pflaster

PFLASTERSTEINE

Pflastersteine sind zumeist größer, dünner und erheblich einfacher zu verlegen als Vormauersteine, da man aufgrund ihrer Größe weniger Steine braucht und dank der geringeren Stärke weniger Erdreich ausgehoben werden muß. Sie sind in einer Vielzahl von Tonarten, Farbvarianten und Oberflächenstrukturen erhältlich. Betonpflastersteine sehen ähnlich wie Ziegelpflaster aus, haben jedoch einen strengeren Charakter. Verblender lassen sich ebenfalls zum Pflastern verwenden, sind aber eine teure Alternative, da sie mit der Schmalseite nach oben verlegt werden müssen und so unnötig viel Material im Boden verschwindet.

Die Materialien, mit denen Sie das Design Ihres Gartens realisieren, bestimmen zu einem großen Teil den individuellen Stil. Durch die Auswahl der richtigen Baustoffe und Pflanzen erreichen Sie, daß die Gestaltung des Gartens zu Ihrem Haus, dem Haus der Nachbarn und – in ländlichen Gegenden – zur Landschaft paßt. Früher waren bestimmte Baumaterialien nur in bestimmten Regionen verfügbar, und es blieb einem nichts anderes übrig, als diese auch zu verwenden. Durch die modernen Transportmöglichkeiten steht uns heute eine große Auswahl von Baustoffen zur Verfügung, doch ist das Ergebnis optisch nicht immer die glücklichste Lösung.

Kleinformatiges Pflaster, wie Ziegel, Klinker, Bodenfliesen und Granitpflastersteine, bewirkt ein attraktives, reichstrukturiertes Bild und vereinfacht das Pflastern von kleinen oder unregelmäßig geschnittenen Flächen. Das Verlegen vieler kleiner Pflastereinheiten verursacht allerdings höhere Kosten, als die Verwendung größerer Pflasterplatten.

Verlegemuster für kleinformatiges Pflaster

Kleinformatiges Pflaster läßt sich ausgezeichnet zu Mustern anordnen. Während größere Pflasterplatten zugeschnitten werden müssen, gibt es für kleine Pflastersteine vielfältige Verlegemöglichkeiten, und die unterschiedlichen Muster erzeugen charakteristische Effekte, die das Aussehen einer Fläche verändern. Geschlossene Muster ziehen den Blick auf das Grundstück, während dynamische lineare Muster Bewegung erzeugen und den Blick quer durch den Garten auf einen optischen Höhepunkt lenken können.

Granitpflastersteine lassen sich reihenweise, ring- oder fächerförmig anordnen. Frostfeste Ziegelsteine kann man als Flachschicht, als Rollschicht oder in verschiedenen anderen Verbänden verlegen. Insbesondere wenn man Pflastersteine in kräftigen Farben wählt, gilt für große Flächen, daß einfache Verlegemuster am besten wirken. Werden Pflastersteine mit größeren Platten kombiniert, sollte man Schachbrettmuster vermeiden, es sei denn, sie erfüllen eine bestimmte Funktion innerhalb einer ausgeprägten,

Rote Pflasterklinker
Diese robusten Pflasterklinker sind hart gebrannt, abriebfest und frostbeständig. Im Blockparkettverband verlegt, vermitteln sie einen ländlichen Eindruck.

Strukturierte blaue Pflastersteine
Dieses Pflaster wirkt durch den Normalverband streng und modern.

KLEINFORMATIGES PFLASTER

Geflammte rote Pflastersteine
Die Farbtöne dieser im Läuferverband verlegten Tonziegel sind sehr schön und wirken vor allem in Verbindung mit klar definierten Linien.

Strangpreßziegel (links)
Die Pflastersteine in diesem Garten haben eine leicht gescheckte Oberfläche und sind abwechselnd in Längs- und Querrichtung bogenförmig verlegt.

Betonpflastersteine
Unterschiedlich gefärbte Betonsteine, hier dunkelbraun und gelb, sind eine gute und preiswerte Alternative zu Pflastersteinen aus Ton.

Mehrfarbige Pflastersteine
Die rauhen, unkonventionellen Tonziegel eignen sich gut für den lockeren Fischgrätverband.

Betonpflastersteine
Diese blaugrauen, sehr streng wirkenden Betonpflastersteine haben abgeschrägte Kanten und sind für Privatgrundstücke nur bedingt geeignet. Auf größeren, beispielsweise öffentlichen Plätzen sehen sie dagegen sehr großzügig aus.

Plan der terrassenförmigen Stufen

Terrassierter Hang
Die Ziegel für diese Hangstufen sind im Läuferverband verlegt. Die Setzstufen bestehen aus hochkant gestellten Ziegeln.

PRAKTISCHE UND SCHMÜCKENDE ELEMENTE

klaren Gebäudeanordnung. Allzu kräftige Muster wirken fast immer erdrückend.

Gestaltung

Wählen Sie Pflastermaterialien, deren Struktur, Farbe und Stil mit der Stimmung Ihres Gartens und seiner Umgebung harmonieren. Generell gilt: Je feiner die Oberflächenbeschaffenheit, um so nobler das Aussehen. Gebrauchte Ziegelsteine haben beispielsweise eine grobe Struktur, die in eine ländliche Umgebung paßt. An anderen Orten bewirkt eine Mischung aus Ziegeln und Natursteinen einen schönen rustikalen Effekt.

Granitpflastersteine vermitteln einen städtischen Eindruck. Da das Gestein in vielen Gegenden aber gar nicht vorkommt, will seine Verwendung gründlich bedacht sein. Mit seiner stahlgrauen Farbe paßt Granitpflaster oft nicht zur Struktur anderer Natursteine, sieht aber schön aus, wenn man es als Einfassung verwendet oder bei Zufahrten und Garagenvorplätzen unmittelbar an dunkle Asphaltflächen angrenzen läßt.

Mauerziegel, die als Pflaster an einen Ziegelbau angrenzen, erzeugen ein einheitliches Bild. Verblender passen exakt zu gleichartigen Mauern, sind jedoch teuer und häufig nicht frostfest.

Spezielle Pflasterklinker, die ähnlich wie Ziegelsteine aussehen, sind witterungsbeständig und frostfest. Sie sind etwas größer und dünner als Mauerziegel, kosten weniger als diese und lassen sich auch einfacher verlegen.

UNTERSCHIEDLICHE FORMEN

Pflastermaterialien sind in den unterschiedlichsten Formen erhältlich und bieten eine große Auswahl an Pflastermustern. Bei großen Flächen sollte das Grundmuster einfach sein – allzu komplizierte Muster wirken schnell unruhig. Handgefertigte Fliesen vermitteln ein rustikales Gefühl und sind der ideale Bodenbelag für Wintergärten oder – in frostfreien Regionen – für Terrassen. Sie eignen sich auch gut für Balkone, können allerdings recht glatt sein, wenn sie naß sind.

Verbundsteinpflaster (rechts)
Verbundsteine aus Beton eignen sich für größere Flächen, wie etwa Garagenvorplätze oder Zufahrten. Diese dunklen Pflastersteine passen besonders gut zu grauem Granit.

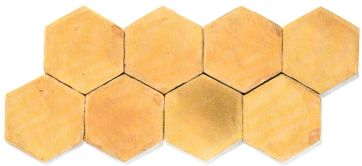

Weg aus Terrakottafliesen (rechts)
Hier sind quadratische Terrakottafliesen in zwei unterschiedlichen Farbtönen kreuzförmig verlegt.

Terrakottafliesen (oben und rechts)
Terrakottafliesen werden wie Ziegel aus Ton hergestellt, aber in der Sonne getrocknet. Da sie porös und nicht frostfest sind, sollte man sie nur in warmen Klimazonen verwenden oder in Gartenbereichen, die ans Haus angrenzen. Der Reiz von Terrakottafliesen liegt in ihren gedämpften Farben, die häufig ungleichmäßig sind, und den angebotenen Formen. Sechsecke oder einfache Quadrate beispielsweise bilden einen schönen mosaikartigen Bodenbelag für Stadtgärten.

KLEINFORMATIGES PFLASTER

GRANITPFLASTER

In Gegenden mit Granitvorkommen wurde dieses Gestein früher häufig für Kopfsteinpflaster verwendet. Später pflasterte man auch Industriestraßen mit Granitsteinen, die eine ähnliche Form wie Ziegel aufwiesen, damit die eisenbeschlagenen Zugpferde beim Ziehen schwerer Wagenladungen nicht so leicht ausrutschten. Kopfsteinpflaster findet man teilweise auch heute noch auf alten Marktplätzen, wo die Steine mitunter zu schönen Mustern angeordnet sind. Granitpflastersteine werden in verschiedenen Größen angeboten und sind auch gebraucht erhältlich.

Granitpflastersteine

Nachgebildetes Granitpflaster

Granitpflaster (links und oben)
Granitpflaster gibt es in einer Vielzahl von Größen, denn die Steine werden von Hand zugeschlagen. Sie haben eine derbe, rauhe Oberfläche und halten auch starker Beanspruchung stand. Würfelförmige Steine lassen sich zu Kreis- und Bogenmustern verlegen, wie in diesem kleinen europäischen Stadtgarten.

Nachgebildetes Granitpflaster (oben und rechts)
Nachgebildetes Granitpflaster, das aufgrund seiner regelmäßigen Form einfacher und preiswerter zu verlegen ist, ist ein guter Ersatz für echte Granitpflastersteine. Besonders schön ist belgisches Kleinpflaster mit seinen weichen Farben und Kanten.

Belgisches Kleinpflaster

KIESELPFLASTER

Als Pflaster für den oben abgebildeten Sitzbereich dienen große Kieselsteine. Grobkies läßt sich lose aufschütten, oder er kann als gepflasterte Fläche in Mörtel gesetzt werden. Mit Kieselsteinen lassen sich auch scharfe Ecken kaschieren (die nicht Bestandteil Ihres Designs sein sollten). Große Strandkiesel werden mitunter auch mit der flachen Seite nach oben verlegt, so daß eine relativ glatte Oberfläche entsteht.

PRAKTISCHE UND SCHMÜCKENDE ELEMENTE

Großformatiges Pflaster

Pflasterplatten, die aus Naturstein oder aus Beton bestehen können, gibt es in vielen verschiedenen Größen und Stärken, mit glatter oder strukturierter Oberfläche. Sie passen gut in Gegenden, wo Häuser traditionsgemäß aus Naturstein gebaut werden. Aber auch in anderen Regionen, wo Ziegelsteine unpassend sind, sind Pflasterplatten fast immer geeignet. Betonplatten werden in unterschiedlichsten Größen und Formen hergestellt, ebenso groß ist die Farbpalette, die zunächst auch am wichtigsten ist. Berücksichtigen Sie die Farbtöne Ihres Bodens und schauen Sie sich die Farben der Ziegel- oder Steinmauern sowie der Dachziegel an und wählen Sie die Pflasterplatten dementsprechend aus.

Die Funktion der Pflasterplatten innerhalb Ihres Gartendesigns hilft Ihnen, die richtige Plattenform auszuwählen. Die Oberflächenstruktur der Platten sollte der jeweiligen Nutzung angemessen sein. Nehmen Sie zum Beispiel Platten mit glatter Oberfläche für eine Terrasse, auf der Gartenmöbel stehen sollen, und rutschfeste Platten zum Einfassen eines Swimmingpools.

BETONPLATTEN

Dieser schöne Belag ist ebenso für heißes wie für kaltes Klima sehr gut geeignet. Die Größen und Farben der Platten variieren stark. Feuchten Sie stets eine Platte an, bevor Sie Ihre Wahl treffen, um zu sehen, wie sich die Farbe verändert. Leuchtende Farben verblassen leicht. Die Verfugung, die schöner ist, wenn sie leicht versenkt ist, hat im allgemeinen die gleiche Farbe wie die Platten.

Sechseckige Pflasterplatte mit feiner Oberflächenstruktur

Waschbetonplatte

Glatte Natursteinplatte

Runde, graue Betonplatte

Betonstufen (unten)
Diese an Ort und Stelle gegossenen flachen Betonstufen sehen großartig aus. Mit seiner feinen Struktur ist der helle Beton ein guter Kontrast zu der angrenzenden Pflanzung.

Plan der Betonstufen

GROSSFORMATIGES PFLASTER

ORTBETON

Beton ist eine Mischung aus Sand, Zement und Kieszuschlag. Unterschiedliche Oberflächen lassen sich erzielen, indem man Grob- oder Feinkies verwendet und die Zuschlagstoffe freilegt, sobald der Beton abgebunden hat, aber noch nicht hart ist. Wenn Sie als Zuschlag Steine Ihrer Region nehmen, fügt sich die Betonfläche gut in die Umgebung ein.

Ortbeton wird – wie der Name schon sagt – an Ort und Stelle gegossen. Unter Umständen ist eine Bewehrung nötig, wenn andere Materialien, wie Holz oder Ziegel, als Einfassung dienen. Der preiswerte Ortbeton bietet sich vor allem auch für große Flächen an.

Oberflächenstruktur
Zuschlag unterschiedlicher Größe erzeugt verschiedenartige Oberflächenstrukturen, wenn er durch Abbürsten freigelegt wird.

NATURSTEINPLATTEN

Natursteinplatten sind mit gesägter oder bruchrauher Oberfläche erhältlich. Bei der Auswahl von Naturstein sollten Sie überprüfen, ob das Material der Verwendung entsprechend dauerhaft genug ist, frostbeständig und auch im nassen Zustand rutschfest. Pflaster aus Naturstein verleihen Gärten eine warme, freundliche Atmosphäre, und große, regelmäßig geschnittene Platten können freie Flächen auf einfache Weise beleben. Unregelmäßig geformte Natursteinplatten wirken unter Umständen unruhig.

Terrassenplatten (oben)
Viereckige Kalkstein- und Sandsteinplatten dienen als Belag für diese Terrasse. In die offenen Fugen wurde duftender Thymian gepflanzt.

Plan der Terrasse

Kunststein (oben)
Pflasterplatten aus Kunststein werden mit einer geschichteten Oberflächenstruktur und unregelmäßigen Kanten hergestellt, so daß sie an gelbgrauen Naturstein erinnern.

Sandsteinplatten (unten)
Geschnittene Sandsteinplatten werden als Terrassenbelag verwendet. Man kann sie frei oder in einem Muster verlegen.

PRAKTISCHE UND SCHMÜCKENDE ELEMENTE

Stufen

Stufen wirken innerhalb des Designs leicht wie ein nachträglicher Einfall, ein notwendiges Übel, um zwei Ebenen miteinander zu verbinden. Betrachten Sie einen Treppenlauf deshalb grundsätzlich als ein wesentliches Gartenelement. Treppenlauf klingt vielleicht zu großartig, denn schon ein oder zwei Stufen können, sofern sie ausreichend breit sind, ein Blickfang sein oder auf einen höher liegenden Gartenbereich hinweisen. Reizvoll kann nicht nur die Oberflächenstruktur und die Konstruktionsweise sein, sondern auch die Ausgestaltung in Form von Geländern und Balustraden. Stufen sollten immer einem praktischen Zweck dienen. Nutzen Sie sie zum Aufstellen von Pflanzgefäßen mit Sommerblumen, als Basis für Pflanzen, die dicht am Boden wachsen, oder auch als gelegentliche Sitzmöglichkeit.

Gehen Sie zurück zu den Grundlagen des Designs – zu dem Konzept des Gartens als Collage aufeinander abgestimmter Formen –, und stellen Sie sich die Stufen innerhalb dieses Modells vor. In einer solchen Collage sind Stufen der Punkt, an dem sich zwei Formen überlappen, so daß sie in einem Material realisiert werden sollten, das die obere und die untere Ebene auch optisch miteinander verbindet.

Das Erscheinungsbild einer Treppe wird erstens durch ihre Beziehung zu allen übrigen architektonischen Elementen im Garten beeinflußt und zweitens durch die Geländegestaltung zu beiden Seiten der Stufen. Wuchtige Stützmauern zum Beispiel können die Wirkung schöner Treppen völlig ruinieren, und jeder, der schon einmal versucht hat, mit einem Rasenmäher eine Grünfläche zu mähen, die an eine Treppe angrenzt, wird nur zu gut verstehen, wie wichtig es ist, diesen Aspekt bei der Gartenplanung zu berücksichtigen.

Je steiler eine Treppe, desto schneller führt sie von einer Ebene zur anderen. Doch im Garten, wo man sich entspannen möchte und wo selten jemand rasch von einer Stelle zur anderen gelangen muß, sollten Stufen stets flach und optisch gefällig sein.

In kälteren Gegenden müssen Treppen so angelegt werden, daß sie auch bei Frost und Schnee einen sicheren Tritt ermöglichen. Hierzu ist es wichtig, daß Wasser sofort von den Stufen ablaufen kann, die Auftritte eine rutschfeste Oberfläche aufweisen und ausreichend breit sind.

Verschiedene Treppenführungen
Stufen dienen nicht nur dem Zweck, verschiedene Ebenen miteinander zu verbinden, sondern können in vielen Formen sehr reizvolle Gartenelemente darstellen. Die einfachste Variante besteht in einer Folge unterschiedlich breiter Stufen. Eine Treppe kann auch durch ein Podest unterbrochen werden oder schräg nach oben verlaufen, so daß ihr Profil sichtbar ist.

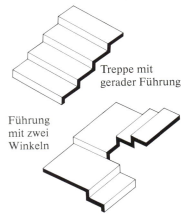
Treppe mit gerader Führung

Führung mit zwei Winkeln

Führung mit einem Winkel

Unterschiedlich breite Stufen

Gewundene Treppe mit verwitterten Stufen
Diese Treppe, die aus verwitterten Betonpflasterplatten und Setzstufen aus dem gleichen Material gebaut wurde, führt einen dicht bepflanzten Hang hinauf.

Holztreppe
Schlichte Holztreppen, wie die hier abgebildete, die zu einer Brücke führt, bieten viele Gestaltungsmöglichkeiten und können ein sehr aufregendes Element innerhalb eines Designs darstellen.

STUFEN

Breite Natursteinstufen
Diese breiten Stufen aus Naturstein, die bogenförmig von einer Terrasse aus nach oben verlaufen, lenken den Blick auf das Gartenelement, zu dem sie führen. Die schmalen Schattenfugen unter jeder Setzstufe geben der Treppe ein graziles Aussehen. Eine Treppe wie diese kann bei einer zwanglosen Gartenparty auch als Sitzmöglichkeit dienen.

GESTALTUNGSMÖGLICHKEITEN

Die Materialien, die Sie zum Bau einer Treppe verwenden, sollten dem gesamten Erscheinungsbild Ihres Gartens, seiner ländlichen oder städtischen Umgebung sowie den praktischen Anforderungen entsprechen.
Die Verwendung des gleichen Materials für Setz- und Trittstufen, wie etwa dunkler Schiefer, wirkt sehr elegant (rechts unten).
Eine andere Möglichkeit ist, die Setz- und Trittstufen in kontrastierenden oder sich ergänzenden Baustoffen zu errichten. Bei Setzstufen aus Holz, etwa Zedernholz oder imprägniertes Weichholz, läßt sich beispielsweise für die Auftritte Kies einbringen und verdichten (rechts, Mitte). In ähnlicher Weise kann man Setzstufen aus roten Klinkern mit Auftritten aus Natursteinplatten kombinieren (rechts oben).

Polygonalverband aus Natursteinplatten als Auftritt

Klinker als Setzstufe

Verdichteter Kies als Auftritt

Imprägniertes Weichholz als Setzstufe

Schieferplatten als Auftritt

Setzstufe ebenfalls aus Schiefer

PRAKTISCHE UND SCHMÜCKENDE ELEMENTE

Holzdecks und Holzbeläge

Holzdecks und Holzbeläge sind in den Vereinigten Staaten, in Australien und Europa üblich, wo Holz relativ preiswert ist und in den langen, warmen Sommern austrocknen kann, nachdem es im Winter vielleicht monatelang von einer dicken Schneeschicht bedeckt war. Bei uns sind sie aufgrund des feuchten Klimas und der hohen Holzpreise weniger verbreitet.

Als Bodenbelag kann Holz eine gute Alternative zu Naturstein oder Ziegeln sein. Holz paßt optisch auch gut zu Wasserflächen. In Verbindung mit Holzhäusern oder Holzzäunen können solche Beläge harmonisch und vereinheitlichend wirken, allerdings geraten viele Konstruktionen zu schwer integrierbarem Stückwerk.

Erhöhte Holzdecks können Übergänge schaffen, etwa zwischen dem Wohnhaus und einem Abhang, wo durch das Holzdeck eine Fläche entsteht, die zuvor nicht vorhanden war. Bei Häusern mit versetzten Geschoßebenen läßt sich der Wohnraum auf einer der oberen Ebenen nach außen durch ein Holzdeck erweitern und diese Plattform durch eine Treppe mit dem Garten verbinden. Ziehen Sie stets einen Architekten hinzu, wenn Sie beabsichtigen, eine solche Plattform zu bauen.

Holz eignet sich als Boden für Balkone, und da es leichter als Ziegel oder Naturstein ist, ergibt es auch einen guten Belag für Dachgärten. Lassen Sie aber stets von einem Statiker oder Architekten berechnen, wieviel Last das

VERLEGEMUSTER

Das Verlegemuster für ein Holzdeck hängt von dessen Größe und der gewünschten Wirkung ab; es sollte aber niemals andere Gartenelemente optisch dominieren.

Versiegelung
Die meisten der hier gezeigten Holzdecks, die aus Weichholzbrettern bestehen, sind mit Klarlack versiegelt.

Beizen
Die beiden dunklen Decks wurden mit Holzbeize behandelt.

HOLZDECKS UND HOLZBELÄGE

Dach oder Holzdeck tragen kann. Bei der Planung eines Holzdecks sollten Sie versuchen, den Linien des Hauses und nach Möglichkeit auch seinen Proportionen Rechnung zu tragen. Achten Sie darauf, daß die Maße der Hölzer nicht zu gewaltig sind, und überlegen Sie bei hohen Plattformen, wie die darunter liegende Fläche sinnvoll genutzt werden kann, denn häufig sind diese Bereiche nur toter Raum. Entscheiden Sie, ob Ihr Holzdeck über Stauraum verfügen soll, etwa in Form einer Sitzbank, die mit einer Klappe versehen ist, damit sich Spielzeug oder der tragbare Gartengrill verstauen läßt.

Plan der Holzdecks

Holzdeck als Brücke (oben)
In diesem holländischen Garten kontrastieren die horizontalen Linien des Holzdecks sehr schön mit den vertikalen Formen der angrenzenden Pflanzung. Die Linien des Holzdecks fügen sich harmonisch in das Gesamtbild ein, ohne es zu beherrschen.

Bei feuchtem Klima (links)
Holzbeläge, die durch feuchtes Klima rutschig geworden sind, können mit einer Drahtbürste oder einem Spezialmittel behandelt werden, was vorübergehend Abhilfe schafft. Dauerhafter ist ein Drahtgeflecht, das aufgenagelt wird.

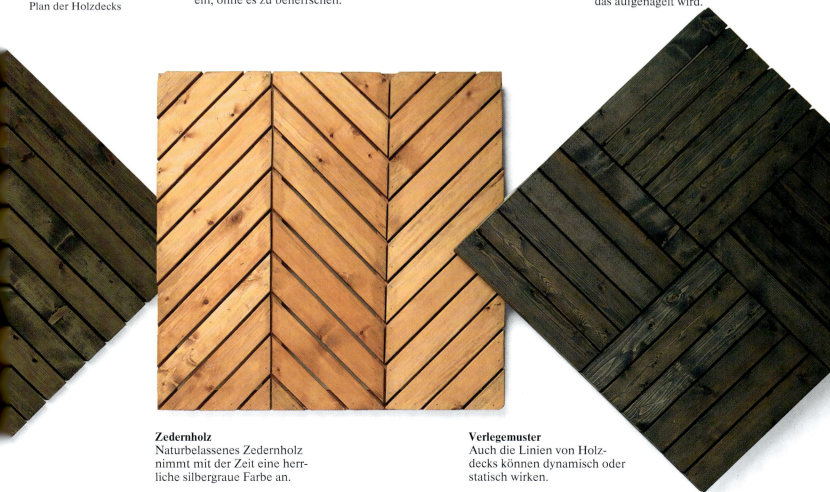

Zedernholz
Naturbelassenes Zedernholz nimmt mit der Zeit eine herrliche silbergraue Farbe an.

Verlegemuster
Auch die Linien von Holzdecks können dynamisch oder statisch wirken.

PRAKTISCHE UND SCHMÜCKENDE ELEMENTE

Lose Bodenbeläge

Nicht alle Oberflächen müssen glatt sein. Mitunter wirkt ein strukturierter oder ungebundener Bodenbelag aus losem Kies, Splitt oder gehäckselter Baumrinde optisch erheblich ansprechender. Als kontrastierende Flächen innerhalb eines größeren, gepflasterten Designs tragen lose aufgeschüttete Bodenbeläge zur Strukturierung und Belebung einer Fläche bei.

Ungebundene Bodenbeläge verleihen dem Garten eine lockere Atmosphäre. Sie lassen sich einfach aufbringen, sind preiswert und haben eine interessante Struktur. Kies, den es in den verschiedensten Sorten und Größen gibt, kann lose oder verdichtet für mehrere Zwecke verwendet werden, sowohl für Zufahrten, Wege oder Sitzbereiche als auch für Pflanzungen.

Pflanzen wachsen problemlos durch dünne Kies- oder Splittschichten, außerdem sind diese Oberflächen ein idealer Platz zum Keimen von Samen. Pflanzen, die in solchen Belagmaterialien wachsen, sollten sich durch Selbstaussaat vermehren können, damit ein natürliches Bild entsteht, das besonders in ländliche Gegenden paßt. Um unerwünschte Sämlinge zu entfernen und damit die Fläche immer einen frischen Eindruck macht, harkt man den Kies so oft wie möglich durch, wobei die Sämlinge, die heranwachsen sollen, selbstverständlich ausgespart werden. Kies wirkt im Sommer auch als Mulchschicht (wie eine Schicht Baumrinde auf bepflanzten Flächen) und verhindert im Winter, daß sich die Samen und Keimlinge des nächsten Jahres mit Wasser vollsaugen.

Traditionell wird verdichteter Kies oder Splitt als Unterbau für Auffahrten oder Zufahrtswege verwendet. Lose aufgeschüttet ergeben sie jedoch ein attraktives Oberflächenmaterial für ungünstig geschnittene Flächen und solche Bereiche, in denen kaum Pflanzen wachsen, wie etwa unter Bäumen. Feinerer Kies oder Splitt, der mit Ziegelsteinen eingefaßt ist, stellt einen guten Ersatz für Gras dar, läßt sich einfacher pflegen und sieht das ganze Jahr hindurch ansprechend aus. In solche Oberflächen lassen sich mit einer Harke abstrakte Muster ziehen, oder man verwendet Material in unterschiedlichen Farben und unterteilt die Fläche mit Ziegelsteinen, so daß ein geometrisches Design entsteht. Lose aufgeschüttete Belagmaterialien müssen durch eine Einfassung an Ort und Stelle gehalten werden.

Identische Materialien
Splitt aus dem gleichen Gestein, das auch zum Bau der Mauer und als Beeteinfassung verwendet wurde, schafft einen harmonischen Rahmen für diese Pflanzen.

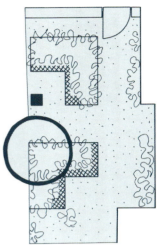

Plan der Beete und Splittflächen

HOLZ UND RINDE

Holz (links)
In ländlichen Gegenden kann man verschiedene Arten von zerkleinertem Holz als Belag für Wege verwenden. Holzschnitzel eignen sich auch als Mulchschicht, damit sich in neubepflanzten Beeten nicht so leicht Spontanvegetation breit macht.

Rinde (rechts)
Als Bodenbelag harmoniert gehäckselte Rinde gut mit einer waldigen Umgebung und trägt dazu bei, daß sich der Garten harmonisch in die Natur einfügt.

KIES UND SPLITT

Kies ist in verschiedenen Körnungen erhältlich. Hier sind feiner Flußkies (rechts), Strandkies (rechts, Mitte) und eine Zuschlagmischung aus Flintsteinen (rechts außen) abgebildet und darunter unterschiedliche Splittarten.

Weißer Splitt
Bei diesem dekorativen Material handelt es sich um weißen Kalksteinsplitt. Für freie Flächen, die häufig intensivem Sonnenlicht ausgesetzt sind, sollte man keinen Splitt in hellen Farben verwenden, weil er stark blendet.

Granitsplitt
Granitsplitt gibt es in verschiedenen Grau- und Schwarztönen. Splitt wirkt formaler als Strandkies.

Rosagrauer Splitt
Splitt ist in vielen verschiedenen Farben und Körnungen erhältlich, da jede Gesteinsart aufgrund ihrer unterschiedlichen mineralischen Zusammensetzung eine andere Farbe und Struktur hat. Bei der Auswahl von Splitt und Kies sollten Sie daran denken, daß Sorten aus Gesteinen Ihrer Gegend meistens am preiswertesten sind.

Grober Splitt (unterste Reihe)
Alle oben gezeigten Splittsorten haben eine mittlere Körnung von 6–9,5 mm. Dieser Splitt aus hellbraunem Cotswold-Gestein (Kalkstein) hat dagegen eine grobe Körnung von 12,5–19 mm.

PRAKTISCHE UND SCHMÜCKENDE ELEMENTE

Grasflächen

Wenn Sie eine Grasfläche – sei es ein Rasen oder eine Wiese – in Ihr Design integrieren möchten, sollte sie Teil des Gesamtkonzeptes sein und nicht nur ein Lückenfüller zwischen anderen Gartenelementen. In Teilen Europas betrachten wir Gras als einen üblichen Bodendecker. Dennoch dürfen wir aber nicht vergessen, daß Gras nur ein Teil eines ökologischen Systems ist. Wenn es nicht gemäht oder abgeweidet wird, siedeln sich Kräuter, kleine Sträucher und auf den meisten Böden früher oder später auch Bäume an.

In Europa unterscheidet man bei Grassamen zwischen strapazierfähigen und feinen Rasenmischungen, deren Zusammensetzung jeweils auf spezielle Bodenverhältnisse (sauer oder alkalisch) und die Lage (Sonne oder Schatten) abgestimmt ist. In den Vereinigten Staaten gibt es die unterschiedlichsten Grassamenmischungen, deren Zusammensetzung sich nach der Verfügbarkeit von Wasser und den klimatischen Bedingungen richtet. Es sind sogar spezielle Samenmischungen für die tropischen Regionen der Erde und Australien erhältlich.

Darüber hinaus gibt es auch Grasmischungen, die zusätzlich Wildblumensamen enthalten. Wenn Sie eine Wildblumenwiese anlegen möchten, müssen Sie die richtigen Wildblumen für Ihre Gegend auswählen, damit nicht schon bald eine Sorte dominiert. Sie sollten versuchen, ein ausgewogenes Verhältnis verschiedener Wildblumen zu erreichen, da eine ganze Insektenpopulation von dem abhängig ist, was Sie aussäen.

Unterschiedliche Grasflächen

Das Erscheinungsbild einer Grasfläche hängt von ihrer Größe und Lage ab, und diese Faktoren sollten auch Ein-

Unterschiedliche Grünflächen
In dieser typisch englischen Umgebung führt ein breiter gemähter Weg durch Wiesenflächen, auf denen zahllose Frühlingszwiebelpflanzen wachsen. Die Zusammensetzung der Grassamenmischung ist vom Boden, seinem Feuchtigkeitsgehalt und bis zu einem gewissen Grad auch davon abhängig, wie oft die Fläche gemäht wird.

GRASFLÄCHEN

Rasen

Verschiedene Arten von Grasflächen
Ein monotoner Rasen bedarf ständiger Pflege und wirkt aufgrund seiner künstlichen Konzeption häufig nicht sehr einladend. Durch Feuchtigkeit und ohne regelmäßiges Jäten wird aus dem veloursartigen Rasen schon bald eine Wiese, auf der sich Wildkräuter ansiedeln.

Wildblumenwiese

Gras mit Pflasterplatten kombiniert

Randeinfassungen

Randeinfassungen verwende ich nicht unbedingt als dekoratives Element, sondern eher um den Übergang von einer Fläche zur anderen zu vereinfachen. Ich bevorzuge schlichte Einfassungen, die von dem Pflanzenmaterial, das sie umschließen, verdeckt werden. Um Kies von Gras zu trennen, sind beispielsweise rostbeständige Metallschienen, Ziegel- oder Betonkantensteine und imprägnierte Hölzer gut geeignet. Pflanzbereiche werden häufig mit hochstehenden Einfassungen versehen, doch eignen sich auch flach verlegte Pflaster- oder Ziegelsteine: sie sind beim Mähen weniger hinderlich, und Pflanzen können sich ungestört ausbreiten. Feste Einfassungen lassen sich auch umgehen, wenn man das angrenzende Erdreich tiefer legt. Lose aufgeschüttete Oberflächenmaterialien, wie Kies, erfordern in jedem Fall eine Randeinfassung.

Tonziegel

Blaue Strangpreßziegel

fluß auf die Auswahl der Grassamenmischung haben. Möchten Sie einen kurzgeschorenen Teppichrasen, auf dem sich nach dem Mähen mit einem Spindelmäher Streifen abzeichnen, oder ziehen Sie etwas höheres Gras vor, das mit einem Sichelmäher geschnitten wird? Vielleicht möchten Sie in bestimmten Bereichen auch eine Wiese mit Frühlingszwiebelpflanzen anlegen – das hohe Gras verdeckt später die absterbenden Blätter und erleichtert die Pflege, denn beides wird zusammen abgemäht. Heuwiesen oder steppenähnliche Flächen dagegen müssen mit einem Balkenmäher instand gehalten werden.

Um rasch einen grünen Rasen zu erhalten, wird häufig Rollrasen verwendet. Eingesätes Gras ist gewöhnlich preiswerter und auf lange Sicht auch ein besserer Rasen, da man flexibler bei der Auswahl der Grassamen ist. Er erfordert allerdings auch mehr Arbeit und Zeit. Rollrasen ermöglicht eine sofortige Dauerbegrünung und läßt sich zu jeder Jahreszeit verlegen – außer bei Frost. Bei der Anlage neuer Grasflächen kombiniere ich zumeist die beiden Verfahren. In den Randbereichen, wo der Rasen an Beete oder Pflasterflächen angrenzt, verlege ich Rollrasen und säe dann die übrige Fläche mit Grassamen ein. Rollrasen kann auch an Böschungen verwendet werden, um Bodenerosion zu verhindern; das Gefälle darf allerdings nicht zu stark sein, da sich der Rasen sonst nicht mähen läßt.

Dekorative Randeinfassungen als Gestaltungselement
Überladen Sie Ihren Garten nicht mit ausgefallenen Randeinfassungen, denn sie zerstören das Design und bringen Unruhe ins Konzept. Die einfachste Randeinfassung ist ein Betonstreifen. Ziegelsteine lassen sich in Längsrichtung oder schräg verlegen, so daß ein Zickzackmuster entsteht, oder quer nebeneinander setzen, damit sie mit anderen Oberflächenstrukturen kontrastieren.

Einfacher Einfassungsstein

Einfassungsstein mit Zopfmuster

PRAKTISCHE UND SCHMÜCKENDE ELEMENTE

Materialkombinationen

Die unterschiedlichen Formen, Größen und Materialien vieler Pflasterelemente lassen sich erfolgreich miteinander kombinieren, um einem Garten Gestalt und Struktur zu verleihen. Es können wirtschaftliche Gesichtspunkte oder optische Effekte sein, die zu folgenden Überlegungen Anlaß geben: Wenn sich beispielsweise das Pflastern großer Flächen mit Ziegelsteinen als zu teuer erweist, könnten Sie statt dessen ein Ziegelmuster entwerfen, das mit preiswerteren Kies- oder Betonelementen kombiniert ist. In ähnlicher Weise lassen sich bei kleinformatigen Pflastersteinen die Kosten senken, wenn Sie einige große Betonpflasterplatten dazwischensetzen.

Wenn Sie unterschiedliche Belagmaterialien miteinander verwenden, sollten Sie die einzelnen Flächen so groß wie möglich halten und die Materialien so verlegen, daß ein glatter Übergang von einem Element zum anderen gewährleistet ist. Insgesamt sollte die Anzahl der verschiedenen Belagarten auf ein Minimum beschränkt werden – vielleicht nicht mehr als zwei oder drei in einem Garten.

Zu viele unterschiedliche Materialien wirken unruhig und lenken vom klaren Konzept eines Designs ab. Entwickeln Sie ein Muster, das die gesamte Gartenstruktur berücksichtigt. Und denken Sie daran: Je markanter das Muster, um so größer muß die Fläche sein.

Pflanzungen zwischen Pflasterelementen lassen harte Bodenbeläge zumeist weicher erscheinen und sehen in ländlichen Gegenden besonders schön aus. Die Wirkung ist am stärksten, wenn nur eine Pflanzenart verwendet wird. Hüten Sie sich davor, Pflanzen auszuwählen, die mit der Farbskala des Pflasters kollidieren, und setzen Sie Pflanzen nur zwischen große, stabile Pflasterelemente. Eine andere Möglichkeit ist, die Pflanzen sich selbst zu überlassen, so daß sie sich in Pflasterfugen aussäen.

Betonplatten und Gras
Pflasterplatten, zwischen denen Gras wächst, bilden hier einen schönen Weg zum Swimmingpool. Diese Anordnung von Betonplatten ist großzügiger als einzelne Trittsteine und zerstört nicht die Einheit der umliegenden Grasfläche.

MATERIALKOMBINATIONEN

Imitiertes Bachbett (links)
Kieselsteine unterschiedlicher Größe, die den Garten wie ein Wasserlauf durchziehen, sind ein interessantes Gestaltungselement, wenn man sie mit binsenartigen Pflanzen kombiniert, die den Eindruck von Wasserpflanzen erwecken.

Strenges Grundmuster (links)
Die Eisenbahnschwellen und die Pflasterplatten in diesem geschlossenen Gartenbereich kontrastieren wunderbar mit den architektonischen Formen der Pflanzung.

Harte und weiche Beläge
In diesem Gartenbereich wurden Betonplatten und Ziegel mit Kies kombiniert.

Japanische Stilelemente
Abgestufte Holzdecks mit Feldsteinen unter einem Schlitzahorn verleihen diesem Garten ein japanisches Flair.

PRAKTISCHE UND SCHMÜCKENDE ELEMENTE

Mauern

Im großen und ganzen sind es drei Arten von Baustoffen, die man zum Errichten von Mauern verwendet: Naturstein, Ziegel sowie Beton in all seinen Formen. Bei der Auswahl des Baumaterials sollten Sie berücksichtigen, in welcher Weise seine Farbe, Größe und Struktur die Atmosphäre und den Stil der umliegenden Gebäude und des Grundstücks widerspiegeln. Versuchen Sie, sich die Mauer in diesem Kontext vorzustellen.

Natursteinmauern sind von Region zu Region verschieden, und die Gesteinsart, die in der Umgebung des Gartens vorkommt, paßt fast immer am besten. Bestimmte Arten von Kalkstein und Sandstein lassen sich aufgrund ihrer Formation relativ einfach behauen und können deshalb – wie Ziegelsteine – zu einem regelmäßigen Schichtmauerwerk zusammengefügt werden. Durch Gletscher- oder Wassereinwirkung abgeschliffene Kiesel und Feldsteine sind gerundet und können für ein unregelmäßiges Mauerwerk verwendet werden. Traditionell werden Natursteinmauern als Trockenmauern, das heißt ohne Mörtel, errichtet, während man Betonwerksteine (Betonsteine mit Natursteinzusätzen) mit Mörtel aufmauert.

Ziegelmauern können in verschiedenen Stärken und unterschiedlichen Mauerverbänden – die Anordnung ganzer und halber Steine – errichtet werden, wobei jeder Mauerverband seine eigene Wirkung hat. Einige Mauerverbände sind für eine bestimmte Region oder Zeit typisch, andere zeichnen sich durch ihre Festigkeit aus, und wieder andere werden ausschließlich ihres optischen Effektes wegen gewählt.

Ziegelsteine verdanken ihre charakteristische Farbe und Struktur dem Ton, aus dem sie bestehen, und dem Herstellungsverfahren. Vormauerziegel sind ein beliebtes Material zum Verblenden von Mauern. Da, wo besondere Stabilität, große Dichte und eine geringe Absorption erfor-

Geschichtete Trockenmauer aus Kalkstein mit in Mörtel gesetzter Mauerkrone

Geschichtete Trockenmauer aus Sandstein

Ziegelmauer (Flämischer Verband)

MAUERN

Organische Formen
Ursprünglich wurden Lehmmauern aus der örtlich verfügbaren Lehmart hergestellt, heute handelt es sich in den meisten Fällen um Betonsteinmauern, die mit Lehm verputzt sind.

derlich sind, verwendet man am besten Hartbrandziegel beziehungsweise Klinker. Die Oberfläche von Ziegeln kann glatt oder strukturiert sein, wie dies bei Strangpreßziegeln der Fall ist, die mit einem Stahldraht geschnitten werden. Da die meisten Ziegel nur an der Außenseite wetterfest sind und außerdem flach vermauert werden, muß man die Mauer mit einer Abdeckung versehen. Dazu kann eine Rollschicht aus dem gleichen Material aufgesetzt werden, oder man verwendet Pflasterplatten.

Die Kosten für Naturstein- oder Ziegelmauern, einschließlich Baustoffe und Rollgeld, sind hoch, da Mauern aus vielen kleinen Einheiten zusammengefügt werden. Beton ist eine billigere Alternative. Betonsteinmauern, die verputzt oder farbig gestrichen und mit einer Mauerkrone aus Ziegeln oder Natursteinen versehen sind, können recht ansprechend aussehen und passen gut in Stadtgärten. Gegossene Betonmauern sind für die meisten Privatgrundstücke zu massiv; wo solche hochbelastbaren Mauern allerdings erforderlich sind, läßt sich durch eine Schalung aus stark gemaserten Holzbohlen oder sogar Wellblech eine interessante Oberflächenstruktur erzielen.

Geschichtete Flintsteine mit einer Mauerkrone aus rauhem Naturstein

Eine mit Mörtel errichtete Bruchsteinmauer; die Mauerkrone ist aus Natursteinplatten

PRAKTISCHE UND SCHMÜCKENDE ELEMENTE

Zäune

Wo eine Mauer zu wuchtig wäre, den Blick versperren oder eine Lichtquelle verdecken würde, bieten die vielen verschiedenen Zaunarten eine Alternative: Zäune, die Tiere fernhalten, für ländliche Gegenden; Zäune, die neugierige Blicke abhalten, für die Vorstadt; und Zäune, die als Windschutz dienen und innerhalb des Gartens Barrieren schaffen, für die Stadt.

Bei der Auswahl eines Zaunes müssen Sie zunächst die Stimmung und die Umgebung Ihres Grundstücks – sei sie städtisch oder ländlich – sowie die regionalen Eigentümlichkeiten berücksichtigen. Ein weißer Ranchzaun sagt beispielsweise etwas völlig anderes aus als die Einfriedung eines altehrwürdigen Parks mit kunstvollen Eisenstäben. Und genannter Ranchzaun würde zweifellos besser nach Kentucky passen als in die niederen Regionen von Kent.

Je dichter die Bebauung, desto größer der Wunsch, sich von den Nachbarn abzuschirmen. Vorstadtzäune sind häufig ein Mauerersatz aus geschlossenem Holzflechtwerk oder waagrechten Zaunbrettern. Da solche Zäune in den meisten Fällen aus Weichholz bestehen, sollten sie mit einem (umweltfreundlichen) Holzschutzmittel behandelt werden. Das etwas aufdringliche Erscheinungsbild neuer Zäune läßt sich durch Pflanzungen fast immer mildern.

Zäune für städtische Bereiche können ausgefallen sein und – zum Beispiel im fernöstlichen Stil – aus senkrechten Bambusrohren und daran festgebundenen Bambusmatten bestehen, sie können gotisch geformte Stäbe haben oder durch ein individuelles Design eine bühnenähnliche Wirkung erzeugen. Staketen- oder Lattenzäune, die niedriger und offener sind, lassen sich in vielfältiger Weise lackieren oder beizen.

Innerhalb des Gartens können Unterteilungen erforderlich sein, die am besten wirken, wenn sie eine Art Fortsetzung des Grenzzaunes darstellen – selbst wenn ihre Funktion eine völlig andere ist. Richten Sie sich bei der Auswahl danach, ob Sie mit Hilfe der Unterteilungen einzelne abgeschlossene Bereiche in Ihrem Garten schaffen möchten oder ob die angrenzenden Flächen noch sichtbar bleiben sollen. Vorgefertigte Holzspaliere und Gitter (die ich persönlich nicht gerne verwende) werden oft zur Abgrenzung bestimmter Bereiche und zum Erhöhen von Gartenmauern benutzt. Zäune in ländlichen Gegenden bestehen häufig aus hölzernen Pfosten und Riegeln. Die Anzahl der

Ein sachliches Design
Die weißgestrichenen senkrechten Weichholzbretter dieses großzügigen Zauns erzeugen den Eindruck eines offenen Raumes. Die Bretter reichen nicht bis zum Boden, damit das Holz nicht verrottet und die Anlage leichter sauberzuhalten ist.

ZÄUNE IN DER STADT

In städtischen Wohngebieten sorgen Zäune für ein gewisses Maß an Privatsphäre und stecken die Grundstücksgrenzen ab. Sie dienen als Hintergrund für vertikale Pflanzungen, wie etwa Kletterpflanzen, und sollten außerdem den Proportionen und dem Stil des Hauses angemessen sein.

Staketen- oder Lattenzäune
In Stadtgärten, wo Zäune weniger stabil sein müssen, sind dekorative Lattenzäune ein ansprechender Hintergrund für Pflanzungen, gewähren aber nur wenig Intimität. Für ein formaleres Aussehen sind auch Staketen mit Profilköpfen erhältlich. Diese schlichten Zäune sehen am besten aus, wenn sie mit einem farblosen Schutzanstrich versehen oder weiß lackiert sind.

Holzflechtzäune
Holzzäune dieser Art gibt es mit horizontalem oder vertikalem Flechtwerk. Sie sind preiswert und bieten einen optimalen Sichtschutz. Mit solchen Zaunfeldern lassen sich auch Mauern erhöhen.

ZÄUNE

Eisenzäune
Diese eleganten Zäune setzen starke Akzente. Die einfachen Muster harmonieren mit den meisten Gebäudetypen. Alle weißen Zäune müssen wenigstens einmal pro Jahr gestrichen werden. Wo das nicht möglich ist, sollte man besser einen schwarzen oder grünen Anstrich wählen.

PRAKTISCHE UND SCHMÜCKENDE ELEMENTE

ZÄUNE AUF DEM LAND

In ländlichen Gegenden müssen ästhetische Gesichtspunkte hinter der Notwendigkeit zurücktreten, daß der Zaun Tiere vom Grundstück fernhalten soll – meistens läßt sich aber ein akzeptabler Kompromiß finden. Grenzgräben, wie sie im 18. Jahrhundert üblich waren, haben vielleicht Rinder abgehalten, doch ist anzunehmen, daß Hirsche und Rehe einfach darübergesprungen sind. Ländliche Zäune sollten einen freien Blick auf die Landschaft zulassen und sich harmonisch in die Umgebung einfügen. Die Materialien müssen relativ preiswert und pflegeleicht sein, da Gärten auf dem Land generell recht groß sind.

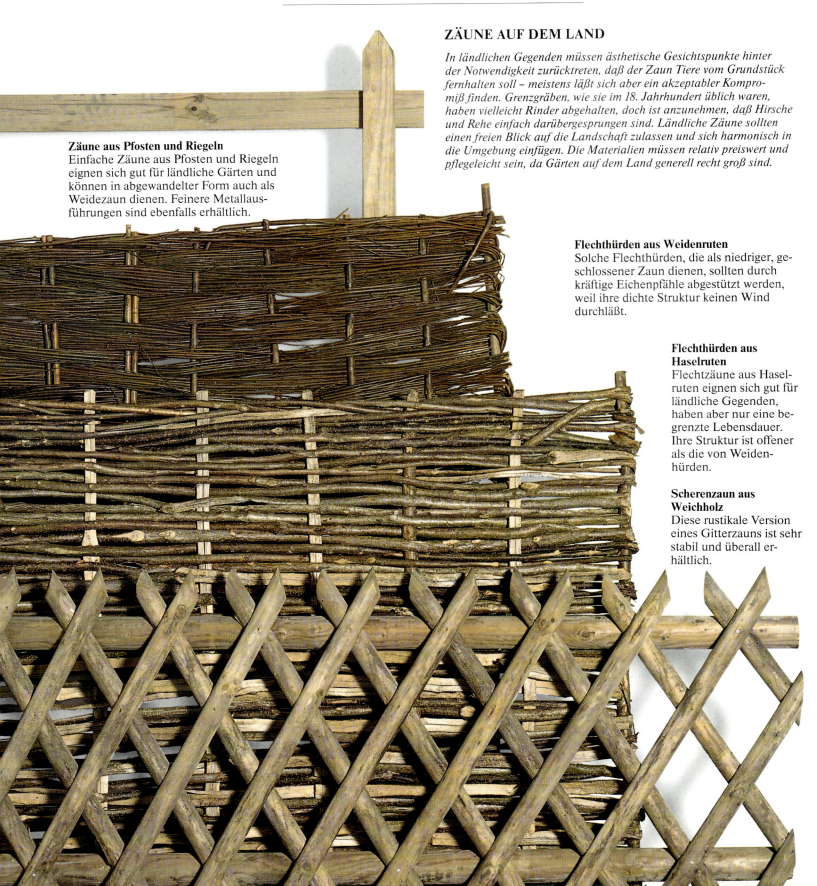

Zäune aus Pfosten und Riegeln
Einfache Zäune aus Pfosten und Riegeln eignen sich gut für ländliche Gärten und können in abgewandelter Form auch als Weidezaun dienen. Feinere Metallausführungen sind ebenfalls erhältlich.

Flechthürden aus Weidenruten
Solche Flechthürden, die als niedriger, geschlossener Zaun dienen, sollten durch kräftige Eichenpfähle abgestützt werden, weil ihre dichte Struktur keinen Wind durchläßt.

Flechthürden aus Haselruten
Flechtzäune aus Haselruten eignen sich gut für ländliche Gegenden, haben aber nur eine begrenzte Lebensdauer. Ihre Struktur ist offener als die von Weidenhürden.

Scherenzaun aus Weichholz
Diese rustikale Version eines Gitterzauns ist sehr stabil und überall erhältlich.

Riegel sowie die Höhe des Zaunes hängen davon ab, welche Tiere vom Grundstück ferngehalten werden sollen: für Pferde sind fünf Riegel nötig; für Rinder drei oder vier; und für Schafe braucht man vermutlich zwei, wobei im unteren Bereich zusätzlich ein Drahtgeflecht gespannt werden muß, damit die Lämmer nicht durchschlüpfen können. Drahtgeflecht, das etwa 50 cm hoch ist und beinahe ebenso tief in der Erde sitzt, eignet sich in ländlichen Regionen, um Kaninchen und andere Tiere ähnlicher Größe vom Garten fernzuhalten. Die Zaunmaterialien sind von Ort zu Ort verschieden. Häufig verwendet werden Eiche, Zeder, gespaltene Haselruten oder imprägniertes Weichholz. Hartholz ist zwar teuer, bedarf aber weniger Pflege. In den meisten Ländern finden örtliche Holzarten Verwendung, die vielfach nach traditionellen Methoden zu Zäunen verarbeitet werden.

Niedrige, rustikale Flechtzäune aus Weidenruten bieten gleichzeitig einen Windschutz für junge Pflanzungen, doch ist ein offener Zaun generell windfester als ein geschlossener – weil er den Wind bricht, ermöglicht er auch einen besseren Schutz.

Flechthürden aus Haselruten, mit denen ursprünglich lammende Schafe abgeschirmt wurden, ergeben einen herrlichen ländlichen Gartenzaun.

Rustikaler Zaun
Vertikale Weichholzpfähle, die an horizontalen Rahmenhölzern befestigt sind, ergeben einen schönen Hintergrund für Pflanzungen, sorgen für ein gewisses Maß an Privatsphäre und dienen gleichzeitig als Windschutz. Hier fügt sich der Zaun harmonisch in eine ländliche Idylle ein und spielt im Vergleich zu den Pflanzen und Gestaltungselementen eine untergeordnete Rolle.

Spaliere

Spaliere sind nur dann empfehlenswert, wenn sie sehr gut gearbeitet sind, und richtig verwendet werden. Nur allzuoft konkurrieren sie mit den architektonischen Elementen, an denen sie befestigt sind. Handelsübliche Spaliere sind selten stabil, und wenn die Pflanzen auch anfänglich noch vom Gitterwerk gestützt werden, verkehrt sich diese Situation schon bald ins Gegenteil.

Verwenden Sie Spaliere als Mittel zum Zweck und nicht als dekoratives Element. Bringen Sie beispielsweise auf der gesamten Front des Hauses Spaliere an, deren Gitterwerk im Maßstab zu dem der Fensterrahmen paßt. Sobald sie allerdings befestigt und gestrichen sind, lassen sie sich nur schwer instand halten.

Spaliere mit großen viereckigen Feldern sind für die meisten Gärten am besten geeignet, da sich viele architektonische Elemente entweder aus vertikalen oder aus horizontalen Linien zusammensetzen. Stabile Holzgitter können vorhandene Grenzmauern oder Zäune erhöhen, ohne dem Garten Licht zu nehmen.

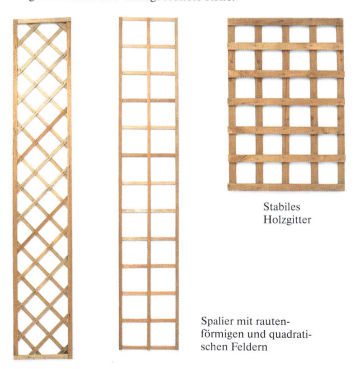

Stabiles Holzgitter

Spalier mit rautenförmigen und quadratischen Feldern

PRAKTISCHE UND SCHMÜCKENDE ELEMENTE

Hecken

Alle Mauern und Zäune, von denen der Garten eingefaßt und unterteilt wird, gehören zum Gerüst Ihres Entwurfs, denn sie schaffen die Räume, in denen Sie arbeiten. Eine Hecke hat die gleiche Funktion und wird häufig als preiswertere Alternative zu Zäunen und Mauern betrachtet, obwohl sie langsam wächst und letzten Endes mehr Pflege erfordert.

Vom gestalterischen Standpunkt aus gesehen, fungieren auch Hecken als Hintergrund für Pflanzungen und sind dank ihrer aufsehenerregenden Farbskala das ganze Jahr hindurch ein attraktives Gartenelement. Darüber hinaus bieten sie Schutz, was vor allem auf immergrüne Hecken in nördlichen Klimazonen während der Wintermonate zutrifft. Da Hecken dem Boden naturgemäß Feuchtigkeit und Nährstoffe entziehen, sind sie für schmale Rabatten oder sehr trockenen Boden nicht geeignet.

Bei der Auswahl des Pflanzenmaterials sollten Sie von der späteren Funktion der Hecke ausgehen: soll sie als Sicht- oder Windschutz dienen, Tiere abhalten und so weiter. Legen Sie außerdem fest, welche Höhe erforderlich ist, damit die Hecke der gewünschten Funktion gerecht wird, und bedenken Sie, daß die Hecke geschnitten werden muß, sobald sie diese Höhe erreicht hat.

Hecken werden von Natur aus immer höher und breiter – einige der Pflanzen, die wir für Hecken verwenden, wie etwa Rotbuchen, Weißbuchen und die meisten Koniferen, entwickeln sich normalerweise zu Waldbäumen. Und als letztes gilt es zu bedenken, wie sich die Hecke in das Landschaftsbild einfügt, denn im Gegensatz zu den Gartenbesitzern sehen alle anderen die Hecke nur von außen.

Hecken lassen sich grob in zwei Kategorien unterteilen: Wildhecken und Kulturhecken. Wildhecken, die sich für ländliche Gärten eignen, sollten auf die Bodenverhältnisse

Buchsbaum *(Buxus sempervirens)*
bildet eine dichte, hohe Hecke

Lorbeerbaum *(Laurus nobilis)*
bildet eine immergrüne Hecke

Rotbuche *(Fagus sylvatica)*
behält im Winter ihr schön gefärbtes abgestorbenes Laub

HECKEN

Eine Buchsbaumhecke
Eine prachtvolle alte Buchsbaumhecke säumt hier einen Kiesweg. Auch Eiben wachsen im Lauf der Jahre zu majestätischen Hecken heran und entwickeln ähnliche abgerundete Formen.

und das Klima abgestimmt sein und sich hauptsächlich aus einheimischen Gehölzen zusammensetzen, damit sich der Garten harmonisch in die Landschaft einfügt. Kulturhecken aus nichtheimischen Gewächsen, die in ländlicher Umgebung gänzlich unnatürlich wirken, können in der Stadt durchaus ansprechend sein.

Eine Hecke kann ausschließlich aus blühenden Gewächsen bestehen, das heißt aus einer gemischten Pflanzung, bei der verschiedene Heckenpflanzen als winterliche Blickfänge dienen, während andere im Sommer reizvoll sind. Oder sie kann sich nur aus Pflanzen einer Sorte zusammensetzen. Hecken aus Laubgehölzen weisen im Winter schöne skulpturale Formen auf, wenn sie den Blick auf die angrenzende Landschaft freigeben – in der Stadt ist dies weniger wünschenswert, da die Privatsphäre verlorengeht. Eine immergrüne Hecke ist ein wichtiges gerüstbildendes Element innerhalb des Gartendesigns, vor dessen Hintergrund andere Pflanzen gut zur Geltung kommen. In Form geschnitten hat sie eine formale Ausstrahlung, die gut in eine strukturierte städtische Umgebung paßt.

Kirschlorbeer *(Prunus laurocerasus)* hat leuchtendgrüne, glänzende Blätter

Eibe *(Taxus baccata)* hat eine starke optische Wirkung im Winter

PRAKTISCHE UND SCHMÜCKENDE ELEMENTE

Tore

Sobald man irgendeine Form der Einfriedung in Erwägung zieht, sei sie hoch oder niedrig, offen oder geschlossen, muß man auch über einen entsprechenden Durchgang nachdenken. Wie Zäune oder Hecken gehören Tore und Eingänge zu den Elementen, die auch außerhalb des Gartens wichtig sind. Als Verbindungselement zwischen der Straße oder der freien Landschaft und dem Grundstück soll es optisch eine Einheit mit Ihrem Garten, seiner Umgebung und der Einfriedung bilden.

Eingänge und Tore prägen die Stimmung des dahinter liegenden Raumes, so daß es wichtig ist, den richtigen Stil zu treffen. Wenn das Tor mit dem Haus zusammen zu sehen ist, müssen Material, Farbe und Größe zum Gebäude und seinen architektonischen Elementen passen. Sind Tor und Haustür stilistisch aufeinander abgestimmt, wirkt dies vereinheitlichend auf den dazwischen liegenden Bereich.

Die Auswahl des richtigen Tores hängt aber auch von seiner Funktion innerhalb des Designs ab. Es kann dekorativ sein und als optische Unterbrechung der Einfriedung fungieren; es kann dazu dienen, Kinder am Verlassen des Grundstücks zu hindern; oder es kann sich um ein Sicherheitstor handeln – in diesem Fall wird es zumeist ein hohes, stabiles Metalltor sein. Aus Sicherheitsgründen werden häufig auch große Doppeltore verwendet, die sich automatisch öffnen und schließen und deren Schiebemechanismus ein einfaches Design erfordert. Unabhängig davon, ob ein Tor funktionell, dekorativ, groß oder klein ist,

Holztor
Bei diesem schönen, schlichten Tor, das in jede Umgebung paßt, können Sie mit der Farbe spielen. Wäre es dunkelblau oder piniengrün, käme die dahinter liegende Fläche stärker zur Geltung.

habe ich die Erfahrung gemacht, daß schlichte Torwege stets am attraktivsten aussehen. Widerstehen Sie der Versuchung, diesen Bereich aufwendig zu gestalten. Verwenden Sie beispielsweise keine Pfosten, die zu groß für das Tor sind und stellen Sie auch keine aus Stein gehauenen Adler darauf. Andererseits sollten Sie aber auch keine Hemmungen zeigen, wenn solch bühnenhaftes Zubehör erforderlich ist – wählen Sie dann eher großzügige Maßstäbe, um eine Maximum an Wirkung zu erzielen.

VERSCHIEDENE ARTEN VON TOREN

Schmiedeeisernes Tor
Schmiedeeiserne Tore passen in parkähnliche Anlagen.

Schmiedeeiserne Gartentür
Einfache Formen haben große Wirkung.

Holztor
Ein einfaches Weichholztor mit schönen Proportionen.

Lattentor
Lattentore passen in städtische und ländliche Bereiche.

TORE

Rustikales Doppeltor
Dieses einfache Doppeltor aus rohen senkrechten Hölzern, die von einem verstrebten Holzrahmen getragen werden, würde in fast alle bewaldeten Gegenden passen. Es schützt vor neugierigen Blicken und setzt einen stilistischen Akzent. Beachten Sie den Reisigzaun auf der linken Seite des Tores. Die beiden Elemente bilden zusammen eine gelungene Einheit.

Weichholztor
Ein schlichtes Tor wie das hier abgebildete kann so gebeizt oder lackiert werden, daß es sich in den Stil des angrenzenden Gartens einfügt oder mit seiner Umgebung kontrastiert.

Vergoldetes Eisentor
Dieses Tor eignet sich für einen Stadtgarten, obwohl sein Raffinement die Verwendungsmöglichkeiten einschränkt. Torverschlüsse müssen mit Sorgfalt ausgewählt werden, weil man sich in vielen die Finger einklemmen kann.

PRAKTISCHE UND SCHMÜCKENDE ELEMENTE

Pergolen

Eine Pergola ist bei richtiger Planung ein großartiges Gestaltungselement, denn sie spielt eine Rolle dabei, wie sich der Gartenbenutzer innerhalb einer Anlage bewegt, und ist ein wirkungsvolles Bindeglied für den gesamten Gartenraum.

Um die richtige Pergolaform für Ihren Garten auswählen zu können, müssen Sie zunächst entscheiden, ob es sich um eine gerichtete Pergola handelt, die von einem Raum zu einem anderen führt, oder ob sie einen größeren, statischen Raum definiert, so daß ein geschützter Sitzbereich entsteht. Eine gerichtete Pergola hat einen dynamischen Charakter, denn sie lenkt den Blick in Längsrichtung auf einen optischen Fixpunkt oder einen Eingang, oder sie rahmt eine Aussicht ein. Eine Pergola kann auch dazu dienen, einen Innenraum optisch nach außen zu erweitern.

Wenn Sie eine Pergola entwerfen, müssen Sie die Stimmung und den Stil der angrenzenden Baukörper beachten. Überlegen Sie, welche der verwendeten Baustoffe sich auch für Ihre Pergola eignen, und wählen Sie stilistische Details und architektonische Merkmale aus, an die das Design anknüpfen kann – etwa die Höhe der Dachtraufe oder der obere Abschluß der Fenster –, damit ein harmonisches, ausgewogenes Bild entsteht.

Die richtigen Proportionen für eine Pergola zu finden, ist nicht ganz einfach. Wichtig ist, daß innerhalb der Gesamtstruktur die Proportionen der horizontalen Bauelemente zu denen der vertikalen passen. Das beste Verfahren, das herauszufinden, ist, viele verschiedene Möglichkeiten aufzuzeichnen.

Berücksichtigen Sie außerdem, wenn die Pergola als Rankgerüst für Pflanzen dienen soll, daß die erforderliche Stabilität einer Pergola teilweise von der Art der Bepflanzung abhängt, so daß Sie bei der Planung auch das optische und das reale Gewicht der Pflanzen beachten sollten. Rankende Gewächse und Kletterpflanzen lassen die Konturen einer Pergola weniger hart erscheinen, sorgen für ein gewisses Maß an Privatsphäre und spenden im Sommer Schatten, erlauben aber in den Wintermonaten, daß Licht hindurchfällt.

Immergrüne Pflanzen schaffen zwar im Sommer einen abgeschirmten Bereich, können allerdings im Winter viel Schatten entstehen lassen.

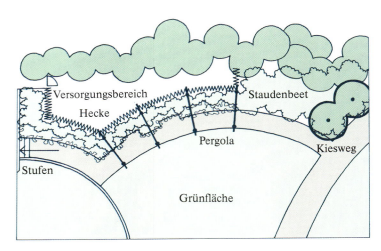

Bogenförmige Pergola
Die Pergola auf diesem Plan verläuft in einem leichten Bogen, und ihre waagerechten Holzsparren überspannen eine gemischte Rabatte sowie einen Kiesweg. Die vertikalen Pfosten auf der einen Seite – man könnte hier unauffällige Gerüststangen verwenden – werden durch eine Hecke verdeckt, während für die andere Seite klassische Säulen aus Betonwerkstein vorgesehen sind.

Schattenspendende Pergola
Im Sommer spendet diese bogenförmige Pergola am Rand einer Terrasse Schatten. Die senkrechten Pfosten sind aus hellem Naturstein gemauert, während es sich bei den Querbalken um holzverkleidete Stahlträger handelt.

PERGOLEN

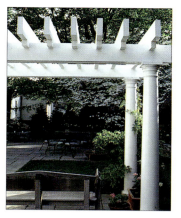

Pergola im Laubenstil
Mit ihren klassischen Holzsäulen ziert diese weißgestrichene Pergola einen Garten in den Vereinigten Staaten.

Pergolagang
Bei diesem von Rosen überwachsenen Pergolagang der *Royal Botanic Gardens* liegen die Eichensparren auf Ziegelpfosten auf; die Rosen werden zusätzlich durch gespannte Drähte gestützt.

Plan der Pergola
Der Plan zeigt, wie die Pergola die übrigen Elemente des Gartens miteinander verbindet (s. Seite 206).

PRAKTISCHE UND SCHMÜCKENDE ELEMENTE

Wasser

Wasser läßt sich in viele Gärten integrieren. Es hat etwas Unwiderstehliches und Faszinierendes, zieht die Blicke auf sich und fungiert als Hintergrund für Pflanzungen. In stehenden Gewässern spiegeln sich darüber hinaus Licht und Umgebung. Dennoch vertrete ich nicht die Theorie, daß jeder Garten eine Wasserfläche braucht. Insbesondere in nördlichen Klimazonen kann Wasser zwischen Oktober und April, wenn die Vegetation abgestorben ist und nur totes Laub auf dem Wasser schwimmt, sehr deprimierend wirken. Wenn Klienten Wasser wünschen, schlage ich große, einfache Wasserflächen für ländliche Gärten vor und für Stadtgärten erhöhte Becken, die nur wenig Wasser enthalten.

Als eines der Grundelemente erfordert Wasser einfache, praxisbezogene Gestaltungsprinzipien. Wasserobjekte sollen so natürlich wie möglich aussehen und sich dort befinden, wo sich auch unter natürlichen Bedingungen Wasser sammeln würde. Um diesen Effekt zu erzielen, kann es zweckmäßig sein, das Gelände entsprechend umzuformen. Halten Sie den Umriß und den Randbereich so einfach wie möglich. Legen Sie fest, ob Gras bis zum Rand wachsen soll, ob Sie ein Sandufer oder eine Sumpfzone wünschen. Wasserobjekte mit manierierten Rändern und entsprechenden Pflanzungen sind meist ziemlich unerträglich. Teiche, die natürliche Gewässer nachahmen, erfordern wiederum viel Platz. Obwohl ich nur sehr bedingt ein Verfechter des japanischen Gartenstils außerhalb von Japan bin, ist die Art und Weise, wie die Japaner mit Wasser umgehen, überaus instruktiv, zeigt sie doch, daß Schlichtheit und Form alles ist, was ein Design stark macht. Eine zufriedenstellende Alternative zum Naturteich ist ein Teich, der zum geometrischen Grundmuster Ihres Gartens paßt. Die Gestaltung kann beispielsweise an eine Terrassenfläche anknüpfen oder eine direkte architektonische Beziehung zum Haus haben.

Stehendes Wasser

Eine stille Wasserfläche im Garten fördert das Gefühl von Ruhe und Entspannung. Gartenteiche benötigen Raum, um gut zur Geltung kommen zu können, und sollten im Zusammenhang mit dem Gesamtdesign des Gartens entwickelt werden. Formale Wasserbecken mit geometrischer Form brauchen klare Einfassungen, deren Konturen dann durch Pflanzungen aufgelockert werden können. Wenn

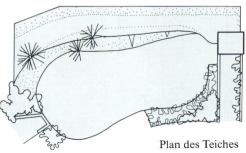

Ein Naturteich
Dieser Naturteich, der durch eine Quelle gespeist wird, war früher nicht viel mehr als ein Ententümpel. Enten gibt es hier noch immer, aber jetzt, da sich der Teich zum Haus und den angrenzenden Feldern hin öffnet, stellt er einen Blickfang im Garten dar, mit einer kultivierten und einer wilden Uferseite. Die im Wasser schwimmenden Algen stören hier in keiner Weise, während sie das Aussehen eines formalen Wasserbeckens ruinieren würden.

Plan des Teiches

WASSER

Formales Wasserbecken
Dieses wundervolle Wasserbecken, in dem sich die Bäume und die sorgfältig geschnittenen Eibenhecken spiegeln, ist großartig gelungen und ergänzt auf vollkommene Weise die Gesamtanlage des Gartens. Aufgrund der unregelmäßigen Anordnung der großen Bäume wirkt das Konzept auch nicht zu gewichtig.

Mit Ziegeln eingefaßtes Becken (oben)
Dieses kleine formale Becken wirkt durch seine – wie es scheint – wahllose Bepflanzung sehr ansprechend.

Trittflächen (rechts)
Diese Holzdecks, die als Trittflächen dienen, sind in einem ungewöhnlichen Muster im Wasser verteilt und stellen einen gelungenen Kontrast zu den fedrigen Wasserpflanzen am Teichrand dar.

PRAKTISCHE UND SCHMÜCKENDE ELEMENTE

Sie ein Wasserbecken in einen kleinen Garten integrieren möchten, dessen Maßstab nicht unbedingt dafür geeignet ist, können Sie die Seiten des Beckens, ähnlich einer Brunneneinfassung aus dem Boden ragen lassen. Solange Sie keinen Eimer darüberhängen, ist ein solches Becken ein schönes, einfaches Gartenelement.

Die praktischen Aspekte bei der Anlage eines Teiches oder dem Bau eines Wasserbeckens hängen von den klimatischen Bedingungen ab. Da bei Betonbecken immer die Gefahr besteht, daß sich Risse bilden, finden in gemäßigten Klimazonen heute vor allem Spezialteichfolien Verwendung, mit denen sich geometrisch oder frei geformte Gartenteiche abdichten lassen. Ihre optische Wirkung beruht ausschließlich auf ihrer Einfassung. Bei allen Zierteichen muß das Wasser absolut sauber sein. Um dies zu erreichen, ist es wichtig, ein ausgewogenes Verhältnis von Pflanzen und Fischen zu erzielen.

Fließendes Wasser

Fließendes Wasser, das nicht nur optisch, sondern auch akustisch reizvoll ist, ist ein dominierendes Element, das den Garten mit Leben erfüllt. Welche Art von fließendem Wasser für einen Garten angemessen ist, hängt von der Größe und der Lage des Grundstücks ab. Einen Stadtgarten kann man verschönern, indem man Wasser aus einem kleinen Speicher über Steine plätschern läßt, was während der Sommermonate eine kühlende Wirkung hat. Bei begrenztem Raum kann der Wasserlauf entsprechend senkrecht gestaltet werden, so daß ein wasserfallähnlicher Effekt entsteht. Selbst in sehr kleinen Gärten läßt sich fließendes Wasser erfolgreich integrieren. Wasser, das beispielsweise aus einem Mühlstein heraustritt und über die Oberfläche fließt, bringt ein Element der Bewegung in einen kleinen Gartenraum. In ländlichen Gärten sollte fließendes Wasser in erheblich größerem Maßstab geplant werden und deutliche Akzente setzen, eventuell in Form eines richtigen Wasserfalls oder eines Wasserlaufs. Wenn ein natürliches Fließgewässer Ihren Garten durchquert, sind kaum Verschönerungsmaßnahmen erforderlich. Gestaltet man das Ufer natürlicher Gewässer zu dekorativ oder formal, verleiht es dem ganzen Garten einen künstlichen Eindruck. Die Pflanzung sollte sich in solchen Fällen auf eine einzige Pflanzenart beschränken, die – wie in der freien Natur – in großen Gruppen wächst.

Kleiner Maßstab (oben)
Dieses Konzept vermeidet den unruhigen Effekt vieler kleiner Elemente. Das Wasser fließt auf einen alten Mühlstein und von dort in ein Becken. Große Gruppen von Uferpflanzen vervollständigen die schlichte Gestaltung.

Stilisierter Wasserfall (links)
Diese Wasseranlage, die sich stufenweise durch den ganzen Garten zieht, hat eine spektakuläre Wirkung. Das Konzept ist das eines stilisierten Sturzbachs. Die Einfassung wird später von Pflanzungen gesäumt.

Schwimmbecken

Ein Schwimmbecken sollte zur Geometrie des Gartens passen und eine architektonische Beziehung zu allen angrenzenden Baukörpern aufweisen – sei es ein Badehaus oder ein geschützter Sitzbereich. Zunächst scheinen frei geformte Schwimmbecken in großen Gärten attraktiver zu sein, die erforderlichen Wartungsarbeiten aber schmälern die Freude. Erfahrungsgemäß macht ein frei geformter Pool meist Schwierigkeiten – selbst wenn er speziell für einen Garten entworfen wurde und es sich nicht um die Standardausführung eines Schwimmbeckenlieferanten handelt. Solche Swimmingpools lassen sich nur schwer in den Gesamtplan eines Gartens integrieren, denn sie haben ungünstig geschnittene, winklige Flächen zur Folge, lassen sich schwer abdecken und sind außerdem erheblich teurer, was Bau, Beheizung und Wartung anbelangt. Dessen ungeachtet, können Becken, die die Form eines Gartendesigns fortsetzen, sogar zu einem entscheidenden Bindeglied zwischen Garten und Umgebung werden und eine starke Wirkung haben (siehe auch Seite 23).

Der Standort sollte so gewählt werden, daß sich das Schwimmbecken auf einer freien Fläche befindet, die in der Sonne liegt und so weit wie möglich von Bäumen entfernt ist, die ihre Blätter verlieren. In jedem Fall ist es am besten, auf Pflanzungen unmittelbar am Beckenrand zu verzichten, da Pflanzen im allgemeinen empfindlich auf Reinigungschemikalien reagieren.

Die Lage Ihres Gartens hat Einfluß auf die farbliche Gestaltung des Beckeninneren, und die Ausführung der Randeinfassung muß mit den angrenzenden Pflasterflächen harmonieren. In nördlichen Breiten halte ich bei der Innenauskleidung dezente Farben für passend.

Die Pflasterung rund um das Schwimmbecken sollte aus einem strukturierten Material bestehen, da man auf glatten Belägen leicht ausrutscht, wenn sie naß sind. In südlichen Regionen sind Terrakottafliesen mit ihrer herrlich strukturierten Oberfläche für den Randbereich eines Schwimmbeckens ideal.

Unten sind zwei sehr unterschiedliche Becken abgebildet: das eine fügt sich harmonisch in seine ländliche Umgebung ein, das andere zieht durch die Gestaltung des Beckeninneren die Aufmerksamkeit auf sich.

Schlichter Swimmingpool (links)
Die schlichte Form und der Verzicht auf schmückende Details integrieren diesen Swimmingpool von Kiftsgate Court in Gloucestershire vollkommen in seine ländliche Umgebung.

Sorgfältige Ausgestaltung (unten)
Die Ausgestaltung von Wasserbecken und Terrassen, Whirlpools und verschiedenen Ebenen muß sorgfältig geplant werden, und es ist ratsam, eine Projektion anzufertigen (s. Seite 324).

PRAKTISCHE UND SCHMÜCKENDE ELEMENTE

Beleuchtung

Obwohl wir stark auf natürliche Lichtquellen, wie intensives Sonnenlicht oder Mondschein, reagieren, vernachlässigen wir oft die künstliche Beleuchtung im Garten. Ein Konzept für die Außenbeleuchtung zu entwickeln ist schwierig, wobei die Wahl zwischen einem Beleuchtungskörper oder einem anderen meist nicht das Ausschlaggebende ist. Eine gute Gesamtwirkung ohne Versuche an Ort und Stelle ist oft nicht möglich und erfordert dann eine genaue Planung des gewünschten Schemas und – für ein Maximum an Sicherheit – ein sorgfältiges Erstellen von Zeichnungen über die Plazierung von Steckdosen und so weiter. Ich bin der Meinung, daß alles, was mit der Elektrik in Zusammenhang steht, von einem Fachmann installiert werden sollte und daß man eventuell auch einen Lichtdesigner zu Rate zieht. Um die gewünschten Effekte zu erzielen und sich mit einem Lichtdesigner unterhalten zu können, ist es ratsam, über die im folgenden beschriebenen Beleuchtungsarten Bescheid zu wissen.

Licht von oben

Indirekte Beleuchtung: Eine sanfte, versteckte Lichtquelle, die sehr hoch angebracht ist und einen weichen Licht- und Schatteneffekt erzeugt.

Flächenbeleuchtung: Eine hoch installierte Lichtquelle für Terrassen, Grasflächen oder Tennisplätze. Das Licht sollte zumindest teilweise gefiltert oder gestreut werden, damit es gleichmäßig ist, aber nicht blendet.

Gedämpftes Licht: Für Sitz- und Eßplätze im Freien, blendet nicht und erzeugt weiche Schatten, weil sich die Lichtquelle hinter einem durchscheinenden Schirm oder Mattglas befindet.

Beleuchtung von zwei Seiten: Zwei hohe Lichtquellen, im allgemeinen Breit- und keine Punktstrahler, die die Aufmerksamkeit auf besondere Elemente lenken.

Detailbeleuchtung

Richtstrahler: Er muß in der Nähe des Objektes plaziert sein, von dem ein kleiner Bereich oder ein Detail, wie ein Stück Baumrinde, angestrahlt werden soll.

Punktstrahler: Sie lenken die Aufmerksamkeit auf die wichtigen Elemente eines Gartens.

Effektbeleuchtung: Sie wird dort eingesetzt, wo Punktstrahler zu hart wären, etwa in einem kleinen Garten. Durch die Verwendung von Niederspannungslampen werden einzelne Elemente auf Flächen, wie Terrassen, hervorgehoben.

Schatteneffekte: Sie entstehen, wenn die Lichtquelle verdeckt ist. Gewöhnlich befindet sich diese in Bodennähe, um einen Schatteneffekt auf einer hellen Mauer zu erzeugen.

Füll-Licht (Fill lighting): Ist geeignet, um den Hintergrund von helleren Bereichen schwach zu beleuchten. Zum Anstrahlen eines Objektes benötigen Sie ungefähr zehnmal mehr Licht als solche Füll-Lichter liefern (siehe Effektbeleuchtung).

VERSCHIEDENE BELEUCHTUNGSARTEN

Beleuchtungstechniken lassen sich folgendermaßen klassifizieren: Sicherheitsbeleuchtung, Beleuchtung von unten und Beleuchtung von oben, wobei die erstgenannte Art die am meisten zu empfehlende ist. Beleuchtungskörper in Augenhöhe sind eine weitere Möglichkeit. Legen Sie fest, welche Technik den von Ihnen gestellten Anforderungen am besten gerecht wird – ob beispielsweise starkes, direktes Licht zum Ausleuchten von Wegen erforderlich ist oder eine dekorative Beleuchtung.

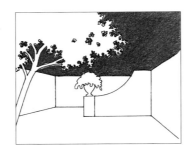

Sicherheitsbeleuchtung
Eine starke Beleuchtung von oben erhellt den gesamten Gartenraum und kann so installiert werden, daß das Licht an bestimmten Stellen, etwa auf Autoabstellflächen, besonders hell ist. Die Lichtquelle kann sich unter Augenhöhe befinden.

Beleuchtung von unten
Verwenden Sie Beleuchtungskörper, die nach oben strahlen und ähnlich wie Punktstrahler wirken, mit Vorsicht; denn zu viele Fixpunkte lenken von einem harmonischen Garten ab. Beleuchten Sie immer nur wenige Elemente.

Beleuchtung in Augenhöhe
Diese Beleuchtungsart sollte man wählen, um subtile Licht- und Schatteneffekte zu erzielen. Das Licht ist weicher und stärker gestreut als bei den anderen Techniken und bietet ausreichend Gestaltungsmöglichkeiten.

BELEUCHTUNG

Eine in weiches Licht getauchte tropische Terrasse
Keine der installierten Lichtquellen ist hier sichtbar. Die Palme in der Mitte wird von unten beleuchtet, an der hinteren Wand ergeben sich sanfte Licht- und Schatteneffekte, und die Agave im Vordergrund wird von der Seite angestrahlt.

Umrißbeleuchtung: Sie wird eingesetzt, um eine Stufe zu markieren, die Innenseite einer Teichumrandung zu betonen oder den Seitenstreifen einer Zufahrt zu beleuchten (meist mit Niederspannung).

Das Beleuchten von Wasserflächen

Es besteht ein wachsendes Interesse, dekorative Gartenteiche, Wasserbecken oder Swimmingpools zu beleuchten. Solche Beleuchtungen müssen bereits beim Bau der betreffenden Anlage fachgerecht installiert werden. Wenn das Wasser – vor allem von unten – beleuchtet wird, ist zu berücksichtigen, daß die Lichtquelle für den Betrachter nicht zu sehen sein sollte und das Wasser kristallklar sein muß, weil Licht alle Schmutzpartikel oder Algen sichtbar macht. Für Wasserbecken-Lampen kann man Dimmer einbauen, so daß sich je nach Anlaß unterschiedliche Stimmungen erzielen lassen. Bei größeren Wasserflächen können angrenzende Bäume und Sträucher angestrahlt werden, so daß sie sich im Wasser spiegeln.

Lichtfilter und Anschlüsse

Ich ziehe es vor, keine farbigen Lichtfilter zu benutzen, da durch sie die Beleuchtung leicht aufdringlich erscheint. Durch die Verwendung verschiedener Arten von Lampen in unterschiedlicher Wattstärke und Intensität können Sie unterschiedliche Farbtöne erzeugen, speziell an solchen Stellen, an denen Lichtstrahlen zusammenlaufen oder sich kreuzen, oder wo durch sie Licht- und Schatteneffekte entstehen. Entwickeln Sie Ihr Beleuchtungskonzept zunächst ohne Farbfilter und setzen Sie diese nur dann ein, wenn es sich nicht vermeiden läßt.

Wählen Sie praktische, einfache und robuste Beleuchtungskörper, die speziell für den Außenbereich gedacht sind. Alle Anschlüsse, Kabel und Steckdosen, die nur ein Fachmann installieren sollte, müssen für Feuchträume geeignet und dort entsprechend geschützt sein, wo sie bei Gartenarbeiten beschädigt werden könnten. Planen Sie Ihr Beleuchtungssystem so, daß es sich sowohl vom Haus als auch vom Garten aus einschalten läßt, vorzugsweise an einer Stelle, von wo aus Sie den Effekt Ihrer Beleuchtung bereits beim Druck auf den Lichtschalter sehen.

PRAKTISCHE UND SCHMÜCKENDE ELEMENTE

Skulpturale Elemente

Skulpturale Objekte sind Schlüsselelemente eines Gartendesigns, denn sie bestimmen und manipulieren die Blickrichtung innerhalb des Grundstücks. Das sorgfältige Plazieren einer Skulptur kann für das Gelingen Ihres Gesamtdesigns verantwortlich sein, indem es den Charakter des Gartens akzentuiert und vielleicht die persönliche Note des Besitzers mit einbringt.

Obwohl die Plazierung eines skulpturalen Elementes immer auch von dessen Größe und Motiv abhängig ist, halte ich es für wichtiger, beim Aufstellen einer Skulptur vor allem das Material, aus dem sie besteht, zu berücksichtigen. Denn Kunstwerke, die im Freien aufgestellt werden, seien sie klassisch oder modern, müssen zweierlei aufweisen: ein Volumen, mit dem sie sich von der Vegetation oder der Landschaft abheben, und Schlichtheit der Konturen.

Die richtige Plazierung

Das Erscheinungsbild Ihres Gartens und die Wirkung, die Sie anstreben, helfen Ihnen bei der Entscheidung, wo eine Skulptur aufgestellt werden sollte: denn solche Objekte dürfen niemals isoliert betrachtet werden. Sie müssen sich ins Gesamtdesign einfügen und das ganze Jahr hindurch aus allen Blickrichtungen ansprechend aussehen.

Ein klassisches Design mit einer geraden Blickführung erfordert einen Akzent oder einen optischen Fixpunkt an einer Wegkreuzung, damit die Bewegung für einen Moment unterbrochen wird. Kleinere Gärten brauchen unter Umständen ein zentrales Element, um die Aufmerksamkeit auf das Grundstück zu konzentrieren. Wirkt das Objekt allerdings zu dominant, sollten Sie versuchen, es so zu plazieren, daß es ein Gegengewicht zu einer Terrasse oder einer Pflanzgruppe bildet, damit zwei Bereiche des Gartens betont werden und ein optisches Gleichgewicht bilden.

Dies trägt dazu bei, den Gartenraum freizustellen und die Skulptur auf diese Weise in die Fläche zu integrieren, statt sie ihr aufzuzwingen. Ein modernes Design mit asymmetrischen Linien erfordert, daß sich eine Skulptur nicht als Abschluß, sondern als Gegengewicht zum Grundriß darstellt. Wo der Grundriß im Bogen verläuft, wirken skulpturale Elemente nur störend, doch können sie als Höhepunkt des Gesamtdesigns verwendet werden.

Skulpturen mit Witz
Witzige Skulpturen liebe ich ganz besonders, denn wenn es einen Platz gibt, an dem man sich freuen und entspannen kann, dann ist es der Garten. Zwischen Pflanzungen oder am Rand einer Wasserfläche plötzlich auf ein amüsantes Objekt zu stoßen, ist immer eine schöne Überraschung. Diese bronzefarbene Skulpturengruppe wurde von André Wallace geschaffen.

Die Auswahl skulpturaler Elemente

Skulpturale Elemente können auffällig oder zurückhaltend, klassisch oder abstrakt sein. Ein symmetrischer, formaler Garten benötigt ein kraftvolles klassisches Objekt, während ein zwangloses, asymmetrisches Design durch etwas Abstraktes oder ein großes leeres Pflanzgefäß ergänzt werden kann. Generell sollten Sie eine ausdrucksstarke und phantasievolle Mischung klassischer und moderner Stilelemente anstreben. Die obenerwähnten groben Richtlinien zum Plazieren von Skulpturen gehen von der Voraussetzung aus, daß das von Ihnen gewählte Objekt groß ist. Ich persönlich bin entschieden für große Objekte, aber die meisten Leute sind zu ängstlich, was den Maßstab von Plastiken betrifft.

Kunstwerke sind zumeist teuer, ganz gleich, ob man sie an die Wand hängt oder in den Garten stellt. Aber es muß sich ja nicht immer um kostbare Kunstwerke handeln, es gibt eine Unzahl von reizvollen Objekten, die kleinere oder größere Blickfänge bilden und sich zur Akzentuierung eines Gartendesigns eignen. Diese Objekte sind teilweise weniger anspruchsvoll, können aber genauso zu einem Überraschungseffekt beitragen.

SKULPTURALE ELEMENTE

Holzskulptur (oben)
Diese Holzplastik von Reese Ingram steht vor einer Bambuspflanzung.

Klassische Statue (links)
Die klösterliche Strenge dieser antiken Statue harmoniert gut mit dem formalen Design und der Eibenhecke, vor der sie steht. In relativ kurzer Zeit zeigen auch die aus Beton gegossenen Plastiken, die im Handel angeboten werden, Spuren der Verwitterung und fügen sich dann sehr harmonisch in ihre Umgebung ein. Mein einziger Vorbehalt gegenüber solchen Skulpturen ist die kommerzielle Beschränkung auf die allgemein sehr anspruchslosen historischen Motive.

Statisches Design
Ein zentrales Element, das durch eine auffallende Randbepflanzung ergänzt wird, ergibt ein statisches Design.

Asymmetrischer Plan
Hier wird die Asymmetrie des Designs durch die Plazierung der Plastik betont. Die zentrale Fläche bleibt zur Nutzung frei.

Skulptur im Verborgenen
Eine im Verborgenen plazierte Plastik hat etwas Geheimnisvolles und sorgt für eine hübsche Überraschung.

PRAKTISCHE UND SCHMÜCKENDE ELEMENTE

Möbel

Einer der wichtigsten Bereiche eines Gartens ist der Sitzplatz, für den ich Möbel bevorzuge, die möglichst bequem und einfach im Stil sind. Unabhängig davon, ob es sich um Liegestühle oder um einen Tisch mit Stühlen handelt, erst mit Gartenmöbeln wird das neue Design auf dem Papier zu einem bewohnbaren Raum.

Darüber hinaus gibt es noch Gartenmöbel, die rein dekorativen Zwecken dienen.

Gartenmöbel ohne skulpturale Qualität sollten Sie nach den gleichen Kriterien auswählen wie Möbelstücke für das Haus. Überlegen Sie, ob das Mobiliar Ihren Bedürfnissen entspricht und welchen Grad an Bequemlichkeit es bietet. Und entscheiden Sie sich für schlichte Möbel, die aber gleichzeitig ausreichend witterungsbeständig sind. Ob die Gartenmöbel das ganze Jahr hindurch im Freien stehen bleiben oder nur vorübergehend aufgestellt werden können, ist vom Klima abhängig. Wie Sie das Mobiliar behandeln und wieviel Geld Sie dafür ausgeben wollen, sind andere wichtige Faktoren.

Der Stil der Möbelstücke muß zu Ihrem Garten und seiner Umgebung passen. Ebensowenig wie Sie ein Eßzimmer im Regency-Stil in ein modernes Wohnhaus stellen würden, ebensowenig sollten Sie etwas Vergleichbares im Garten versuchen. Kräftige Farben und stark gemusterte Polster sehen am besten im Sonnenlicht und vor blauem Wasser aus; in nördlichen Klimazonen wirken solche Möbel deplaziert, wenn nicht sogar aufdringlich und wenig einladend.

Gartenmöbel sind in vielen verschiedenen Materialien erhältlich. Holzmöbel jeglicher Art passen meines Erachtens in fast jeden Garten. Sie sehen ansprechend aus, lassen sich in allen nur erdenklichen schönen Farben streichen und halten bei entsprechender Behandlung viele Jahre. Metallmöbel sind robust, haltbar und erstaunlich bequem. Wählen Sie elegante, moderne Ausführungen für städtische Wohnbereiche und vermeiden Sie verspielte gußeiserne Tische und Stühle. Kunststoffmöbel sind leicht, preiswert und in vielen Ausführungen erhältlich. Sie bedürfen keiner Pflege, werden im Laufe der Jahre allerdings recht unansehnlich.

Aus Steinen gemauerte Sitzgelegenheiten gehören dagegen zur festen Gartenanlage und sollten deshalb wie skulpturale Elemente behandelt werden.

Blickfang (oben)
Um die Aufmerksamkeit auf einen besonderen Baum zu lenken, kann man ihn mit einer runden Sitzbank umgeben, die zum Verweilen einlädt. Diese einfache, ansprechende Version besteht aus Metall. Zu bestimmten Jahreszeiten kann man Blumen daraufstellen.

Bequeme Holzmöbel (oben)
Der Stil der Möbel muß auf den des jeweiligen Gartens abgestimmt sein. Alle Gartenmöbel sehen schöner aus, wenn sie von Pflanzungen umgeben sind und sollten bequem sein, denn sie dienen schließlich der Entspannung. Verwitterte Holzmöbel wirken – ganz gleich, wo – selten deplaziert.

Kulissenartige Gestaltung (rechts)
Gartenmöbel und in Form geschnittene Hecken haben etwas Kulissenhaftes und können in geeigneter Umgebung einen großartigen Anblick bieten. Gestrichenes Holz wirkt in einem strengen Rahmen mitunter sehr dominant, besonders wenn es weiß ist; dieses matte Grün aber sieht vor der dunklen Eibenhecke wunderschön aus.

PRAKTISCHE UND SCHMÜCKENDE ELEMENTE

Pflanzgefäße

Wie Skulpturen sollten auch Töpfe und andere Pflanzgefäße so ausgewählt und plaziert werden, daß sie die Collage aus Formen und Linien, die Sie für das Design entwickelt und in den Pflanzungen fortgeführt haben, vervollständigen. Pflanzgefäße sind ein permanentes Gartenelement und für das Gesamtdesign wie das Tüpfelchen auf dem i. Aus diesem Grund zeichne ich stets die Pflanzgefäße in meinen Plänen ein.

Ich bevorzuge schlichte Gefäße in vielen verschiedenen Größen und Formen; denn wenn darin üppige Sommerblumen oder Grünpflanzen wachsen, sind sie der eigentliche Blickfang, und ein auffälliges Pflanzgefäß würde nur störend wirken.

Es gibt aber Gefäße, die so beeindruckend sind, daß sie ohne Bepflanzung wie eine Skulptur aufgestellt werden können. Bei sorgfältiger Plazierung haben sie eine starke Wirkung, sei es als zentrales Element oder als Akzentuierung eines Teilbereichs.

Es gibt selbstverständlich die verschiedensten Arten von Pflanzgefäßen, und die richtige Auswahl hängt letzten Endes davon ab, wo ein Gefäß stehen und wie es bepflanzt werden soll. Für die Höhe des Pflanzenmaterials im Verhältnis zum Gefäß läßt sich keine Formel aufstellen – Pflanzen sind ohnehin niemals statisch. Ich bemühe mich stets um einen vollen Wuchs und setze sehr unterschiedliche Pflanzenarten nicht zusammen in ein Gefäß, sondern ziehe es vor, einen Kübel mit vielen Pflanzen einer einzigen Art zu bestücken. Die Bepflanzung eines zweiten Kübels kann darauf abgestimmt sein, so daß beispielsweise Hängegeranien mit Pflanzen kontrastieren, die eine dichtere, kompaktere Wuchsform aufweisen.

Pflanzgefäße im urbanen Stil

Töpfe und Pflanzgefäße setzen auffallende stilistische Akzente in einer städtischen Umgebung. Nicht nur ihr Standort, sondern auch ihre Form, Größe und Farbe soll-

Viereckige Holzkübel im Versailler Stil, naturbelassen und farbig lackiert

Glasierter Tonkübel

Unglasierter Terrakottakübel

PFLANZGEFÄSSE

Bepflanzte Röhren
Eine gemauerte Wand wird von zwei reizvoll bepflanzten Terrakottaröhren in Form und Farbe perfekt ergänzt. Die Pflanzung, die Pflanzgefäße und das graue Blattwerk sind aufeinander abgestimmte Bestandteile des Gesamtarrangements.

Urnen im klassischen Stil
aus Beton oder Betonwerkstein

Terrakottaurne

Blumenkasten aus Terrakotta

PRAKTISCHE UND SCHMÜCKENDE ELEMENTE

ten einen engen Bezug zum Stil und zum Maßstab des Gartenraumes haben.

Ein Garten muß aber stets im ganzen gesehen werden, und seine Ausstattung sollte auch in erster Linie das Gesamtbild ergänzen.

In einer städtischen Umgebung ist ein großzügiger Pflanzstil sehr angebracht. Ziehen Sie in Erwägung, die strengen, kraftvollen Formen von Kakteen oder Yuccas zu verwenden. Eine Reihe in Form geschnittener Pflanzen, Buchsbaumkugeln oder Lorbeerpyramiden können eine erfrischende Neuauflage der üblichen Buchsbaumhecke in einem kleinen formalen Stadtgarten sein. Viereckige Pflanzkübel passen gut in eine städtische Umgebung, besonders wenn in Form geschnittene Pflanzen darin wachsen. Doch die Bepflanzung ist nicht immer ausschlaggebend für eine aufregende Wirkung – allein durch die Wahl des richtigen Gefäßes läßt sich der gewünschte Effekt erzielen.

Eine hübsche, klassische Steinurne ist beispielsweise für einen geschmackvollen Stadtgarten sehr geeignet.

Pflanzgefäße im ländlichen Stil

Gefäße, die in ländliche Gegenden passen, können aus Naturmaterialien, wie etwa Stein, Schiefer und Holz, oder auch aus Keramik, Steingut oder Terrakotta bestehen.

Halbierte Holzfässer gefallen mir besonders: sie strahlen Robustheit und Zweckmäßigkeit aus und eignen sich gleichermaßen für Dauerbepflanzungen wie für einjährige Sommerblumen. Körbe erfreuen sich als Pflanzbehälter immer größerer Beliebtheit und sind, mit Blumen gefüllt, herrlich anzusehen. Man muß sie vor dem Bepflanzen allerdings mit Kunststoffolie auskleiden und im Winter austrocknen lassen. Grobgeflochtene Weidenkörbe eignen sich gut für ländliche Gärten. Und in Verbindung mit Terrakotta sehen sie wundervoll aus.

Die Auswahl und das Arrangement der Pflanzgefäße sollte die Stimmung des Gartens widerspiegeln. Eine Ansammlung von Töpfen in kontrastierenden Farben, Formen und Strukturen kann in ländlichen Gegenden bezaubernd wirken, und alte verblaßte Gefäße harmonieren gut mit zarten Pflanzen in weichen Pastelltönen.

Weidenkörbe, naturbelassen und lackiert

Halbierte Holzfässer müssen mit Holzschutzmitteln behandelt werden und dürfen niemals austrocknen

PFLANZGEFÄSSE

Terrakottakübel sollten schlicht geformt und außerdem frostfest sein

Große, robuste Kübel
(oben und links)
Ein großer, schöner Kübel muß nicht immer bepflanzt werden, sondern kann einen skulpturalen Kontrast zu einer üppigen, lockeren Pflanzung bilden.

Töpfergefäße

8
DIE AUSWAHL DER PFLANZEN

*Das folgende Kapitel beschäftigt sich mit den Bedingungen
verschiedener Standorte und enthält Beschreibungen
von Pflanzen, die nach bestimmten, für die Gartengestaltung
wichtigen Kriterien geordnet wurden. Sicher haben
Sie eine Vorliebe für bestimmte Pflanzen, aber ich hoffe, Ihnen
mit den folgenden Listen einige neue Anregungen geben
zu können.*

PFLANZENWAHL

Pflanzvorschläge

Zweifellos wird die Auswahl der Pflanzen auch durch praktische Aspekte wie Bodenbeschaffenheit, Sonne, Schatten und Temperatur bestimmt. Doch davon einmal abgesehen, gibt es bei der Zusammenstellung von Pflanzen verschiedene Gestaltungsmöglichkeiten mit sehr unterschiedlichen optischen Wirkungen – ob sie nun dem Schutz dienen oder rein dekorativen Charakter haben. Es ist allerdings wichtig, wie die Pflanzen innerhalb solcher Arrangements angeordnet werden; aber auch hier gibt es verschiedene Methoden.

Zu Beginn ist vielleicht die Blockpflanzung am einfachsten. Sie hat stark raumgestaltende Eigenschaften, und die Blöcke können in Proportion zu den Designelementen gehalten werden, so daß eine Collage aus Mustern und Formen von zusammenhängendem Charakter entsteht. Diese Pflanzmethode empfiehlt sich auch für strukturierte, formale Designs.

Eine ineinandergreifende, lockere Pflanzung wirkt zwangloser und bietet sich vor allem für Rabatten an. Hinsichtlich der Proportionen gibt es keine Unterschiede zur Blockpflanzung, doch ist der Gesamteindruck im allgemeinen fließender.

Bei einer weiteren Methode werden natürliche Pflanzengemeinschaften nachempfunden oder besser die Art und Weise, wie sich Pflanzen von selbst, etwa durch Ausläufer und Samen, ausbreiten und vermischen.

Jede dieser Methoden kann auf Flächen sehr unterschiedlicher Größe angewandt werden. Eine wichtige Rolle spielen dabei der Standort und die ausgewählten Pflanzen. Um jedoch dem Gesamtdesign Stabilität zu verleihen, verwendet man wiederholt bestimmte Pflanzen. Dabei ist auf einen ausgewogenen Gebrauch sommergrünen und immergrünen Materials zu achten.

Um schnell eine vollere Wirkung entstehen zu lassen, lohnt es sich gewöhnlich, wenn man die Pflanzen dichter zusammensetzt, als in Gartenbüchern üblicherweise angegeben. Später kann man sie dann teilen oder einige wieder verpflanzen. Die endgültige Höhe und Breite einer Pflanze hängt ohnehin wesentlich davon ab, inwieweit die Bedingungen an ihrem Standort ihren Bedürfnissen gerecht

PFLANZMETHODEN

Blockpflanzung
Strukturale Wirkung haben Blockpflanzungen, bei denen Form- und Farbkontraste sorgfältig abgestimmt sind.

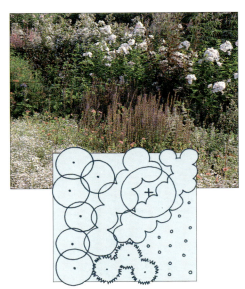

Ineinandergreifende, lockere Pflanzung
In Rabatten sehen Pflanzgruppen mit länglicher Form, die nahtlos ineinander verschmelzen, am wirkungsvollsten aus.

Unregelmäßige Pflanzung
Eine naturnahe Wirkung erzielt man, indem man einzelne größere Pflanzen zwischen Gruppen kleinerer Arten setzt.

PFLANZVORSCHLÄGE

werden. Auf den folgenden Seiten finden sich Bepflanzungsvorschläge für eine Vielzahl unterschiedlicher Standorte, und eine Zeichnung zeigt die Ausbreitung der Pflanzen nach etwa fünf Jahren.

Neben der Eignung für den vorgesehenen Standort sind weitere wichtige Faktoren bei der Auswahl von Pflanzen vor allem ihre Gesamtform sowie die Färbung und Struktur ihrer Blätter. Denn diese Charakteristika lassen das Grundgerüst einer Pflanzung entstehen. Die kurzlebigen Blüten spielen hier nur eine untergeordnete Rolle. Das Erzeugen spannungsreicher Effekte durch kontrastierende Formen und Strukturen ist eine der besten Methoden, um einer Gartengestaltung Aussagekraft zu verleihen.

Ein oft vernachlässigter Faktor ist die Tatsache, daß Blätter Licht reflektieren oder absorbieren. Zu große Men-

Gespür für Formen
Pflanzenarrangements, die als Kompositionen abstrakter Formen betrachtet werden können, haben große optische Wirkung. Hier wurden Blattformen in Kontrast zu Farbflächen gesetzt.

gen matten immergrünen Laubs können beispielsweise den Garten extrem düster erscheinen lassen. Immergrünes Laub mit stärkerem Glanz, wie etwa das der *Choisya ternata,* reflektieren das Licht, während viele Rhododendren es einfach verschlucken und den Garten leblos und langweilig machen. Für die Grundbepflanzung sollte man sorgfältig Immergrüne mit guten Blattqualitäten auswählen und sie mit Pflanzen kombinieren, deren Blattfärbungen mit ihnen im Einklang stehen; denn nicht nur Blütenfarben, sondern auch Blattfärbungen können unharmonisch wirken.

PFLANZVORSCHLÄGE

Schattige Standorte

Halbschatten
Für Frühjahrsblüher ist Halbschatten ideal, den junge Laubdächer erzeugen, denn er erlaubt ihnen, ihre Blüten zu öffnen, bevor der Schatten zu tief wird. Hier wachsen unter einem alten Baum *Fritillaria imperialis, Lunaria annua, Leucojum vernum* und *Lamium maculatum* ›Beacon Silver‹.

Leichter Schatten
Feuchte Erde und leichter Schatten bieten einigen hübschen Blattpflanzen gute Bedingungen, so etwa den meisten Nieswurz-Arten. Auch Zierrhabarber *(Rheum palmatum)* braucht viel Feuchtigkeit, und Vergißmeinnicht *(Myosotis sylvatica)* sät sich an einem solchen Platz üppig aus.

Lunaria annua   *Fritillaria imperialis*   *Lamium maculatum* ›Beacon Silver‹

Rheum palmatum ›Atrosanguineum‹   *Helleborus orientalis*

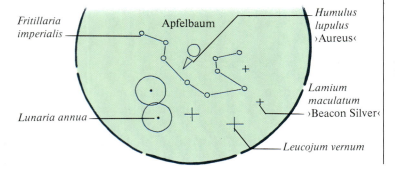

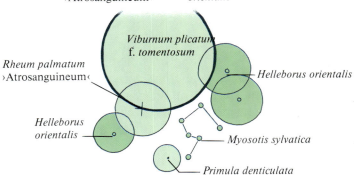

262

Feuchter Schatten

Wenn die Bedingungen an einem Platz von fast tiefem Schatten bis zu voller Sonne oder von sehr feuchtem bis zu fast trockenem Boden reichen, müssen die Pflanzen sorgfältig ausgewählt werden. Die hier verwendete *Iris laevigata* ›Variegata‹ steht gern im Wasser und in praller Sonne.

Photinia davidiana

Iris laevigata

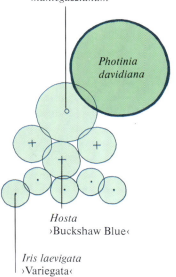

Heracleum mantegazzianum

Photinia davidiana

Hosta ›Buckshaw Blue‹

Iris laevigata ›Variegata‹

Sonne und Schatten
Große, buschige Pflanzen wie diese Euphorbien lassen schattige Flächen entstehen, deren Bepflanzung wohlüberlegt sein will. Hier wurde *Euphorbia characias* ssp. *wulfenii* mit *Epimedium* und *Viola* unterpflanzt, die Schatten mögen. *Ligularia* verträgt auch Sonne, sofern ihr Wurzelbereich kühl und feucht bleibt.

Ligularia stenocephala

Epimedium versicolor

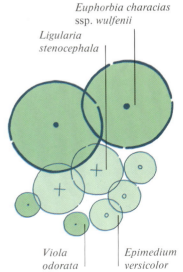

Euphorbia characias ssp. *wulfenii*
Ligularia stenocephala
Viola odorata
Epimedium versicolor

SCHATTIGE STANDORTE

Schmale Rabatte
Trillium, Hosta und *Thalictrum* haben dekoratives Laub und eignen sich hervorragend für Rabatten, die relativ wenig Sonne bekommen. Wo der Schatten recht tief ist und wenig blüht, kann man durch starke Blattkontraste eine interessante Wirkung erzielen.

Reizvolle Laubeffekte
Dieser aufregende Kontrast im Halbschatten eines Stadtgartens wird durch die schwertartigen Blätter von *Phormium tenax* und die filigranen Farnwedel von *Athyrium filix-femina* erzeugt. Die *Aucuba* ist ungewöhnlich anspruchslos und stadtklimafest.

Saxifraga hirsuta   *Trillium grandiflorum*   *Viburnum tinus*

Phormium tenax ›Purpureum‹   *Aucuba japonica*

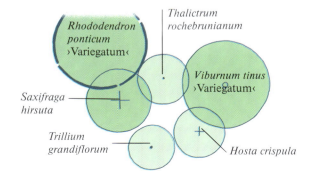
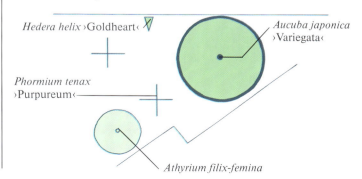

PFLANZVORSCHLÄGE

Helle Standorte

Wärme und Schutz
Eine sonnige, trockene Rabatte vor einer Wand ist ein guter Platz für Kletterpflanzen, einschließlich der meisten Clematis-Arten (sofern sich der Wurzelbereich im Schatten befindet). *Verbascum* und *Euonymus* bilden hier interessante Kontraste.

Euonymus fortunei ›Emerald and Gold‹

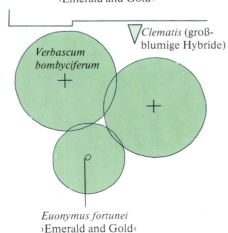

Sonnige Rabatte
Die einst für Bauerngärten typischen Stauden passen gut in sonnige Rabatten, wo sich viele selbst aussamen. Hier bilden die riemenförmigen Blätter der *Iris sibirica* einen schönen Kontrast zu Mohn und Storchschnabel.

Papaver orientale ›Allegro‹   *Geranium psilostemon*

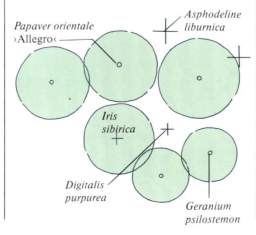

Laubformen
Pflanzen mit riemenförmigen oder tiefgeteilten Blättern kommen vor robusten Immergrünen sehr gut zur Geltung. Hier lassen eine Fichte, das Laub von Binsenlilien und Gladiolen wunderschöne Kontraste entstehen.

Picea pungens ›Glauca Globosa‹   *Sisyrinchium striatum*

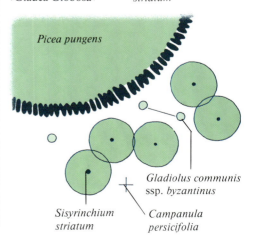

266

HELLE STANDORTE

Sonne und nahrhafter Boden

An solchen Standorten gedeihen größere Stauden wie *Acanthus* und *Phlox* sehr gut. Sie wachsen zu großen Büschen heran und verleihen Sommerpflanzungen raumgestaltenden Charakter. Das gleiche gilt auch für die hohen Blütenstände mancher *Verbascum*-Arten. Im Winter sorgen die Birken für Struktur.

Phlox paniculata ›Brigadier‹

Acanthus spinosus

Betula pendula ›Youngii‹

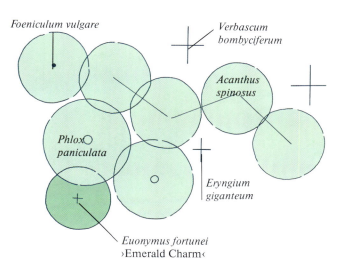

PFLANZVORSCHLÄGE

Trockener und sonniger Gartenbereich
Die meisten silberblättrigen Pflanzen gedeihen in sonnigen und trockenen Bereichen, wie zum Beispiel *Santolina, Stachys* und *Senecio*, die auch in dieser in Gold-, Silber- und Grüntönen angelegten Pflanzung vertreten sind. Durch die Verwendung größerer Pflanzenmengen mit buschigem Wuchs erhält der Garten einen betont skulpturalen Charakter.

Hypericum ›Hidcote‹

Santolina chamaecyparissus

Senecio ›Sunshine‹

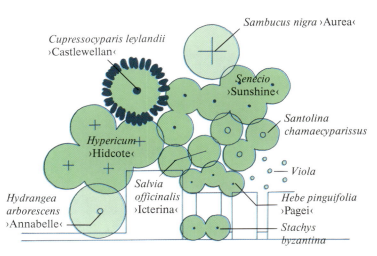

HELLE STANDORTE

Am Wegrand
Durchlässiger Boden und recht viel Sonne bieten einer großen Palette von Pflanzen gute Bedingungen. Hier wurde die Auswahl auf kühle Grün- und Weißtöne beschränkt, die von den exotisch wirkenden Lilien dominiert werden. Vorn in der Rabatte bildet das panaschierte Laub von *Pelargonium* und *Felicia* einen sanften Übergang zu den Ziegeln.

Pralle Sonne
Trockener, durchlässiger Boden in praller Sonne ist der ideale Standort für viele Korbblütler und ähnliche Pflanzen wie auch für eine große Zahl von Steingartengewächsen. Weil sie sich oft selbst aussamen, wachsen sie dicht beieinander und erzeugen mit der großen Anzahl von Einzelblüten einen wunderbaren, teppichartigen Effekt.

Begrenzte Pracht
Einige Pflanzen brauchen zum Gedeihen Schutz und Sonne, wie dieser junge Trompetenbaum (*Catalpa*) mit seinem ungewöhnlichen goldenen Laub. Wenn er seine volle Höhe erreicht hat, muß er eventuell auf andere Weise unterpflanzt werden, weil er im Frühsommer, wenn er Blätter bekommt, für die Euphorbien zu viel Schatten wirft.

Lilium longiflorum

Felicia amelloides ›Santa Anita Variegated‹

Helianthemum ›Mrs. Clay‹

Othonnopsis cheirifolia

Euphorbia characias ssp. *wulfenii*

Nepeta faassenii

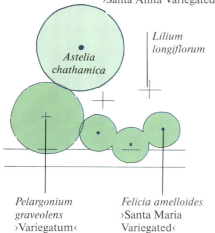

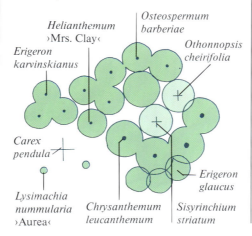

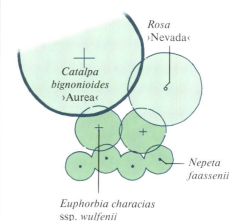

269

PFLANZVORSCHLÄGE

Heiße, feuchte Standorte

Raumgestaltende Eigenschaften
Hitze und hohe Luftfeuchtigkeit haben den Vorteil, daß man unter diesen Bedingungen exotische Pflanzen ziehen kann, von denen die meisten entweder phantastisches Laub haben oder aber leuchtendgefärbte Blüten entwickeln. Hier gedeihen üppige Farne, unter ihnen ein Baumfarn *(Dicksonia antarctica).*

Dicksonia antarctica   *Bergenia smithii*

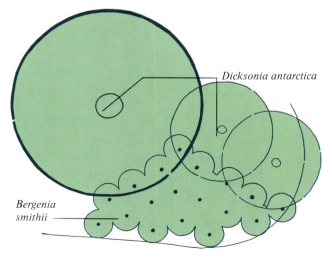

Ein Stadt-Dschungel
Selbst kleine Stadtgärten kann man mit der richtigen Pflanzenauswahl in einen Dschungel verwandeln. Zierbanane *(Ensete ventricosum), Canna* und *Melianthus* können in Kübeln wachsen (in kühleren Lagen überwintert man sie dann im Haus), die *Catalpa* benötigt in den meisten Gegenden nur einen geschützten Platz.

Ensete ventricosum

Catalpa bignonioides

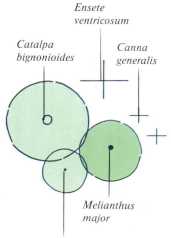

Catalpa bignonioides
Ensete ventricosum
Canna generalis
Melianthus major
Ligularia dentata ›Desdemona‹

PFLANZVORSCHLÄGE

Heiße, trockene Standorte

Vitis coignetiae

Lavatera olbia ›Rosea‹

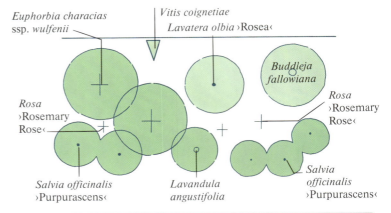

Geschützte Rabatte
Kontrastierende Blattfärbungen und -strukturen kommen in dieser durch eine Wand geschützten Rabatte besonders gut zur Geltung. Sonnenliebende Kräuter wie Salbei und Lavendel gedeihen auch in magerem Boden.

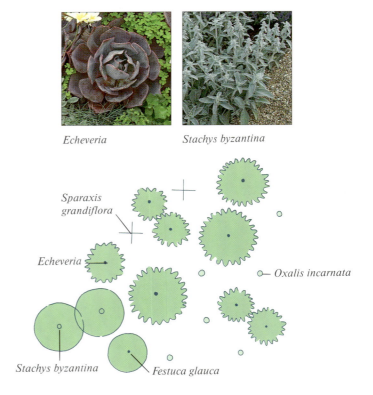

Pflanzenteppiche
Neben einem sonnigen, trockenen Weg ein schönes Beispiel für gelungene Blattkontraste. Die Pflanzen würden auch in einem Hochbeet gut wirken, da sie einen sehr flachen Wuchs haben und, dicht gepflanzt, sich teppichartig ausbreiten.

HEISSE, TROCKENE STANDORTE

Mediterranes Flair

In frostfreien Gegenden – dieser Garten befindet sich in Kalifornien – kann man die dekorativen immergrünen Zitruspflanzen im Freien ziehen, zum Beispiel zusammen mit Palmen wie *Chamaerops humilis* und der exotisch wirkenden, rotblühenden *Bauhinia*. (Sonst pflanzt man sie in Kübel und überwintert sie im Haus.) In trockenem, kiesigem Boden überstehen empfindliche Pflanzen niedrige Temperaturen besser als in nasser Erde. *Phormium, Helichrysum* und *Erigeron* sind frosthart.

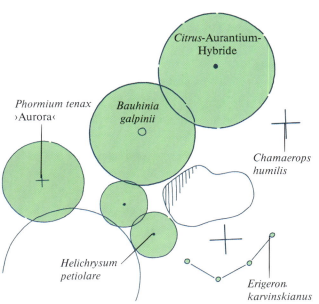

Bauhinia galpinii

Phormium tenax ›Dazzler‹

Chamaerops humilis

PFLANZVORSCHLÄGE

Flacher Boden

Kiespflanzung
Für viele Pflanzen dient Kies als natürliches Saatbett, deshalb bieten sich hier zwanglose Pflanzungen an. *Verbascum, Origanum* – wie auch viele andere Kräuter – und *Ajuga* gedeihen prächtig an solch hellen, trockenen Standorten.

Ajuga reptans ›Atropurpurea‹

Origanum vulgare ›Aureum‹

Verbascum bombyciferum

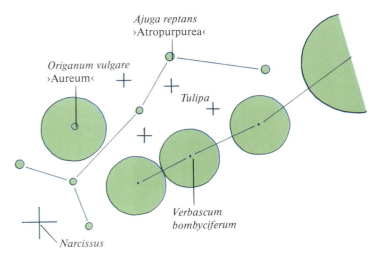

FLACHER BODEN

Begrünte Stufen
In Pflasterspalten wachsende Pflanzen müssen robust sein. Sie sollten sich selbst aussäen und in Ritzen verbreiten wie etwa *Alchemilla mollis*. Farne sind für den schattigen Bereich von Setzstufen geeignet, während *Vinca* als schöner Bodendecker ganzjährig schattige Stellen begrünt.

Kontrastierendes Laub
Am wirkungsvollsten sind häufig ganz schlichte Blattkontraste. Hier bilden die schwertförmigen Blätter von *Phormium tenax* ein Gegengewicht zu dem sukkulenten Laub von *Sedum* ›Autumn Joy‹. Beide Pflanzen haben flach unter der Bodenoberfläche verlaufende Wurzeln und gedeihen in voller Sonne.

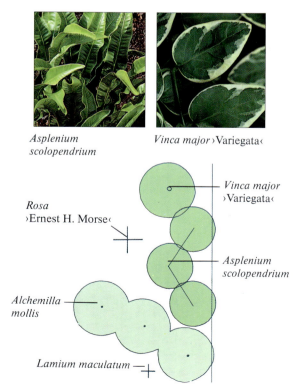

Asplenium scolopendrium

Vinca major ›Variegata‹

Rosa ›Ernest H. Morse‹

Vinca major ›Variegata‹

Asplenium scolopendrium

Alchemilla mollis

Lamium maculatum

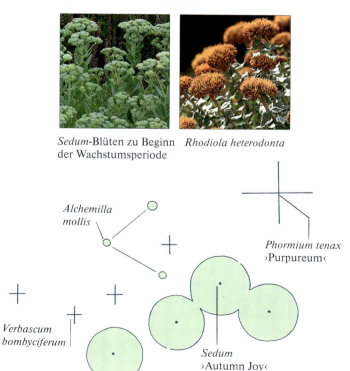

Sedum-Blüten zu Beginn der Wachstumsperiode

Rhodiola heterodonta

Alchemilla mollis

Phormium tenax ›Purpureum‹

Verbascum bombyciferum

Sedum ›Autumn Joy‹

PFLANZVORSCHLÄGE

Mauerbegrünungen

Gemischte Pflanzung
Eine möglichst dauerhafte Begrünung von Mauern erreicht man am besten durch das Zusammensetzen verschiedener Kletterpflanzen. Hier bilden eine Rebe und ein goldblättriger Hopfen, die beide wunderschönes Laub haben, den Hintergrund für zwei großblumige Clematis. Früh- und spätblühende Clematis können auch gut mit Kletterrosen kombiniert werden und dehnen die kurze Blühperiode im Sommer von Spätfrühjahr bis Frühherbst aus.

Kletterpflanzen für milde Lagen
In frostfreien Gegenden kann man vor sonnigen Wänden einige der exotischeren Kletterpflanzen ziehen, von denen die *Bougainvillea* zweifellos zu den schönsten zählt. Sie entwickelt im Sommer ein Meer von herrlichen Blüten, deren Farben von Weiß über Orange und Scharlach bis Tiefviolett reichen. Hier wurde sie mit den grandiosen schlangenartigen Trieben eines *Selenicereus* und einem *Hibiscus* kombiniert. Auch diese Pflanzen vertragen keinen Frost.

Vitis vinifera ›Purpurea‹

Clematis ›Perle d'Azur‹

Clematis ›Ville de Lyon‹

Selenicereus grandiflorus

Bougainvillea glabra

Bougainvillea glabra ›Snow White‹

Ganzjährige Pracht
Besonders schön und geeignet sind immergrüne Mauersträucher, weil sie das ganze Jahr für Struktur sorgen. Zu den schönsten gehört *Carpenteria californica* mit ihren glänzenden Blättern und duftenden weißen Blüten, aber leider ist sie nur bedingt winterhart. Auch *Ceanothus* ist immergrün und trägt im Frühsommer einen dichten Flor aus kleinen blauen Blüten.

Carpenteria californica

Euphorbia mellifera

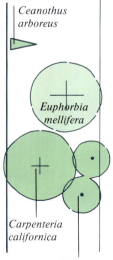

Ceanothus arboreus
Euphorbia mellifera
Carpenteria californica
Ballota pseudodictamnus

PFLANZVORSCHLÄGE

Exponierte Standorte

Robuste Pflanzen
An diesem exponierten Platz wurden widerstandsfähige Gräser und Erika gepflanzt, die sich optimal ergänzen. In größeren Mengen gepflanzt, bilden sie skulpturale Formen. Sie werden durch große Steine ergänzt und wirken im Winter ebenso reizvoll wie im Sommer. Niedrigwachsende Pflanzen leiden ganz allgemein weniger unter Wind.

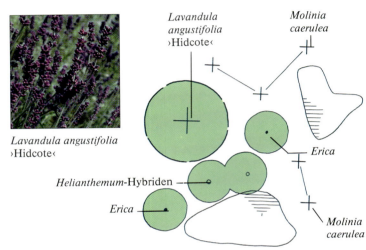

Lavandula angustifolia ›Hidcote‹

- *Lavandula angustifolia* ›Hidcote‹
- *Molinia caerulea*
- *Helianthemum*-Hybriden
- *Erica*
- *Molinia caerulea*

Flaches Beet
Die Bepflanzung von Beeten wie dem links abgebildeten muß wohlüberlegt sein, da man es von allen Seiten sieht. Hier wurden büscheligwachsende Pflanzen zusammengesetzt, die alle niedrig bleiben. Denn obwohl dieser exponierte Platz durch Hecken geschützt ist, würden hohe Pflanzen doch unter dem Wind leiden. Das unterschiedliche Laub, wie etwa die spitzen silbrigen Blätter von *Dianthus* und die gefleckten von *Pulmonaria*, bildet starke Kontraste.

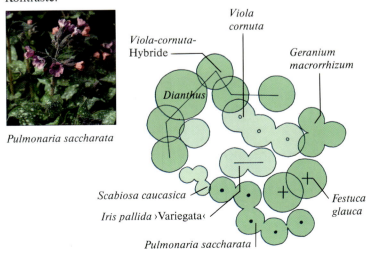

Pulmonaria saccharata

- *Viola cornuta*
- *Viola-cornuta*-Hybride
- *Geranium macrorrhizum*
- *Dianthus*
- *Scabiosa caucasica*
- *Iris pallida* ›Variegata‹
- *Pulmonaria saccharata*
- *Festuca glauca*

Einen Schutzgürtel anlegen
Bei der Bepflanzung eines exponierten Standortes ist es ratsam, einen Schutzgürtel aus robusten Sträuchern und Bäumen anzulegen. Hier ist ein schönes Beispiel abgebildet. Auf der Innenseite des Schutzgürtels sorgt das auffällige graue Laub von *Pyrus salicifolia* ›Pendula‹ für einen Blickfang, daneben wachsen eine violette Berberitze sowie eine Reihe anderer Sträucher und Kletterrosen.

Pyrus salicifolia ›Pendula‹

Pflanzenverzeichnis

In diesem Abschnitt werden nach bestimmten Eigenschaften oder optischen Merkmalen geordnete Pflanzen vorgestellt, die sich für die Gartengestaltung anbieten. Dieses Verzeichnis will Ihnen eine Übersicht geben über die vielfältigen Verwendungsmöglichkeiten einer Pflanze innerhalb einer Anlage. Natürlich kann es nicht vollständig sein, doch vielleicht regt es Sie dazu an, eigene Listen anzufertigen. Am besten ist es, mit dem Katalog eines guten Lieferanten zu arbeiten, um sicherzugehen, daß die Pflanzen, die Sie bei einer Gestaltung einplanen, auch im Handel erhältlich sind.

SYMBOLERKLÄRUNG

Standort
- ☼ Bevorzugt Sonne
- ☼ Bevorzugt Halbschatten
- ☼ Verträgt Schatten
- ○ Bevorzugt durchlässigen Boden
- ◐ Bevorzugt feuchten Boden
- ● Bevorzugt nassen Boden
- pH Benötigt sauren Boden
- ❄ Bedingt winterhart – verträgt bis 0 °C
- ❄ ❄ Winterhart – verträgt bis –5 °C
- ❄ ❄ ❄ Ganz winterhart – verträgt bis –15 °C

Größe der Pflanzen
Die maximale Höhe (H) und Breite (B) sind in den Einzelbeschreibungen angegeben.

Pflanzentyp
- ● Immergrüner Baum
- ○ Sommergrüner Baum
- ● Immergrüner Strauch
- ○ Sommergrüner Strauch
- ♈ Staude
- ♈ Zweijährige Pflanze
- ♈ Einjahresblume
- ♕ Kletterpflanze
- ♠ Zwiebelpflanze
- ≈ Wasserpflanze
- ↓ Gras
- ✤ Bambus
- ✿ Farn

Besondere Pflanzen

In dieser Kategorie sind Pflanzen zusammengefaßt, die mehr oder weniger permanent vorhandene auffällige Eigenschaften besitzen und sich deshalb innerhalb einer Anlage als skulpturale Elemente hervorheben. In einem neu angelegten Garten kann ein bereits existierender Baum diese Rolle allein aufgrund seiner Größe erfüllen, im allgemeinen aber haben solche Pflanzen außergewöhnlich geformte oder gefärbte Blätter oder einen interessanten Wuchs. Sie können zum Mittelpunkt eines Beetes oder eines ganzen Gartens werden. Weitere Einzelheiten siehe Seite 120 – 123.

Mahonia media ›Charity‹
Auffälliger Strauch mit hübschen, glänzenden Blättern

Magnolia – Soulangeana – Hybride ›Rustica Rubra‹

Wuchsformen

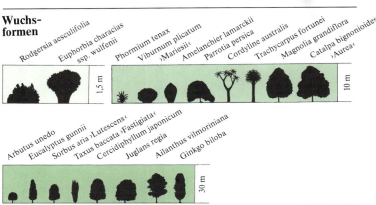

BESONDERE PFLANZEN

☼ ◊ ❄❄❄

Ailanthus vilmoriniana
(Götterbaum)
Ein gewaltiger Baum mit riesigen, dicht stehenden Blättern, der auch als Strauch gezogen werden kann, wenn man ihn jedes Jahr stark zurückschneidet. Die Blätter werden dadurch größer. H: 25 m, B: 15 m

☼ ◊ ❄❄

Arbutus unedo
(Erdbeerbaum)
Ein üppiger, ausladender Baum mit vielen guten Eigenschaften. Er hat sehr schöne hängende weiße Herbst- und Winterblüten, erdbeerähnliche Früchte und glänzende Blätter. H und B: 8 m

☼ ◊ ❄❄❄

***Catalpa bignonioides* ›Aurea‹**
(Trompetenbaum)
Ein eindrucksvoller kleiner Baum mit breiter Krone und großen goldgelben, herzförmigen Blättern. Bei starkem Rückschnitt werden sie noch größer.
H und B: 10 m

☼ ◊ ❄❄❄

Amelanchier lamarckii
(Felsenbirne)
Reichblühender Strauch oder kleiner Baum mit hübschen weißen Frühjahrsblüten und apfelgrünem Laub, das sich im Herbst leuchtendrot und orange färbt.
H: 6 m, B: 4 m

☼ ◊ ❄❄❄

Cercidiphyllum japonicum
(Katsurabaum)
Ein vielseitig verwendbarer Baum für Rasenflächen oder als Hintergrund in Strauchrabatten. Im Herbst färben sich seine Blätter gelb und violett.
H: 20 m, B: 10 m

☼ ◊

Cordyline australis *(Keulenlilie)*
Diese mediterrane Pflanze hat riemenförmige, symmetrisch wachsende Blätter. Ihr stark architektonischer Charakter macht sie im Jugendstadium zu einer schönen Topfpflanze.
H: 10 m, B: 5 m

PFLANZENVERZEICHNIS

☼ ◊ ✳ ✳

Eucalyptus gunnii *(Eukalyptus)*
Runde silbrigblaue Blätter machen diesen Eukalyptus zu einem großartigen Strauch für Rabatten, sofern er jedes Jahr zurückgeschnitten wird. Läßt man ihn wachsen, wird aus ihm ein beachtlicher Baum. H: 12 m, B: 8 m

☼ ◊ ✳ ✳ ✳

Ginkgo biloba
(Fächerblattbaum)
Ein hoher, sehr ungewöhnlicher Baum für große Gärten. Im Herbst, vor dem Laubfall, färben sich seine leuchtendgrünen, fächerförmigen Blätter reingelb.
H: 25 m, B: 10 m

☼ ◊ ✳ ✳ ✳

Juglans regia *(Walnußbaum)*
Ein reizvoller Baum mit dichtem, ledrigem Laub und unverwechselbaren Früchten. Große Exemplare haben einen majestätisch ausladenden Wuchs und bieten unter ihrer Krone schöne schattige Sitzplätze. H: 20 m, B: 15 m

☼ ◊ ✳ ✳

Euphorbia characias ssp. **wulfenii**
(Wolfsmilch)
Diese Wolfsmilchsorte ist wegen ihrer unverwechselbaren graugrünen Blätter und bürstenförmigen Blüten beliebt und hat eine auffallend raumgestaltende Wirkung.
H: 1,5 m, B: 1 m

☼ ◊ ✳ ✳

Magnolia grandiflora
(Immergrüne Magnolie)
Dieser exotisch wirkende Baum hat glänzende dunkelgrüne Blätter und große, duftende, cremeweiße Blüten, die im Sommer und Frühherbst erscheinen. Er kann gut an einer Mauer gezogen werden.
H: 10 m, B: 6 m

☼ ◊ ✳ ✳ ✳

Parrotia persica *(Eisenholzbaum)*
Parrotia persica gehört zu den Bäumen mit den schönsten Herbsttönungen. Seine Blätter färben sich gelb, orange und rot-violett. Zu Frühjahrsbeginn trägt er kleine rote Blüten.
H: 8 m, B: 10 m

☼ ◊ ✳ ✳

Phormium tenax
(Neuseeländer Flachs)
Die aufrechten, riemenförmigen Blätter des Neuseeländer Flachses ziehen das ganze Jahr die Blicke auf sich und eignen sich gut als Hintergrund für anderes Laub, wie das von Farnen und Funkien.
H: 3 m, B: 1–2 m

☼ ◊ ✳ ✳ ✳

Rodgersia aesculifolia *(Schaublatt)*
Eine auffallende Pflanze mit klaren Formen. Ihre elliptischen Blätter und zarten Blütenstände kommen zusammen mit Schwertlilien und Funkien am Rand von Teichen gut zur Geltung.
H und B: 1 m

BESONDERE PFLANZEN

Viburnum plicatum ›Mariesii‹
(Etagen-Schneeball)
Ein großartiger Strauch mit waagrechten Zweigen, an denen im Frühjahr und Frühsommer weiße, spitzenartige Blüten sitzen.
H und B: 4 m

Sorbus aria ›Lutescens‹
(Mehlbeere)
Ein attraktiver Baum mit flaumigen Blättern. Die Mehlbeere ist für windige Plätze geeignet, weil man dort die silbrigen Unterseiten der Blätter sehen kann.
H: 13 m, B: 8 m

Taxus baccata ›Fastigiata‹
(Säuleneibe)
Die Säuleneibe ist im Garten ein unübersehbares vertikales Element. Ihre schmale Wuchsform und dichten Nadeln ziehen die Aufmerksamkeit auf sich.
H: 10–15 m, B: 4–5 m

Trachycarpus fortunei
(Hanfpalme)
Eine exotische, aber robuste Palme mit einem Schopf aus großen, fächerförmigen Wedeln und einem fasrigen Stamm. Im Sommer trägt sie cremegelbe Blütenrispen.
H: 10 m, B: 3 m

WEITERE PFLANZEN

Aralia elata
Arbutus andrachnoides
Eriobotrya japonica
Fatsia japonica
›Variegata‹
Robinia pseudoacacia
›Frisia‹
Rosmarinus officinalis
›Miss Jessopp's Upright‹
Yucca flaccida ›Ivory‹

PFLANZENVERZEICHNIS

Bäume mit charakteristischer Wuchsform

In gewisser Weise sind die hier vorgestellten Bäume Besonderheiten, weil auch sie als Blickfang oder Mittelpunkt einer Gartenanlage geeignet sind. Man kann sich hier entweder für ein einzelnes Exemplar entscheiden, das ein eigenständiges Element bildet, oder – wenn man in größerem Maßstab arbeitet – mehrere Bäume des gleichen Typs pflanzen. Solche Pflanzungen verleihen dem Gesamtbild eine starke Prägung. Eine einzelne Zypresse läßt selten eine mediterrane Wirkung entstehen, eine Gruppe dagegen tut das zweifellos; ebenso wie eine Anzahl von Pyramidenweißbuchen einen kantigen Effekt erzeugt.

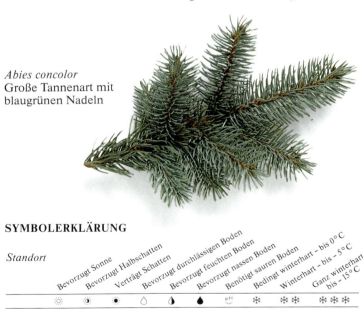

Abies concolor
Große Tannenart mit blaugrünen Nadeln

SYMBOLERKLÄRUNG

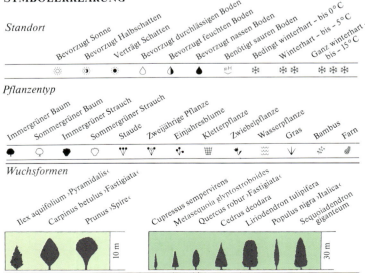

***Carpinus betulus* ›Fastigiata‹**
(Säulenhainbuche)
Die Säulenhainbuche ist ein origineller Baum für Stadtgärten. Sie hat eine für sie sehr charakteristische Wuchsform und trägt im Herbst hopfenähnliche Früchte.
H: 10 m, B: 5 m

Cedrus deodara
(Himalayazeder)
Eine für große Gärten geeignete langsamwachsende Konifere mit hängenden Astspitzen und einem hohen Leittrieb. Erheblich kleiner ist die Form *C. deodara* ›Aurea‹.
H: 15 – 25 m, B: 5 – 10 m

Cupressus sempervirens
(Echte Zypresse)
Die Echte Zypresse ist im Mittelmeerraum ein vertrauter Anblick und ein grandioser Mittelpunkt für große Gärten. Sie hat eine schmale, aufrechte Wuchsform.
H: 15 m, B: 2 m

CHARAKTERISTISCHE FORMEN

Ilex aquifolium ›Pyramidalis‹
(Stechpalme)
Die Form dieses Cultivars ist durch Züchtung entstanden, doch eignen sich alle Sorten dieser Art gut für Formschnitte und bilden dann schöne Blickfänge.
H: 6 m, B: 5 m

Metasequoia glyptostroboides
(Urweltmammutbaum)
Diese Konifere kommt in Rasenflächen oder neben einem Teich gut zur Geltung. Ihre blaugrünen Nadeln färben sich golden, bevor sie im Herbst abgeworfen werden.
H: 17 m, B: 8 m

Prunus ›Spire‹
(Zierkirschen-Sorte)
Hübsche Zierkirsche mit aufrechtem Wuchs, die ideal für begrenzte Flächen ist. Sie entwickelt ein Meer zartrosa Blüten und hat schönes Herbstlaub.
H: 10 m, B: 6 m

Sequoiadendron giganteum
(Kalifornischer Mammutbaum)
Der Kalifornische Mammutbaum ist ein Gigant unter den Bäumen und überragt alles um sich herum. Für große, langfristige Anlagen geeignet.
H: 30 m, B: 11 m

Liriodendron tulipifera
(Tulpenbaum)
Ein säulenartig geformter Baum mit ungewöhnlichen Blättern, der im Rasen schön aussieht. Große Exemplare entwickeln exotische Blüten.
H: 30 m, B: 15 m

Populus nigra ›Italica‹
(Pyramidenpappel)
Ein hoher Zierbaum, der mitunter als Windschutz gepflanzt wird. Er wächst schnell, und seine sich ausbreitenden Wurzeln können Gebäude schädigen.
H: 30 m, B: 6 m

Quercus robur ›Fastigiata‹
(Säuleneiche)
Die Säuleneiche ist für große Gärten geeignet, vor allem in Kombination mit Sträuchern, die eine bunte Herbstfärbung haben, da ihre Blätter golden werden.
H: 20 m, B: 6 m

WEITERE PFLANZEN

Acer platanoides ›Columnare‹
Cedrus atlantica
Cupressus glabra ›Pyramidalis‹
Ginkgo biloba ›Tremonia‹
Juniperus communis ›Hibernica‹
Juniperus drupacea
Juniperus virginiana ›Skyrocket‹
Malus tschonoskii
Nothofagus betuloides

PFLANZENVERZEICHNIS

Trauerwuchs

Pflanzen mit Trauerwuchs oder herabhängende Kletterpflanzen lenken aufgrund ihrer weichen, anmutigen Form immer die Aufmerksamkeit auf sich. Wenn eine Pflanze mit Trauerwuchs gut plaziert wird und in der Größe mit ihrer Umgebung harmoniert, kann sie eine spektakuläre Wirkung haben, wie etwa eine Weide an einem See oder eine Trauerbirke neben einer Eibenhecke. Bei vorsichtiger, sorgfältiger Plazierung wird eine Pflanze mit dieser Wuchsform zu einem dominanten Element. Sie hat darüber hinaus raumgestaltenden Charakter und führt die vertikalen Linien von Gebäuden in der Nähe fort oder kann einen Kontrast zu den kraftvollen horizontalen Konturen einer Wasserfläche bilden.

Agonis flexuosa
Dieser Baum hat anmutig hängende Zweige, an denen schmale, duftende Blätter sitzen. Im Frühjahr und Sommer trägt er reizvolle kleine weiße Blüten.
H: 8 m, B: 5 m

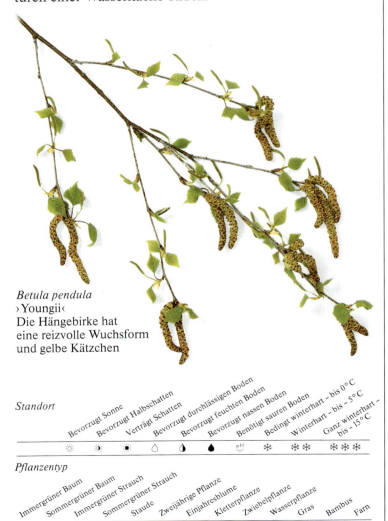

Betula pendula
›Youngii‹
Die Hängebirke hat eine reizvolle Wuchsform und gelbe Kätzchen

Betula pendula ›Youngii‹
(Weißbirke)
Ein Cultivar der Weißbirke mit zarten überhängenden Zweigen und kleinen hellgrünen Blättern. Im Frühjahr erscheinen gelbe Kätzchen.
H: 8 m, B: 10 m

Cedrus deodara ›Aurea‹
(Gold-Himalayazeder)
Eine großartige Zeder, die so dominant sein kann, daß nur wenige Pflanzen neben ihr bestehen. Ihre Nadeln sind nur golden, solange sie jung sind.
H: 6 m, B: 5 m

TRAUERWUCHS

☀ ○ ❅❅❅ ♧

***Fagus sylvatica* ›Pendula‹**
(Grüne Hängebuche)
Wenn die Grüne Hängebuche genug Platz hat, entwickelt sie sich im Lauf der Zeit zu einem Riesen, dessen dichtbelaubte Zweige bis auf den Boden hinabhängen.
H: 15 m, B: 20 m

☀ ○ ❅❅❅ ♧

***Ulmus glabra* ›Camperdownii‹**
(Lauben-Ulme)
Die Zweige dieses Baumes hängen bis auf den Boden herab und bilden im Winter ohne Blätter ein bizarres Geäst. Im Sommer hingegen entwickelt sich ein dichter Baldachin aus Laub. H und B: 8 m

☀ ○ ❅❅❅ ⊞

***Wisteria floribunda* ›Alba‹**
(Glyzine, weißblühende Sorte)
Die langen Triebe dieser Glyzine schmücken mit ihrem hängenden Wuchs im Frühjahr und Sommer jede Mauer und jede Pergola. Glyzinen lassen sich auch als Bäumchen erziehen.
H: bis 9 m

☀ ○ ❅❅❅ ♧

***Prunus subhirtella* ›Pendula Rubra‹**
(Zierkirsche, hängende Sorte)
Im Frühjahr erscheinen an den noch blattlosen Zweigen dieser Zierkirsche Büschel aus tiefrosa Blüten. Der hängende Wuchs verleiht ihr besonderen Reiz.
H und B: 9 m

☀ ○ ❅❅❅ ♧

***Pyrus salicifolia* ›Pendula‹**
(Weidenblättrige Birne)
Diese hängende *Pyrus*-Sorte mit silbrig-grauen Blättern und weißen Blüten bildet ein schönes Element in weißen Pflanzungen oder gemischtfarbigen Rabatten.
H: 7 m, B: 5 m

☀ ○ ❅❅❅ ♧

***Salix caprea* ›Kilmarnock‹**
(Salweiden-Sorte)
Eine kleine, schirmförmige Weide mit zarten, hängenden Zweigen. Im Frühjahr trägt sie zunächst graue, dann gelbe Kätzchen und im Sommer dichtes Laub.
H: 1,5 – 2 m, B: 2 m

WEITERE PFLANZEN

Caragana arborescens ›Pendula‹
Cedrus atlantica ›Glauca Pendula‹
Cotoneaster watereri ›Pendulus‹
Malus floribunda
Parrotia persica ›Pendula‹
Picea breweriana
Prunus ›Cheal's Weeping‹
Salix sepulchralis ›Chrysocoma‹
Taxus baccata ›Dovastoniana‹

PFLANZENVERZEICHNIS

Gerüstbildende Pflanzen

Die folgenden Pflanzen sind geeignet, der Anlage eines Gartens eine bestimmte Struktur zu verleihen. Viele dieser Pflanzen sind immergrün und somit das ganze Jahr hindurch dekorativ. Da sie hauptsächlich für Volumen und Winterformen sorgen sollen, spielen Blüten eine untergeordnete Rolle. Bedeutung kommt vor allem der Laubfarbe und den Früchten einer Pflanze zu, weil sie dauerhafte Charakteristika aufweisen. Sehr häufig werden strukturbildende Immergrüne an Grundstücksgrenzen gepflanzt, wo sie als Windschutz dienen und häßliche Aussichten verbergen, oder sie dienen dazu, Gesamtanlagen zu unterteilen. In kleinerem Maßstab können diese gerüstbildenden Pflanzen die immergrüne Basis für eine Mischung aus Stauden oder sommergrünen Sträuchern bilden, um einem Gesamtplan Stabilität und dauerhafte Struktur zu verleihen. Eine weitere Aufgabe dieser Pflanzen ist, im Winter für optische Spannung zu sorgen. *Viburnum tinus* gehört zum Beispiel zu dieser Gruppe; er trägt schöne Blüten und ist immergrün. Weitere Informationen siehe Seite 124–127.

Berberis darwinii *(Darwins-Berberitze)*
Im Frühjahr entwickelt sie sich zu einem undurchdringlichen Busch mit orangefarbenen Blüten. Sie eignet sich gut für Naturhecken und gemischte Pflanzungen aus Sträuchern. H und B: 3 m

Callistemon pallidus *(Reiherbusch)*
Der Reiherbusch ist eine interessante Pflanze für mediterrane Gartenanlagen auf trockenem Boden. Er hat graugrünes Laub und ungewöhnliche bürstenartige Blütenstände in Gelbweiß.
H und B: 3 m

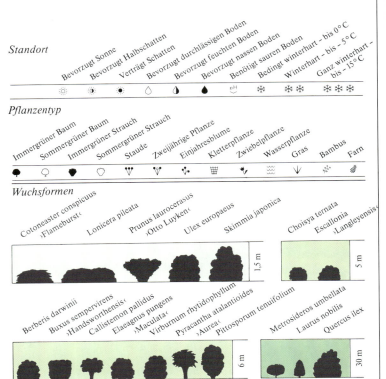

***Buxus sempervirens* ›Handsworthensis‹** *(Buchsbaum-Sorte)*
Geschnittene Hecken sind ideale Strukturelemente für einen Garten. Dieser Buchs-Cultivar wird ziemlich hoch.
H und B: 3 m

GERÜSTBILDENDE PFLANZEN

☼ ◊ ❄ ❄ ●
Choisya ternata
(Orangenblume)
Dieser dichte Busch ist eine hervorragende Leitpflanze, verträgt aber keinen Wind. Er hat glänzende Blätter und herrlich duftende Frühjahrsblüten.
H und B: 2 m

☼ ◊ ❄ ❄ ●
***Escallonia* ›Langleyensis‹**
(Escallonien-Sorte)
Ein anmutiger Strauch mit überhängenden Zweigen, an denen dunkelgrüne Blätter und rosenrote Frühsommerblüten sitzen. Er kann für Naturhecken verwendet werden.
H: 2 m, B: 3 m

☼ ◊ ❄ ❄ ●
Laurus nobilis *(Lorbeerbaum)*
Dieser immergrüne Lorbeer wirkt sehr edel. Er hat glänzende, dunkle Blätter und ist, in Form geschnitten und in Töpfe gepflanzt, eine schöne Leitpflanze. Man kann ihn auch frei wachsen lassen.
H: 12 m, B: 10 m

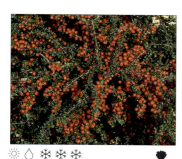

☼ ◊ ❄ ❄ ❄ ●
Cotoneaster conspicuus
›Flameburst‹ *(Felsenmispel)*
Ein reizvoller, niedriger immergrüner Strauch, der im Herbst und Winter leuchtendrote Beeren trägt. In gemischte Rabatten oder als zwanglose Hecke pflanzen.
H: 60 cm, B: 2–3 m

☼ ◊ ❄ ❄ ●
***Elaeagnus pungens* ›Maculata‹**
(Immergrüne Ölweide)
Das auffallend leuchtende goldgelbpanaschierte Laub dieses Strauches ist für strukturierende Pflanzungen sehr geeignet, weil es die üblichen reingrünen Pflanzungen belebt. H und B: 3 m

☼ ◊ ❄ ⊞
***Hedera canariensis* ›Ravensholst‹**
(Efeu-Sorte)
Ein großblättriger Efeu, der einen permanenten Hintergrund für auffälligere Pflanzen bilden kann. Darüber hinaus ist er ein ausgezeichneter Bodendecker.
H: bis 6 m, B: 5 m

PFLANZENVERZEICHNIS

☼ ◊ ❋ ❋ ❋

Lonicera pileata
(Wintergrüne Heckenkirsche)
Mit seinen horizontal verzweigten Ästen und glänzenden dunkelgrünen Blättern ist dieser dichte, niedrige Strauch das ganze Jahr dekorativ. H: 50 cm, B: 2,5 m

☼ ◊ ❋

Metrosideros umbellata
(Eisenholzbaum)
Ein immergrüner Baum mit bürstenförmigen Blüten und rötlichen Zweigen. Dieser Strauch ist nicht winterhart und eignet sich nur für sehr milde Gegenden.
H und B: 10 m

☼ ◊ ❋ ❋

Pittosporum tenuifolium
(Klebsame)
Dieser aus Neuseeland stammende Strauch oder kleine Baum hat attraktive glänzende Blätter und violette Spätsommerblüten. Eine schöne Heckenpflanze.
H: 5 m, B: 4 m

☼ ◊ ❋ ❋ ❋

Prunus laurocerasus
›**Otto Luyken**‹ *(Kirschlorbeer)*
Der Kirschlorbeer ist ideal für pflegeleichte Gärten, und diese Sorte sorgt auf feuchten Flächen für Leben. Sie hat klare Formen und ist anspruchslos.
H: 1 m, B: 1,5 m

☼ ◊ ❋ ❋

Pyracantha atalantioides ›**Aurea**‹
(Feuerdorn-Sorte)
Der immergrüne Feuerdorn mit seinen gelben Früchten ist sehr beliebt, weil er selbst an schattigen Plätzen blüht und schöne Früchte entwickelt.
H und B: 4 m

☼ ◊ ❋ ❋

Quercus ilex *(Steineiche)*
Die Steineiche eignet sich gut für Schutzgürtel und kann auch als Hecke in Form geschnitten werden. Läßt man sie ungehindert wachsen, entwickelt sie sich zu einem majestätischen immergrünen Baum. H: 25 m, B: 20 m

☼ ◊ ❋ ❋ ❋

Skimmia japonica *(Skimmie)*
Damit dieser immergrüne Strauch Beeren trägt, müssen männliche und weibliche Pflanzen zusammengepflanzt werden. Sein runder Wuchs bildet einen schönen Kontrast zu aufrechtwachsenden Pflanzen. H und B: 1,5 m

☼ ◊ ❋ ❋ ❋

Ulex europaeus *(Stechginster)*
Stechginster ist ein robuster Strauch mit zahllosen Dornen, der im Frühjahr wunderschön blüht. Da sein natürlicher Lebensraum die Heide ist, paßt er gut zu Erika und Kiefern.
H und B: 1,2 m

GERÜSTBILDENDE PFLANZEN

Ilex
Stechpalmen sind ausgezeichnete Leitpflanzen, ihre kraftvollen immergrünen Sträucher haben herrliche Blätter und Beeren

Ilex altaclarensis ›Lawsoniana‹

Ilex aquifolium ›Argentea Marginata‹

Viburnum rhytidophyllum (Immergrüner Chinesischer Schneeball)
Ein herrlicher, als Leitpflanze besonders geeigneter Strauch mit reizvollen dunkelgrünen Blättern, die leicht hängen. Den cremeweißen Blüten des Frühjahrs und Sommers folgen scharlachrote Beeren. H und B: 5 m

WEITERE PFLANZEN

Carpinus betulus
Ilex altaclarensis
Ligustrum japonicum
Lonicera nitida
Osmanthus delavayi
Prunus lusitanica
Rhododendron ponticum
Taxus baccata
Telopea truncata
Viburnum burkwoodii
Viburnum tinus

PFLANZENVERZEICHNIS

Pflanzen für den Winter

Zumindest in gemäßigten Lagen kann ein Garten auch im Winter außerordentlich attraktiv sein. Dazu bedarf es aber einer immergrünen strukturbildenden Pflanzung aus beispielsweise dunklen Eiben oder glänzendem Buchs, vor der sich Triebe, Strukturen und die zarten Farben von Winterpflanzen oder auch das tote rostbraune Laub von Buche und Hainbuche schön abheben. Neben ihren optischen Reizen haben Winterblüher oft auch einen schweren Duft, der durch die ersten wärmenden Sonnenstrahlen zu Frühjahrsbeginn noch intensiviert wird. Immergrüne Sträucher wie *Elaeagnus*, verschiedene *Viburnum*-Arten oder *Pyracantha* sind willkommene Ergänzungen. Als Kontraste kann man *Euphorbia*, *Bergenia* und *Helleborus* mit ihren stark raumgestaltenden Eigenschaften pflanzen. Auf diese Weise wird die Basis für eine Pflanzung geschaffen, die im Laufe der verschiedenen Wachstumsperioden immer reizvoller wird.

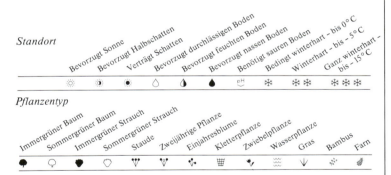

Daphne odora ›Aureo-marginata‹
(Seidelbast, goldgeränderte Sorte)
Dieser Seidelbast sollte nahe beim Haus wachsen, damit man sich im Winter an seinen duftenden rosa und weißen Blüten freuen kann.
H und B: 1,5 m

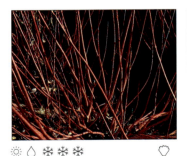

Cornus alba ›Sibirica‹
(Sibirischer Hartriegel)
Ein Hartriegel mit karminroten Trieben, die im Winter eine aufregende Wirkung haben. Neue Triebe entwickeln sich nach einem starken Rückschnitt im Frühjahr.
H und B: 2 m

Corylus avellana ›Contorta‹
(Korkenzieher-Hasel)
Die gedrehten Zweige der Korkenzieher-Hasel wirken im Winter äußerst dekorativ, vor allem wenn gegen Winterende die langen, gelben Kätzchen erscheinen.
H und B: 5 m

Hamamelis mollis
(Lichtmeß-Zaubernuß)
Diese Zaubernuß ist wegen ihrer gelben Blüten beliebt, die im Winter erscheinen. An einen Weg gepflanzt, kann man auch ihren süßen Duft genießen.
H und B: 4 m und mehr.

Mahonia media ›Buckland‹
(Mahonien-Sorte)
Eine der schönsten Mahonien, die ihr skulptural geformtes Laub das ganze Jahr behält und im Winter mit gelben Blütenständen für Farbe sorgt.
H: 4–5 m, B: 3 m

PFLANZEN FÜR DEN WINTER

☼ ◊ ❄ ❄ ❄

Viburnum bodnantense ›Dawn‹
(Winter-Duftschneeball)
Ein Winterstrauch mit duftenden blaßrosa Blüten, die vom Spätherbst bis Frühjahrsbeginn erscheinen.
H: 3 m, B: 2 m

WEITERE PFLANZEN

Arum italicum ›Pictum‹
Chimonanthus praecox
Clematis cirrhosa
›Balearica‹
Cornus alba
›Kesselringii‹
Cornus stolonifera
›Flaviramea‹
Eranthis hyemalis
Galanthus-Arten
Jasminum nudiflorum
Lonicera purpusii
Prunus subhirtella
›Autumnalis‹
Viburnum tinus

☼ ◊ ❄ ❄ ❄

Rubus cockburnianus
(Chinesische Brombeere)
Eine auffallende Pflanze für natürliche Bereiche des Gartens, wo ihre kalkweißen, störrischen Triebe im Winter einen attraktiven Blickfang bilden.
H und B: 2,5 m

☼ ◊ ❄ ❄ ❄

Sarcococca confusa (Fleischbeere)
Die auch in trockenem Schatten wachsende Fleischbeere bildet schöne, dichte Sträucher. Sie entwickelt intensivduftende weiße Winterblüten, denen schwarze Früchte folgen.
H und B: 1 m

Helleborus-Orientalis-Hybriden

Helleborus argutifolius

Helleborus
Die Nieswurz-Arten sind herrliche, winterblühende Pflanzen, die ihr Laub das ganze Jahr behalten

PFLANZENVERZEICHNIS

Pflanzen für den Herbst

Im Herbst nimmt das Laub oft spektakuläre Farben an, die von Blaßgelb bis zu Tiefviolett reichen, und auch die zu Boden gefallenen Blätter machen einen Teil des Zaubers dieser Jahreszeit aus. Und selbst nach dem Laubfall gibt es noch üppige Früchte wie etwa Hagebutten und Holzäpfel oder die Beeren von *Pyracantha*, *Cotoneaster* und *Viburnum*. Zumeist haben Herbstblüten warme Farben – satte Rost-, Rot-, Gold- und Gelbtöne – die von den Silhouetten nickender, strohgelber Gräser wunderbar ergänzt werden. Der Herbst ist auch die Zeit, in der der Garten für den Winter aufgeräumt und die absterbenden Sommerpflanzen entfernt werden.

Hagebutten
Diese prallen roten Früchte kündigen den Herbst an

Acer palmatum coreanum
(Japanischer Fächerahorn)
Der Fächerahorn hat außergewöhnliches Herbstlaub. Die Blätter dieser Sorte färben sich leuchtendkarminrot und bewahren lange Zeit ihre Farbe.
H und B: 7 m

Clematis orientalis
(Orientalische Waldrebe)
Im Spätsommer erscheinen an dieser großartigen Clematis hängende, laternenförmige gelbe Blüten, denen im Herbst silbrige, seidige Fruchtstände folgen.
H: 3 – 4 m, B: 1,5 m

Enkianthus campanulatus
(Japanische Prachtglocke)
Ein sehr reizvoller japanischer Strauch, der im Frühjahr eine Fülle zarter, glockenförmiger Blüten entwickelt und Herbstlaub in großartigen Gelb- und Rottönen trägt. H und B: 4 m

Standort: Bevorzugt Sonne · Bevorzugt Halbschatten · Verträgt Schatten · Bevorzugt durchlässigen Boden · Bevorzugt feuchten Boden · Bevorzugt nassen Boden · Benötigt sauren Boden · Bedingt winterhart – bis 0°C · Winterhart – bis –5°C · Ganz winterhart – bis –15°C

Pflanzentyp: Immergrüner Baum · Sommergrüner Baum · Immergrüner Strauch · Sommergrüner Strauch · Staude · Zweijährige Pflanze · Einjahresblume · Kletterpflanze · Zwiebelpflanze · Wasserpflanze · Gras · Bambus · Farn

PFLANZEN FÜR DEN HERBST

☼ ◐ pH ❄❄❄ ◯
Nyssa sylvatica *(Tupelobaum)*
Der Tupelobaum hat einen breiten konischen Wuchs, und seine unteren Zweige neigen sich anmutig zum Boden. Die orangerote Herbstfärbung harmoniert gut mit gelblaubigen Pflanzen.
H: 20 m, B: 15 m

☼ ◐ ❄❄❄ ◯
Rhus trichocarpa *(Essigbaum-Art)*
Ein ungewöhnlicher Strauch oder kleiner Baum mit auffällig geformtem Laub, das sich karminrot bis orange färbt. Der Essigbaum sieht in Stadtgärten zwischen Gebäuden sehr hübsch aus.
H und B: 5 m

☼ ◐ ❄❄❄ ⌇
Parthenocissus tricuspidata
(Jungfernrebe)
Die allseits beliebte Jungfernrebe schmückt wirkungsvoll die Fassaden vieler Gebäude. Ihre efeuähnlichen Blätter färben sich im Herbst in herrliches Blutrot.
H: bis 20 m

☼ ◐ ❄❄❄ ●
***Pyracantha* ›Golden Dome‹**
(Feuerdorn-Sorte)
Der Feuerdorn ist wegen seiner üppigen, leuchtenden Herbstbeeren sehr beliebt. Die hier abgebildete formschöne Sorte hat gelbe Früchte.
H: 1,5 m, B: 3 m

☼ ◐ ❄❄❄ ◯
***Sorbus* ›Joseph Rock‹**
(Mehlbeere, gelbfruchtende Sorte)
Diese Mehlbeere gehört zu den dekorativsten unter den kleinen Bäumen. Sie hat buttergelbe Früchte, die einen schönen Kontrast zu ihrem feuirigroten Herbstlaub bilden. H: 10 m, B: 7 m

WEITERE PFLANZEN

Amelanchier lamarckii
Berberis thunbergii
Carpinus betulus
Carya ovata
Cotinus coggygria ›Flame‹
Cotoneaster horizontalis
Crataegus persimilis
›Prunifolia‹
Euonymus europaeus
Fothergilla major
Gaultheria procumbens
Liquidambar styraciflua
Nandina domestica
Rhus typhina
Rosa rugosa

PFLANZENVERZEICHNIS

Blütensträucher

Es ist nicht ganz einfach, Blüten und Laub getrennt zu betrachten, denn am schönsten sind die Pflanzen, bei denen sich beides ergänzt. So sehen beispielsweise Strauchrosen mit ihren weichen Formen, Hagebutten und dekorativen Dornen sehr schön aus, und das gleiche gilt für Fingerkraut in weißen, gelben und aprikosenfarbenen Tönen oder *Ceratostigma*. Schön sind auch die graublättrigen Sträucher mit ihren schlichten Blüten, wie etwa *Cistus, Ozothamnus, Perovskia*, Salbei und die seidige, weißblühende Silberwinde. Empfehlenswert ist die Gruppe von Blütensträuchern, die im Herbst zurückgeschnitten wird, wie Buddleias, Fuchsien und Hortensien. Zwischen sie können frühe Stauden und Zwiebelblumen gepflanzt werden.

Chaenomeles speciosa ›Moerloosii‹
(Scheinquitten-Art)
Ein stark verzweigter, buschiger Strauch mit rosa und rosagetönten weißen Blüten, die zu Frühjahrsbeginn erscheinen. Er paßt gut zu weißen oder blauen Tulpen.
H und B: 3 m

Hypericum ›Hidcote‹
(Großblumiges Johanniskraut)
Ein dichter, buschiger Strauch mit dunklem, immergrünem Laub und zahlreichen goldgelben Blüten, die vom Hochsommer bis in den Herbst erscheinen.
H und B: 1,5 m

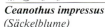

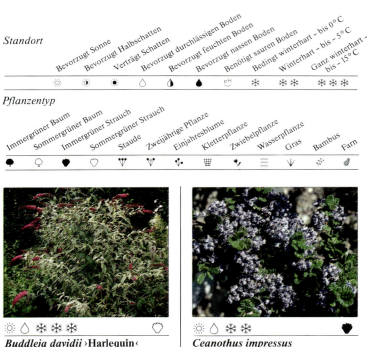

Buddleja davidii ›Harlequin‹
(Schmetterlingsstrauch-Art)
Dieser Schmetterlingsstrauch hat panaschiertes Laub, und an seinen geschwungenen Trieben erscheinen im Spätsommer violettrote Blütenrispen.
H: 5 m, B: 3 m

Ceanothus impressus
(Säckelblume)
Diese Säckelblume sieht sehr gut hinter lilienblütigen Tulpen aus, zu denen ihre zahlreichen tiefblauen Blüten einen schönen Kontrast bilden.
H: 2 m, B: 3 m

Hydrangea aspera ssp. sargentiana
(Samthortensie)
Diese Hortensie ist größer als die meisten ihrer Verwandten. Sie trägt flaumige Blätter und große filigrane Blütenstände. Eine schöne Pflanze für den Schatten.
H: 2,5 m, B: 2 m

BLÜTENSTRÄUCHER

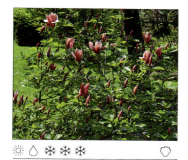

Magnolia liliiflora ›Nigra‹
(Purpurmagnolie)
Eine attraktive Magnolie für kleine Gärten, die vom Frühjahr bis zum Sommer wachsartige, tulpenähnliche Blüten in dunklem Violettrot trägt.
H und B: 4 m

Rosa moyesii ›Geranium‹
(Rosen-Art)
Diese große, ausladende Rose sorgt im Garten für scharlachrote Farbtupfer. Welke Blüten nicht entfernen, damit sich im Herbst die Hagebutten entwickeln können. H: 3 m, B: 2,5 m

Rubus ›Benenden‹
(Brombeer-Sorte)
Wegen seines eigenwilligen, ausladenden Wuchses eignet sich dieser Strauch gut für lichten Wald oder naturbelassene Flächen. Besonders schön sieht er mit rosablühenden Strauchrosen aus.
H und B: 3 m

Syringa vulgaris ›Madame Lemoine‹ *(Flieder-Sorte)*
Blühender Flieder verschönt das Frühjahr durch wunderbare Farben und Wohlgeruch. Diese gefüllte Sorte trägt im Spätfrühjahr und Frühsommer duftende weiße Blütenrispen.
H: 4 m, B: 3 m

Viburnum burkwoodii
Der wintergrüne Duftschneeball trägt im Frühjahr runde weißrosa Blütenstände

Philadelphus
(Pfeifenstrauch)
Der Pfeifenstrauch gehört zu den schönsten Blütensträuchern und entwickelt vom Spätfrühjahr bis zum Frühsommer ein Meer herrlich duftender weißer Blüten.
H und B: 2 m

Sorbaria sorbifolia (Fiederspiere)
Das farnartige Laub und die weißen Sommerblüten sind ein schöner Hintergrund für schmalblättrige Pflanzen wie *Phormium* und *Yucca*. Vorsicht bei der Standortwahl, die Pflanze kann zahlreiche Ausläufer bilden. H: 2 m, B: 3 m

> **WEITERE PFLANZEN**
>
> *Calycanthus occidentalis*
> *Chimonanthus praecox*
> *Choisya ternata*
> *Cytisus*-Arten
> *Daphne*-Arten
> *Deutzia elegantissima*
> *Forsythia*-Arten
> *Fuchsia*-Arten und Hybriden
> *Hebe*-Arten
> *Mahonia*-Arten
> *Pyracantha*-Arten
> *Skimmia japonica*
> *Viburnum tinus*
> *Weigela florida* ›Variegata‹

PFLANZENVERZEICHNIS

Runder Wuchs

Pflanzen mit gleichmäßigem rundem Wuchs haben etwas Beruhigendes. An erster Stelle sind hier die *Hebe*-Arten zu nennen, doch auch Salbei und Lavendel sehen schön aus. Runde Blütenstände setzen stets interessante Akzente. Hier bieten sich *Agapanthus, Allium* und Hortensien an.

Ruta graveolens ›Jackman's Blue‹ (Weinrauten-Sorte)
Die kräftige Farbe des filigranen Laubes macht diese runde Weinraute zu einem schönen Blickfang in einer gemischten Rabatte

Buxus microphylla ›Green Pillow‹
(Buchsbaum-Sorte)
Diese Zwerform mit dem sehr gleichmäßigen runden Wuchs ist hervorragend geeignet als immergrünes strukturierendes Element für Kies- und Kräutergärten.
H und B: 50 cm

Euphorbia polychroma
(Gold-Wolfsmilch)
Ein niedriger, runder Busch mit schwefelgelben Frühjahrsblüten. Diese Wolfsmilch-Art entwickelt sich sehr früh und paßt besonders gut zu blaublühenden Pflanzen.
H und B: 50 cm

Hebe ›White Gem‹
(Strauchveronika-Sorte)
Diese Sorte blüht während des ganzen Frühsommers. Durch ihren kompakten Wuchs ist sie ideal als strukturierendes Element in einer gemischten Pflanzung.
H und B: 75 cm

Cytisus praecox
(Elfenbeinginster)
Der Elfenbeinginster entwickelt im Spätfrühjahr ein Meer cremegelber Blüten, die in Kombination mit dem leuchtendblauen *Ceanothus* gut zur Geltung kommen.
H: 1,2 m, B: 1,5 m

Genista hispanica
(Spanischer Ginster)
Eine schöne, aber dornige Pflanze für sonnige Plätze oder trockene Böschungen. Vom Spätfrühjahr bis Frühsommer bildet sie ein Meer von gelben Blüten.
H: 75 cm, B: 1,5 m

Hydrangea involucrata ›Hortensis‹
(Hortensien-Sorte)
Eine der schönsten Hortensien, die gewöhnlich sehr klein bleibt. Im Spätsommer und Herbst ist der runde Strauch mit rosaweißen Blüten bedeckt.
H: 75 cm, B: 1 m

WEITERE PFLANZEN

Ceanothus ›Cascade‹
Cryptomeria japonica
›Vilmoriniana‹
Euphorbia characias ssp.
wulfenii
Lavandula angustifolia
›Hidcote‹
Olearia macrodonta
Potentilla fructicosa
Rosmarinus officinalis
Salvia officinalis
Skimmia japonica
Viburnum davidii
Viburnum opulus
›Compactum‹

Gestufter Wuchs

Viele Pflanzen haben ansteigende Äste, deren horizontale Linien stark hervortreten und im Garten eine großartige optische Wirkung erzeugen. Ein klassisches Beispiel ist die Libanonzeder, deren Äste bis zum Boden gehen, sowie *Viburnum plicatum* ›Mariesii‹ und *Rhus typhina*.

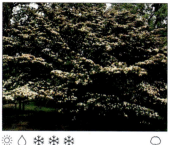

Hosta fortunei (oben) und *H. fortunei* ›Aurea Marginata‹
Auch diese Funkien mit ihren sich überlappenden Blättern können in die obengenannte Kategorie eingeordnet werden

Cornus kousa var. chinensis
(*Chinesischer Blumenhartriegel*)
Auffällige weiße Brakteen bedecken diesen kleinen Baum im Frühsommer in horizontalen Schichten; ebenso reizvoll ist seine Färbung im Herbst.
H: 7 m, B: 5 m

Hamamelis japonica ›Sulphurea‹
(*Zaubernuß*)
Im Winter entwickeln sich an den kahlen Zweigen dieser eigenwillig geformten Zaubernuß zarte, spinnenförmige gelbe Blüten, die schwach duften.
H: 4 m, B: 6 m

Juniperus chinensis ›Gold Coast‹
(*Strauchwacholder*)
Die Zweige dieser Wacholder-Hybride sehen fast wie übereinanderliegende Matten aus. Eine schöne, gerüstbildende Pflanze für kleine Gärten oder Rabatten.
H: 30 cm, B: 1,8 m

Cotoneaster horizontalis
(*Fächer-Zwergmispel*)
Diese Zwergmispel ist im Spätsommer am schönsten, wenn an ihren fächerförmigen Trieben rote Beeren erscheinen. Ihre Blätter färben sich im Herbst karminrot.
H: 60 cm, B: 1,5 m

Helichrysum petiolare
(*Strohblume*)
Mit ihren winkligen Stengeln und kleinen grauen Blättern läßt diese Art zwischen Topfpflanzen oder in einer sonnigen Rabatte herrliche stufenartige Effekte entstehen.
H: 30 cm, B: 1,5 m

Polygonatum hybridum
(*Salomonssiegel*)
Seine ausladenden Triebe bilden ein außergewöhnliches horizontal ausgerichtetes Element. Sehr hübsch sieht Salomonssiegel mit Anemonen und filigranen Farnen aus. H: 1,2 m, B: 1 m

---

WEITERE PFLANZEN

Cedrus libani
Hydrangea anomala ssp. *petiolaris*
Juniperus sabina
›Tamariscifolia‹
Mahonia-Arten
Parrotia persica
Rhus typhina
Viburnum plicatum
›Mariesii‹

PFLANZENVERZEICHNIS

Filigrane Effekte

In einem bestimmten Bereich meines Grundstücks ziehe ich nur Pflanzen mit filigranen Formen. Neben Türkischem Schwarzkümmel, Fächerahorn und Fenchel stehen die fedrigen Blütenrispen der Astilben und die duftigen Blüten des Schleierkrauts, die in ihrer Zartheit einzigartig sind. Auch Farne werden eigentlich viel zu selten verwendet, obwohl einige selbst unter ungünstigen Bedingungen gedeihen – wie etwa an schattigen, trockenen Plätzen, an denen sonst kaum etwas wächst. Und es ist ein Vergnügen zu sehen, wie sich ihre Wedel zwischen den Frühlingsblumen aufrollen.

Acer palmatum ›**Dissectum Atropurpureum**‹ *(Roter Schlitzahorn)*
Der Schlitzahorn hat hauchzarte, tiefeingeschnittene Blätter, und dieser Cultivar bildet einen purpurroten Busch, der sich im Herbst rot und orange verfärbt.
H: 1 m, B: 1,5 m

Crambe cordifolia
(Meerkohl)
Mit ihren gefurchten Blättern und duftigen Blüten bildet diese Staude in gemischten Rabatten oder vor dunklen Sträuchern einen wunderbaren Blickfang.
H: 2 m, B: 1,2 m

Artemisia arborescens
Der anmutige Beifuß mit seinem graugrünen Laub ist ausgezeichnet als Bodendecker geeignet

Astilbe ›**Venus**‹ *(Prachtspieren-Art)*
Eine klassische Pflanze für Teichufer oder lichten Schatten unter Bäumen. Mit ihren weichen, fedrigen Blütenrispen bietet sie – vor allem im Sommer – einen wunderschönen Anblick.
H und B: 1 m

Standort: Bevorzugt Sonne, Bevorzugt Halbschatten, Verträgt Schatten, Bevorzugt durchlässigen Boden, Bevorzugt feuchten Boden, Bevorzugt nassen Boden, Benötigt sauren Boden, Bedingt winterhart – bis 0°C, Winterhart – bis –5°C, Ganz winterhart – bis –15°C

Pflanzentyp: Immergrüner Baum, Sommergrüner Baum, Immergrüner Strauch, Sommergrüner Strauch, Staude, Zweijährige Pflanze, Einjahresblume, Kletterpflanze, Zwiebelpflanze, Wasserpflanze, Gras, Bambus, Farn

FILIGRANE EFFEKTE

☀ ○ ❋❋❋ ❦
Dicentra spectabilis ›Alba‹
(Tränendes Herz)
Geschwungene Stengel, dicht besetzt mit herzförmigen Blüten, neigen sich über zarte, tiefgeteilte Blätter, die ebenso anmutig und dekorativ sind.
H: 60–75 cm, B: 60 cm

☀ ○ ❋❋❋
Perovskia atriplicifolia
›Blue Spire‹ *(Blaurauten-Sorte)*
Eine filigrane Pflanze für sonnige Rabatten, die im Spätsommer eine Fülle winziger violettblauer Blüten entwickelt. Sie stehen über feingeteiltem grauem Laub.
H: 1,2 m, B: 1 m

Farne

☀ ○ ❋❋❋
Asplenium trichomanes
(Braunstieliger Streifenfarn)
Ein zarter Farn für Nischen und Spalten in feuchten Mauern und auf schattigen Flächen oder für Pflanzgefäße.
H: 15 cm, B: 15–30 cm

◐ ○ ❋❋❋
Dryopteris filix-mas
(Wurmfarn)
Ein großartiger Farn, der gut mit Waldpflanzen harmoniert und im Garten einen naturnahen Eindruck entstehen läßt.
H: 1,2 m, B: 1 m

☀ ○ ❋❋❋ ❦
Foeniculum vulgare
(Fenchel)
Dieser Fenchel hat besonders feines und filigranes Laub. Es bildet erfrischende Kontraste zu Pflanzen mit großen oder gröber strukturierten Blättern.
H: 2 m, B: 50 cm

☀ ○ ❋❋❋ ❦
Pulsatilla vulgaris ›Rubra‹
(Kuhschellen-Art)
In durchlässige, kalkige Erde gepflanzt, bietet sie mit ihren fedrigen Fruchtständen einen duftigen Anblick. Im Frühjahr erscheinen seidige Knospen und leuchtendrote Blüten. H und B: 15–25 cm

☀ ○
Alsophila australis
(Farn-Art)
Dieser Farn hat einen hohen Schopf aus langen Wedeln. Er verleiht feuchten Flächen einen sumpfartigen Charakter.
H: 7 m, B: 5 m

☀ ○ ❋❋❋ ❦
Nigella damascena ›Miss Jekyll‹
(Türkische Schwarzkümmel-Sorte)
Fein gegliederte Blätter und blaue Blüten kennzeichnen diese duftige Einjahresblume, die in trockenen Rabatten oder Kiesgärten zum Lückenfüllen geeignet ist.
H: 50 cm, B: 20 cm

WEITERE PFLANZEN

Acacia dealbata
Albizia julibrissin
Alchemilla mollis
Filipendula-Arten
Gypsophila paniculata
Senecio bicolor ssp. *cineraria*
Thalictrum lucidum

Farne

Adiantum venustum
Asplenium scolopendrium
Matteuccia struthiopteris
Onoclea sensibilis
Polypodium vulgare

PFLANZENVERZEICHNIS

Lineare und stachelige Formen

Pflanzen mit linearen Formen erzeugen eine besondere Wirkung. Zu ihnen gehören vor allem Wüstenpflanzen, aber auch *Phormium* und *Cordyline* aus Neuseeland können in lockeren Pflanzungen schöne Kontraste entstehen lassen. Neben diesen und anderen Pflanzen mit langen, schmalen Blättern gibt es eine Reihe stacheliger Gewächse mit ähnlichem Effekt, wie zum Beispiel *Eryngium, Echinops, Onopordum* und *Silybum*. Darüber hinaus beziehe ich in meine Pflanzungen stets auch vertikale Elemente ein. Hier bieten sich einige Stauden und Gräser an, vor allem aber ein großes Spektrum schöner Blütenstände. In größerem Maßstab können sommergrüne Bäume mit säulenförmigem Wuchs und verschiedene Koniferen verwendet werden.

Chamaerops humilis (Zwergpalme)
Eine auffallende Zwergpalme mit exotischer Wirkung, die sich für tropisch anmutende Pflanzungen anbietet. Sie kann auch mit Agaven und Yuccas zusammengesetzt werden.
H und B: 1,5 m

Digitalis purpurea
(Fingerhut)
Der Fingerhut paßt wunderbar in Gärten mit rustikalem Flair. Seine hohen weißen, roten und rosa Blütenstände sorgen während der Sommermonate für Farbe.
H: 1–1,5 m, B: 60 cm

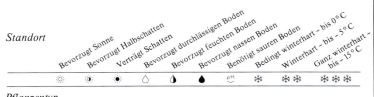

Eryngium oliverianum
Die violettblauen Blütenstände dieser Staude haben eine ausgeprägte stachelige Form

Acanthus spinosus (Akanthus-Art)
Eine großartige Blattpflanze mit raumgestaltendem Charakter, der durch ihre ungewöhnlichen Blätter und Blütenstände bedingt ist. Sie kann auch als Topfpflanze gezogen werden.
H: 1,2 m, B: 60 cm

Agave filifera (Agaven-Art)
Diese mexikanische Agave bildet eine kugelige Rosette aus steifen, nadelspitzen grünen Blättern. Sie eignet sich ausgezeichnet für Pflanzungen mit mediterranem oder wüstenähnlichem Charakter.
H: 1 m, B: 2 m

LINEARE UND STACHELIGE FORMEN

☼ ◊ 🌳

Dracaena draco *(Drachenbaum)*
Großartige spitze Blätter machen diese Pflanze zu einem dekorativen Blickfang. In trockenen, heißen Gegenden erreicht der exotisch wirkende Drachenbaum eine beachtliche Größe.
H und B: 6 m

☼ ◊ ❄ ❄ ⚘

Kniphofia uvaria
(Fackellilie)
Im Sommer erzeugt die Fackellilie mit ihren kerzengeraden Blütenständen auffallende, reizvolle Kontraste zwischen den Sträuchern einer gemischten Rabatte.
H: 1,2 m, B: 60 cm

☼ ◊ ❄ ❄ ❄ ⚘

Lupinus ›Inverewe Red‹
(Lupinen-Art)
Diese Lupine ist besonders für gemischte Rabatten mit ländlichem Charakter geeignet. Flächig gepflanzt, bietet sie im Frühsommer ein großartiges Farbspiel.
H: 1–1,2 m, B: 60 cm

☼ ◊ ♣

Yucca aloifolia ›Marginata‹
(Palmlilie, hellgeränderte Sorte)
Die skulpturale Form der Yucca eignet sich ausgezeichnet, um lockeren Pflanzgruppen strukturellen Reiz zu verleihen. Diese Sorte ist für kleine Gärten zu empfehlen.
H und B: 1,5 m

☼ ◊ ❄ ❄ ⚘

Eremurus robustus *(Steppenkerze)*
Mit ihren hohen, spitzen rosa Blütenständen ist die Steppenkerze im Sommer in Blumenrabatten ein aufregendes Element. Ihre riemenförmigen Blätter erscheinen vor den Blüten.
H: 2,2 m, B: 1 m

☼ ◊ ❄ ❄ ❄ ⚘

Lysimachia punctata
(Goldfelberich)
Die leuchtendgelben Blütenstände dieser üppigen Staude sehen in halbwilden Gärten und überall dort wirkungsvoll aus, wo kleine vertikale Elemente erforderlich sind. H: 60–75 cm, B: 60 cm.

WEITERE PFLANZEN

Aciphylla squarrosa
Aconitum-Arten
Agave americana
Beschorneria yuccoides
Carpinus betulus
›Fastigiata‹
Cordyline australis
Cupressus sempervirens
Delphinium-Arten
Fagus sylvatica ›Dawyck‹
Lythrum virgatum
›The Rocket‹
Phormium tenax
Quercus robur
›Fastigiata‹
Taxus baccata
›Fastigiata‹
Trachycarpus fortunei
Verbascum olympicum

PFLANZENVERZEICHNIS

Große Blätter

Unabhängig von ihrer Gesamtgröße, sind Pflanzen mit großen Blättern für gemischte Pflanzungen enorm wichtig. Tatsächlich läßt hier eine Gruppe von *Hosta* oder *Bergenia* ebenso wirkungsvolle Kontraste entstehen wie die gewaltige *Gunnera manicata*. Großblättrige Kletterpflanzen, insbesondere *Vitis coignetiae* und einige Efeus, sehen sehr beeindruckend aus und heben sich klar von dem weichen, lockeren Laub anderer Kletterpflanzen ab, während wieder andere Pflanzen mit großen Blättern – wie *Rheum*, *Ligularia* und *Rodgersia* – neben Wasserflächen besonders schön zur Geltung kommen.

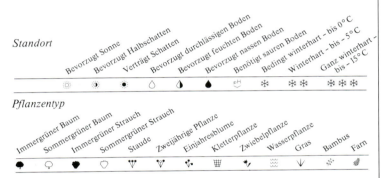

Brassica oleracea *(Gemüsekohl)*
Die festen, runden Kohlköpfe mit ihren ledrigen Blättern gibt es in einem ganzen Spektrum ausgefallener Farben. Sie bieten auch in gemischten Zierpflanzenrabatten einen großartigen Anblick.
H und B: 30 – 50 cm

Arum italicum ›Pictum‹ *(Aronstab)*
Die dunkelgrünen, gefleckten Blätter dieses Aronstabs rollen sich im Winter auf, wenn die meisten Stauden ruhen. Er ist deshalb eine sehr schöne Ergänzung für jeden Garten.
H: 15 – 25 cm, B: 20 – 30 cm

Bergenia cordifolia
(Bergenien-Art)
Ein ausgezeichneter Bodendecker für schattige Beete mit großen, ledrigen, starknervigen Blättern, die der Winterfrost hübsch violettrot färbt.
H: 50 cm, B: 60 cm

Fatsia japonica *(Zimmeralie)*
Eine Pflanze mit skulpturalen Formen und großen, glänzenden Blättern, die sich gut für üppige Schattenpflanzungen beim Haus eignet. Ländlichen Gärten kann sie eine tropische Note verleihen.
H und B: 3 m

Gunnera manicata
(Hohe Gunnera)
Eine gewaltige Pflanze für große Teiche und Bäche. Um im Frühling und Sommer für Farbe zu sorgen, kann man Primeln und Astilben in ihrer Nähe pflanzen.
H: 2 m, B: 2,2 m

GROSSE BLÄTTER

☼ ◊ ❋❋❋ ▽

Hosta sieboldiana
(Blaublatt-Funkie)
Funkien mit größerem Laub kommt innerhalb dieser Pflanzenkategorie große Bedeutung zu, vor allem wegen ihrer plastischen Formen und auffallend schönen Blattstrukturen. H: 1 m, B: 1,5 m

☼ ◊ ❋❋❋ ▽

Veratrum album *(Germer)*
Die auffallend gerippten Blätter des weißen Germer harmonieren gut mit panaschierten Funkien oder Frühlingszwiebelblumen. Im Spätsommer erscheinen an hohen Stengeln weiße Blüten.
H: 2 m, B: 60 cm

Ligularia dentata ›Desdemona‹
(Ligularien-Sorte)
Eine großblättrige Staude mit welligen, stark gerippten Blättern, die ein großartiges Strukturelement bilden

☼ ◊ ❋❋❋ ▽

Rheum palmatum *(Zierrhabarber)*
Der Zierrhabarber mit seinen tiefgeteilten Blättern und hohen, verzweigten Blütenständen ist äußerst dekorativ. Er eignet sich gut für Naturgärten und Uferbepflanzungen.
H und B: 2 m

☼ ◊ ❋❋❋ ⌑

Vitis coignetiae *(Reben-Art)*
Dieser großartige, wuchsfreudige Wein hat riesige, stark strukturierte Blätter, die dicht übereinandersitzen und sich im Herbst herrlich karminrot färben. Den Sommerblüten folgen violette Früchte.
H: bis zu 15 m

WEITERE PFLANZEN

Astilboides tabularis
Catalpa bignonioides
Cynara cardunculus
Darmera peltatum
Ficus carica
Hedera canariensis
Hedera colchica
Lysichiton camtschatcensis
Macleaya cordata
Paulownia tomentosa
Rodgersia aesculifolia
Trachycarpus fortunei

PFLANZENVERZEICHNIS

Grasartige Effekte

Mit einem wachsenden Trend zu naturnahen Gärten werden auch Gräser immer beliebter. Auf den Seiten 198–199 ist zu sehen, wie sie, in größeren Mengen gepflanzt, wirken. Wenn sie im Herbst abgeblüht sind, bleiben ihre Samenköpfe bis zum folgenden Frühjahr erhalten und bilden eine großartige Winterdekoration. Damit im Frühsommer keine Lücken entstehen, kann man Gräser mit Frühlings-Zwiebelblumen und frühblühenden Stauden kombinieren. Oder man setzt schwachwüchsigere Bambusarten dazu, die – sofern sie nicht im Wind stehen – ihr Laub behalten. Bambus sollte sparsam verwendet werden, denn größere Mengen können eine übertrieben japanisch anmutende Atmosphäre erzeugen.

Arundo donax ›Variegata‹
(Pfahlrohr, weißbunte Sorte)
Ein Gras mit breiten, gestreiften Blättern, das sich üppig ausbreitet. Sehr wirkungsvoll sieht es zwischen auffälligen rundblättrigen Pflanzen und dunkellaubigen Sträuchern aus.
H: 2,5–3 m, B: 60 cm

Carex pendula (Riesensegge)
Diese reizvolle Segge sieht sehr schön zwischen farbenfrohen Pflanzen in Rabatten oder zu buntlaubigen Gräsern aus. Im Sommer trägt sie anmutige hängende Blüten.
H: 1 m, B: 30 cm

Phalaris arundinacea var. *picta*
Ein sich ausbreitendes Gras mit gestreiften Blättern und schmalen Blütenrispen, die im Sommer erscheinen

Dierama pulcherrimum
(Trichterschwertel)
Der Trichterschwertel hat zarte, geschwungene Halme, an denen rosa Blüten sitzen. Eine Knollenpflanze, die in gemischten Pflanzungen grasartig wirkt.
H: 1,5 m, B: 30 cm

GRASARTIGE EFFEKTE

☼ ◊ ❋❋❋ ∨

Festuca glauca *(Blauschwingel)*
Auffällige graublaue Blätter machen dieses kleine, büschelige Gras zu einer schönen Gartenpflanze, die sich auch als Bodendecker eignet. Sie gedeiht gut in trockenem Boden.
H und B: 10 cm

☼ ◊ ❋❋❋ ∨

Lagurus ovatus
(Hasenschwanz-Gras)
Ein besonders attraktives einjähriges Gras, das vielseitig verwendbar ist. Es hat lange, flache Blätter und trägt im Sommer weiche, eiförmige Blütenähren.
H: 45 cm, B: 15 cm

☼ ◊ ❋❋ ∨

Miscanthus sinensis ›**Zebrinus**‹
(Zebra-Chinaschilf)
Ein herrliches Gras, das als Hintergrund in Sommerrabatten gepflanzt werden kann. Es hat Blätter mit breiten gelben Flecken und weiße Blütenstände.
H: 1,2 m, B: 45 cm

☼ ◊ ❋❋ ∨

Stipa gigantea
(Riesen-Reiherfedergras)
Dieses anmutige Gras hat hohe Stengel und zarte, haferähnliche Blüten, die während der Sommermonate silbrig schimmern. In der Rabatte bildet es großartige Büsche. H: 2,5 m, B: 1 m

---

WEITERE PFLANZEN

Seggen

Carex elata ›Aurea‹

Gräser

Glyceria maxima ›Variegata‹
Helictotrichon sempervirens
Molinia litoralis

Bambus

Phyllostachys flexuosa
Shibataea kumasaca

Bambus

☼ ◊ ❋❋❋ ❆

Chusquea culeoa
(Zierbambus-Art)
Ein schwachwüchsiger immergrüner Zierbambus aus Chile, der wundervolle dichte Büsche aus hohen, belaubten Rohren bildet.
H: 4 m, B: 2,5 m und mehr

☼ ◊ ❋❋❋ ❆

Arundinaria viridistriata
(Rundhalm)
Diese wunderschöne Bambus-Art trägt leuchtendes goldgelbes Laub mit schmalen grünen Streifen.
H: bis 1 m, B: unbegrenzt

☼ ● ❋❋❋ ❆

Sasa veitchii
(Zwergbambus-Art)
Ein für Teiche geeigneter breitwüchsiger Bambus. Seine Blätter haben während der Wachstumsperiode helle Ränder.
H: bis 1,5 m, B: unbegrenzt

PFLANZENVERZEICHNIS

Breiter und kriechender Wuchs

Für diese Pflanzenarten habe ich eine besondere Vorliebe, denn sie lassen die Konturen des Gartens lockerer und weicher erscheinen. Ich verwende sie meist am Rand bepflanzter Flächen, und wo diese an Kies oder Pflaster angrenzen, setze ich auch noch ein oder zwei Pflanzen in den Kies oder zwischen die Steine, um ihre natürliche Ausbreitung etwas zu beschleunigen. Sofern die Pflanzen immergrün sind, bewahren sie sogar das ganze Jahr hindurch ihren Reiz. Viele von ihnen sind ideale Bodendecker, doch sollte der Boden beim Pflanzen frei von Spontanvegetation sein, weil sich diese später nur noch schwer entfernen läßt.

Epimedium versicolor (Elfenblume)
Diese Elfenblume mit ihren frischgrünen, rotgefleckten Blättern breitet sich an trockenen, schattigen Plätzen selbst aus. Ihre zarten gelben Blüten sind ideale Partner für Frühlings-Zwiebelblumen. H und B: 30 cm

***Hebe* ›Purple Queen‹**
(Strauchveronika-Sorte)
Ein Strauch, der sich für sonnige Rabatten eignet. Setzt man *Lonicera nitida* ›Baggesen's Gold‹ (s. Seite 317) dahinter, werden die Blüten und Blätter noch betont. H und B: 75 cm

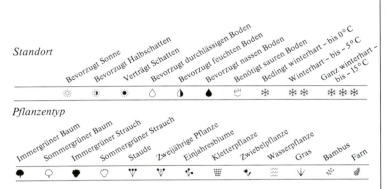

Standort	Bevorzugt Sonne	Bevorzugt Halbschatten	Verträgt Schatten	Bevorzugt durchlässigen Boden	Bevorzugt feuchten Boden	Bevorzugt nassen Boden	Benötigt sauren Boden	Bedingt winterhart – bis 0°C	Winterhart – bis –5°C	Ganz winterhart – bis –15°C

Pflanzentyp	Immergrüner Baum	Sommergrüner Baum	Immergrüner Strauch	Sommergrüner Strauch	Staude	Zweijährige Pflanze	Einjahresblume	Kletterpflanze	Zwiebelpflanze	Wasserpflanze	Gras	Bambus	Farn

***Ajuga reptans* ›Multicolor‹**
(Günsel-Sorte)
Dieser Günsel bildet im Sommer schnell Teppiche aus dunkelgrünen Blättern, die creme und violett übertönt sind. Er ist ein farbenfroher Bodendecker.
H: 12 cm, B: 50 cm

***Arctostaphylos* ›Emerald Carpet‹**
(Bärentrauben-Sorte)
Die Bärentraube ist ein dichter, flacher Bodendecker aus violetten Trieben und hellgrünen Blättern, der zwischen Erika und Azaleen sehr gut aussieht.
H: 30 cm, B: 1,5 m

***Geranium* ›Johnson's Blue‹**
(Storchschnabel-Sorte)
Der anmutige Storchschnabel bildet breite Kissen mit leicht überhängenden Blättern. Diese hübsche Hybride hat leuchtendviolettblaue Sommerblüten.
H: 30 cm, B: 60 cm

BREITER, KRIECHENDER WUCHS

☼ ◊ ❋❋❋

Lamium maculatum ›Album‹
(Gefleckte Taubnessel-Sorte)
Diese weißgefleckte Form der Taubnessel bildet große Teppiche und ist ideal für Rabattenränder und Pflasterspalten. Im Frühjahr trägt sie kleine weiße Blüten.
H: 20 cm, B: 1 m

☼ ◊ ❋❋❋

Rosa ›Rosy Cushion‹ *(Rosen-Sorte)*
Eine Rose mit dichtem Wuchs und zahlreichen Blüten. Diese rosafarbene Sorte mit ihren glänzenden Blättern sieht zwischen den Blau- und Silbertönen von *Perovskia* und *Echinops* besonders hübsch aus. H: 1 m, B: 1,2 m

☼ ◊ ❋❋❋

Stachys byzantina *(Wollziest)*
Der Wollziest ist wegen seiner großen, sich samtig anfühlenden silbergrauen Blätter sehr beliebt, die das Licht reflektieren. Deshalb sollte *Stachys byzantina* vorn in der Rabatte stehen.
H: 30 – 40 cm, B: 60 cm

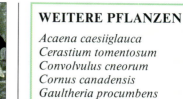

WEITERE PFLANZEN

Acaena caesiiglauca
Cerastium tomentosum
Convolvulus cneorum
Cornus canadensis
Gaultheria procumbens
Hebe canterburiensis
Lavatera-Arten
Lonicera pileata
Pachysandra terminalis
Salvia-Arten
Sedum reflexum
Taxus baccata ›Aurea‹
Trifolium repens
›Purpurascens‹

☼ ◊ ❋❋❋

Lavandula angustifolia ›Hidcote‹
(Lavendel-Sorte)
Mit Lavendel lassen sich die Ränder von Wegen und rustikalen Rabatten schön auflockern. Die Sorte ›Hidcote‹ hat violette Blüten und eine recht kompakte Form.
H und B: 60 cm

☼ ◊ ❋❋❋

Taxus cuspidata ›Aurescens‹
(Japanische Straucheibe)
Diese Straucheibe ist eine vielseitig verwendbare immergrüne Pflanze für den Hintergrund. Ihre Nadeln sind im Austrieb goldgelb, später dunkelgrün.
H: 30 cm, B: 1 m

Sedum spectabile

Sedum alboroseum ›Medio-variegatus‹

PFLANZENVERZEICHNIS

Kletterpflanzen und Mauersträucher

Gebäude, die durch Kletterpflanzen optisch aufgelockert werden, gibt es überall auf der Welt. Häufig werden dabei Rosen verwendet, die man oft zusammen mit Clematis pflanzt. Ich bevorzuge kleinblütige Clematis-Arten, die meines Erachtens gepflegter wirken. Für eine immergrüne Mauerverkleidung findet man fast immer einen Platz, und ich verwende dafür meistens Efeu. Doch auch Reben sehen schön aus, vor allem wenn das Licht durch ihre Blätter scheint. Daneben gibt es noch eine Reihe von Mauersträuchern wie *Ceanothus, Carpenteria, Solanum* und *Azara.*

Parthenocissus quinquefolia
Dieser Wilde Wein hat eine schöne Blattfärbung, die mit Mauern und Gebäuden harmoniert

Vitis coignetiae
Eine wuchsfreudige Rebe mit karminrotem Herbstlaub

Actinidia kolomikta
(Strahlengriffel)
Eine auffallende sommergrüne Kletterpflanze mit dreifarbigen, herzförmigen Blättern, die, vor eine sonnige Wand gepflanzt, einen faszinierenden Blickfang bildet. H: 4 m

Azara microphylla
Duftende gelbe Blüten, die zu Frühjahrsbeginn erscheinen, glänzende Blätter und sich anmutig verzweigende Stämme machen diesen Strauch oder kleinen Baum vor einer weißen Wand zu einer Attraktion. H: 6 m, B: 5 m

Carpenteria californica
Ein besonders attraktiver immergrüner Mauerstrauch mit langen dunkelgrünen Blättern, der im Sommer große, herrlich duftende weiße Blüten mit gelber Mitte trägt.
H und B: 2 m

310

KLETTERPFLANZEN UND MAUERSTRÄUCHER

☼ ◊ ❄❄❄ 🗑

Clematis montana *(Berg-Waldrebe)*
Diese frühblühende sommergrüne Clematis entwickelt ein Meer kleiner, einfacher Blüten. Eine wuchsfreudige Kletterpflanze für große Wandflächen; sie klettert aber auch in Obstbäumen.
H: 7 – 12 m, B: 2 – 3 m

☼ ◊ ❄❄❄ ⬢

Jasminum humile ›Revolutum‹
(Jasmin-Sorte)
Von Frühjahrsbeginn bis Spätherbst entwickelt dieser immergrüne Wandstrauch mit dem glänzenden, vollen Laub große, duftende gelbe Blüten.
H: 2,5 m, B: 3 m

☼ ◊ ❄❄❄ 🗑

Lonicera periclymenum
(Wald-Geißblatt)
Dieses Geißblatt hat einen lockeren Wuchs und ist eine schöne sommergrüne Kletterpflanze für Gärten mit rustikalem Charakter. Seine duftenden Blüten erscheinen im Sommer. H: bis 7 m

☼ ◊ ❄❄ 🗑

Pileostegia viburnoides
Mit ihren Blütenständen aus winzigen weißen Blüten und ihren immergrünen holzigen Trieben sorgt diese herrliche Kletterpflanze für eine dichte Begrünung, die häßliche Flächen das ganze Jahr verbirgt. H: bis 6 m

☼ ◊ ❄❄❄ ⬢

Pyracantha rogersiana
(Feuerdorn-Art)
Feuerdorn ist ganzjährig dekorativ und kann durch entsprechenden Schnitt ziemlich flach erzogen werden. Seine dicht mit Blüten und Beeren besetzten Triebe sind für Mauern sehr geeignet.
H und B: 3 m

☼ ◊ ❄❄❄ 🗑

Rosa ›**New Dawn**‹ *(Rosen-Sorte)*
Eine großartige, reichblühende Kletterrose, die rasch wächst und ihre perlrosa Blüten über einen langen Zeitraum trägt. Sie sieht mit einer blaßblauen Clematis sehr schön aus.
H und B: 5 m

☼ ◊ ❄❄ 🗑

Trachelospermum asiaticum
(Sternjasmin)
An einem sonnigen Platz läßt diese immergrüne Kletterpflanze mit der Zeit häßliche Zäune und Bauten unter ihren cremefarbenen Sommerblüten und glänzenden Blättern verschwinden. H: bis 6 m

☼ ◊ ❄❄❄ 🗑

Tropaeolum speciosum
(Kapuzinerkressen-Art)
Die krautige Kapuzinerkresse trägt exotisch wirkende scharlachrote Sommerblüten. Ihr hellgrünes Laub heitert dunkle Immergrüne auf, die wiederum die hellen Farben der Kapuzinerkresse betonen.
H: bis 3 m

WEITERE PFLANZEN

Berberidopsis corallina
Campsis grandiflora
Ceanothus-Arten
Cobaea scandens
Fremontodendron californicum
Hedera-Arten
Humulus lupulus ›Aureus‹
Hydrangea anomala ssp. *petiolaris*
Jasminum officinale
Solanum jasminoides ›Album‹
Wisteria floribunda ›Alba‹

PFLANZENVERZEICHNIS

Lückenfüller

In diese Kategorie gehören Zwiebelblumen und sich selbst aussamende Pflanzen, die freie Flächen zwischen Sträuchern und Bäumen füllen (siehe auch 132–133). In einem neuangelegten Garten sind unter Umständen große Mengen erforderlich, um die Lücken zwischen den noch jungen Sträuchern zu schließen und Blickfänge zu schaffen. Solche Lückenfüller können ziemlich willkürlich plaziert werden. Zwiebelblumen wie Tulpen und Narzissen pflanzt man in lockeren Gruppen, und Samen werden einfach ausgestreut, so daß ein zwangloser Eindruck entsteht, eine Art organisiertes Durcheinander. *Allium*-Arten stehen ausgezeichnet am Fuß neuer Sträucher, ebenso in größeren Mengen gepflanzte Vergißmeinnicht, die ideal sind zum Auffüllen freier Flächen. Rustikale Üppigkeit entsteht durch die Aussaat von Mohn, Kapuzinerkresse, Frauenmantel und Sonnenblumen.

Erythronium dens-canis
(Hundszahn)
Unter Bäumen und Sträuchern eingebürgert, ist der Hundszahn mit seinen zarten Frühjahrsblüten und gefleckten Blättern ein ganz besonders schöner Lückenfüller.
H: 15–25 cm, B: 8–10 cm

Euphorbia cyparissias
(Zypressen-Wolfsmilch)
Diese Wolfsmilch hat frischgrünes, filigranes Laub und entwickelt im Spätfrühjahr zarte gelbgrüne Blüten. Sie breitet sich selbst aus und wächst ziemlich dicht.
H und B: 30 cm

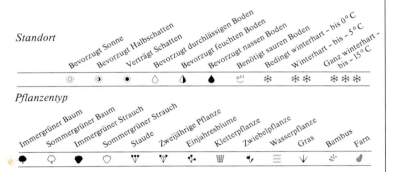

Alchemilla mollis (Frauenmantel)
Die filzigen Blätter und duftigen Sommerblüten des Frauenmantels bilden ein schönes Füllelement für jeden Garten. Darüber hinaus sät er sich üppig aus und ist ein guter Bodendecker.
H und B: 50 cm

Allium christophii
(Sternkugel-Lauch)
Diese Verwandte der Küchenzwiebel trägt großartige runde Blütenstände, die an kurzen Stielen stehen. Ein schöner Nachbar für Pflanzen mit violettem Laub.
H: 15–40 cm, B: 15–20 cm

Eschscholzia califòrnica
(Goldmohn)
Der aufsehenerregende Goldmohn mit seinen leuchtendorangen Sommerblüten bildet beispielsweise zu blauen Kornblumen und Rittersporn herrliche Kontraste. H: 30 cm, B: 15 cm

LÜCKENFÜLLER

Felicia bergeriana (Felicie)
Eine für Lücken in sonnigen Rabatten geeignete Pflanze, die ein Meer duftiger blau-gelber Korbblüten entwickelt. In Töpfen sieht sie zusammen mit *Helichrysum petiolare* ›Limelight‹ schön aus.
H und B: 15 cm

Nerine bowdenii f. alba
(Guernseylilie)
Die weißen und rosa Formen dieser Zwiebelblume lassen im Herbst schöne Blickfänge entstehen. Sie harmonieren gut mit der silbernen *Artemisia arborescens*.
H: 50 – 60 cm, B: 12 – 15 cm

Nicotiana-Domingo-Serie
(Ziertabak)
Diese Tabakpflanze hat eine lange Blühperiode, und ihre duftenden Blüten vertragen Sonne wie Schatten. Sie füllt viele häßliche Lücken in Rabatten aus.
H und B: 30 cm

WEITERE PFLANZEN

Alstroemeria-Ligtu-Hybriden
Anemone blanda
Arisaema sikokianum
Arum italicum › Pictum ‹
Crocus-Arten
Cyclamen-Arten
Digitalis purpurea
Felicia amelloides › Santa Anita ‹
Lilium regale
Lunaria annua
Moluccella laevis
Sisyrinchium-Arten
Tropaeolum majus

Narcissus ›Sun Chariot‹
(Narzissen-Sorte)
Zu Frühjahrsbeginn bieten sich Narzissen zum Füllen von Lücken an. Diese Sorte eignet sich gut für kurzes Gras und Kies oder als Vorläufer von Stauden. H: 15 cm

Verbascum nigrum ›Album‹

Verbascum bombyciferum

Papaver orientale
(Türkischer Mohn)
Dieser Mohn mit seinen schönen Farben und großartigen Samenkapseln sät sich selbst aus und schließt großartig Lücken.
H: 1 m, B: 30 – 100 cm

PFLANZENVERZEICHNIS

Silbernes Laub

Silber- und graublättrige Pflanzen können im Garten eine wichtige Funktion übernehmen: Sie lockern grüne Arrangements auf, und ihre häufig samtigen Blätter sorgen zwischen Pflanzen mit glattem Laub für Struktur. In größeren Mengen gepflanzt, sehen sie im Winter großartig aus, da sie mit den Farben der Jahreszeit harmonieren.

Cynara scolymus
Diese Artischocken-Art hat dekoratives Laub, das an Farnwedel erinnert

Hebe recurva (Strauchveronika-Art)
Mit ihrem offenen, lockeren Wuchs, den schlanken weißen Blüten und den schmalen silbrigblauen Blättern ist diese Strauchveronika eine schöne Ergänzung für sonnenliebenden *Cistus* und *Helianthemum*.
H: 60 cm, B: 75 cm

WEITERE PFLANZEN

Acacia pravissima
Achillea-Arten
Brachyglottis ›Sunshine‹
Elaeagnus angustifolia
Eucalyptus niphophila
Hebe pinguifolia ›Pagei‹
Helichrysum-Arten
Hippophae rhamnoides
Populus alba
Pyrus salicifolia ›Pendula‹
Romneya coulteri
Santolina chamaecyparissus
Sorbus aria ›Lutescens‹
Stachys byzantina

Artemisia ludoviciana var. incompta
Diese Artemisia bildet niedrige Büsche aus feingeteilten Blättern und eignet sich gut für trockene, sonnige Flächen. Sie ist eine herrliche Ergänzung zu magentaroten Rosen und rosa *Cistus*.
H und B: 75 cm

Cytisus battandieri (Geißklee)
Im Sommer erscheinen zwischen dem schimmernden silbriggrünen Laub große leuchtendgelbe Blüten mit Ananasduft. Ein auffallender, schöner Strauch für jeden Garten.
H und B: 4,5 m

Convolvulus cneorum (Silberwinde)
Eine sich stark ausbreitende Pflanze mit seidigen silbrigen Blättern, die in der Sonne schimmern. Von Spätfrühjahr bis Spätsommer trägt sie weiße Blüten mit gelber Mitte.
H und B: 75 cm

Eryngium giganteum (Elfenbeindistel)
Ihr silbriger Glanz macht diese Distel zu einer herrlichen Pflanze für sonnige Rabatten und Kiesflächen, wo sie vor allem Rosa-, Blau- und Gelbtöne schön ergänzt.
H: 1–1,2 m, B: 75 cm

Verbascum olympicum (Königskerze)
Die hohen, samtigen Blütenstände sowie großen silberblauen Blattrosetten der Königskerze bilden in sonnigen Gärten ein auffälliges Element. Sie samt sich selbst aus.
H: 2 m, B: 1 m

314

SILBERNES UND VIOLETTES LAUB

Violettes Laub

Verwendet man violett- oder bronzefarbenes Laub sparsam und in Verbindung mit silbernen oder grauen Pflanzen, kann es sehr wirkungsvoll sein. Besonders schön aber sehen solche Pflanzen im Herbst vor den orangen und rostfarbenen Tönen dieser Jahreszeit aus.

Foeniculum vulgare ›Purpureum‹
Dekorative Fenchel-Sorte

Acer palmatum ›Bloodgood‹
(Roter Fächerahorn)
Dunkler gefärbte Sorten des Fächerahorns können düster wirken, doch man kann sie durch hellgrüne Bambusarten und Gräser farblich aufheitern und ergänzen.
H und B: 3 m

Cotinus coggygria ›Purpurea‹
(Roter Perückenstrauch)
Das tiefviolettrote Laub dieses Perückenstrauchs kann, wie auf dieser Abbildung, durch die duftigen Blütenstände von *Allium* oder silbrige Edeldisteln effektvoll belebt werden. H und B: 5 m

Salvia officinalis ›Purpurascens‹
(Salbei-Sorte)
Ein violetter Cultivar des Küchensalbei mit stark strukturierten Blättern und violetten Blüten, die am schönsten zwischen silbernen Pflanzen wirken.
H: 60 cm, B: 1 m

Berberis thunbergii ›Atropurpurea‹
(Blutberberitze)
Vor dem dunklen Laub dieser Berberitze heben sich *Phormium tenax* oder Palmlilien gut ab. Auch die Kombination mit *Rosa glauca* ist reizvoll.
H und B: 2 m

Pittosporum tenuifolium ›Tom Thumb‹ (Klebsamen-Sorte)
Dieser Klebsame gehört zu den auffallendsten Pflanzen im bronzevioletten Spektrum. Seine glänzenden Blätter mit ihren gewellten Rändern reflektieren das Sonnenlicht. H und B: 75 cm

Weigela florida ›Foliis Purpureis‹
(Weigelien-Sorte)
Dieser Strauch hat weiche bronzefarbene Blätter und blaßrosa Trichterblüten. Silberpanaschierter Günsel zu seinen Füßen sieht sehr hübsch aus.
H und B: 1,5 m

WEITERE PFLANZEN

Acer platanoides ›Royal Red‹
Atriplex hortensis ›Rubra‹
Canna generalis
Euphorbia amygdaloides ›Purpurea‹
Phormium tenax ›Purpureum/Bronze Baby‹
Rheum palmatum ›Atrosanguineum‹
Sedum telephium ssp. *maximum* ›Atropurpureum‹
Viola labradorica

PFLANZENVERZEICHNIS

Goldenes Laub

Goldblättrige Pflanzen wirken immer heiter und freundlich, und bei schönem Wetter scheinen sie selbst das Sonnenlicht zu intensivieren. Bei sparsamer Verwendung lassen sich mit der einen oder anderen goldblättrigen Pflanze eintönig grüne Gruppen optisch wunderbar aufheitern. Dagegen kann es aufdringlich wirken, wenn man Gold mit Grau oder Violett kombiniert. Der Gartenhopfen *Humulus lupulus* ›Aureus‹ zum Beispiel ist eine herrliche, wuchsfreudige Kletterpflanze, ebenso die beliebte *Robinia pseudoacacia* ›Frisia‹. Goldenes Laub harmoniert außerdem mit gelben und zitronenfarbenen Blüten und wirkt auch in Kombination mit Blautönen sehr schön.

Philadelphus coronarius ›Aureus‹
Das Laub dieses Pfeifenstrauchs wirkt im Frühjahr wunderbar frisch

Acer shirasawanum* f. *aureum
(Ahorn-Sorte)
Ein schwachwüchsiger Baum oder Strauch mit gelappten goldgelben Blättern. Dieser Ahorn sieht besonders hübsch am Rand eines lichten Wäldchens aus.
H und B: 6 m

***Cornus alba* ›Spaethii‹**
(Buntblättriger Hartriegel)
Die Blätter dieses wuchsfreudigen Hartriegels haben einen goldenen Rand. *C. alba* ›Spaethii‹ ist für gemischte Rabatten geeignet oder um düstere Pflanzungen zu beleben. H: 2 m, B: 1,5 m

***Gleditsia triacanthos* ›Sunburst‹**
(Lederhülsenbaum)
Ein anmutiger, stolzer Baum, der im Frühsommer goldgelbes Laub trägt. Am schönsten kommt er vor dunklen, immergrünen Sträuchern zur Geltung.
H: 12 m, B: 7 m

GOLDENES LAUB

Hedera helix ›**Buttercup**‹
(Efeu-Sorte)
Dieser Efeu mit seinen buttergelben Blättern kann Mauern und schattige Ecken schmücken. Er sieht auch zusammen mit dunkleren Efeus und einfarbigen Blattpflanzen gut aus. H: 2 m, B: 2,5 m

Lonicera nitida ›**Baggesen's Gold**‹
(Heckenkirschen-Sorte)
Die lichtreflektierenden goldenen Blätter sitzen an ausladenden Zweigen, die zwar lockere, aber mitunter sperrige Konturen bilden. Sie sollten dann geschnitten werden. H und B: bis 1,5 m

Origanum vulgare ›**Aureum**‹
(Dost, gelblaubige Sorte)
Dieser blaßgoldene Dost hat einen kissenförmigen Wuchs und sieht hübsch aus, wenn er über Steine und Kies ranken kann. In der Sonne entwickeln sich Farbe und Aroma am besten.
H: 8 cm, B: unbegrenzt

Sambucus racemosa ›**Plumosa Aurea**‹ (Traubenholunder)
Die tiefgeteilten goldgelben Blätter verleihen diesem Holunder ein sehr zartes Aussehen. Am besten passen zu diesem hübschen Laub ein tiefes Violett und dunkles Blau.
H und B: 3 m

Humulus lupulus ›**Aureus**‹
(Hopfen-Sorte)
Eine krautige, üppigwachsende, dankbare Kletterpflanze, die alles um sich herum überwuchert. Ihre grünlichgelben Blätter sitzen dicht übereinander.
H: bis 6 m

Robinia pseudoacacia ›**Frisia**‹
(Gold-Scheinakazie)
Das goldene, in aufsteigenden Schichten wachsende Laub der Scheinakazie gestaltet jeden Gartenfreundlich. Vor dunklem Hintergrund sieht dieser Baum sehr wirkungsvoll aus. H: 15 m, B: 7 m

Spiraea japonica ›**Goldflame**‹
(Spierstrauch)
Im Austrieb sind die Blätter feurigorange, später werden sie gelb und schließlich grün. Im Sommer erscheinen rosa Blütenstände, die in Blütenrabatten sehr schön wirken. H und B: 1 m

WEITERE PFLANZEN

Catalpa bignonioides
›Aurea‹
Euonymus fortunei
›Emerald and Gold‹
Filipendula ulmaria
›Aurea‹
Hypericum inodorum
›Summergold‹
Iris pallida ›Variegata‹
Philadelphus coronarius
›Aureus‹
Taxus baccata ›Aurea‹

PFLANZENVERZEICHNIS

Sumpf- und Wasserpflanzen

Gartenteiche und Wassergärten können wunderschön sein, solange sie nicht einfach künstliche Miniaturnachbildungen von Teichen in freier Natur sind. Im allgemeinen sind natürliche Wasserflächen recht offen, und die Vegetation beschränkt sich auf eine begrenzte Palette von Schilf und Uferzonenpflanzen, die in Gruppen wachsen und mit zunehmender Wassertiefe spärlicher werden. Diese Wuchsweise aber kann ein Vorbild für den Gebrauch von Wasserpflanzen im Garten sein, das heißt, daß man nur wenige Arten verwendet. Eine ganze Reihe von Wasserpflanzen haben raumgestalterischen Charakter, weil sie aufgrund des Sauerstoffmangels im Wurzelbereich über Wasser große Blätter ausbilden. Bei der Auswahl der Sumpfpflanzen müssen die jahreszeitlich bedingten Schwankungen des Wasserstandes berücksichtigt werden – die vorhandene Wassertiefe muß also ausreichen.

Caltha palustris
(Sumpfdotterblume)
Die hübsche Sumpfdotterblume setzt man in flaches Wasser oder feuchte Erde neben den Teich, damit sich ihre goldgelben Blüten im Wasser spiegeln können.
H: 60 cm, B: 45 cm

Ligularia stenocephala
(Ligularien-Art)
Eine auffallende Pflanze für Teichufer oder sumpfige Gärten mit herzförmigen, gezähnten Blättern, über die sich Rispen aus goldgelben Blüten erheben.
H: 1,2 m, B: 60 cm

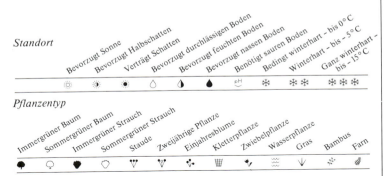

Acorus calamus ›Variegatus‹
(Gestreifter Zwergkalmus)
Mit seinen schwertförmigen, gestreiften Blättern ist der Kalmus eine schöne Ergänzung für großblättrige Pflanzen wie *Rheum* und *Rodgersia*. Er braucht sumpfigen Boden. H: 75 cm, B: 60 cm

Calla palustris *(Sumpfkalla)*
Diese Uferzonenpflanze hat breite, glänzende Blätter, die hübsche Kontraste zu panaschierten Irissorten und Seggen bilden. Den großen weißen Frühjahrsblüten folgen rote Früchte.
H: 25 cm, B: 30 cm

Iris pseudacorus
(Heimische Sumpfschwertlilie)
Die Iris mit ihren leuchtendgelben Blüten und aufrechten, riemenförmigen Blättern sieht im Frühling zwischen Primeln am Rand des Wassers besonders reizvoll aus.
H: bis 2 m, B: unbegrenzt

SUMPF- UND WASSERPFLANZEN

☀ ● ❄❄❄ ≈

Lysichiton americanus camtschatcensis *(Scheinkalla, gelbe Sorte)*
Die Scheinkalla braucht tiefen Schlammboden. Ihren im Frühjahr erscheinenden blaßgelben Spathen folgen riesige Blätter, die im Sommer besonders großartig aussehen. H und B: 75 cm

☀ ● ❄❄❄ ≈

Nymphaea odorata ›Fire Crest‹ *(Wohlriechende Seerosensorte)*
Die klassische Schönheit der Seerose bereichert jeden Wassergarten. Die hier abgebildete Sorte ›Fire Crest‹ hat grünviolette Blätter und rosa Blüten.
B: bis 1,4 m

☀ ● ❄❄❄ ≈

Primula florindae *(Sumpfprimel)*
Eine für Teichufer ideale Primel mit anmutigen gelben Blüten, die im Sommer an hohen Stengeln erscheinen. Besonders gut paßt sie zu Iris, weißen Astilben und gelber *Lysimachia*.
H: 60 cm, B: 30 cm

☀ ● ❄❄❄ ≈

Typha minima
(Kleiner Rohrkolben)
Diese Uferzonenpflanze wird wegen ihrer feinen, grasartigen Blätter und zylindrischen Samenstände gezogen. Da sie nicht wuchert, eignet sie sich auch für kleinere Teiche.
H: 60 cm, B: 30 cm

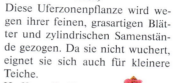

Polygonum milletii
Seine karminroten Blütenstände und grünen, riemenförmigen Blätter erheben sich anmutig über dem Wasser

> **WEITERE PFLANZEN**
>
> *Acorus gramineus*
> ›Variegatus‹
> *Alisma plantago-aquatica*
> *Gunnera manicata*
> *Hosta lancifolia*
> *Hydrocleys nymphoides*
> *Nymphea* ›Virginia‹
> *Pontederia cordata*
> *Primula pulverulenta*
> *Ranunculus lingua*
> *Zantedeschia aethiopica*

9

WEITERE INFORMATIONEN FÜR DIE PRAKTISCHE ARBEIT

Dieses Kapitel beschreibt unter anderem einige Zeichentechniken, die hilfreich sind, um auf der Grundlage eines einfachen Entwurfs weitere genauere Zeichnungen anfertigen zu können. Ferner enthält es eine Reihe nützlicher Informationen, die für Verhandlungen mit einem Auftraggeber oder einem Auftragnehmer wichtig sind. Es ist schon viel gewonnen, wenn man weiß, was man wissen sollte. Das bedeutet jedoch nicht, daß das auf den folgenden Seiten vermittelte Wissen in der Regel nicht noch durch das Studium weiterer Fachliteratur ergänzt werden muß. Ich hoffe aber, daß die Ausführungen Sie ermutigen, Ihre Kenntnisse und Ihr Verständnis von Gestaltung zu erweitern.

INFORMATIONEN FÜR DIE PRAKTISCHE ARBEIT

Graphische Symbole

Diese Doppelseite bietet eine Übersicht über die in den Entwürfen des Buches verwendeten Symbole. Bei den Bauelementen finden sich in erster Linie harte Oberflächen wie Beläge, Mauern und Stufen oder Treppen. Die Pflanzensymbole repräsentieren die verschiedenen Typen von Bäumen, Sträuchern, Stauden und so weiter. In den Entwürfen, die eine Stufe zwischen einem groben Rohentwurf und detaillierten Bau- und Pflanzplänen darstellen, wurden die Symbole nach Möglichkeit maßstabgerecht gezeichnet. Für die Verwendung von Symbolen gibt es keine festen Regeln. Wichtig ist, daß die verschiedenen Elemente gut zu unterscheiden sind. Ich bevorzuge einfache Symbole, finde aber, daß sie eine möglichst große Ähnlichkeit mit der Form der Pflanzen oder Baukörper haben sollten, die sie darstellen. So wäre beispielsweise für eine Yucca ein Symbol mit einer graphischen Zackenform gut geeignet. Darüber hinaus können die Symbole, je nach Wichtigkeit des dargestellten Elementes, mit unterschiedlicher Strichstärke gezeichnet werden. Bei großen Bäumen oder dem Haus zieht man dann dicke Linien, für Platten hingegen feine. Im Handel sind auch Schablonen mit Symbolen erhältlich.

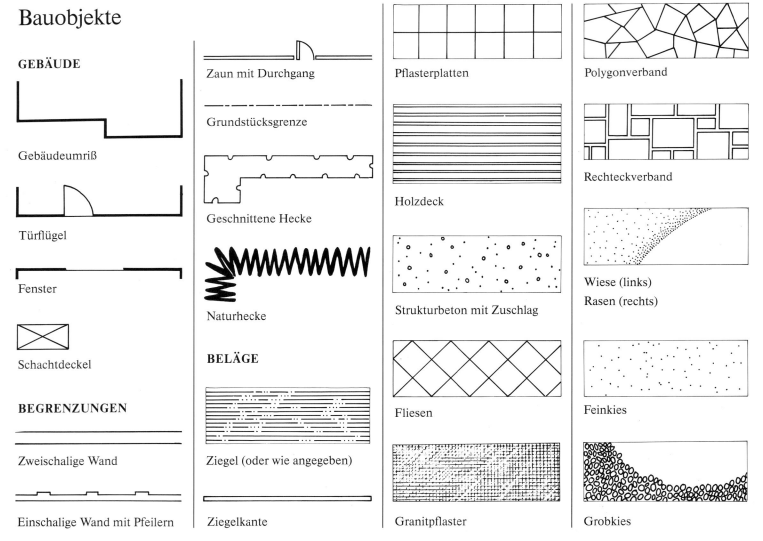

GRAPHISCHE SYMBOLE

WASSER

Stehendes Wasser

Springbrunnen

ANDERE ELEMENTE

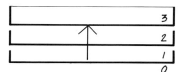
Stufen

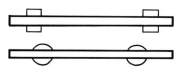
Pergolen

Sitzbank

GELÄNDEFORM

Höhenlinien

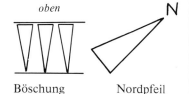
Böschung Nordpfeil

Pflanzen

BÄUME

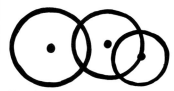
Bereits vorhandene Bäume (dicke Linie)

Konifere

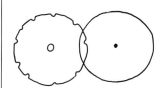
Geplante große Bäume

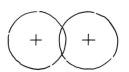
Mittelgroße Waldbäume

Kleine Koniferen

Konifere (Grundriß)

Mittelgroßer Baum (Grundriß)

STRÄUCHER

Immergrüne Strauchgruppe

Sommergrüne Strauchgruppe

Sträucher mit filigranem Wuchs

Locker gruppierte Sträucher (Grundriß)

Gruppe aus Sträuchern gleicher Art

WEITERE PFLANZEN

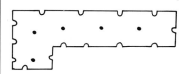
Geschnittene Hecke

Pflanzen mit architektonischem Charakter

Flächige Bodendecker (Grundriß)

Stauden in einer Rabatte

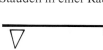
Kletterpflanzen

Zwiebelblumengruppen

STRÄUCHER ZEICHNEN

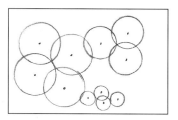

Mit Hilfe eines Zirkels oder einer Schablone zeichnet man Kreise unterschiedlicher Größe, die sich überschneiden können.

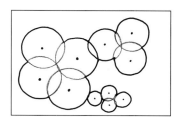

Die Außenkonturen der Gruppe zieht man mit einem Stift freihändig nach. Die Punkte in der Mitte der Kreise kennzeichnen die genauen Pflanzstellen.

INFORMATIONEN FÜR DIE PRAKTISCHE ARBEIT

Zeichentechniken

Bei der Planung eines Gartens sollte man sich nicht nur seine endgültige Gestaltung vor Augen führen, sondern auch die Höhe von Mauern oder das Erscheinungsbild von Stufen, die man auf dem Papier zweidimensional plant. Hierfür sind Projektionen, Aufrisse und vielleicht auch eine perspektivische Zeichnung nützlich. Mit ihrer Hilfe kann man ein Konzept besser vervollkommnen und auftretende Probleme leichter lösen.

Eine Projektion bildet einen Gegenstand dreidimensional ab. Sie läßt den Entwurf also räumlich erscheinen und zeigt darüber hinaus, ob die Größenverhältnisse stimmen und in welcher Beziehung die einzelnen Elemente des Gartens zu Bauobjekten stehen, die sie umgeben – etwa zu einem Zaun, zu einer Mauer und vor allem zum Haus. Mit einer Projektion können alle Stufen, Stützmauern und komplizierten Details dargestellt werden, die in die Gestaltung einbezogen werden sollen. Wer Gärten für Klienten entwirft, kann mit Projektionen seine Ideen besser veranschaulichen. Später sind sie auch für denjenigen hilfreich, der die Arbeit ausführt. Denken Sie aber daran, für senkrechte Maße den gleichen Maßstab zu verwenden wie für waagrechte.

Ein Aufriß ist eine maßstäbliche zweidimensionale – also nicht perspektivische – Darstellung der Außenfläche eines räumlichen Objektes. Im Unterschied dazu macht ein Schnitt die innere Struktur eines Gegenstandes sichtbar. Zur Verdeutlichung dieses Unterschieds stellen Sie sich eine Orange vor: eine Orangenscheibe, wie sie etwa zur Verzierung von Getränken verwendet wird, wäre ein Schnitt, eine Darstellung von der Seite dagegen, auf der nur die Schale zu sehen ist, ein Aufriß. Wenn man einen Gartenentwurf im Aufriß wiedergibt, stellt man im Verlauf der Arbeit einige Teile vielleicht auch im Schnitt dar, etwa eine Grenzmauer, wie im Beispiel auf Seite 326.

Eine perspektivische Zeichnung bietet eine weitere Möglichkeit, einen Teil des geplanten Gartens dreidimensional darzustellen. Ich habe es selten für notwendig gehalten, perspektivische Zeichnungen anzufertigen, obwohl sie realistischer sind als Projektionen. Dennoch ist es nützlich, wenn man die Technik der Zentralperspektive beherrscht.

EINE EINFACHE PROJEKTION

Eine einfache Projektion mit der eine dritte Dimension in einen Entwurf gebracht wird, nennt man Axonometrie. Man benötigt dazu eine Parallelreißschiene und ein 45°- beziehungsweise ein 60°/30°-Zeichendreieck. Diese einfache Übung zur räumlichen Darstellung eines Hauses veranschaulicht die Grundtechniken der Projektion.

1 Mit Hilfe eines 45°-Dreiecks und einer Parallelreißschiene ein Quadrat zeichnen. Das Blatt um 45° drehen, so daß das Quadrat auf der Spitze steht.

2 Das Zeichendreieck an den Ecken des Quadrats anlegen und senkrechte Linien, gleich lang wie die Seiten des Quadrats, nach oben ziehen.

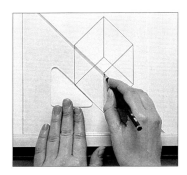

3 Mit der Grundseite des Zeichendreiecks die Enden der senkrechten Linien verbinden, so daß ein Würfel entsteht. Er stellt ein Haus dar, zunächst mit Flachdach.

4 Um ein geneigtes Dach entstehen zu lassen, in der Mitte von zwei sich gegenüberliegenden Seiten des Flachdaches jeweils eine senkrechte Linie ziehen und diese beiden Linien oben verbinden. Dann die Enden der soeben gezeichneten Linien mit den jeweils zur Rechten und Linken liegenden Ecken des Würfels verbinden.

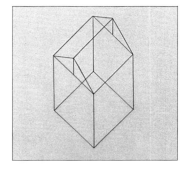

5 Das ist die einfache Projektion eines Hauses. Es spielt keine Rolle, daß der Blickwinkel etwas seltsam erscheint – so, als würde man vom Nachbardach auf das Haus herabschauen.

ZEICHENTECHNIKEN

PROJEKTION EINES GARTENENTWURFS

Diese Bildfolge zeigt die logische Fortführung der links erläuterten Projektion und demonstriert die Grundprinzipien dieser Technik an einem Arbeitsplan. Als Beispiel dient der Plan des Stadtgartens auf Seite 170–173. Diese Zeichnung wird mit Hilfe eines 45°-Dreiecks ausgeführt. Für Pläne, die bereits 45°-Winkel enthalten, verwendet man ein 60°/30°-Zeichendreieck, um Mißverständnisse zu vermeiden.

1 Mit Hilfe von Parallelreißschiene und Zeichendreieck den Grundriß um 45° aus der Waagrechten drehen und ein Stück Transparentpapier darüberlegen.

2 Mit der 90°-Kante des Dreiecks die Senkrechten der Außenmauer ziehen. Dann mit der 45°-Kante den oberen Mauerabschluß zeichnen.

3 Die anderen Senkrechten und die im Winkel von 45° verlaufenden Linien einzeichnen. Bei einigen der letzteren muß das Dreieck gedreht werden.

4 Mit einem Filzstift einige der senkrechten Flächen schraffieren, damit die Zeichnung Tiefe erhält und plastischer wirkt.

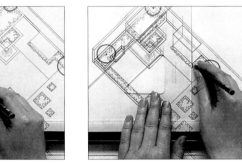

Zwischenstadium
Ein räumliches Bild ist entstanden, und man beginnt zu erkennen, in welcher Beziehung die Gartenbereiche zu den Bauobjekten stehen, die sie umgeben.

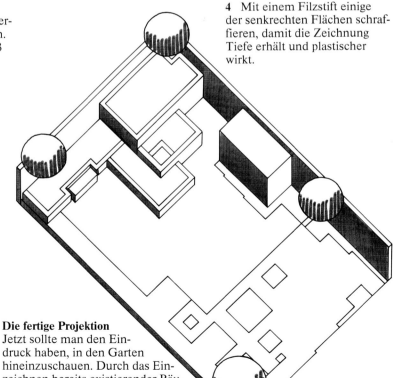

Die fertige Projektion
Jetzt sollte man den Eindruck haben, in den Garten hineinzuschauen. Durch das Einzeichnen bereits existierender Bäume wird die Beziehung zwischen Pflanzen und Bauten deutlicher.

INFORMATIONEN FÜR DIE PRAKTISCHE ARBEIT

AUFRISS

In diesem einfachen Beispiel wurde ein Schnitt durch den Plan des Stadtgartens von Seite 170–173 gemacht, um den Endbereich des Gartens mit den unterschiedlichen Ebenen der Mauern, der Bank und den Bäumen im Aufriß darzustellen. Diese Übung veranschaulicht, wie man mit Hilfe eines Aufrisses die Höhe von Baukörpern festlegen beziehungsweise noch verändern kann. Wurde bereits eine Projektion angefertigt, können die Höhenmaße von dort übernommen werden.

Stadtgarten (rechts)

Unten ist der gezeigte Gartenbereich im Aufriß dargestellt.

Die Schnittlinie (rechts)

Von dieser Linie ausgehend, wird der Aufriß entwickelt. Hier wurde die Schnittlinie an der unteren Kante einer der rechtwinkligen Mauern gezogen.

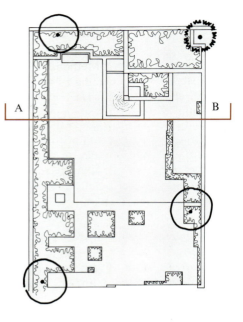

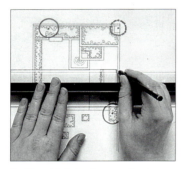

1 Den Teil festlegen, der im Aufriß dargestellt werden soll. Transparentpapier darüberlegen und mit der Reißschiene eine waagrechte Linie, die Schnittlinie, ziehen.

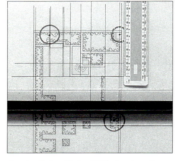

2 Auf der Schnittlinie durch alle Kanten, die sich im rechten Winkel dazu befinden, senkrechte Linien errichten. Danach maßstabgerecht die waagrechten hinzufügen, um die Höhen der Baukörper festzulegen.

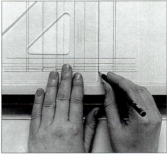

3 Ein Raster aus Senkrechten und Waagrechten ist entstanden, in den dem Originalplan entsprechend die Umrisse der Baukörper akkurat und maßstabgetreu eingezeichnet werden können.

4 Nicht benötigte Rasterlinien ausradieren und mit einem Filzstift die Baumumrisse einzeichnen. Ebenso alle Bäume berücksichtigen, die außerhalb der Grundstücksgrenze stehen und sich im Blickfeld befinden.

Der fertige Aufriß

Beachten Sie, daß Bauobjekte im Vordergrund durch stärkere Linien hervorgehoben wurden. Je weiter sie sich im Hintergrund befinden, um so feiner sind sie gezeichnet.

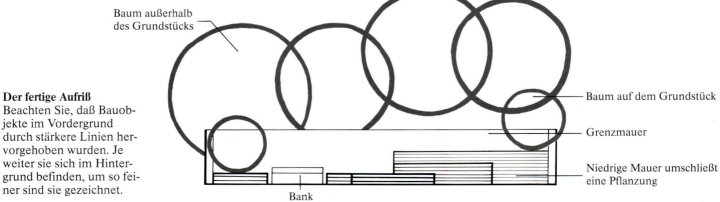

ZEICHENTECHNIKEN

VERGRÖSSERUNG DES MASS-STABS

Es gibt verschiedene Methoden, den Maßstab einer Zeichnung zu vergrößern, etwa von 1:100 auf 1:50. Um genaue Winkel zu erhalten, legt man den vergrößerten Raster über das Original und nimmt die Winkel ab. Ein Maßstab läßt sich auch mit einem Zirkel einfach verdoppeln, indem alle Originalmaße mal zwei genommen werden. Genauer aber arbeitet man, wenn man einen Raster über den Plan legt, der auf dem Grundstück Abständen von – beispielsweise – fünf Metern entspricht. Dann zeichnet man den vergrößerten Raster, nimmt die Maße vom Original ab und überträgt sie auf die neue Größe. Bei heiklen Bereichen arbeitet man innerhalb einzelner Quadrate mit einem kleinen Raster. Oder man vergrößert den Plan mit einem Kopierer (die Kopie muß anschließend überprüft werden).

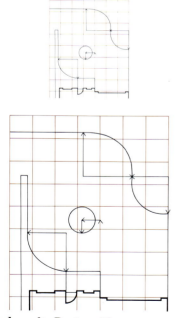

Verdoppelte Rastergröße
Dieser Plan ist um 100% vergrößert worden, indem die Seitenlänge der Rasterquadrate verdoppelt wurde.

PERSPEKTIVE

Die einfachste Form der Perspektive ist die Zentralperspektive, um die es hier geht. Zur Veranschaulichung der Zentralperspektive dient wiederum der Stadtgarten auf Seite 172–173. Lassen Sie sich nicht von den Zeichnungen abschrecken, diese Technik sieht bedeutend komplizierter aus, als sie tatsächlich ist.

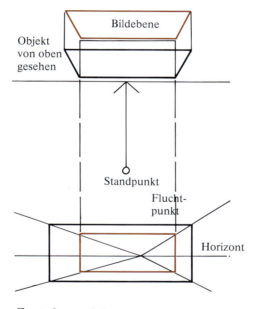

Zentralperspektive
Schaut man von einem festen Standpunkt aus auf ein Objekt, spricht man von Zentralperspektive. Bildlich dargestellt, scheinen in der perspektivischen Zeichnung alle parallelen Linien vom Standpunkt zum Objekt in das Objekt hineinzulaufen, wo sie sich in einem imaginären Punkt in Augenhöhe – dem sogenannten Fluchtpunkt – treffen.

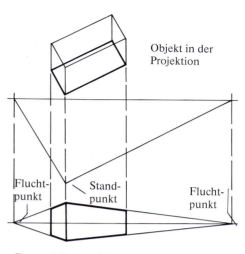

Perspektive und Fluchtpunkt
Parallele Geraden haben denselben Fluchtpunkt; verschiedene Richtungen haben verschiedene Fluchtpunkte.

EINE PERSPEKTIVISCHE ZEICHNUNG

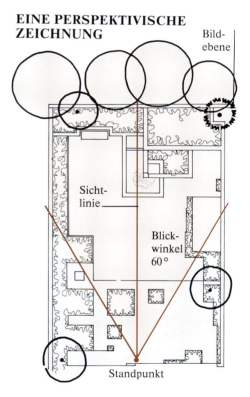

1 Auf dem Grundriß wählt man einen Standpunkt, von dem aus man den gewünschten Ausschnitt sieht. Dann zieht man auf dem Plan vom Standpunkt zur Bildebene eine Linie. Diese Linie verläuft in der Mitte des sogenannten Blickwinkels, dessen Öffnung maximal 60° beträgt.

INFORMATIONEN FÜR DIE PRAKTISCHE ARBEIT

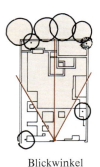
Blickwinkel

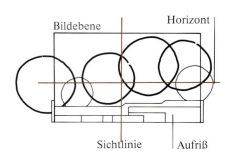
Bildebene — Horizont — Sichtlinie — Aufriß

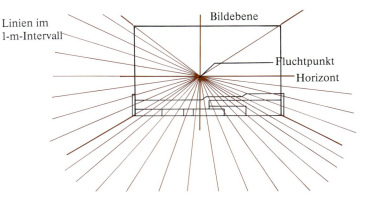
Linien im 1-m-Intervall — Bildebene — Fluchtpunkt — Horizont

2 Auf einem von dem Ausschnitt angefertigten Aufriß zieht man in Augenhöhe eine waagrechte Linie. Dieser Horizont kann beliebig festgelegt werden. Auf der Abbildung befindet er sich in 4 m Höhe, da der Blick von einem Balkon aus auf den Garten geht. Die Schnittstelle von Horizont und Sichtlinie bildet den Fluchtpunkt.

3 Vom Fluchtpunkt aus zieht man durch alle vier Ecken des Bildausschnitts je eine Linie. Dann wählt man ein Rastermaß – hier beträgt es 1 m –, um die Seiten zu unterteilen, und zieht vom Fluchtpunkt durch jeden dieser Punkte strahlenförmig Linien.

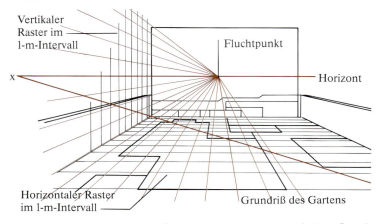
Vertikaler Raster im 1-m-Intervall — Fluchtpunkt — Horizont — Horizontaler Raster im 1-m-Intervall — Grundriß des Gartens

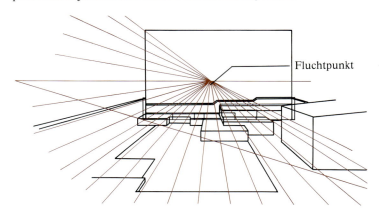
Fluchtpunkt

4 Als Schritt 1 wird jetzt auf dem Plan der Abstand zwischen Standpunkt und Bildebene gemessen und hier – rechts oder links vom Fluchtpunkt – auf dem Horizont als Punkt x markiert. Von diesem Punkt x aus zieht man eine Linie durch die gegenüberliegende untere Ecke der Bildebene. Dort, wo diese Diagonale im Bereich der Grundfläche die zuvor strahlenförmig eingetragenen Linien schneidet, wird jeweils eine waagrechte Linie gezogen. Auf diese Weise entsteht ein perspektivischer Raster, auf den der Grundriß übertragen werden kann. Von den waagrechten Rasterlinien aus zeichnet man im rechten Winkel Senkrechten, um an den seitlich aufsteigenden Begrenzungsebenen einen vertikalen Raster zu bilden.

5 Jetzt wird der Aufriß aus der Bildebene nach vorn projiziert, weil er die Höhe eines jeden Elementes liefert. Man folgt einer Linie vom Fluchtpunkt durch jeden einzelnen Punkt des Aufrisses und beginnt eine Reihe von Kästen zu konstruieren, indem man alle Seiten miteinander verbindet. An jedem Punkt einer waagrechten Ebene überprüft man anhand des vertikalen Rasters die Höhe der Elemente. Während immer mehr Details hinzukommen, wird die Zeichnung langsam lebendig.

Verzerrte Perspektive
Beträgt die Öffnung des Blickwinkels mehr als 60°, wirkt die Zentralperspektive schnell verzerrt.

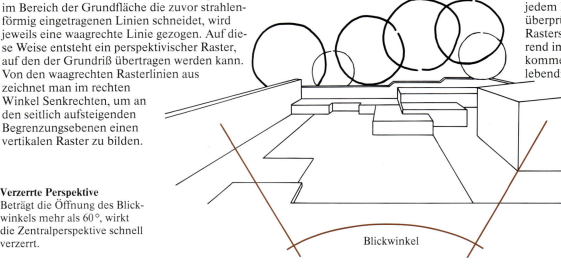
Blickwinkel

6 Es ist einfacher, ein Transparentpapier über die Zeichnung zu legen und die Umrisse der Baukörper nachzuzuziehen, als die Rasterlinien auszuradieren. Darüber hinaus werden alle großen Bäume in die Zeichnung einbezogen.

MASSVERHÄLTNISSE

Maßverhältnisse

Wie breit soll die Terrasse sein und wie hoch eine Pergola, wie breit ein Weg, und welche Maße muß eine Wendefläche für das Auto haben? All dies sind Fragen, auf die es keine Standardantwort gibt; man muß für jede Situation individuelle Lösungen finden. Die Maße zur Orientierung sind jedoch in jedem Fall die eines Menschen, und mitbestimmend sind auch die Maschinen, die wir benutzen.

Im großen und ganzen unterscheiden sich die Maße des Menschen in dieser Hinsicht nur wenig voneinander – bei Erwachsenen sind Körperumfang und Größe wie auch die Schrittlänge im wesentlichen gleich. Einen Anhaltspunkt für die Maßverhältnisse im Garten gibt der Wohnbereich des Hauses. In der Regel leben wir auf recht begrenztem Raum. Im Freien würden diese Dimensionen beengend wirken, außerdem sind Gartenmöbel oft kompakter als das Innenmobiliar. Daher müssen Gartenflächen generell großzügiger angelegt werden.

TERRASSEN

Bei der Ausarbeitung von Entwürfen stelle ich mir einen liegenden Menschen vor (etwa 2 m lang). Anhand dieses Maßes überprüfe ich, ob auf der Terrasse Platz für eine Sonnenliege ist. Messen Sie bereits vorhandene oder vorgesehene Gartenmöbel aus, und dann rechnen Sie um sie herum noch mindestens 1 m hinzu. Auf diese Weise hat man bequemen Zugang und kann die Möbel leicht bewegen.

 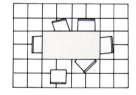

Tische und Stühle auf einem 50-cm-Raster

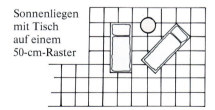

Sonnenliegen mit Tisch auf einem 50-cm-Raster

MINDESTMASSE

Die Zeichnungen oben zeigen verschiedene Kombinationen von Gartenmöbeln und wie groß die Terrasse dafür mindestens sein muß.

PERGOLAHÖHE

Auch bei der Höhe einer Pergola orientiere ich mich an den Maßen des Menschen. Pergolapfosten sollten mindestens 2,5 m hoch sein, doch die Wirkung dieser Höhe hängt davon ab, welchen Abstand die Pfosten zueinander haben, aus welchem Material sie bestehen, und wie stark sie bewachsen sind. Eine Pergola über einem Sitzbereich, der nicht gleichzeitig als Durchgang dient, kann niedriger sein.

ZUFAHRTEN UND VORHÖFE

Wenn man bei einer Zufahrt beziehungsweise einem Vorhof eines Hauses oder bei einer Garage mit dem Platz knausert, kann das katastrophale Auswirkungen auf angrenzende Pflanzungen oder Rasenflächen haben, weil einfach eine bestimmte Fläche erforderlich ist, um ein Auto zu parken oder es in die Garage hinein- und hinauszufahren. Eine gute Breite für eine Zufahrt sind 3,5 m. Geht die Zufahrt in einen Vorplatz für Garagen über, muß sie sich an dieser Stelle erheblich verbreitern, damit eine problemlose Zu- und Abfahrt möglich ist.

KURVENRADIUS (rechts)

Da nur die Vorderräder eines Autos lenkbar sind, muß eine Kurve in einer Zufahrt um mindestens ein Drittel breiter sein als das Fahrzeug.

WEGBREITE

Eine Regel beim Anlegen eines Weges lautet, daß zwei Menschen bequem nebeneinander Platz haben sollten, und als Breite wird 1 m empfohlen. Ich selbst ziehe eine Breite von mindestens 1,5 m vor, damit auf beiden Seiten Pflanzen etwas in den Weg hineinwachsen können. Man sollte also bei der Festlegung der Maße möglichst großzügig sein.

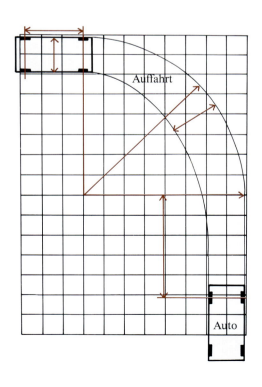

329

INFORMATIONEN FÜR DIE PRAKTISCHE ARBEIT

Gestaltung des Geländes

Bevor man Beläge oder Installationen irgendwelcher Art verlegt, müssen zunächst die wichtigsten Geländeniveaus des Grundstücks hergerichtet werden. In welchem Umfang dies erforderlich ist, hängt sowohl von den örtlichen Gegebenheiten als auch von der beabsichtigten Gartengestaltung ab. Wo ein Schwimmbecken, ein Tennisplatz oder ein Parkplatz angelegt werden soll, sind bereits in einem frühen Stadium der Anlage umfangreiche Erdarbeiten notwendig. Auch andere Elemente der Planung können Aushubarbeiten mit Maschinen erforderlich machen. Es ist wichtig, sich zuvor mit Geländeniveaus und Höhenlinien zu beschäftigen. Auf Seite 151 wurden kleinere Veränderungen von Geländeniveaus dargestellt, hier dagegen geht es um das ganze Grundstück.

Höhenlinien und Geländeniveaus

Jedes Grundstück hat in Bezug auf die Höhe des Meeresspiegels (das Normalnull) ein bestimmtes Niveau. Auf Gartenplänen wird die Geländehöhe durch fortlaufende Linien, sogenannte Höhenlinien, dargestellt. Wenn innerhalb des Grundstücks die Geländehöhe verändert wird, etwa um eine Zufahrt zu schaffen, paßt man die Höhenlinien entsprechend an; allerdings müssen sie an den Grundstücksgrenzen unverändert bleiben, um nicht den Nachbargarten zu beeinträchtigen.

AUSMESSEN DER GELÄNDEHÖHE

Bevor man Höhenlinien verändert, muß man eine Bestandsaufnahme der vorhandenen Höhenverhältnisse machen. Je steiler ein Grundstück ist, desto mehr Höhenlinien existieren. Wenn man mit einem Architekten zusammenarbeitet, hat dieser möglicherweise schon ein Aufmaß vorgenommen. Andernfalls läßt man von einem Vermessungsingenieur auf dem ganzen Grundstück Meßpunkte festlegen, die mit Plus- oder Minuswerten bezeichnet werden, bezogen auf einen festgelegten Fixpunkt (0,0), wie etwa die Haustürschwelle. Durch Verbinden dieser Punkte erhält man eigene Höhenlinien.

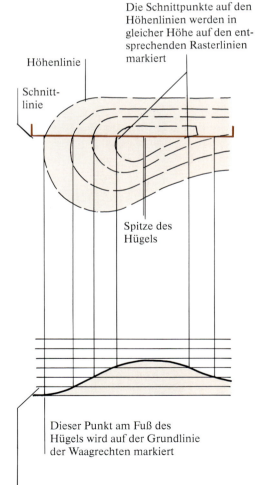

Die Schnittpunkte auf den Höhenlinien werden in gleicher Höhe auf den entsprechenden Rasterlinien markiert

Höhenlinie

Schnittlinie

Spitze des Hügels

Dieser Punkt am Fuß des Hügels wird auf der Grundlinie der Waagrechten markiert

Der Abstand zwischen den waagrechten Linien gibt maßstabgerecht den Abstand der Höhenlinien wieder

EINE EINFACHE ÜBUNG

Allgemein gilt: Je enger Höhenlinien beieinanderliegen, um so steiler ist der Hang, den sie darstellen. Die folgende Übung soll dies demonstrieren.

Höhenlinien im Grundriß

Man fertigt einen Grundriß von einem kleinen Hügel an und zeichnet Höhenlinien ein, die Abständen von 50 cm oder einem anderen geeigneten Maß entsprechen. Durch die Mitte des Hügels zieht man eine Linie, mit der man nun einen Schnitt anlegt.

Höhenlinien im Schnitt

Unterhalb des Grundrisses zieht man eine Anzahl waagrechter Linien, die den gleichen Abstand wie die Höhenlinien haben. Dann markiert man auf dem Grundriß die Punkte, an denen sich Höhenlinien und Schnittlinie schneiden und zieht senkrechte Linien hinunter zu den waagrechten. Wenn man die Punkte verbindet, an denen die vertikalen auf die horizontalen Linien treffen, erhält man einen Schnitt durch den Hügel. Durch Vergrößern des Abstandes der Höhenlinien kann man den Neigungswinkel eines Hanges verkleinern. Ist der Neigungswinkel größer als 30°, kann der Hang nicht mehr mit dem Rasenmäher gemäht werden. Auf diese Weise beginnt man, Theorie und Praxis zu verbinden.

GELÄNDEGESTALTUNG

HÖHENLINIEN VERÄNDERN

In diesem Stadium sollte man sich den Garten – vor allem bei einer Hanglage – so vorstellen können, als sei er von Höhenlinien durchzogen. Darüber hinaus sollte man erkennen können, wie die Höhenlinien verändert werden müssen, um beispielsweise eine ebene Zufahrt oder einen Weg anzulegen. Auf begrenztem Raum liegen häufig zu viele Höhenlinien zu dicht zusammen. Dann ist eine Stützmauer erforderlich, um den steilen Hang zu befestigen.

Wenn man die entsprechend veränderten Höhenlinien durch Schnitte regelmäßig überprüft, kann man feststellen, wie viel Erde theoretisch bewegt werden muß und ob der Aushub der erforderlichen Menge an Füllmaterial entspricht. Diese Verfahrensweise ermöglicht es, das Aushubmaterial innerhalb des Grundstücks vollständig wiederzuverwenden, so daß weder Erde abtransportiert noch Füllmaterial herbeigeschafft werden muß.

In diesem Stadium werden die Höhenlinien nur im Bereich des Unterbodens verändert.

Wo Pflanzbereiche angelegt werden, sollte man darauf achten, daß die Form der Beete den Höhenlinien entsprechend verläuft und nicht quer zu ihnen. Geometrische Formen, die willkürlich in unebenes Gelände eingefügt werden, wirken unharmonisch.

Veränderte Höhenlinien

Die Höhenlinien dieses Grundstücks wurden korrigiert, um ein Schwimmbecken, Parkplätze und ebene Rasenflächen anlegen zu können. Mit dem Aushubmaterial wurden Böschungen aufgeschüttet. An den Grundstücksgrenzen sind die Höhenlinien jedoch unverändert geblieben, um das umliegende Terrain in seiner ursprünglichen Form zu erhalten.

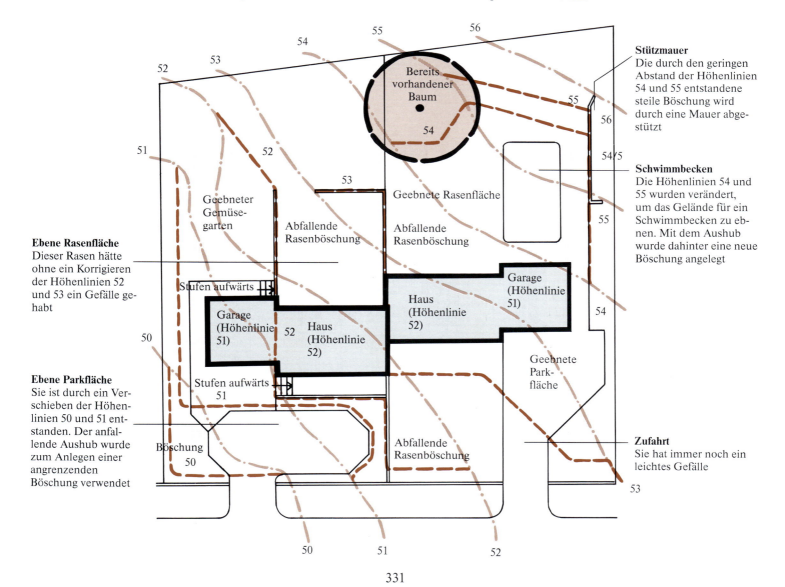

Stützmauer
Die durch den geringen Abstand der Höhenlinien 54 und 55 entstandene steile Böschung wird durch eine Mauer abgestützt

Schwimmbecken
Die Höhenlinien 54 und 55 wurden verändert, um das Gelände für ein Schwimmbecken zu ebnen. Mit dem Aushub wurde dahinter eine neue Böschung angelegt

Zufahrt
Sie hat immer noch ein leichtes Gefälle

Ebene Rasenfläche
Dieser Rasen hätte ohne ein Korrigieren der Höhenlinien 52 und 53 ein Gefälle gehabt

Ebene Parkfläche
Sie ist durch ein Verschieben der Höhenlinien 50 und 51 entstanden. Der anfallende Aushub wurde zum Anlegen einer angrenzenden Böschung verwendet

INFORMATIONEN FÜR DIE PRAKTISCHE ARBEIT

Technische Anlagen

Es muß frühzeitig überlegt werden, ob auf einem Grundstück eine Drainage oder Bewässerung beziehungsweise die Verlegung von Kabeln für eine Außenbeleuchtung notwendig ist. Diese Arbeiten müssen vor allen anderen Bauvorhaben durchgeführt werden. Der Verlauf von Rohren oder Kabeln ist von den örtlichen Gegebenheiten abhängig. Drainagerohre beispielsweise müssen um Baumwurzeln und Felsen herumgeführt werden, und die Lage von Stromkabeln hängt davon ab, wo ein Anschluß gebraucht wird. Die Kosten für diese unsichtbaren Elemente im Garten sollten im voraus berechnet werden, da sie einen erheblichen Faktor bei den Gesamtkosten darstellen. Deshalb sollte man detaillierte Angaben den Plänen beifügen, die die ausführende Firma erhält.

Verlegen einer Drainage

Ein vollständig unter der Erde verlegtes Drainagesystem ist nur dort erforderlich, wo auf Grundstücken über längere Zeit Wasser steht. Bei einem solchen System werden in einer dem jeweiligen Standort angemessenen Tiefe rasterartig flexible Kunststoffrohre verlegt. Dabei führen kleinere Stränge zu einer mit einem nahegelegenen Entwässerungsgraben oder dem Oberflächenentwässerungssystem des Hauses verbundenen Hauptleitung. Die Gartenentwässerung darf jedoch nicht mit dem Abwassersystem des Hauses verbunden werden.

SICKERSCHACHT

Ein Sickerschacht ist ein 1 m² großer und 1 m tiefer Schacht, dessen Oberfläche nach Beendigung aller Arbeiten 1 m unter der Erde liegt. Ein flexibles Drainagerohr leitet überschüssiges Wasser in diesen Schacht. Es wird dort zunächst gespeichert, um anschließend langsam in die umliegende Erde zu sickern. Der fertige Sickerschacht wird mit einem Filtervlies und Erde abgedeckt, die man bepflanzen kann. Allerdings muß der Schacht, abhängig vom Bodentyp, durchschnittlich alle zehn Jahre neu angelegt werden.
Auf manchen Grundstücken sind mehrere Sickerschächte erforderlich, die jedoch alle in ausreichender Entfernung zum Haus liegen sollten.

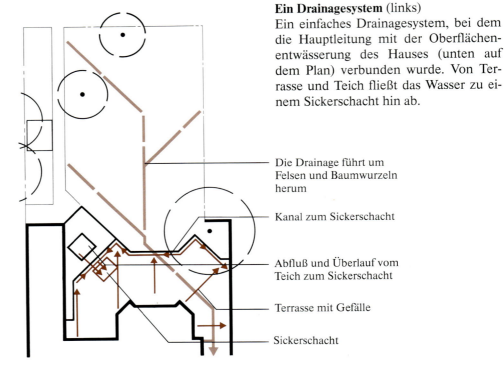

Ein Drainagesystem (links)
Ein einfaches Drainagesystem, bei dem die Hauptleitung mit der Oberflächenentwässerung des Hauses (unten auf dem Plan) verbunden wurde. Von Terrasse und Teich fließt das Wasser zu einem Sickerschacht hin ab.

- Die Drainage führt um Felsen und Baumwurzeln herum
- Kanal zum Sickerschacht
- Abfluß und Überlauf vom Teich zum Sickerschacht
- Terrasse mit Gefälle
- Sickerschacht

Einen Sickerschacht anlegen (rechts)
Man gräbt ein 2 m tiefes Loch und füllt es bis in 1 m Höhe mit Bruchstein. Darüber legt man ein Filtervlies, das im Gartencenter erhältlich ist. Auf diese Weise verhindert man, daß Erde in den Schacht geschwemmt wird und ihn verstopft. Dann füllt man das Loch bis oben mit Mutterboden auf.

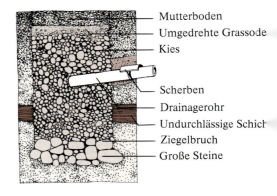

- Mutterboden
- Umgedrehte Grassode
- Kies
- Scherben
- Drainagerohr
- Undurchlässige Schicht
- Ziegelbruch
- Große Steine

332

TECHNISCHE ANLAGEN

Bewässerung

Für die Bewässerung bieten sich verschiedene Systeme an. Eines dieser Systeme besteht aus Rohren, die unterirdisch in einem Raster verlegt werden und mit Sprinklerköpfen ausgestattet sind. Diese Sprinklerköpfe fahren durch Wasserdruck automatisch aus. Wird also das Wasser angestellt, drückt es die Köpfe aus dem Boden, die kreisförmig das Wasser verteilen. Beim Abstellen des Wassers sinken sie wieder in den Boden zurück. Dieses System empfiehlt sich besonders für Rasenflächen, weil es beim Mähen nicht hinderlich ist. Der Beregnungsradius hängt vom Wasserdruck ab, deshalb muß der Abstand der Sprinklerköpfe den jeweiligen Gegebenheiten angepaßt werden. Am besten läßt man ein solches Beregnungssystem von einem Fachmann installieren. Wer im Auftrag eines Klienten arbeitet, sollte ihn über diese Absicht informieren und den Fachmann bitten, einen Kostenvoranschlag für den Klienten zu machen. Wenn der Auftraggeber einverstanden ist, sollte er auch den Vertrag unterschreiben.

Bewässerungssystem
(rechts)
Dieses flächendeckende Bewässerungssystem ist an die Wasserversorgung des Hauses angeschlossen und mit sorgfältig verteilten Sprinklerköpfen ausgestattet, so daß der Garten gleichmäßig bewässert werden kann.

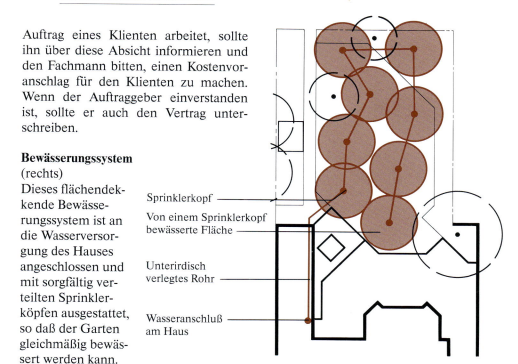

Sprinklerkopf

Von einem Sprinklerkopf bewässerte Fläche

Unterirdisch verlegtes Rohr

Wasseranschluß am Haus

Elektrizität

Bevor man mit irgendwelchen Elektroinstallationen beginnt, sollte man sich stets von einem Fachmann beraten lassen. Kabel müssen mit einem Leerrohr aus Kupfer oder Kunststoff geschützt und so verlegt werden, daß man sie jederzeit wiederfindet – etwa am Fuß einer Mauer oder entlang eines Weges. Auch müssen sie in einer Tiefe liegen, in der sie vor Beschädigung durch Gartengeräte sicher sind. Steckdosen für den Außenbereich sollten aus Sicherheitsgründen Deckel haben und außerhalb der Reichweite kleiner Kinder angebracht werden.

Stromkreis im Garten
Dieser einfache Stromkreis, der in der Garage an das Netz angeschlossen wurde, versorgt eine Wasserpumpe und die Gartenleuchten mit Strom.

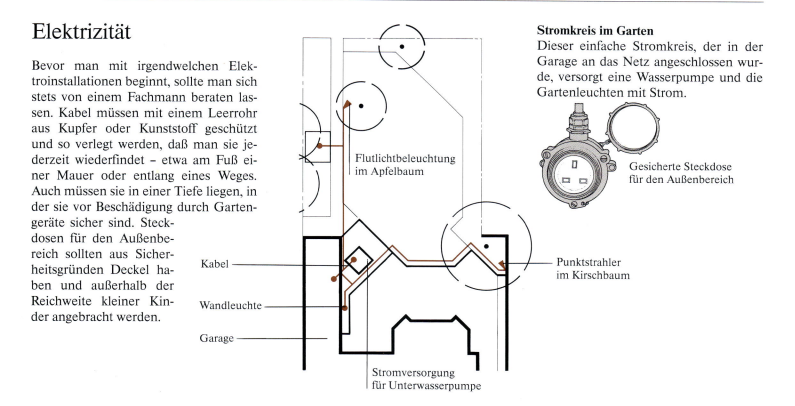

Flutlichtbeleuchtung im Apfelbaum

Kabel

Wandleuchte

Garage

Stromversorgung für Unterwasserpumpe

Punktstrahler im Kirschbaum

Gesicherte Steckdose für den Außenbereich

INFORMATIONEN FÜR DIE PRAKTISCHE ARBEIT

Konstruktionsbeschreibungen

Die folgenden Seiten geben einen Überblick über die wichtigsten Bautechniken sowie Überlegungen, die angestellt werden müssen, ob man nun ein Projekt in eigener Regie plant und realisiert oder jemanden mit der Ausführung beauftragt. Da aber manche Dinge, wie etwa die Tiefe eines Fundamentes oder die Menge der notwendigen Materialien, von den örtlichen Gegebenheiten abhängig sind, können hier nur allgemeine Angaben gemacht werden.

Falls Sie Zweifel am Gelingen eines selbstgeplanten Bauprojektes haben, sollten Sie einen Ingenieur oder Architekten zu Rate ziehen. Fehler in der Detailplanung und daraus folgende Schäden können schwerwiegende Konsequenzen haben. Daher müssen alle Einzelheiten von Anfang an stimmen. Selbst wenn eine Baufirma mit der Arbeit beauftragt wird, muß man Punkt für Punkt sorgfältig prüfen. Bei der Auftragsvergabe lohnt es sich, die Firma nach einem eigenen Ausführungsvorschlag zu fragen.

Vor Beginn größerer Baumaßnahmen muß natürlich geprüft werden, ob dafür eine Baugenehmigung erforderlich ist oder kommunale Vorschriften berücksichtigt werden müssen.

Beläge

Welches Fundament für einen Belag erforderlich ist, hängt davon ab, welchem Zweck die Fläche dient. So muß beispielsweise eine Zufahrt einer erheblich stärkeren Belastung standhalten als eine Terrasse. Eine Zufahrt braucht ein Fundament aus einem Splittbett, auf das eine Schicht Beton gegossen wird. Darauf kommt dann der Belag. Bei Flächen, über die man nur läuft, ist nicht in jedem Fall ein Betonfundament erforderlich. Letztlich hängt die Ausführung eines Fundaments von den lokalen Gegebenheiten wie Bodenbeschaffenheit, Wintertemperaturen und so weiter ab. In Gegenden mit starkem Frost braucht ein Belag, der einer starken Beanspruchung ausgesetzt ist, ein tiefes Fundament, damit der Frost ihn nicht hebt. Wird ein Belag nur begangen, reicht ein dünnes Sandfundament aus. Falls der Frost ihn heben sollte, können die Steine im Frühjahr wieder festgedrückt werden.

Belagflächen sollten stets ein leichtes Gefälle haben, damit Oberflächenwasser abfließen kann – entweder zu einer Pflanz- oder Kiesfläche oder zu einem Sickerschacht (siehe Seite 332).

KLEINFORMATIGE MATERIALIEN

Kleinformatige Materialien, wie etwa Klinker oder Kopfsteine, verschieben sich leicht aufgrund ihres geringen Gewichtes. Bei normaler Beanspruchung läßt sich das vermeiden, indem man sie auf einem Fundament aus 8 cm verdichtetem Splitt und einem 2,5 cm dicken Mörtelbett verlegt. Bei stärkerer Belastung sollten sie eine Fundamentierung aus 10 cm Splitt und 8 cm dickem Beton haben. Bevor man einen Belag fixiert, legt man ihn zunächst lose aus, um sicherzustellen, daß das Muster stimmt.

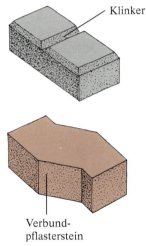

Klinker

Verbundpflasterstein

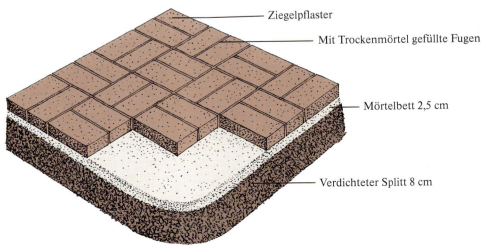

Ziegelpflaster

Mit Trockenmörtel gefüllte Fugen

Mörtelbett 2,5 cm

Verdichteter Splitt 8 cm

KONSTRUKTIONSBESCHREIBUNGEN

FERTIGBETONPLATTEN

Bei normaler Beanspruchung kann man Fertigbetonplatten auf einem etwa 10 cm dicken Splittbett verlegen, auf das – falls die Platten schwer sind – eine 5 cm dicke Schicht Sand kommt. Müssen die Platten fest sitzen, wird anstelle des Sandes Magerbeton verwendet. Für Plattenbeläge, die starker Beanspruchung ausgesetzt sind, ist zumeist ein Fundament aus etwa 15 cm Splitt und 8 cm Beton erforderlich.

VERFUGUNG

Fugen zwischen Pflastersteinen oder Platten können mit einer Mischung aus Sand und Zement – dem sogenannten Magermörtel – gefüllt werden. Der Magermörtel wird trocken in die Fugen des fertigen Belages gekehrt und härtet nach und nach aus, während er Bodenfeuchtigkeit aufnimmt. Um unterschiedliche Effekte zu erzielen, kann der Mörtel gefärbt werden. Im allgemeinen aber ist dies nur bei Wänden sinnvoll, weil sich Mörtel am Boden durch Feuchtigkeit und Abnutzung immer verfärbt.

Am besten schaut man sich erst einmal anderswo die verschiedenen Arten von Belägen und Fugen an. Manche Fugen sind höher als der Belag, andere liegen tiefer. Mitunter werden Pflastersteine und Platten auch stumpf verlegt (Knirschfugen) beziehungsweise fugenlos.

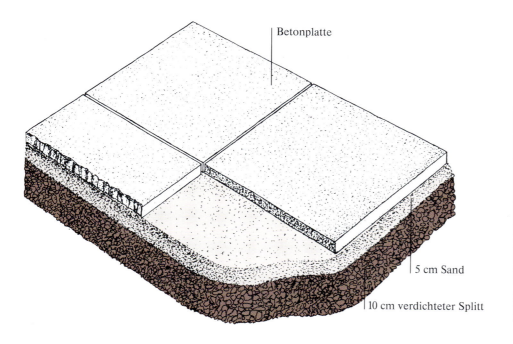

Stufen

Für Stufen gibt es sehr unterschiedliche Konstruktionsweisen, die vom verwendeten Material abhängig sind. Das Material wiederum muß auf andere architektonische Elemente in der Umgebung abgestimmt werden. Im wesentlichen ist der Bau einer Stufe mit dem einer Stützmauer vergleichbar (siehe Seite 339), da jede Setzstufe – der vertikale Teil einer Stufe – praktisch eine kleine Stützmauer ist. Jede Stufe enthält ein Beton-Splitt-Fundament und wird mit Mörtel fixiert. Ferner muß für eine ausreichende Drainage gesorgt sein. Um zu berechnen, wie viele Stufen erforderlich sind, mißt man die Gesamthöhe des Hangs (siehe Seite 151) und teilt sie durch die Höhe der Setzstufen. Für die Bemessung von Stufen sind Schrittmaß, Bequemlichkeit und Sicherheit maßgebend.

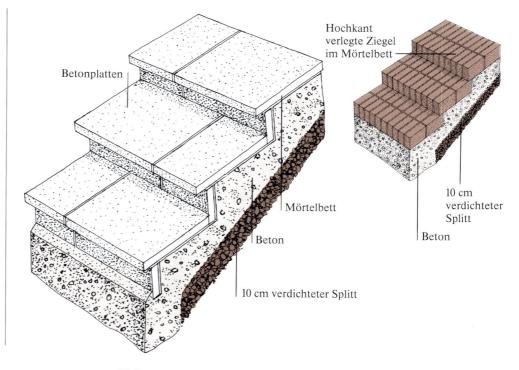

BEMESSUNG VON STUFEN

Bei der Festlegung des Verhältnisses von Setzstufe zu Trittstufe (der waagrechte Teil der Stufe), kann man normalerweise davon ausgehen, daß Treppen, deren Setzstufen eine Höhe zwischen 12 und 23 cm und Trittstufen eine Breite zwischen 30 und 46 cm haben, bequem begehbar sind. Sind die Stufen größer oder kleiner, entsprechen sie nicht mehr der üblichen Gangart. Nach einer anderen hilfreichen Regel sollte die zweifache Höhe der Setzstufe zuzüglich der Breite der Trittstufe insgesamt etwa 66 cm ergeben. Bei einer 10 cm hohen Setzstufe wäre die Trittstufe also 46 cm breit. Die Trittfläche sollte ganz leicht nach vorn geneigt sein, damit Wasser abfließen kann. Das allerdings muß bei der Bemessung der Setzstufe berücksichtigt werden. Zweifellos entsprechen nicht alle Stufen diesen Regeln. Außerdem sollte man beim Bau von Stufen immer auch die Größe – und damit die natürliche Schrittlänge – derer berücksichtigen, die sie regelmäßig benutzen.

Holzdecks

Für die Stützen von Holzdecks sind solide Betonfundamente erforderlich, auf die Ziegel- oder Betonsockel gesetzt werden. In diesen sitzen dann die Holzpfosten, die eine Konstruktion aus Balken und Unterzügen tragen, auf denen das Deck liegt. Für die gesamte Konstruktion werden verzinkte Verbindungsteile benutzt. Wo ein Deck an ein anderes Oberflächenmaterial, etwa Pflaster oder Beton, anschließt oder auch an eine Tür, muß unter der Anschlußstelle eine Entwässerungsrinne angebracht werden. Decks benötigen auch eine Feuchtigkeitssperrschicht. Am einfachsten ist es, Folie unter die Balken der Stützkonstruktion zu legen.

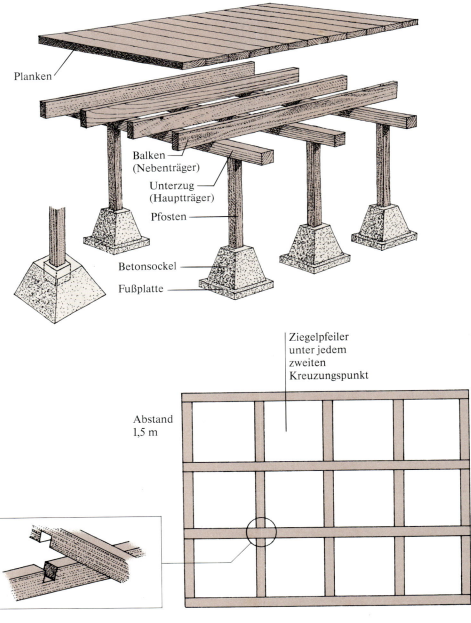

Planken
Balken (Nebenträger)
Unterzug (Hauptträger)
Pfosten
Betonsockel
Fußplatte

Ziegelpfeiler unter jedem zweiten Kreuzungspunkt

Abstand 1,5 m

Niedrige Decks
Um zu verhindern, daß unter einem Deck Spontanvegetation sprießt, legt man schwarze Folie zwischen die Holzpfosten. Sichtbare Teile bedeckt man mit Kies.

Holzrahmen (rechts)
Die Deckplanken werden auf einer Unterkonstruktion aus imprägniertem oder abgelagertem Weichholz befestigt, die aus 10 mal 10 cm dicken Unterzügen und 10 mal 5 cm dicken Balken besteht. Ein Teil der Kreuzungspunkte ruht auf Ziegelpfeilern.

KONSTRUKTIONSBESCHREIBUNGEN

Kies

Um eine Kiesfläche anzulegen, die gut begehbar ist und in der Pflanzen wachsen können, hebt man den Boden etwa 15 cm tief aus. Dann füllt man ungewaschenen oder bindigen Kies auf, der festgewalzt und verdichtet wird. Sobald der Kies Feuchtigkeit aufnimmt, verbackt er und wird fest. Auf dieser verdichteten Schicht verteilt man eine dünne Lage gewaschenen Kiessplitt, die ebenfalls festgewalzt wird. Wo der Untergrund sehr weich ist, hebt man die Fläche tiefer aus und stabilisiert sie mit einer Schicht gröberem Splitt, bevor der ungewaschene Kies verteilt und festgewalzt wird. Wenn der Kies an einen Gras- oder Pflanzbereich angrenzt, kann man den Rand der Fläche mit einer Kante aus imprägniertem Holz, Ziegel oder Beton befestigen.

Kiesflächen bepflanzen (unten)
Mit einem spitzen Metallwerkzeug wird durch alle Kiesschichten hindurch ein Loch gebohrt – eine Pflanztasche –, durch die die Pflanzenwurzeln die darunterliegende Erde erreichen können.

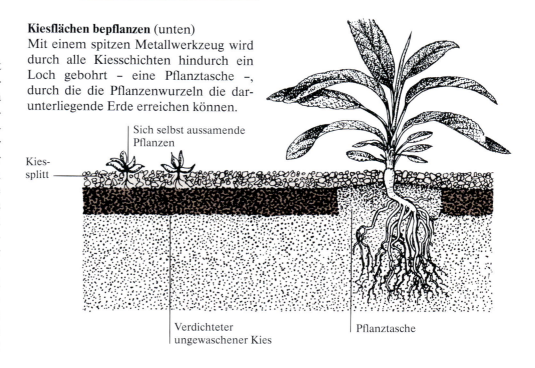

Kiessplitt
Sich selbst aussamende Pflanzen
Verdichteter ungewaschener Kies
Pflanztasche

Einen Rasen anlegen

Zunächst muß der Boden vorbereitet und geebnet werden. Nachdem man dann mit einem Rechen alle großen Steine entfernt und die Erdoberfläche gewalzt hat, kann Fertigrasen verlegt werden oder eine Einsaat erfolgen. Falls Sie ein Unternehmen mit dem Anlegen Ihres Rasens beauftragen, sollten Sie vereinbaren, daß diese Firma den Rasen pflegt, bis er gut wächst und mindestens dreimal gemäht worden ist.

Mähkante (unten)
Durch das Anlegen einer Mähkante aus Ziegeln oder Beton am Fuß aller an den Rasen angrenzenden Baukörper wird das Mähen sehr erleichtert.

Rasen   Mähkante

FERTIG- ODER ROLLRASEN

Bevor man einen Fertigrasen kauft, sollte man sich nach seiner Herkunft erkundigen oder ihn selbst anschauen, solange er noch nicht abgeschält ist. Er muß gesund und frei von Spontanvegetation sein. Neuverlegter Fertigrasen an einem steilen Hang muß eventuell festgesteckt werden, so daß er nicht verrutscht. Darüber hinaus sollte man ihn gut wässern, sonst trocknet er aus und schrumpft.

FERTIGRASEN MIT EINSAAT

Bei der Anlage eines neuen Rasens kann auch Fertigrasen und Einsaat kombiniert werden. In diesem Fall verlegt man um den Rand der Fläche Fertigrasen, damit dort, wo die Fläche an einen Belag oder Pflanzbereich anschließt, eine saubere Kante entsteht. In der Mitte wird gesät. Die Saatmischung muß auf Bodentyp und Standort abgestimmt werden (siehe Seite 228–229).

Mauern

Mauern brauchen grundsätzlich ein solides Fundament. Die Tiefe des Fundamentes hängt von der Höhe der Mauer, ihrer Funktion, dem Bodentyp und der Stärke der Fröste ab. In kalten Regionen müssen selbst Fundamente kleiner Mauern erstaunlich tief sein, damit sie vor Frost sicher sind. Die Ausführung des Fundaments ist also in starkem Maße standortabhängig.

Mauern mit mehr als 1 m Höhe dürfen nur mit Hilfe eines Fachmannes errichtet werden, da ein Einsturz schwerwiegende Konsequenzen haben kann. Falls Sie eine Firma mit dem Bau beauftragen, wird man Ihnen auch sagen, wie tief das Fundament am vorgesehenen Standort sein muß, und ob eine Feuchtigkeitssperrschicht erforderlich ist.

INFORMATIONEN FÜR DIE PRAKTISCHE ARBEIT

ZIEGELMAUERN

Bei einer Ziegelmauer haben jede Stärke und jeder Verband (Anordnung der Ziegel) eine unterschiedliche Stabilität. Für welche Stärke und Verbandart man sich entscheidet, ist von der Funktion der Mauer abhängig.

Mit der Längsseite parallel zur Mauerflucht verlegte Ziegel nennt man Läufer, quer zur Mauerflucht verlegte Ziegel Binder. Die Lagen werden auf einem gegossenen Betonfundament aufgesetzt, wobei man sorgfältig darauf achten muß, daß die Mauer sowohl horizontal als auch vertikal gerade wird. Das Gewicht einer Mauer bestimmt, wie viele Stützpfeiler oder Vorlagen notwendig sind. Bei einer Zickzack- oder kurvenförmigen Mauer kann man auf diese jedoch verzichten.

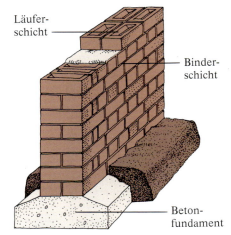

Blockverband
Die Ziegelanordnung wie bei der oben abgebildeten Mauer bezeichnet man als Blockverband. Hier werden die Ziegel abwechselnd in Läufer- und Binderschichten verlegt.

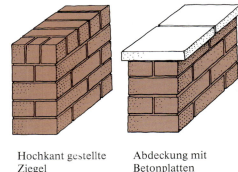

Hochkant gestellte Ziegel   Abdeckung mit Betonplatten

Abdeckung
Bei Ziegeln ist nur die Außenseite wetterfest, deshalb benötigen Ziegelmauern eine Abdeckung oder Mauerkrone. Sie kann aus hochkant gestellten Ziegeln oder einem anderen geeigneten Material bestehen.

BETONBLOCKSTEINE

Das preiswerteste Material für Mauern sind Betonblocksteine. Sie sind im allgemeinen größer als Ziegel oder Natursteine und lassen sich schneller und vor allem problemlos aufmauern.

Massive Betonsteine sind halb so tief wie Hohlblocksteine und müssen durch Pfeiler gestützt werden. Die Zahl der Pfeiler hängt von Konstruktionsweise, Höhe und Funktion der Mauer ab. Hohlblocksteine werden meist zur Verstärkung von Stützmauern verwendet. Benutzt man sie für normale Mauern, sind aufgrund ihrer Größe keine Pfeiler erforderlich.

Stabilität
Versetzt man eine Mauer im Zickzackmodus oder mit Vor- und Rücksprüngen in der Stärke eines Mauerziegels, sind Pfeiler überflüssig.

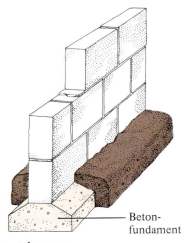

Betonsteinmauer
Sie basiert auf einem ähnlichen Fundament wie die Ziegelmauer (oben).

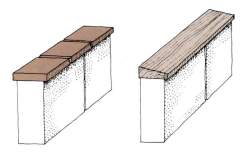

Plattenabdeckung   Holzabdeckung

Abdeckung
Eine Betonsteinmauer benötigt eine schützende Abdeckung, die aus Betonplatten, Ziegeln, Steinen oder Holz bestehen kann.

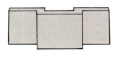 

Vor- und Rücksprünge   Zickzackmodus

NATURSTEINMAUERN

Die meisten Natursteinmauern bestehen aus bearbeitetem Stein, der in Schichten aufgesetzt wird. Wo unbehauene Findlinge verwendet werden, ist die Anordnung willkürlich. Eine Mauer kann mit Mörtel oder, in traditioneller Weise, trocken aufgesetzt werden.

Mauern aus Kunststein dagegen haben stets Mörtelfugen. Die Ausführung von Mauerabdeckung und Fundament ist standortabhängig.

KONSTRUKTIONSBESCHREIBUNGEN

STÜTZMAUERN

Eine Stützmauer muß im allgemeinen das gesamte Gewicht der dahinterliegenden nassen Erde halten, ob sie aus Ziegeln, Beton oder Naturstein besteht. Deshalb muß sie stabil sein und eine Drainagevorrichtung haben. Stützmauern mit mehr als 1 m Höhe sollten grundsätzlich nur mit fachmännischer Beratung gebaut werden, nicht zuletzt, weil das Gewicht der Erde, das die Mauer halten muß, sehr unterschiedlich sein kann.

Um zu verhindern, daß sich hinter einer Stützmauer Wasser staut, sind am Fuß der Mauer in Abständen von 2 m Wasserdurchlässe erforderlich. Eine einfache Lösung sind Lücken zwischen den Ziegeln, empfehlenswerter ist jedoch, wenn man Drainagerohre schräg in die Mauer einsetzt. Wasserdurchlässe erhalten eine Kieshinterfüllung, damit das Wasser besser abfließen kann, die Erde aber nicht hinausgeschwemmt wird. Stützmauern halten länger, wenn sich auf der Rückseite eine Feuchtigkeitssperrschicht befindet.

Betonstützmauer (rechts)
Diese Mauer hat ein Betonfundament und eine Abdeckung aus Pflastersteinen. Die Ziegelkante am Fuß der Mauer erleichtert das Mähen. Stabiler als diese Betonstützmauer ist eine Mauer aus Hohlblocksteinen, die mit Bewehrungsstäben verstärkt und mit Beton gefüllt werden.

Natursteinmauer
Um einer Mauer zusätzliche Stabilität zu verleihen, kann man sie mit einer leichten Neigung zum Hang hin bauen, den sie abstützt.

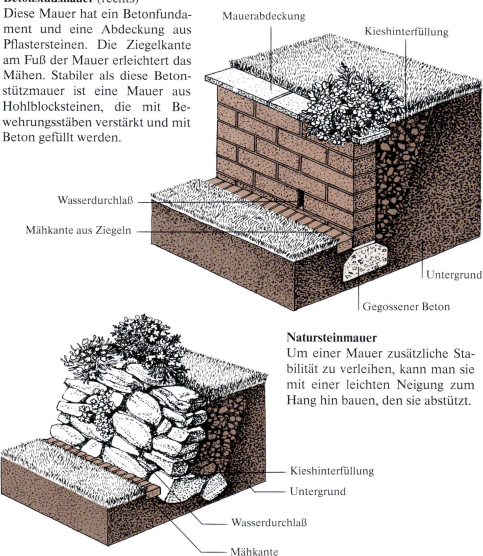

Zäune

Ein Zaun ist nur so stabil wie die Pfosten, die ihn halten. Sie sollten am besten aus Hartholz und mit einem umweltfreundlichen Holzschutzmittel behandelt sein. Aber auch behandelte Holzpfosten verrotten recht schnell, wenn sie direkten Kontakt mit dem Boden haben, und selbst mit Betonfundamenten faulen sie irgendwann. Deshalb befestigt man sie beispielsweise an (im Handel erhältlichen) Stahlfüßen, die in Beton verankert werden. Ebenfalls geeignet sind Betonsporne. Metall- oder Betonpfosten werden direkt in Beton eingelassen. Hartholzpfosten halten länger, wenn das obere Ende abgerundet wird, so daß Regen ablaufen kann. Für Weichholzpfosten gibt es Abdeckungen aus Holz oder Blech.

Verankerung aus Metall (unten links)
Der Pfosten wird in einem Stahlfuß – wie etwa einem Stahldorn – befestigt, der in Beton eingelassen wird.

Betonsporn (unten rechts)
Der Pfosten wird an einen in Beton eingelassenen Betonsporn angeschraubt.

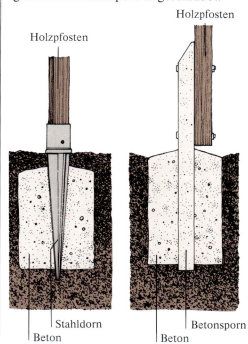

INFORMATIONEN FÜR DIE PRAKTISCHE ARBEIT

Pergolen

Die Konstruktionsweise einer Pergola hängt von dem Material ab, das verwendet wird. Ferner spielt eine Rolle, ob die Pergola freistehen soll oder mit einer beziehungsweise mehreren Seiten auf einer Mauer aufgelagert wird. Details sollte man besondere Aufmerksamkeit widmen – zum Beispiel der Verbindung von Stützen und Balken –, weil sie den Gesamteindruck wesentlich bestimmen. Auch eine Pergola braucht solide Fundamente. Holzstützen befestigt man mit einem Stahlfuß oder Betonsporn, die beide in Beton eingelassen werden (s. Seite 339). Metall- oder Betonstützen werden direkt in Beton eingesetzt.

Tore

Tore sind starker Beanspruchung ausgesetzt und müssen stabil gebaut werden. Unerläßlich sind solide Torpfosten, weil sie das Gewicht tragen. Auch die Scharniere müssen haltbar sein, damit das Tor nicht durchhängt. Am besten verwendet man immer drei statt zwei Scharniere. Große Doppeltore, die nicht automatisch geöffnet und geschlossen werden können, lassen sich aufgrund ihres großen Gewichts oft nur schwer bewegen. Wo der Boden eben ist, sollte man hier an jedem Flügel ein Rad anbringen, das in einer Metallschiene läuft.

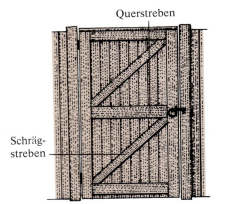

Stabiles Holztor
Dieses Holztor wird durch Quer- und Schrägstreben verstärkt.

Querstreben

Schrägstreben

Eine einfache Pergola (unten)
Diese Pergola besteht aus gebeizten Weichholzbalken und Gerüststangen. Um die Metallstützen mit den Querbalken zu verbinden, wurden von unten Löcher in die Balken gebohrt, in denen die Stützen sitzen. Am anderen Ende werden die Balken von Auflagerschuhen getragen, die an der Wand befestigt wurden. Seitlichen Verbund und weitere Stabilität erhalten die fünf Balken durch einen Druckstab aus Metall. Die Pfosten sind in gegossenen Betonfundamenten im Boden verankert.

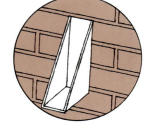

Auflagerschuh aus Metall
Der L-förmige verzinkte Auflagerschuh ist in eine Fuge eingelassen und trägt den Holzbalken.

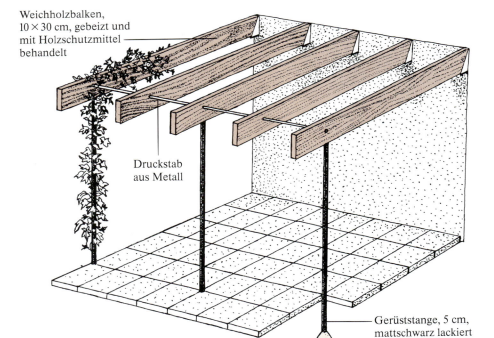

Weichholzbalken, 10 × 30 cm, gebeizt und mit Holzschutzmittel behandelt

Druckstab aus Metall

Gerüststange, 5 cm, mattschwarz lackiert

Fundamentierung

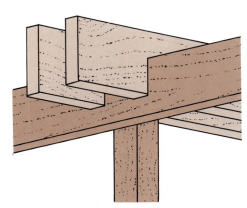

Holz-Holz-Verbindung
Die hier gezeigten Holzbalken wurden ausgekerbt, ineinandergesteckt und mit verzinkten Verbindungsstiften zusammengeschraubt.

KONSTRUKTIONSBESCHREIBUNGEN

Wasser

Für kleine Gärten sind formale Gartenteiche oft geeigneter als Naturteiche, die auf engem Raum gekünstelt wirken. Wer in seinem Teich eine elektrische Wasserpumpe installieren will, sollte auf jeden Fall einen Experten um Rat fragen, es sei denn, es handelt sich um eine einfache Unterwasserpumpe.

FORMALE WASSERBECKEN

Zum Bau eines formalen Beckens kann wasserdichter Beton verwendet werden. Ferner sollten ein Überlaufrohr und ein Abfluß zu einem Sickerschacht vorhanden sein (siehe Seite 332), damit das Becken gelegentlich gesäubert werden kann. In Gegenden mit leichtem Frost verwendet man bewehrten Beton und baut schräge Wände, so daß sich im Winter bildendes Eis nach oben schieben kann. In kälteren Lagen muß man das Wasser möglicherweise ganz ablassen, um Frostschäden zu vermeiden. Der Beckenabschluß sollte zur Wasserfläche hin mindestens 5 cm überstehen, damit er den durch Verdunstung des Wassers entstehenden Rand sowie Flekken durch Algenwuchs verbirgt.

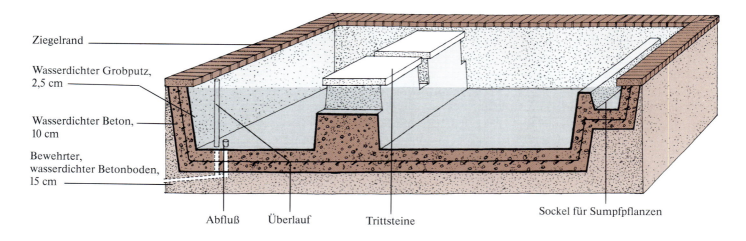

- Ziegelrand
- Wasserdichter Grobputz, 2,5 cm
- Wasserdichter Beton, 10 cm
- Bewehrter, wasserdichter Betonboden, 15 cm
- Abfluß
- Überlauf
- Trittsteine
- Sockel für Sumpfpflanzen

NATURTEICHE

Zum Auskleiden größerer Naturteiche ist im Handel erhältliche Teichfolie geeignet. Sie kann aber auch zurechtgeschnitten und in einen kleineren formalen Teich eingepaßt werden. Die Folie wird auf einem Sandbett oder einer Polsterfolie verlegt, und ihre Ränder müssen sorgfältig befestigt und bedeckt werden. Zwei Möglichkeiten der Folienrandbefestigung werden unten gezeigt. Links wurde eine leicht ansteigende Uferzone geschaffen und Erde auf der Folie verteilt, damit sie nicht verrutscht. Auf diese Weise ist gleichzeitig ein sumpfiger Bereich entstanden. An der Vorderkante des Sockels liegen auf der Folie mit Mörtel fixierte große Steine, die verhindern, daß die Erde auf den Grund des Teiches geschwemmt wird. Rechts wurde die Folie um eine Stützmauer aus Blocksteinen gelegt und mit Platten abgedeckt.

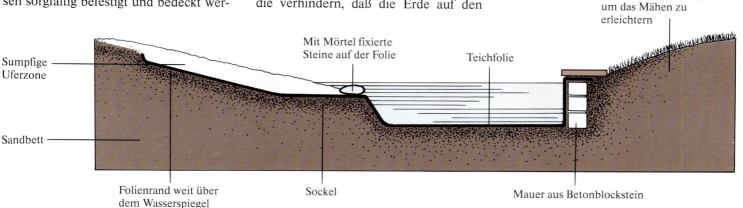

- Sumpfige Uferzone
- Sandbett
- Folienrand weit über dem Wasserspiegel
- Mit Mörtel fixierte Steine auf der Folie
- Sockel
- Teichfolie
- Der Rasen beginnt oberhalb der Mauerabdeckung, um das Mähen zu erleichtern
- Mauer aus Betonblockstein

INFORMATIONEN FÜR DIE PRAKTISCHE ARBEIT

Gartengestaltung in der Praxis

Immer mehr Menschen verspüren den Wunsch, selbst in der Gartengestaltung kreativ zu werden – sei es privat, als Berater einer Firma oder als Besitzer einer Gärtnerei. Ich finde das sehr begrüßenswert und möchte auf einige Regeln hinweisen, aber auch auf ein paar Fußangeln, die manchmal im Weg liegen.

Wichtig wäre vor allem zu wissen, ob Sie sachkundig genug sind, um Ihre Dienste anbieten zu können und ein Honorar zu verlangen. Bis zu einem gewissen Grad erwirbt man sich Kompetenz durch Erfahrung, und irgendwann fängt jeder einmal an. Dennoch bin ich der festen Überzeugung, daß man eine Ausbildung braucht, die nicht nur Techniken vermittelt, sondern auch die Entwicklung der Kreativität in Gestaltungsprozessen fördert. Jeder, der daran interessiert ist, kann sich weiterbilden, indem er reist, Fachliteratur studiert und lernt, seine Augen zu benutzen.

Ausbildung

Es gibt verschiedene Methoden der Schulung, etwa durch Kurse in Landschaftsarchitektur, den Besuch einer Schule für Gartendesign oder praktische Erfahrung im Büro eines Landschaftsgestalters.

Allein das Studium an einer Schule für Landschaftsarchitektur erlaubt später den Beitritt in eine Berufsvereinigung. In Deutschland ist das die Architektenkammer des jeweiligen Bundeslandes. Daneben gibt es auch die Internationale Vereinigung der Landschaftsarchitekten. Die Ausbildung zum Landschaftsarchitekten beinhaltet nicht nur Gartengestaltung, sondern auch Kurse in Pflanzenkunde, Geologie, Ökologie, Vermessungstechnik, regionaler Geographie und Stadtplanung sowie praktische Tätigkeit, die nur zu einem geringen Teil aus Gartengestaltung besteht. Den Landschaftsarchitekten wird oft angekreidet, daß sie nichts von Gartenpflanzen verstehen – aber warum sollten sie auch? Häusliche Gärtnerei hat mit ihrer Arbeit wenig zu tun. Dennoch gibt es Landschaftsarchitekten, die sich auf dieses Thema spezialisieren. Um als Landschaftsarchitekt arbeiten zu können, braucht man neben einem abgeschlossenen Studium auch eine staatliche Zulassung. Darüber hinaus gibt es Organisationen wie der Bund Deutscher Landschaftsarchitekten, denen beizutreten nur von Vorteil sein kann.

Heute bieten immer mehr Schulen für Gartengestaltung Lehrgänge von unterschiedlicher Dauer an. Tatsächlich basiert auch dieses Buch auf einem solchen Kurs an meiner Schule in England, der fünf Wochen dauert. Aber so intensiv dieser Kurs auch sein mag, die Zeit reicht kaum aus, um Studenten ohne jede Erfahrung in Gartenbau oder Design so viel Wissen zu vermitteln, daß sie selbst als Gartengestalter tätig werden können. Oder ihre Klienten müssen für ihre mangelnde Erfahrung bezahlen.

Von unschätzbarem Wert ist immer die bei einem etablierten Gartendesigner gemachte praktische Erfahrung, ob dieser nun selbständig ist oder für ein Gartencenter oder eine andere Firma arbeitet.

Wie bekommt man Klienten?

Vielleicht sind Sie ein genialer Gartengestalter, aber das hilft Ihnen wenig, wenn Sie nur neben dem Telefon sitzen und auf einen Auftrag warten. Sie müssen Reklame für sich machen. Wenn Sie sich entschlossen haben, selbständig zu arbeiten, lassen Sie sich zunächst eine Visitenkarte drucken, die Auskunft darüber gibt, wer Sie sind und was Sie tun.

Sie werden bald feststellen, daß Sie bei gesellschaftlichen Anlässen von Leuten umringt werden, die Ihnen etwas vom Sternrußtau ihrer Rosen erzählen oder für Sie eine wortreiche Führung durch den offenbar langweiligsten Garten der Welt machen, sobald bekannt wird, daß Sie irgend etwas mit Gartenbau zu tun haben. Dann ziehen Sie Ihre Karte heraus und schlagen vor, diese Dinge einmal zu einem günstigeren Zeitpunkt in aller Ruhe zu besprechen. Die meisten Leute werden daraufhin nie wieder etwas von sich hören lassen, aber gelegentlich wird auch einer darunter sein, der sagt, genau nach jemandem wie Ihnen auf der Suche gewesen zu sein.

So sehr Sie sich auch scheuen mögen, potentiellen Klienten Ihre Dienste anzubieten, denken Sie daran: Wenn Sie eine Ausbildung haben, werden die Klienten vermutlich weniger über diese Dinge wissen als Sie (wenngleich sie vielleicht Erfahrung auf anderen Gebieten des Designs haben). Wollen Sie das Vertrauen eines zukünftigen Klienten gewinnen, können aber noch keine fertigen Beispiele ihrer Arbeit vorweisen, dann stellen Sie am besten eine Mappe mit Entwürfen zusammen oder auch nur ein Sammelbuch mit Zeitungsausschnitten von beispielhaften Gärten. Diese können Sie dann mit Ihren Klienten anschauen, um ein Gespräch in Gang zu bringen. Viele Klienten wissen nicht, welche Möglichkeiten ihr Garten bietet, und sehen nur seine negativen Eigenschaften. Denken Sie also daran: Wenn die Gestaltung eines Gartens kein Problem darstellte, würde man Sie vermutlich nicht zu Rate ziehen.

Seien Sie nicht zu bescheiden und präsentieren Sie sich als kompetenten Gärtner – man wird Sie dann wahrscheinlich auch so behandeln; denn wollen Sie Anerkennung als Gestalter finden, müssen Sie das Vertrauen Ihrer Klienten gewinnen.

Die erste Beratung

Das erste Gespräch mit dem Klienten dient dazu, gegenseitiges Vertrauen aufzubauen. Es ist ratsam, sich eine Liste von allen Dingen zu machen, die besprochen werden müssen, denn es sind viele Fragen abzuklären. (Der Designer hat die Funktion eines Koordinators, der nach den Prinzipien eines Computers arbeitet.) Ist dies erledigt, erstellen Sie Ihr Programm, das die Bedürfnisse des Klienten berücksichtigt.

Beim ersten Zusammentreffen mit einem Klienten denken Sie daran, daß Sie einen Auftrag haben möchten, und daß dieser Auftrag die Gestaltung eines Gartens zum Inhalt hat, die Ihren Klienten eine Menge Geld kosten wird. Deshalb müssen Sie sich über eines im klaren sein: Während der Gestalter den Klienten – zu dessen eigenem Nutzen – einzuschätzen versucht, wird auch der Klient den Gestalter sorgfältig unter die Lupe nehmen. Es ist manchmal enervierend, wenn man entdecken muß, daß man nicht der erste ist, der konsultiert wurde.

Zu den schwierigsten Dingen, die bei diesem ersten Kontakt mit dem Kunden besprochen werden müssen, gehört, was die Arbeit des Gestalters alles umfassen soll. Verschiedene Gestalter werden hier unterschiedliche Vorstellungen haben, doch eine ausführliche Diskussion kann Kunden neue Sichtweisen öffnen, da sie oft denken, Designer seien nur an Gestaltung, aber nicht an Pflanzen interessiert.

Gegenseitiges Kennenlernen

Wenn ein Klient noch nie die Dienste eines Gartengestalters in Anspruch genommen hat, ahnt er vielleicht nicht, was Sie alles über ihn wissen müssen. Ist er ein konventioneller oder unkonventioneller Mensch, wie viele Kinder hat er, wie alt sind sie und so weiter. Meiner Ansicht nach erzählt auch die Inneneinrichtung eines Kunden – etwa das Design der Möbel, die Vorhänge und gewählte Farbkombinationen oder die Bilder an der Wand – viel über ihn. Vielleicht scheint dem Kunden Ihr Interesse an diesen Dingen überflüssig, aber das können Sie ja mit ihm besprechen. Erzählen Sie ihm, daß in Amerika einige berühmte Gartenarchitekten sogar bei ihren Klienten wohnen, bevor sie ihnen irgendwelche Entwürfe vorlegen.

Die Kunden ihrerseits wollen mit diesem ersten Gespräch sicherstellen, daß eine erfolgversprechende Zusammenarbeit entsteht, und Sie, als Gestalter, in der Lage sind, mit dem Geld Ihres Klienten verantwortungsvoll umzugehen.

Die Honorarfrage

Bei der ersten Beratung muß auch besprochen werden, wie hoch Ihr Honorar etwa ist (sofern dies nicht bereits am Telefon und schriftlich abgeklärt wurde) und welche Höhe die Gesamtkosten des Projektes haben werden. Der Neuling tut sich hier oft schwer. Erkundigen Sie sich deshalb bei ortsansässigen Firmen, was beispielsweise das Verlegen eines Quadratmeters Ziegel- oder Natursteinpflaster oder das Pflanzen eines Baums kostet. Bringen Sie den Quadratmeterpreis für die Bodenvorbereitung und Bepflanzung in Erfahrung, oder wie teuer es ist, einen Rasen einzusäen oder fertig zu verlegen. In diesem frühen Stadium sollte man aber darauf hinweisen, daß die Kosten noch nicht genau berechnet werden können. Das kann man frühestens tun, wenn ein Grundriß vorliegt. Und denken Sie daran, daß es Gartenbaufirmen und Gartencenter gibt, die Sie in Ihrer Arbeit unterstützen können – lassen Sie sich dort beraten, und sagen Sie, um was es geht. Ihre Klienten wechseln, doch die Zusammenarbeit mit einer Firma kann von Dauer sein.

Sympathie und Antipathie

Wenn Sie in diesem Stadium als Designer bei einem Klienten aus irgendeinem Grund ein ungutes Gefühl haben, sollten Sie meiner Ansicht nach die Arbeit nicht fortsetzen. Finden Sie eine Entschuldigung, mit der Sie den Klienten nicht vor den Kopf stoßen. Vielleicht wäre die

Sache finanziell lohnend, doch nichts ist schlimmer, als für Klienten zu arbeiten, mit denen man sich nicht versteht, oder eine Arbeit auszuführen, die einem nicht zusagt.

Dies gilt auch für den Fall, daß Ihnen das Haus nicht gefällt oder Sie eine Arbeit eines Vorgängers vervollständigen sollen, die Sie nicht mögen. Wollen Sie allerdings dem Klienten persönlich einen Gefallen tun, können Sie die Arbeit in dem gewünschten Stil fortführen und sie lediglich als eine Übung betrachten. Auch das kann eine nützliche Erfahrung sein.

Arbeiten Sie nie für Freunde, wenn Sie sie behalten wollen, und auch mit Klienten sollte man keine zu freundschaftlichen Beziehungen aufnehmen, solange die Rechnungen nicht beglichen sind. Selbst der netteste Klient kann sich von weniger liebenswerten Seiten zeigen, wenn es darum geht, daß er sich von seinem Geld trennen muß.

Umgekehrt gilt für Klienten: Wenn Ihnen ein Gestalter beim ersten Gespräch nicht sympatisch ist, dann teilen Sie ihm freundlich mit, daß Ihnen sein Stil nicht zusagt, und damit ist die Sache geregelt. Sie können sich solche Unannehmlichkeiten aber ersparen, indem Sie sich zuvor anhand von Illustrationen, Erkundigungen und bereits existierenden Projekten einen Eindruck von seiner Arbeit verschaffen.

Was kann berechnet werden?

Die folgende Auflistung zeigt, welche Leistungen man in Rechnung stellen kann, vorausgesetzt natürlich, man ist generell befugt, seine Fachkenntnisse als Berater weiterzugeben.

Die Beratung Besprechungen, bei denen Sie Ihre Klienten beraten, sollten nach Stunden abgerechnet werden. Auch die eventuelle Anfahrtszeit und Auslagen, etwa für Benzin, Parkgebühren oder Bahnfahrkarten, werden in Rechnung gestellt. Allerdings gibt es Situationen, in denen es besser ist, zunächst unentgeltlich zu arbeiten, und die Unkosten für diese erste Beratung bei der nachfolgenden Arbeit dann miteinzukalkulieren.

Skizze Mit einem groben Entwurf skizziert man seine Vorschläge für den Garten, um den es geht. Dieser Entwurf bildet die Grundlage für eine Diskussion mit dem Klienten und kann dann entsprechend noch verändert werden. Zu dem Entwurf kann von Fall zu Fall neben Skizzen auch eine Projektion gehören. Falls man dem Kunden den Entwurf nicht persönlich zeigen kann, sollte man eine schreibmaschinengeschriebene Erläuterung beilegen.

Konstruktionsplan Nachdem man sich mit dem Klienten anhand der Skizzen einig geworden ist, fertigt man einen Konstruktionsplan an, der die Arbeitsgrundlage für die mit der Ausführung beauftragte Firma ist. Auch hier sind möglicherweise ausführlichere Erläuterungen und eine Projektion sowie Schnitte oder Ansichten erforderlich.

Weitere Arbeitspläne Wenn auf einem Grundstück Höhenlinien und Geländeniveau verändert werden, ist eventuell ein separater Plan für die erforderlichen Erdarbeiten notwendig. Ferner benötigt man möglicherweise Pläne für die Bewässerung und die elektrischen Installationen, die unter Umständen von einer Spezialfirma angefertigt werden müssen. Gegebenenfalls ist auch die Anlage eines Schwimmbeckens oder eines Tennisplatzes zu berücksichtigen.

Pflanzplan Der Plan für Pflanzungen sollte getrennt von den Bauplänen angelegt werden. Vielleicht ist dafür zunächst ein anderer Maßstab erforderlich, aber gewöhnlich wird die Arbeit von einem anderen Team ausgeführt, das sich nicht für Gefälle oder Sickerschächte interessiert.

Mit dem Pflanzplan sollte eine Pflanzenliste mitgeliefert werden, auf der die vollständigen lateinischen Namen beziehungsweise Sortennamen der vorgeschlagenen Pflanzen stehen. Ferner sind Angaben zur Größe und Zahl der Pflanzen notwendig. Bei Bäumen gibt man die Wuchsform an.

Ich persönlich ziehe es vor, die Namen direkt neben den Pflanzen im Plan einzutragen. Den Verweis auf eine Nummer am Rand finde ich verwirrend. Noch schlimmer ist es, wenn man mit einem solchen Plan an einem nassen, windigen Tag Pflanzungen durchführen muß. Denken Sie daran, daß diese Zeichnung jemand benutzt, der mit der Entwicklung der Gestaltung überhaupt nicht vertraut ist und nichts als diesen Plan hat, um seine Arbeit zu machen.

Schriftliche Erläuterungen Damit eine Gartenbaufirma einen Kostenvoranschlag für die notwendigen Arbeiten machen kann, benötigt sie schriftliche Erläuterungen zu den Arbeitszeichnungen. Sie müssen mit Schreibmaschine geschrieben sein und in chronologischer Reihenfolge alle erforderlichen Arbeiten auflisten und eventuell auch nähere Angaben enthalten über die Dinge, über die der Plan keinen Aufschluß geben kann, wie zum Beispiel Rodungsmaßnahmen, die Verteilung von Mutterboden oder die Art der Baumstützen. Ferner müssen auch auf dem Plan enthaltene Elemente näher spezifiziert werden, wie etwa der Bodenbelag oder die Tiefe von Fundamenten.

Detaillierte Daten zu Baunormen sind vor allem dort wichtig, wo man an einem öffentlichen Auftrag beteiligt ist, aber auch für alle anderen Arbeiten sind sie empfehlenswert.

Auch wenn dieses Verfahren umständlich erscheint, hilft es, Unklarheiten zu vermeiden und gewährleistet, daß man genau das Gewünschte erreicht. Vielleicht arbeiten Sie außer mit einer Gartenbaufirma auch mit einem Architekten, einem Bauunternehmer oder einem Bauleiter zusammen. Sie alle sind es gewohnt, auf diese Weise vorzugehen.

Das Honorar Ich habe nicht vor, hier Richtlinien für das in Rechnung zu stellende Honorar zu geben, weil dies ganz von den Umständen abhängt. Fragen Sie sich am Ende selbst, ob Sie für den von Ihnen vorgelegten Entwurf diese Summe gern bezahlen würden, die Sie verlangen. Denken Sie daran, daß viele Klienten nur das sehen, was sich auf dem Papier befindet, und nicht wissen, wie viele Stunden Arbeit dahinterstecken. Andere Klienten wiederum sind vermutlich erfolgreiche Geschäftsleute, die ihr Geld auch mit dem Angebot einer Dienstleistung verdienen. Deshalb sollten Sie sicherstellen, daß die von Ihnen angebotenen Dienste die geforderte Bezahlung rechtfertigen.

Die Festsetzung des Honorars liegt also in Ihrem Ermessen. Die Vorarbeiten für Entwürfe können ebenfalls nach Stunden abgerechnet werden, oder Sie vereinbaren ein Pauschalhonorar. Wenn Sie die Leitung eines Projektes übernommen haben und alle Arbeiten vorbereiten, Rechnungen überprüfen und so weiter, sollten Sie mit Ihrem Klienten eine prozentuale Honorierung vereinbaren.

Wo ein Fachmann, etwa ein Vermessungsingenieur oder ein Bewässerungsexperte hinzugezogen werden muß, vereinbaren Sie dessen Honorar schriftlich mit dem Klienten und lassen Sie ihn auch den Vertrag unterzeichnen. Tun Sie das nie selbst.

Wer sowohl Gartengestaltung als auch Garten- oder Landschaftsbau betreiben möchte, dem rate ich, beides nach Möglichkeit parallel zu tun, aber getrennt darüber Buch zu führen.

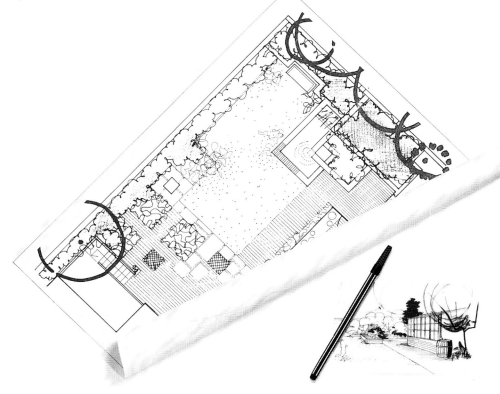

REGISTER

Kursiv gesetzte Ziffern verweisen auf Abbildungen.

A

Acanthus 130, 160
   A. spinosus 267, 302
Acer 28
   A. negundo »Variegatum« 123
   A. palmatum coreanum 294
   A. palmatum »Bloodgood« *315*
   A. palmatum »Dissectum Atro-
   purpureum« *300*
   A. shirasawanum f. *aureum 316*
Achillea 184, *185*
Aconitum 28
Acorus calamus »Variegatus« *318*
Actinidia kolomikta 310
Aechmea 36, 37
   A. fasciata 37
Agave 103, 123, 133, 169
   A. filifera 302
   A. vilmoriniana 182
Agonis flexuosa 286
Ahorn *29*, s.a. *Acer*
Ailanthus 203
   A. vilmoriniana 281
Ajuga reptans »Atropurpurea« *274*
   A. reptans »Multicolor« *308*
Alchemilla 130, *130*, 132, *135*, 137
   *A. mollis 27, 107, 108, 115, 185,
   192, 275, 312*
Allamanda 37
Allium 132
   A. christophii 137, 312
Alnus 31
Aloe 103
   A. striata 183
Alsophila australis 301
Amberbaum 29, s.a. *Liquidambar*
Amelanchier lamarckii 281
Androsace 31
Anmutige Pflanzen 130f
Anthemis 160, *162*
Anthurium 37
Apfelbaum 187, *192*, 262, s.a.
   Malus
Aquilegia 160
Arabis 31
Arbutus 32, 33
   A. unedo 281
Arctostaphylos »Emerald Carpet«
   308
Aronstab s. *Arum*
Artemisia 34, 35, *129*, 160
   A. ludoviciana var. *incompta 314*
Artischocke *101*

Arts and Crafts Movement 22
Arum italicum »Pictum« *304*
Arundinaria variegata 185
   A. viridistriata 307
Arundo donax »Variegata« *306*
Asphodeline liburnica 266
   A. lutea 115
Asphodelus 33
Asplenium scolopendrium 275
   A. trichomanes 301
Astelia chathamica 269
Aster 130
Astilbe 196
   A. »Brautschleier« *104*
   A. »Venus« *300*
Astrantia 131
Athyrium filix-femina 265
Atlaszeder s. *Cedrus atlantica*
Atriplex halimus 137
Aucuba japonica 126
   A. japonica »Variegata« *265*
Azalee *129*
Azara 128
   A. microphylla 310

B

Ballota pseudodictamnus 277
Bambus *103*, 104, *126*, 184, *203*,
   s.a. *Sinarundinaria nitida*
Banane 94
Bärenklau s. *Heracleum*
Barragan, Luis 12
Bartnelke *115*
Bauhaus 24
Bauhinia galpinii 273
Baumfarn s. *Dicksonia*
Baummohn s. *Romneya coulteri*
Bautechniken s. Konstruktionsbe-
   schreibungen
Beifuß s. *Artemisia*
Beleuchtung 248f
   Beleuchten von Wasserflächen
   249
   Detailbeleuchtung 248
   Licht- und Schatteneffekte *249*
   Licht von oben 248
   Lichtfilter und Anschlüsse 249
Berberis 279
   B. darwinii 288
   B. thunbergii »Atropurpurea« *315*
Bergenia 15
   B. cordifolia 304
   B. smithii 270
Bergpalme s. *Chamaedorea*
Besenginster 29
Besondere Pflanzen 120ff, 280ff

Betula 31
   B. pendula 121
   B. pendula »Youngii« *267*
Bewässerung 214, 333
Billbergia 37
Binsen 12, 184
Binsenginster s. *Spartium*
Binsenlilie *266*, s.a. *Sisyrinchium*
Birke 30, s.a. *Betula*
Birnbaum s. *Pyrus*
Blausternchen s. *Scilla*
Blaustrahlhafer s. *Helictotrichon
   sempervirens*
Bleiwurz s. *Plumbago*
Blockpflanzung *103*
Blutbuche 175, *176*
Blutweiderich s. *Lythrum salicaria*
Boboli-Gärten, Florenz *18*
Boden
   durchlässiger Boden 30
   kalkhaltiger Boden 29
   saurer Boden 29, 30
   schwerer Tonboden 29
Bodenbeläge 216ff, 334f
   Gras 228f
   Holz 224f
   lose Beläge 226f
   Pflaster 216ff
   Stufen 222f
Bougainvillea 33, *276*
   B. glabra »Snow White« *276*
Bramante, Donato 19
Brassica oleracera 304
Brombeere 110, *111*, 127
Bromelien 36
Brown, »Capability« 20
Brunnera 160
Buche 29, *122*, s.a. *Fagus*
Buchsbaum 19, 29, 124, *125*, 127,
   239, s.a. *Buxus sempervirens*
   in Form geschnittener Buchs-
   baum *83, 101, 102, 123*
Buddleja 158
   B. davidii »Harlequin« *296*
   B. fallowiana 272
Buxus microphylla »Green Pillow«
   298
   B. sempervirens 238
   B. sempervirens »Gold Tip« *137*
   B. sempervirens »Handsworthen-
   sis« *288*

C

Calamagrostis acutiflora »Karl
   Foerster« *28*
Calendula 106

Calla palustris 318
Callistemon pallidus 288
Calocedrus decurrens 123
Caltha palustris 318
Campanula lactiflora 131, 184
   C. persicifolia 266
Canna generalis 271
Carex pendula 269, 306
Carnegiea gigantea 181, *181*
Carpenteria californica 277, 310
Carpinus 28
   C. betulus »Fastigiata« *284*
Carya 28
Catalpa 158
   C. bignonioides 271
   C. bignonioides »Aurea« *109, 269,
   281*
Cattleya 37
Ceanothus 124, 128
   C. arboreus 277
   C. impressus 296
Cedrus atlantica 27
   C. deodara 284, 286
Central Park, New York 22, *22*
Centranthus ruber 169
Cercidiphyllum japonicum 281
Cereus 35
Chaenomeles speciosa »Moerloosii«
   296
Chamaedorea 37
Chamaerops humilis 273, 302
Chimonanthus praecox 127
Chinaschilf s. *Miscanthus sinensis*
Choisya ternata 127, 261, *289*
Christrose 127
Chrysanthemum 120
   C. frutescens 115
   C. leucanthemum 269
Church, Thomas 23, 24
Chusquea culeoa 307
Cistus
Citrus-Auranthium-Hybride *273*
Clark, H. F. 22
Clematis 266
   C. montana 128, *311*
   C. orientalis 294
   C. »Perle d'Azur« *276*
   C. »Ville de Lyon« *276*
Clerodendrum 36, 37
Convolvulus cneorum 314
Cordyline australis 120, 172, 173, 281
Cornus 104, 127
   C. alba »Sibirica« *292*
   C. alba »Spaethii« 176, *316*
   C. kousa var. *chinensis 299*
   C. mas 127
Cortile del Belvedere 19

REGISTER

Corylus avellana »Contorta« *292*
Cotinus 208
   C. coggygria »Purpurea« *315*
Cotoneaster 115, 127
   C. conspicuus »Flameburst« *289*
   C. dammeri 137
   C. horizontalis 192, 299
Crambe cordifolia 115, 300
Crocus 31, 33
Cupressocyparis leylandii »Castle
   Wellan« *268*
Cupressus 33
   C. sempervirens 284
Cyperus 104
Cytisus 28, 128
   C. battandieri 314
   C. praecox 298

D

Dachgarten in New York *12*
Daphne laureola 135
   D. odora »Aureo-marginata« *292*
Dattelpalme *32*
Dekorative Pflanzen 128f
Dekoratives Laub *265, 304, 314,
   315, 316*
Dianthus 278
Dicentra spectabilis »Alba« *301*
Dicksonia antarctica 270
Dierama pulcherrimum 306
Digitalis lutea 161
   D. purpurea 266, 302
Dracaena draco 303
Drainage 213f, 332
Dryopteris filix-mas 301
Duftstrauch s. *Olearia*

E

Eberesche s. *Sorbus*
Echeveria 272
   E. elegans 133
Echinocactus grusonii 182
Eckbo, Garret 24
Edeldistel s. *Eryngium*
Efeu *126*, 127, s.a. *Hedera*
Ehrenpreis s. *Veronica*
Eibe 82, *100*, 123, 124, *141*, s.a.
   Taxus
Eiche 29, s.a. *Quercus*
   immergrüne Eiche *32*
Eisenholzbaum s. *Metrosideros*
Eisenhut 106, s.a. *Aconitum*
Elaeagnus 124
   E. pungens »Maculata« *289*
Elfenblume s. *Epimedium*
Engelwurz 130
Enkianthus campanulatus 294
Ensete ventricosum 271
Enzian 30, s.a. *Gentiana*
Epidemium versicolor 264, 308

Eranthis hyemalis 160
Erdbeerbaum s. *Arbutus*
Eremurus robustus 303
Erica 30, *278*
Erigeron glaucus 269
   E. karvinskianus 269, 273
Erle s. *Alnus*
Eryngium giganteum 267, 314
Erythronium 28
   E. dens-canis 312
Escallonia 115
   E. »Langleyensis« *289*
Esche 29, s.a. *Fraxinus*
Eschscholzia 208
   E. californica 312
Eselsdistel s. *Onopordum*
Eucalyptus gunnii 208, 282
Euonymus 127
   E. fortunei »Emerald and Gold«
   266
   E. fortunei »Emerald Charm« *267*
Euphorbia 35, *113*, 123
   E. characias ssp. *wulfenii 120,
   123, 137, 179, 209, 264, 269, 272,
   282*
   E. cyparissias 312
   E. mellifera 126, 277
   E. polychroma 298

F

Fächerpalme 94
Fackellilie s. *Kniphofia*
Fagus 28
   F. sylvatica 238
   F. sylvatica »Pendula« *287*
Farn *27, 36, 97, 110, 270, 275*
   Adlerfarn *111*
Fatsia japonica 304
Federborstengras s. *Pennisetum*
Feigenbaum *208*
Feigenkaktus s. *Opuntia*
Felicia amelloides »Santa Anita
   Variegated« *269*
   F. bergeriana 313
Felsenbirne s. *Amelanchier*
Fenchel 130, s.a. *Foeniculum*
Fernöstlicher Gartenstil 94ff
   Beläge *95*
   Grundstücksgrenzen *94*
   Möbel *95*
   Pflanzgefäße *94*
Festuca glauca 272, 278, 307
Fetthenne 29, s.a. *Sedum*
Feuerdorn s. *Pyracantha*
Fichte s. *Picea*
Fiederspiere s. *Sorbaria*
Findlinge 94, *182*
Fingerhut *11, 112, 132, 208*, s.a.
   Digitalis
Fingerkraut s. *Potentilla*
Finlay, Ian Hamilton 12

Fischteich 94
Flieder 128, s.a. *Syringa*
Foeniculum vulgare 267, 301
Formaler Gartenstil 82ff
   Beläge *82*
   Grundstücksgrenzen *82*
   Pflanzgefäße *83*
   Skulpturen und Möbel *83*
Fouquieria splendens 34, 183
Frauenmantel s. *Alchemilla*
Fraxinus 28
Fritillaria imperialis 182, 262
Frühlingsblumen, gemäßigtes
   Klima *27*
Funkie 78, *113*, 130, *188*, s.a. *Hosta*

G

Gänseblümchen *27, 110*
Garnelenblume *169*
Garrya elliptica 127
Garten
   formaler Garten 18f
   Geschichte des Gartens 16ff
   ländlicher Garten 22
   moderner Garten 22ff
   subtropischer Garten *36*
   Umgebung des Gartens 11ff
Gärten, Stilbeispiele mit Plan-
   analyse 167ff
   Garten mit Ausblick 167ff
   Garten mit Diagonalen 187ff
   Garten mit Gräsern 198ff
   Garten mit Räumen 205ff
   Innenhofgarten 191ff
   klassischer Garten 195ff
   ländlicher Garten 175ff
   moderner Garten 201ff
   von Mauern umgebener Garten
   171ff
   Wassergarten in der Stadt 184f
   Wüstengarten 181ff
Gartenelemente 216ff
   Beleuchtung 248f
   Grasflächen 228f
   Hecken 238f
   Holzdecks und Holzbeläge 224f
   lose Bodenbeläge 226f
   Materialkombinationen bei Belä-
   gen 230f
   Mauern 232f
   Möbel 252
   Pergolen 242f
   Pflanzgefäße 254ff
   Pflaster, großformatig 220f
   Pflaster, kleinformatig 216ff
   Randeinfassungen 229
   Skulpturale Elemente 250f
   Stufen 222f
   Tore 240f
   Wasser 244ff
   Zäune 234ff

Gartengestaltung
   Geländeanalyse 144ff
   Gestaltung mit Pflanzen 100ff
   Grundlagen 40ff
   Grundrißformen anordnen 41
   Komposition mit Gartenelemen-
   ten 42f
   Kunstgriffe 46f
   Pflanzvorschläge 260ff
   Praktische und schmückende
   Elemente 216ff
   Proportionen, aktive Masse und
   passiver Raum 40ff, 58f
   Umgebung des Gartens 44f
   Vorbereitung des Geländes 212ff
Gartengestaltung als Beruf 342 ff
Gartenmöbel 252
Gartenplan
   kleiner Stadtgarten 64f
   ländlicher Garten 68f
   mittelgroßer Garten 66f
Gartenstil
   fernöstlicher Stil 94ff
   formaler Stil 82ff
   Kolonialstil 86ff
   ländlicher Stil 72, 74ff
   mediterraner Stil 90ff
   moderner Stil 78ff
   urbaner Stil 72
Gebirgswiese *31*
Geißblatt 128
Geißklee s. *Cytisus*
Geländeanalyse 144ff
   Bodenstruktur 148
   Bodenuntersuchung 147f
   Vermessung des Grundstücks
   148ff, 330f
   Vorentwurf 144, 147
Geländegestaltung 330f
   Höhenlinien messen 330
   Höhenlinien verändern 331
Generalife, Sommerpalast *17*
Genista hispanica 298
Gentiana 31
Geranium 28, 159, 160
   G. endressii »Wargrave Pink« *193*
   G. macrorrhizum 278
   G. psilostemon 266
   G. »Johnson's Blue« *308*
Gerüstbildende Pflanzen 124ff,
   288ff
Gestaltung mit Pflanzen 100ff
   architektonischer Stil 102f
   Cottage-Gärten 106f
   Farbkonzepte 138ff
   Kiespflanzung 108f
   natürliche Pflanzengruppie-
   rungen 110f
   Planung einer Pflanzung 137
   Pflanzenkategorien 114ff
   saisonale Pflanzenmerkmale
   134ff

REGISTER

Volumen und Form 116f
wachsender Garten, Entwick-
lungsstadien 118f
Waldgärten 112f
Wassergärten 104f
Geweihfarn s. *Platycerium*
Ginkgo biloba 282
Ginster 128, s.a. *Genista*
Gladiolus communis ssp. *byzanti-
nus 132, 266*
Glanzmispel s. *Photinia*
Glattblattaster *137*
Gleditsia triacanthos »Sunburst«
316
Glockenblume s. *Campanula*
Glyzine 82, s.a. *Wisteria*
Goldkugelkaktus s. *Echinocactus
grusonii*
Goldmohn s. *Eschscholzia*
Götterbaum s. *Ailanthus*
Gräser *27, 81, 278, 306f*
Grasflächen 228f
Rasenmischungen 228
Rollrasen 229
Wildblumenwiese 228, *229*
Grundstücksgrenzen 232ff
Hecken 238f
Mauern 232f
Tore 240f
Zäune 234ff
Gunnera manicata 304
Guzmania lingulata 37

H

Hahnenfuß *31* s.a. *Ranunculus*
Hainbuche s. *Carpinus*
Halprin, Lawrence 24
Hamamelis japonica »Sulphurea«
299
H. mollis 292
Harewood House, Yorkshire *20*
Hartriegel s. *Cornus*
Hasenglöckchen *27*, 106, *110, 111*
Hebe 161, 169
H. pinguifolia »Pagei« *168*
H. recurva 314
H. »Purple Queen« *308*
H. »White Gem« *298*
Hechtkraut s. *Pontederia cordata*
Hecken 238f
Buchsbaum *238, 239*
Eibe *239*
in Form geschnitten *85*
Kirschlorbeer *239*
Kulturhecken 238
Lorbeerbaum *238*
Rotbuche *238*
Wildhecken 238
Heckenkirsche s. *Lonicera*
Hedera canariensis »Ravensholst«
289

H. helix »Buttercup« *126, 317*
H. helix »Goldheart« *126, 265*
Hedychium 37
Heide 29, 30
Heidelbeere s. *Vaccinium*
Heiligenkraut s. *Santolina*
Helianthemum 278
H. »Mrs. Clay« *269*
Helichrysum petiolare 273, 299
Heliconia 36
Helictotrichon sempervirens 189
Helleborus 106
H. lividus corsicus 113
H. orientalis 262
Hemerocallis 185
Heracleum mantegazzianum 263
Hibiskus 36, 37, *276*
Hickory 29, s.a. *Carya*
Holunder 30, s.a. *Sambucus*
Holzapfel *125*
Holzdecks und Holzbeläge 224f,
336
Holzdeck als Brücke *225*
Verlegemuster *224f*
Zedernholz *225*
Honigstrauch s. *Melianthus*
Hopfen *209, 276*, s.a. *Humulus*
Hortensie *162*, s.a. *Hydrangea*
Hosta 97, 130, 138
H. crispula 265
H. sieboldiana 115, 305
H. »Buckshaw Blue« *263*
H. »Thomas Hogg« *193*
Humulus lupulus »Aureus« *262,
317*
Hundskamille s. *Anthemis*
Hundszahn s. *Erythronium*
Hydrangea arborescens »Annabelle«
268
H. aspera ssp. *sargentiana 296*
H. involucrata »Hortensis«
298
Hypericum 28
H. calycinum 192
H. »Hidcote« *139, 176, 193, 268,
296*

I

Ilex aquifolium »Pyramidalis« *285*
Immergrün s. *Vinca major*
Innenhofgarten 191f
Iris
I. ensata 104
I. foetidissima 127
I. germanica 104, *184*
I. laevigata »Variegata« *263*
I. pallida 107, 278
I. pseudocorus 318
I. sibirica 266
Islamischer Garten 16f, *17*
Italienischer Garten 15

J

Japananemone 130
Japanischer Palastgarten *97*
Jasminum humile »Revolutum« *311*
J. nudiflorum 127
Jekyll, Gertrude 22
Jensen, Jens 12
Johanniskraut s. *Hypericum*
Juglans regia 282
Jungfer im Grünen 106
Juniperus 33
J. chinensis 126
J. chinensis »Gold Coast« *299*
Junkerlilie s. *Asphodeline*

K

Kalifornischer Garten 15
Kaiserkrone 132, s.a. *Fritillaria
imperialis*
Kapuzinerkresse s. *Tropaeolum*
Katzenminze s. *Nepeta*
Kaukasus-Vergißmeinnicht s.
Brunnera
Kent, William 20
Kerzenstrauch s. *Fouquieria
splendens*
Keulenlilie *81*, s.a. *Cordyline
australis*
Kiefer *202*, s.a. *Pinus*
Kies 337
Kiley, Dan 24
Kirschlorbeer s. *Prunus lauro-
cerasus*
Klassischer Garten 195ff
Klebsame s. *Pittosporum*
Klimazonen 26ff
gemäßigtes Klima 26ff
mediterranes Klima 32f
subalpines Klima 30f
tropisches Klima 36f
Wüstenklima 34f
Kniphofia 130, *161, 162, 207*
K. caulescens 130
K. uvaria 303
Kolonialstil 86ff
Beläge und Grundstücksgrenzen
86
Möbel und Zubehör 87
Pflanzgefäße 86
Königin der Nacht s. *Selenicereus
grandiflorus*
Königskerze 132, *135*, s.a.
Verbascum
Königslilie 132, s.a. *Lilium regale*
Konstruktionsbeschreibungen 334ff
Beläge 334f
Holzdecks 336
Kies 337
Mauern 337ff
Pergolen 340

Rasen 337
Stufen 335f
Tore 340
Wasser 341
Zäune 339
Konstruktionsplan 50
Kreuzkraut s. *Senecio*
Krokus 30, *132*, s.a. *Crocus*
Kuhschelle s. *Pulsatilla*

L

Lagurus ovatus 307
Lamium maculatum 275
L. maculatum »Album« *309*
L. maculatum »Beacon Silver«
262
Landgarten, edwardianisch *22*
Ländlicher Gartenstil 74ff, 175ff
Beläge *74*
Grundstücksgrenzen *75*
Möbel *74*
Pflanzgefäße *74*
Zubehör *75*
Landschaftsgärten 20f
Lauch s. *Allium*
Laurus nobilis 238, 289
Lavandula angustifolia 272
L. angustifolia »Hidcote« *278,
309*
Lavatera olbia »Rosea« *272*
Lavendel 106, *107, 141, 192*, s.a.
Lavandula
Le Corbusier 78
Le Nôtre, André 19
Leimkraut *111*
Leucojum vernum 262
Libertia 160
L. formosa 162
Lichtnelke s. *Lychnis*
Ligularia 100, *185*
L. dentata »Desdemona« *105, 271*
L. stenocephala 264, 318
Lilie 132, 140
Lilium candidum 106
L. longiflorum 269
L. regale 132, 160
Linnaea 31
Liquidambar 28
Liriodendron tulipifera 285
Lonicera nitida »Baggensen's
Gold« 124, *208, 317*
L. periclymenum 311
L. pileata 290
Lorbeer 127, s.a. *Laurus nobilis*
Lose Bodenbeläge 226f
Holzschnitzel *226*
Kies *227*
Rinde, gehäckselt *226*
Splitt *227*
Lotosblume s. *Nelumbo*
Löwenzahn *111*

REGISTER

Lückenfüller 132f, 312f
Lunaria annua 262
Lungenkraut s. *Pulmonaria*
Lupine *107*, 130
Lupinus »Inverewe Red« *303*
Lutyens, Sir Edwin 22
Lychnis 208
*Lysichiton americanus camtschat-
censis 319*
Lysimachia nummularia »Aurea«
269
   L. punctata 303
Lythrum 101
   L. salicaria 185

M

Macchia 32
Magnolia grandiflora 282
   M. liliiflora »Nigra« *297*
Mahonia media »Buckland« *292*
Mahonie 127
Majoran *115*
Malus 158
Mannsschild s. *Androsace*
Margerite *31, 207*
Mariendistel s. *Silybum*
Marx, Roberto Burle 12, 24
Märzbecher s. *Leucojum vernum*
Maßverhältnisse
   Mindestmaße für Terrasse,
   Pergola, Wege etc. 329
Mauerbegrünung 276f, 310f
Mauern 232f, 339ff
   Betonsteinmauer 233
   Bruchsteinmauer *233*
   Flintsteine, geschichtet *233*
   Lehmmauer *233*
   Mauerverbände 232
   mit Mörtel 232
   Trockenmauer 232, *232*
   Ziegelmauer, flämischer Ver-
   band *232*
Mediterraner Gartenstil 90ff
   Beläge *90*
   Möbel *91*
   Pflanzgefäße *91*
Meerkohl s. *Crambe cordifolia*
Mehlbeere *11*
Melde s. *Atriplex*
Melianthus 123
   M. Major 271
Metasequoia glyptostroboides 285
Metrosideros umbellata 290
Miscanthus sinensis »Zebrinus« *105,
307*
Moderner Gartenstil 78ff, 201ff
   Beläge *79*
   Grundstücksgrenzen *78*
   Möbel *79*
   Pflanzgefäße *78*
Mohn *31*, s.a. *Papaver*

Molinaria caerulea 278
Monstera 37
Moore, Henry (Plastik) *196*
Moos 30
Muscari 33
Mustergarten 144ff
   Entwurf entwickeln 154ff
   der fertige Garten 162
   Geländeanalyse 145ff
   Pflanzplan 158
   Vermessung 148ff
   Vorentwurf 147
   Zeichnungen 152f
Mutterboden 212
Myosotis sylvatica 262

N

Narcissus 160, *274*
   N. »Sun Chariot« *313*
Narzisse *108*, 132, *179*, s.a.
   Narcissus
Naturgarten 12, 15
Nelke 106, s.a. *Dianthus*
   kriechende Nelke *107*
Nelumbo 104
Nepeta 140
   N. faassenii 161, 189, 269
Nerine bowdenii f. *alba 313*
   N. oleander 33
Neuseeländer Flachs s. *Phormium*
Nicotiana 132, 313
Nigella damascensa »Miss Jekyll«
301
Nieswurz *262*, s.a. *Helleborus*
Nymphaea odorata »Fire Crest« *319*
Nyssa sylvatica 295

O

Oehme, Wolfgang 198, 201
Olea 33
Olearia 115
Olivenbaum *15*, 32 s.a. *Olea*
Olmsted, Frederick Law 22
Ölweide s. *Elaeagnus*
Onopordum 132
Ophrys 33
Opuntia 34, *34*, 35, *35*
Orangenblume s. *Choisya*
Orchidee 36, 94
Origanum vulgare »Aureum« *274,
317*
Osteospermum barberiae 269
Othonnopsis cheirifolia 269
Oxalis incarnata 272

P

Pachypodium 35
Paeonia mlokosewitschii 113
Papaver orientale 313
   P. orientale »Allegro« *266*

Pappel s. *Populus*
Paradiesgarten des Koran 16
Parkinsonia 35
Parrotia persica 282
Parterres 19, 82, 102, 108
Parthenocissus tricuspidata 295
Passiflora 36, 37
Passionsblume s. *Passiflora*
Pedicularia 31
Pelargonium graveolens »Variega-
tum« *269*
Pennisetum orientale 28
Pergolen 242f, 340
   Pergola im Laubenstil *243*
   Pergolagang, *Royal Botanic
   Gardens 243*
Perovskia atriplicifolia »Blue
   Spire« *301*
Perückenstrauch s. *Cotinus*
Petersilie 106
Pfeifengras s. *Molinia*
Pfeifenstrauch s. *Philadelphus*
Pfingstrose s. *Paeonia*
Pflanzen
   alpine Pflanzen *30*
   heimische Pflanzen 15
   Pflanzen und Design 12ff
   Pflanzen und Stilepochen 15
Pflanzenkategorien 114ff
   Anmutige Pflanzen 130f
   Besondere Pflanzen 120ff
   Dekorative Pflanzen 128f
   Gerüstbildende Pflanzen 124f
   Lückenfüller 132f
Pflanzenverzeichnis 280ff
   Bäume mit charakteristischer
   Wuchsform 284f
   Besondere Pflanzen 280ff
   Blütensträucher 296f
   Breiter und kriechender Wuchs
   308f
   Filigrane Effekte 300f
   Gerüstbildende Pflanzen 288ff
   Gestufter Wuchs 299
   Goldenes Laub 316f
   Grasartige Effekte 306f
   Große Blätter 304f
   Kletterpflanzen und Mauer-
   sträucher 310f
   Lineare und stachelige Formen
   302f
   Lückenfüller 312f
   Pflanzen für den Herbst 294f
   Pflanzen für den Winter 392f
   Runder Wuchs 298
   Silbernes Laub 314
   Sumpf- und Wasserpflanzen
   318f
   Symbolerklärung 280
   Trauerwuchs 286f
   Violettes Laub 315
   Wuchsformen 280, 288

Pflanzgefäße 254ff
   glasierte Tonkübel 254
   Holzfässer *256*
   Holzkübel, Versailler Stil *254*
   ländlicher Stil 256f
   Terrakotta 254, 255, 257
   urbaner Stil 254f
   Urnen aus Terrakotta und Beton
   255
   Weidenkörbe *256*
Pflanzmethoden 260
Pflanzplan 50f, 117, 119, 158ff
   besondere Pflanzen 158
   dekorative Pflanzen 159
   gerüstbildende Pflanzen
   Lückenfüller 160
   strukturale Elemente 158
Pflanzvorschläge 260ff
   Exponierte Standorte 278f
   Flacher Boden 274f
   Heiße, feuchte Standorte 270f
   Heiße, trockene Standorte 272f
   Helle Standorte 266ff
   Mauerbegrünung 276f
   Schattige Standorte 262ff
Pflaster, großformatig 220f
   Betonplatten und -stufen 220
   Kunststein *221*
   Natursteinplatten *221*
   Ortbeton *221*
Pflaster, kleinformatig 216ff
   Belgisches Kleinpflaster *219*
   Betonpflastersteine *217*
   Blockparkettverband *216*
   Fischgrätverband *217*
   Granitpflastersteine *219*
   Kieselpflaster *219*
   Läuferverband *217*
   Normalverband *216*
   Pflasterklinker *216*
   Strangpreßziegel *217*
   Terrakottafliesen *218*
   Tonziegel *217*
   Verbundsteinpflaster *218*
   Verlegemuster 216f
Philadelphus 128, 158, *297*
   P. coronarius 128
Phlox paniculata »Brigadier«
267
Phormium 123, 129, *130*, 162
   P. tenax 158, 282
   P. tenax »Aurora« *273*
   P. tenax »Dazzler« *273*
   P. tenax »Purpureum« *265, 275*
Photinia davidiana 263
Picea 31
   P. pungens »Glauca Globosa«
266
Pileostegia viburnoides 311
Pinie 32, s.a. *Pinus pinea*
Pinus 28, 31
   P. pinea 33

349

REGISTER

Pittosporum 115
    P. tenuifolium 290
    P. tenuifolium »Tom Thumb« *315*
    P. »Garnettii« *124*
Platycerium 37
Plumbago 33
    P. auriculata 33
Plumeria 36, 37
Polygonatum hybridum 299
Pontederia cordata 105
Populus 31
    P. nigra »Italica« *285*
Potentilla 159
Prachtspiere s. *Astilbe*
Präriegarten 12
Primula 28
    P. denticulata 262
    P. florindae 319
Proportionen s. Maßverhältnisse
Prosopis 34, 35
Prunus laurocerasus 239
    P. laurocerasus »Otto Luyken« *290*
    P. lusitanica 127
    P. subhirtella »Pendula Rubra« *287*
    P. »Spire« *285*
Pulmonaria saccharata 278
Pulsatilla 31
    P. vulgaris »Rubra« *301*
Pyracantha atalantioides »Aurea« *290*
    P. rogersiana 311
    P. »Golden Dome« *295*
Pyrus salicifolia »Pendula« *279, 287*

Q

Quercus 28
    Q. coccifera 32, 33
    Q. ilex 33, 290
    Q. robur »Fastigiata« *285*

R

Ranunculus 28
Rasen 337
Raster
    für kleinen Stadtgarten 64f
    für ländlichen Garten 68f
    für mittelgroßen Garten 66f
    Muster entwickeln 58, 60ff
    Raster auf dem Grundriß 57
    Rastergröße 56
Rebe s. *Vitis*
Reitgras s. *Calamagrostis*
Repton, Humphrey 20, 195
Rheum palmatum 305
    R. palmatum »Atrosanguineum« *262*
Rhododendron 113, 129
    R. ponticum »Variegatum« *265*

Rhus trichocarpa 295
Riesenkaktus *183*, s.a. *Carnegiea gigantea*
Riesenschleierkraut s. *Crambe cordifolia*
Ringelblume s. *Calendula*
Rittersporn *107*, 130
Robinia pseudoacacia »Frisia« *115, 135, 207, 317*
Robinson, William 22
Rodgersia aesculifolia 282
Rohrkolben s. *Typha*
Romneya coulteri 107
Rosa
    R. banksiae 176
    R. moyesii »Geranium« *297*
    R. »Ernest H. Morse« *275*
    R. »Iceberg« *189, 209*
    R. »Nevada« *269*
    R. »New Dawn« *311*
    R. »Pink Grootendorst« *159*
    R. »Rosemary Rose« *193, 272*
    R. »Rosy Cushion« *309*
Rose 82, *107*, 158, *179*, 208, s.a. *Rosa*
    Kletterrose 128, *169*
    Strauchrose 106, 128
Rose, James 24
Rosmarin 106, 123, 127, *161*
Rubus 127
    R. cockburnianus 293
    R. »Benenden« *297*
Rudbeckia fulgida »Goldsturm« *103*

S

Säckelblume s. *Ceanothus*
Saguarokaktus s. *Carnegiea gigantea*
Salbei 106, *139*, 159, s.a. *Salvia*
Salix 31, 104
    S. caprea »Kilmarnock« *287*
Salomonssiegel 112
Salvia nemorosa 131
    S. officinalis »Icterina« *268*
    S. officinalis »Purpurascens« *272, 315*
Sambucus 159
    S. nigra »Aurea« *268*
    S. racemosa »Plumosa Aurea« *317*
Santolina 32, 33, 129, 139, 168
    S. chamaecyparissus 268
Sarcococca confusa 293
Sasa veitchii 307
Sauerklee s. *Oxalis*
Säulenkaktus s. *Cereus*
Saxifraga 31, 132
    S. hirsuta 265
Scabiosa caucasica 278
Schafgarbe s. *Achillea*
Schaublatt s. *Rodgersia*

Schaumblüte s. *Tiarella*
Scheinakazie s. *Robinia pseudo-acacia*
Schneeball s. *Viburnum*
Schneeglöckchen 106
Schnittlauch 106, *106*
Schwertlilie 94, *196*
Schwingel s. *Festuca*
Scilla 160
Sedum 110
    S. spectabile 131, 137
    S. »Autumn Joy« *28, 275*
Seerose *104*
Segge 12, s.a. *Carex*
Seidelbast s. *Daphne*
Selenicereus grandiflorus 276
Senecio 139, 169
    S. »Sunshine« *268*
Sequoiadendron giganteum 285
Silberling s. *Lunaria*
Silybum 132
Sinarundinaria nitida 105, 185
Sissinghurst, Kent 22
Sisyrinchium 160
    S. striatum 109, 176, 266, 269
Skimmia japonica 129, 290
Skulpturale Elemente 250f
    Holzplastik von Reese Ingram *251*
    klassische Statue *251*
    Plazierung und Auswahl 250
    Skulpturengruppe von André Wallace 250
Sommerflieder 128
Sonnenblume 132
Sonnenröschen s. *Helianthemum*
Sorbaria sorbifolia 297
Sorbus 28, 31
    S. aria »Lutescens« *283*
    S. »Joseph Rock« *295*
Sparaxis grandiflora 272
Spartium 33
Spiraea japonica »Goldflame« *317*
Spornblume s. *Centranthus*
Stachys 130, 133, 160, 208
    S. byzantina 268, 272, 309
Stechginster 30, s.a. *Ulex*
Stechpalme *115*, 124, s.a. *Ilex*
Steinbrech 30, s.a. *Saxifraga*
Steineiche s. *Quercus ilex*
Sterndolde s. *Astrantia*
Stiefmütterchen *139*
Stipa gigantea 307
Stockrose 74
Storchschnabel *31*, s.a. *Geranium*
Stowe, Buckinghamshire 20
Strauchmargerite s. *Chrysanthemum frutescens*
Strauchpäonie *208*
Strauchveronika 127, s.a. *Hebe*
Streifenfarn s. *Asplenium*
Strohblume s. *Helichrysum*

Stufen 222f, 335
    Auftritt aus Naturstein, Kies, Schiefer *223*
    Holztreppe *222*
    Natursteinstufen *223*
    Setzstufe aus Klinker, Holz, Schiefer *223*
    Treppe aus Betonplatten *222*
    Treppenführungen *222*
Symbole
    Baumsymbole 51
    graphische Symbole 322f
    Symbole im Pflanzenverzeichnis 280
Syringa 128
    S. vulgaris »Madame Lemoine« *297*

T

Tabak s. *Nicotiana*
Taglilie s. *Hemerocallis*
Tamariske s. *Tamarix*
Tamarix 34, 35
Taubnessel s. *Lamium*
Taxus baccata 127, 239
    T. baccata »Fastigiata« *283*
    T. cuspidata »Aurescens« *309*
Technische Anlagen 332f
    Bewässerung 333
    Drainage 332
    Elektrizität 333
Terrakottagefäße *83*
Thalictrum rochebrunianum 265
Thymian *168, 221*
Tiarella 112
    T. cordifolia 188
Tore 240f, 340
    Eisentor, vergoldet *241*
    Holztor *240*
    schmiedeeisernes Tor *240*
Trachelospermum asiaticum 311
Trachycarpus fortunei 283
Tränendes Herz s. *Dicentra spectabilis*
Traubenhyazinthe s. *Muscari*
Traueresche 167
Trillium 138
    T. grandiflorum 265
Trompetenbaum s. *Catalpa*
Tropaeolum speciosum 311
Tulipa 33, 274
Tulpe 27, 132, *133, 135*, s.a. *Tulipa*
Tulpenbaum s. *Liriodendron*
Tunnard, Christopher 22
Turner, J. M. W. *20*
Typha minima 185, 319

U

Ulex europaeus 290
Ulmus glabra »Camperdownii« *287*

V

Vaccinium 31
Van Sweden, James 198, 201
Veilchen s. *Viola*
Veratrum album 305
Verbascum 100
    V. bombyciferum 266, 267, 274, 275
    V. olympicum 109, 176, 314
Verbena rigida 183
Vergißmeinnicht 132, s. a. *Myosotis*
Vermessung des Grundstücks 148ff
    Höhenunterschiede messen 151
    Techniken 149ff
    Triangulation 149f
Veronica virginica f. *alba* 131
Versailles 19
Viburnum 33
    V. bodnantense 127
    V. bodnantense »Dawn« 293
    V. burkwoodii 127
    V. plicatum f. *tomentosum* 262
    V. plicatum »Mariesii« 283
    V. rhytidophyllum 291
    V. tinus 127, 265
Vinca major »Variegata« 275
Viola 268
    V. cornuta 278
    V. odorata 264
Vitis coignetiae 272, 305
    V. vinifera »Purpurea« 276
Vorbereitung des Geländes 212ff
    Betonfundamente 213
    Bewässerung 214, 333
    Design abstecken 212f, 213
    Drainage 213f, 332
    Materialkenntnis 214f
    Säuberungsarbeiten 212
    Stromanschlüsse 214, 333
    Vorbereitung des Bodens 215
    Wasseranschlüsse 214
Vriesea splendens 37

W

Wacholder 29, 32, 122, 124, s. a. *Juniperus*
Walling, Edna 12
Walnußbaum 161, s. a. *Juglans*
Walpole, Horace 20
Wasser als Gestaltungselement 244ff
    fließendes Wasser 246
    formales Wasserbecken 245
    Naturteich 244
    Schwimmbecken 247
    stehendes Wasser 244f
    stilisierter Wasserfall 246
Wassergarten 184f
Watson, Patrick 12
Weide s. *Salix*
Weiderich s. *Lythrum*
Weigelia florida »Foliis Purpureis« 315
Weijers, Henk 184, 201
Weißbirke 179, s. a. *Betula pendula*
Wheat, James Kellogg 181
Wicke 74
Wiesenmargerite s. *Chrysanthemum leucanthemum*
Wiesenraute s. *Thalictrum*
Wildblumengarten 12
Wilder Wein 209
Winterblüte s. *Chimonanthus*
Winterling s. *Eranthis*
Winterzwiebel 106
Wisteria floribunda »Alba« 287
Wolfsmilch s. *Euphorbia*
Wright, Frank Lloyd 12
Wüstengarten 181ff
Wüstenpflanzen 34

Y

Yucca 15, 34, *34*, 35, *103*, 123, *123*, *192*
    Y. aloifolia »Marginata« 303

Z

Zäune 234ff, 339
    Eisenzäune 235
    Flechthürden aus Hasel- und Weidenruten 236
    Holzflechtzäune 235
    Scherenzaun 236
    Spaliere 237
    Staketen- oder Lattenzäune 234
    Zäune aus Pfosten und Riegeln 236
Zeder 122, s. a. *Cedrus*
Zeichentechniken 324ff
    Aufriß 326
    einfache Projektion 324
    Perspektive 327f
    Projektion eines Entwurfs 325
    Vergrößerung des Maßstabs 327
Zeichnen
    Entwicklung eines Entwurfs 154ff
    Entwicklung von Formen und Mustern 54f
    Grundtechniken 52ff
    Kreise und Kurven 53
    Linien 53
    maßstabgetreue Zeichnung, Techniken 152f
    Raster 56ff
    Umriß 156f
    Winkel 53
Zeichnungen für die Gartengestaltung 48f
    Graphische Symbole 322f
    Grundriß 48
    Perspektive 48, 49
    Projektion 49
    Schnitt 49
Zierrhabarber s. *Rheum palmatum*
Ziest s. *Stachys*
Zistrose 32, s. a. *Cistus*
Zitrusbäume 90, *93*, 273
Zwergmispel s. *Cotoneaster*
Zypergras s. *Cyperus*
Zypresse 15, 32, *32*, 90, *93*, 114, 129, s. a. *Cupressus*

Danksagung

Danksagung des Autors

Für die Förderung und Unterstützung, die mir während meiner Laufbahn als Gartendesigner zuteil wurde, bin ich vielen Dank schuldig.

Mein Lehrer war Peter Youngman P.P.I.L.A.; und als grüner Anfänger arbeitete ich für *Dame* Sylvia Crowe, bei der ich viel gelernt habe, vor allem über ihren kreativen Umgang mit fließenden Linien. Als ich einen Abstecher in den Journalismus machte, war es *Sir* Geoffrey Jellicoe, der mir zur Seite stand. Vielleicht kann man die ganze Bedeutung dieser Einflüsse erst im Rückblick richtig einschätzen. Anerkennung verdienen auch meine Studenten, von denen ich ebensoviel gelernt habe, wie ich versucht habe, ihnen zu geben, und natürlich alle anderen ständigen Mitarbeiter. Geschäftsfreunde waren enorm hilfreich und haben großartige Arbeit geleistet beim Realisieren meiner Entwürfe. Dasselbe gilt auch für meinen Mitarbeiter Michael Neve und meinen Assistenten Michael Zinn. Wir alle zusammen danken besonders Carole Dickens, meiner erfahrenen Sekretärin, für ihre Ausdauer und Geduld.

Nicht zuletzt aber gilt mein Dank den Mitarbeitern von Dorling Kindersley, meiner Redakteurin Sarah Pearce und meiner Artdirectorin Carole Ash, die die anstrengende Arbeit und Zeit während der Entstehung dieses Buches mit Ruhe und Gelassenheit bewältigt haben.

Danksagung des Verlags

Der Verlag dankt folgenden Personen für ihre wertvolle Mitarbeit an diesem Buch: Mary Davies, Rosie Ford, Laura Harper, Tanya Hines, Claire Le Bas, Susannah Marriott, Christina Oates und Diana Vowles (Redaktion); Vanessa Hamilton, Hannah Moore und Karen Ward (Design-Assistenz); Karen Woodruff (Register); Susyn Andrews und Valerie Walley von den Royal Botanic Gardens, Kew, Kenneth A. Beckett (fachliche Beratung); Kathryn Bradley-Hole (Pflanzenverzeichnis); Susan Berry (Pflanzvorschläge).

Vor- und Nachsatzblatt: Peter Cooling und Sharon Lunn.

Bildquellenverzeichnis

Abkürzungen: o = oben; u = unten; l = links; r = rechts; M = Mitte

Landschafts- und Gartenfotos

Steven Wooster: 1–3, 6, 7, 8–9, 10, 11, 13, 24–27, 38–39, 41 ol, 43 l, 43 ur, 45 u, 46 o, 47, 57, 59 ur, 62 or, 63, 70–71, 77 or, 77 ul, 85 or, 97 M, 98-99, 100 l, 100 Ml, 100 Mr, 101 l, 101 or, 101 ur, 102 l, 104 o, 104 r, 106–109, 110 ol, 110 r, 112–122, 124–127, 128, 130–131, 132, 134–143, 146 ol, 146 or, 156–179, 184–197, 200–213, 217Mo, 217 Mr, 219 ur, 221 M, 222 l, 225 ol, 226 ol, 228, 229, 231, 232, 233 M, 238, 239 u, 243 or, 244–246, 250–251, 253, 258–259, 260 M, 260 r, 261, 262 ol, 262 or, 263, 264 l, 265 ol, 265 or, 266 l, 266 Mo, 266 or, 267, 268 o, 269 ol, 269 Mo, 269 or, 271 r, 272 ol, 274 o, 274 ul, 275 ol, 275 or, 277 r, 277 Ml, 278 ol, 278 ul, 279 r, 280 or, 280 ul, 282 o, 282 ul, 282 or, 282 MM, 283 o, 286 ur, 287 Mo, 287 Mu, 290 or, 291 or, 292 o, 292 Mur, 293 ol, 293 or, 296 ur, 299 or, 300 Mo, 300 or, 301 Ml, 302 or, 303 or, 303 Mol, 304 or, 304 Mul, 305 ur, 305 ul, 311 Mu, 312 ul, 313 Ml, 313 Mr, 314 ur, 315 or, 317 or, 319 ol, 320.

Studioaufnahmen

Geoff Dann: 5, 103 ur, 105 ur, 107 ur, 109 ul, 111 ur, 113 ur, 167 ul, 280, 284, 286 l, 291 u, 293 ur, 297 Mr, 298 ol, 299 ol, 300 l, 302 r, 305 or, 309 ur, 310 M, 313 ul, 314 ol, 315 ol, 316 l, 326 ol; Steve Gorton: 223 ur; Dave King, assistiert von Jonathan Buckley: 72, 74–75, 77 ur, 78–79, 81 ur, 82–83, 85 ul, 86–87, 89 ul, 90–91, 93 ul, 94–95, 97 ur.
Tim Ridley: 40 o, 42, 48, 49, 52–55, 58, 59ol, 59 or, 60–61, 62, 63, 152, 153 ur, 154 o, 156 ur, 157 ol, 216, 217 ol, 217 or, 217 M, 217 ul, 218, 219 ol, 219 Ml, 219 u, 220 l, 221 or, 221 Mr, 221 u, 224, 225 or, 225 u, 226 ur, 227, 229 u + r, 237 u, 240 ur, 240 Mul, 240 Mur, 241 r, 254, 255 u, 256, 257 u, 294 l, 306 ul, 310 l, 319 ur, 324, 325, 326 M (1–4).
Tim Ridley/Steve Gorton: 234 u, 235, 236.

Illustrationen

David Ashby: 56, 58, 64 l, 66 o, 68 l, 114, 115, 124 ul, 126, 129, 130, 137 u; John Brookes: 40–41, 44–47, 48, 49, 64 or, 65 or, 65 ul, 66 ul, 68 M, 116–117, 123, 131, 135, 137 o, 158 o, 260, 324–331; Val Hill: 42 l, 43 or, 64 ur, 65 ol, 65 ur, 66 ur, 67, 68 r, 69; Sandra Pond: 280, 284, 288; Sarah Ponder: 262, 263, 264, 265, 267, 322–323 sowie alle Pflanzpläne in Kapitel 8 (ausgenommen die oben angegebenen).

Gartenpläne

Alle Gartenpläne stammen von John Brookes, ausgenommen:
Oehme, van Sweden & Associates: 198–199; Steve Martino & Associates: 220 ur; Henk Weijers: 184–185, 202–203, 225 Ml; James Kellogg Wheat 182–183.

Spezielle graphische Gestaltung

Hilary Guy: Kapitel 3; Victoria Wood: Kapitel 7

Unterstützt haben dieses Projekt:

Konstruktion: Andy Kirkby; Leihgaben: Jamie Andrews, Bildhauer (blaue Skulptur S. 79); Blanc de Bierges; British Gates & Timber Ltd; The Chelsea Gardener; Clifton Nurseries; Dulwich Garden Centre; ECC Building Products Ltd, London (Bradstone, Swindon, Wilts; Countryside, Swindon, Wilts); Fired Earth; Highgate Garden Centre; J & B Art Metal; Jacksons Fine Fencing; Knollys Nurseries; Landscape Management Construction; Patio; Redland Bricks Ltd; Townsends Salvage Ltd.

Bildrecherchen

Joanne King; Shona Wood.

Abdruckgenehmigungen

Der Verlag dankt folgenden Personen und Institutionen für das zur Verfügung gestellte Reproduktionsmaterial: ARCAID/Richard Bryant: 81 ul, 88, 89 l; Kathryn Bradley-Hole, Gardenart Press: 290 Ml, 294 ul, 294 ur, 299 Ml, 301 MM, 305 Mo, 306 ur, 307 Mur, 314 Mu, 315 MM; Kenneth A. Beckett: 290 Mr; Brinsley Burbidge: 31 r; The Bridgeman Art Library: 22 M; John Brookes: 16 ul, 32–33, 62 u, 63, 93 o, 157 or, 234, 240 o, 242 u, 243 l, 247 ul, 252 o, 255 or; Geoff Dann: 214, 215, 326 o; Elizabeth Whiting Associates: 12; ET Archive: 18 o; The Garden Picture Library: 276 ol; John Neubauer: 29 ur, 30–31 M, 44–45 M, 46 o, 81 o, 103 r, 105 M, 198, 199 or, 199 ur, 243 or; Jerry Pavia: 34–35M, 35 r, 133 r, 233 o; Joanne Pavia: 123 ur, 272 ul, 272 Mu; Gary Rogers: 62 ol, 92, 100 r, 249; Ron Sutherland: 80, 96, 281 ur, 222 r, 223, 241 ol, 247 ur, 270 o; Steven Wooster: 260 l; Kate Zari: 36–37 M, 37 r; mit der freundlichen Genehmigung des Earl of Harewood: 20–21 M; Jerry Harpur: 22 ur, 24 r, 84, 93 ul; Michael Holford: 16 r, 17; Janet Chapman: 97 o; Gerry Clyde: 16–17 M; Georges Lévêque: 73; The Mansell Collection: 18–19 M, 19 r; Michael McKinley: 28–29 M, 199 ol; The National Trust: 20 l; Hugh Palmer: 102 r, 104 ul; Jerry Pavia: 110 ul, 129 or, 180–183, 188, 189, 190–191, 220 Mr, 233 o; Philippe Perdereau: 14, 24, 219 or, 230, 237 o, 239 o, 240 ul, 252 u, 257 or, 276 or; Photos Horticultural: 76; Photo Lamontagne: 85 M, 89 o; George Waters: 15, 23.
Die Pflanzenfotos in Kapitel 8 (die obengenannten ausgenommen) sind von: Eric Crichton, John Glover, Jerry Harpur, Andrew Lawson, Andrew de Lory, Neil Holmes, Jacqui Hurst.

Für die Unterstützung beim Fotografieren dankt Steven Wooster:
Mr und Mrs P. Aldington; Mr und Mrs T. W. Bigge; Mr und Mrs M. B. Caröe; Lord und Lady Carrington; Mr und Mrs N. Coote; Mrs J. E. M. Cowley und Mr D. Bracey; Jackie Douglas; Mr und Mrs Dresher; Mrs du Boulay; The Lady Fitzwalter; Mr und Mrs Foulsham; Mr und Mrs Gourlay; Mr und Mrs Hampton; Mr und Mrs Hobart; Mr und Mrs P. Holland; Edward James Foundation; Hugh und Judy Johnson; Mr und Mrs King; Nick Lawrence, Landscape Management Construction; Peter und Pam Lewis; Mr und Mrs J. R. McCutchan; Mrs Maverty; Mr und Mrs Milward; The National Trust; Mr und Mrs Newmark; Mr und Mrs D. B. Nicholson; Mr und Mrs O'Hea; Mrs Overy; Michael Polhill; Werner Seehof; Mr und Mrs Slocock; Dolph Sweerts; Mr und Mrs Van Os; Mr und Mrs Wates; Mr und Mrs Watts; Wisley Gardens.
Sein besonderer Dank gilt: Mylles Challis; Beth Chatto; Anthony Paul; Hannah Peschar Sculpture Gallery (100 Mr, 250, 251 r); Martin Puddle, Bodnant Gardens; Mien Ruys; Rosemary Verey; Henk Weijers.

Gartendesigner (soweit bekannt)
John Brookes: 1, 6, 7, 10, 13, 24, 43, 57, 59 ur, 77 or, 98–99, 100 l, 100 Ml, 101 ur, 104 o, 106 l, 106 r, 108 l, 108 r, 115, 118–119, 120, 121, 122, 124, 127 r, 130, 134–135, 136–137, 139, 142–143, 166–179, 186–197, 204–209, 210–211, 213 o, 213 Serie o, 217 Mr, 219 ur, 221 M, 226 ol, 229 ur, 231 ol, 231 or, 244, 245 ul, 246 l, 258–259, 260 r, 262 or, 263, 264 l, 266 ol, 267, 268 o, 269 ol, 269 or, 272 ol, 274 o, 275 or; Roberto Burle Marx: 15; Beth Chatto: 112 l, 113 r; G. P. Crowther & Associates: 243 or; Santi Diaz: 37 r; Paul Flinton: 96; Brian Huxham: 218 ur; Steve Martino & Associates: 30 r, 220 Mr; Oehme, van Sweden & Associates: 12, 28–29 M, 29 ur, 44–45 M, 81 o, 198, 199 or, 199 ur, 199 ol; Anthony Paul: 70–71, 97 M, 100 Mr, 222 l, 231 ur, 246 r, 250, 265 or; Mien Ruys: 41 ol, 47 ol, 62 or, 63, 126 l, 131, 140, 229 M, 245 ur, 260 M; Max Thomas: 222 r, 223; Rosemary Verey: 132; Henk Weijers: 25 r, 101 l, 101 or, 104 r, 184–185, 200–203, 225 or, 261.